Genau bedacht sind »Ich« und »Geld« rätselhafte Phänomene. Denn beide bezeichnen etwas Instabiles, Flüchtiges. Um diese Schwäche zu überwinden, sind sie eine Symbiose eingegangen. Diese muss jedoch verleugnet werden, damit das »Ich« seine Eigenständigkeit behaupten und das »Geld« seine Objektivität wahren kann: Dies ist die originelle These des Germanisten Fritz Breithaupt. Entfaltet wird sie in einem Buch, welches den Leser mit großer Leichtigkeit durch zahlreiche Beispiele der Literatur, Philosophie, Wirtschafts- und Kulturgeschichte von 1770 bis heute führt.

Fritz Breithaupt, geb. 1967, lehrt deutsche und vergleichende Literaturwissenschaft an der Indiana University in Bloomington (USA). Zu seinen Publikationen gehören neben der Monographie »Jenseits der Bilder. Goethes Politik der Wahrnehmung« zahlreiche Beiträge zur Literatur seit dem achtzehnten Jahrhundert, zur Geschichte der Psychologie und neuerdings zur Empathie. Er ist Gründungsdirektor eines EU Centers of Excellence an der Indiana University und Kolumnist in ZEIT Campus.

Unsere Adressen im Internet: www.fischerverlage.de
www.hochschule.fischerverlage.de

Fritz Breithaupt

Der Ich-Effekt des Geldes

Zur Geschichte einer Legitimationsfigur

Fischer Taschenbuch Verlag

Veröffentlicht im Fischer Taschenbuch Verlag,
einem Unternehmen der S. Fischer Verlag GmbH,
Frankfurt am Main, November 2008

Satz: Pinkuin Satz und Datentechnik, Berlin
Druck und Bindung: Druckerei C. H. Beck, Nördlingen
Printed in Germany
ISBN 978-3-596-18059-2

Inhalt

3. Kapitel: **1797**

4. Kapitel: **1848**

Ausblick auf die Gegenwart

Einleitung

1. These

Man erzählt sich, dass die Autoren eines deutsch-chinesischen Wörterbuchs auf ein Problem stießen, als sie das Wort »Individualiät« ins Chinesische übertragen wollten. Ein direktes Äquivalent ließ sich nicht finden. Die deutschen Autoren verfielen darauf, ihren chinesischen Kollegen eine Liste mit zwanzig Wörtern vorzulegen, die das Wortfeld von »Individualität« im Deutschen ausmachen. Als die Chinesen diese Liste begutachteten, hellte sich ihre Miene auf, denn sie glaubten, den alle Wörter verbindenden Begriff zu erraten. Ohne zu zögern, setzten sie das chinesische Wort für »Gier« als Übertragung in das Wörterbuch.

Was diese Anekdote zeigt, ist zweierlei. Zum einen werden wir daran erinnert, dass Individualität und Begriffe wie das Selbst und das Ich keine natürlichen Gewächse sind, die man schlicht mit einem Wort abbilden könnte. Eine Kultur kann auch ohne sie auskommen. Zum anderen gibt sie einen Hinweis darauf, was Kulturen ausmacht, in deren Zentrum die Begrifflichkeit von Individualität steht: Es sind Kulturen, in denen individuelle Bereicherung als Identität institutionalisiert wird.

Dieses Buch begann mit einer einfachen Frage: Wie kommt es, dass in den letzten Jahrhunderten zunehmend mehr Lebensbereiche in Metaphern von Besitz und Geld erklärt werden? Mit anderen Worten, warum wird Geld als Vermittlungsinstanz, als Entscheidungsinstanz oder als Modell von Verhalten außerhalb der eigentlichen Wirtschaft aufgerufen? Warum also ist unsere Vorstellung von »Individualität« für die Chinesen der Anekdote als »Gier« übersetzbar?

Die Antwort, die dieses Buch vorschlägt, lautet in ihrer allgemeinen Form, dass die Karriere des Geldes im Denken seit einigen Jahrhunderten eine Konsequenz des modernen Begriffs des Ich und der Neuerfindung von Individualität ist. Von wenigen Ausnahmen abgesehen ist bereits die Nominalisierung von »das Ich« neu, die sich ab 1771 rasant ausbreitet. Das Entscheidende an dem neuen Wort und Begriff »das Ich« ist nicht sein ›Inhalt‹, sondern seine Unbestimmtheit. Diese Unbestimmtheit setzt den Einzelnen unter Druck, ein Ich zu finden und zu erfinden: Das Ich besteht als Ich-Zwang.[1*] Daher entspringen viele Verhaltensweisen, die gemeinhin mit dem Ich verbunden werden, weniger aus dem Ich als solchem, als vielmehr daraus, ein solches Ich erst demonstrieren, plausibilisieren und legitimieren zu müssen. Künstlerische Genialität und Kreativität etwa erscheinen aus dieser Perspektive nicht als genuine Eigenschaften eines vollendeten Ich, sondern als kompensatorische Versuche, ein Ich zu begründen. Ohne eine solche Bestätigung, so die Befürchtung, könnte sich das Ich als ein bloßes Phantom oder eben nichts als ein Wort entpuppen.

Dieses Buch will zeigen, wie diese Beweisnot das Ich an Geld und Ökonomie bindet. Besitz, Geld und bestimmte Figuren der Ökonomisierung erweisen sich als besonders geeignet, den Anspruch des Ich zu manifestieren. Diese Ich-Produktion kann vom Besitz ausgehen. In meinem Haus bin ich ich selbst – my home is my castle. In der Regel stehen in der Ich-Produktion durch Besitz allerdings weniger die materiell-funktionalen Aspekte wie Schutz und Bedürfnisbefriedigung im Vordergrund als vielmehr die Heiligkeit des Eigentums. Das Eigentum wird durch ein Tabu bewacht, welches den Besitz für den Nicht-Besitzer geheimnisvoll und unverständlich macht. Diese Unverständlichkeit macht das Eigentum (in den Augen des Nicht-Besitzers) zum Vorbild des Ich (des anderen).

Auch das Geld liefert einen Ich-Beleg, denn das an sich unbestimmte »Ich« kann Halt und Kontur auch darin finden, dass es sich der Geldform annähert und anverwandelt. Die Menschen

* Die Anmerkungen stehen am Ende des Bandes ab Seite 251.

schauen auf das Geld und auf ökonomische Prozesse, um von diesen zu erlernen, wie ein artifizielles Ding zum Selbstzweck werden kann, beziehungsweise wie es dargestellt und erzählt werden kann, als werde es zum Selbstzweck. Dies geschieht im Kapital, wenn das Ich wie das Geld auf seine Vergrößerung oder Erweiterung zielt, indem es auf sich selbst reflektiert.

Zu einem indirekten Ich-Effekt des Geldes kann es aber auch dann kommen, wenn das Ich als die einzige Instanz stilisiert wird, die außerhalb der Ökonomie operiert.

In allen diesen Fällen wird Geld gebraucht, um dem Ich-Zwang zu entgehen. Insofern der Ich-Zwang auch sprachlich verfasst ist, geht es dabei um rhetorische und konzeptionelle Strategien. Figuren des Geldes bieten dem Ich eine narrative Struktur an, durch die das Ich seine Eigenständigkeit vorführen kann. Zugleich muss diese Abhängigkeit vom Geld geleugnet werden, damit das Ich diese Eigenständigkeit behaupten kann.

Es wird sich dabei zeigen, dass auch »das Geld« von dieser Partnerschaft mit Ich-Begriffen profitiert. Geld, so wie es seit dem neunzehnten Jahrhundert gedacht wird, befindet sich in einer permanenten Krise der Beglaubigung. Der Begriff »das Ich« verheißt Auswege aus dieser Krise und beflügelt damit zugleich eine Expansion ökonomischen Denkens. Eine Summe Geldes hat eben keinen konstanten Wert und ist, so die Einsicht nicht nur von Karl Marx, identisch nur mit ihrem Potenzial, was sie sein könnte. Was geldlich und ökonomisch sinnvoll ist und was überhaupt Geld ist, wird in dem Maße problematisch, in dem Geld einem zeitlichen Prozess von Künftigkeit unterstellt wird, das heißt zu Kapital wird. Es gilt nun, all die bizarren Faktoren, die in die Wirtschaftlichkeit von Verhalten hineinspielen – wie etwa Inflation, Börse und Grenzwertkalkulation –, zu berücksichtigen. Und bei den Versuchen, der Wirtschaft als Sphäre gerecht zu werden, werden regelmäßig auch Anleihen an die Figur des Ich gemacht. Es scheint, als würde die autonome Sphäre der Wirtschaft, wie sie im neunzehnten Jahrhundert konzeptionalisiert wird, in Hinblick auf das Ich gedacht.

Deutlich wird diese Anleihe an das Ich etwa in der Erfindung des Homo Oeconomicus. Um die Leistung der Autonomisierung der Ökonomie zu vollbringen und damit ein geschlossenes Geldwertsystem zu schaffen, muss auf Beobachtung umgestellt werden. Geld wird Sache der Beobachtung zweiter Ordnung, in der Beobachter beobachten, mit welchen Strategien und mit welchem ökonomischen Erfolg andere handeln. In der Beobachtung wird die Irritation durch das zeitlich instabile Geld ausgeglichen. Um eine solche Beobachtung zu vollbringen, müssen die Beobachter unabhängig sein, müssen sich also durch das auszeichnen, was der Begriff »das Ich« verheißt: Autonomie und Differenz. So wie das System Geld im neunzehnten Jahrhundert gedacht wird, bedarf es einer Individualität jenseits des Ökonomischen zum Systemabschluss. Das Ich wird gebraucht, doch zugleich kompromittiert dieser Bedarf das System Ökonomie als autonome Sphäre.

Kurz, dieses Buch untersucht, wie die Begrifflichkeit »das Ich« und die Beobachtung des Geldes unter der Hand eine Symbiose eingegangen sind, um ihre jeweiligen Limitationen zu überwinden. Die Figur des Ich-Effekts des Geldes, die im Mittelpunkt dieses Buches steht, ist also durch einen *double bind* gekennzeichnet. Ich und Geld brauchen einander an verschiedenen Stellen ihrer Ausbildung, um sich behaupten zu können. Zugleich muss aber diese wechselseitige Abhängigkeit von Ich und Geld vertuscht und geleugnet werden, damit »das Ich« seine Eigenständigkeit behaupten und »das Geld« seine Objektivität wahren kann.

Nirgends wird dieser *double bind* schöner ins Bild gesetzt als in Chamissos Novelle von dem Mann ohne Schatten. Peter Schlemihl tauscht seinen Schatten für einen geldspuckenden Beutel. Das Ärgernis der Novelle besteht darin, dass das Individuellste gegen das Tauschbarste und Allgemeinste, nämlich Geld, eingewechselt wird. Zum einen sind das Schatten-Ich und Geld vollkommen durchlässig füreinander, sie können Gegenstand des Handels werden. Zum anderen aber muss diese Durchlässigkeit beklagt und verschleiert werden. All das Geld von Peter Schlemihl reicht nicht aus, um seine Schattenlosigkeit zu kaschieren. Dieser doppelte Standard – Austauschbarkeit und Vertuschen der Austauschbarkeit – markiert die gemeinsame Geschichte von Ich und Geld seit dem späten achtzehnten Jahrhundert.

Im Folgenden wird eine Reihe von Konzeptionen von Individualität unterschieden, die sich in etwa dem historischen Sprachgebrauch anlehnen. »Individualität« wird als übergeordneter Sammelbegriff aller Phänomene der personalen Eigenheit, der Autonomie, Subjektivität, Singularität, personaler Differenz und Ichheit verstanden. Damit soll nicht behauptet werden, dass »Individualität« ein neutraler Begriff sei. Wie bereits Niklas Luhmann betont hat, setzt die im Wort ›Individualität‹ implizit innewohnende Unterscheidung von ›Individuum und Gesellschaft‹ die Begriffe Individuum und Individualität als eine *black box*, deren Bekanntheit a priori geleugnet wird, sodass ihre Thematisierung je verschieden ideologisiert werden kann.[2]

Als »Selbst« wird die Vorstellung einer natürlichen Grundlage von Identität verstanden. Die Autoren und Theorien, die uns beschäftigen werden, halten eine solche natürliche Identität (sei's eine gottgegebene Seelensubstanz, eine emotionale Grundstimmung oder ein unmittelbares Bewusstsein) für fragwürdig oder unzureichend. Ihre Einsicht ist gerade, dass die Vorstellung einer schlicht gegebenen Identität nur ein Schein ist, der sich bei genauerer Betrachtung verflüchtigt. Das »Selbst« steht mithin unter Fiktionsverdacht.

Das »Subjekt« dagegen ist eine auf Herrschaft ausgerichtete Konzeption des Individuums. Das »Subjekt« erweist sich stets erst darin, dass es »Objekte« (auch andere Menschen) dominiert. Das »Subjekt« unterscheidet sich insofern von Selbst und Ich, als dass es keine Art von Wissen über die eigene Identität als Individuum besitzt.

Das »Ich« als der Held unseres Buches existiert wohl nur in der Form des Entzugs, als das, was das Individuum haben sollte, was es aber nicht dingfest zu machen weiß. Welche Eigenschaften auch immer diesem Ich zugeschrieben werden, sein eigentliches Wesen besteht darin, sein Wesen (noch) nicht erreicht zu haben. Es ist das, was übrig bleibt, wenn das Selbst als naive Täuschung entlarvt ist und an dem nun leeren Ort des Selbst als Ort der Individualität festgehalten wird. Es ist das, was an diesem Ort sein sollte. Ein solches Ich zeigt sich dort und genauer: sollte sich dort zeigen, wo der Bildungsweg zur Vollendung gekommen ist. Das Ich, was noch nicht oder nicht mehr da ist, wird als ein Subjekt imaginiert, das sich selbst beherrscht, und als Selbst, das sich selbst gewiss sein kann. Es wird aber auch als der Kern der Individualität, der Kern des Kerns, gedacht. Für dieses sonderbare Ich, dessen Konkretisierung sich zahlreiche der in diesem Buch zu Worte kommenden Autoren zur Aufgabe gemacht haben, wird später die Formel gefunden, dass es als »Ich-Zwang« existiert.

2. Historischer Überblick

Gegenstand dieses Buches ist die Geschichte der wechselseitigen Legitimierung von Ich-Begriff und Geld-Diskursen seit etwa 1771, angefangen von den Anleihen beider bis zur harten antithetischen Gegenüberstellung um 1900 und schließlich der Verblassung des Ich-Begriffs im späten 20. Jahrhundert. Den Etappen dieser gemeinsamen Geschichte (und auch der Geschichte der Verschleierung dieser Geschichte) entsprechen die Kapitel dieses Buches. Die Untersuchung stützt sich dabei vor allem auf die Bezüge zwischen den literarischen Werken, den ökonomischen Theorien und der Psychologie der jeweiligen Epoche.

Die Darstellung erfolgt aus der Vogelperspektive in geraffter Folge, um einen Überblick auf die Ideen- und Kulturgeschichte seit dem achtzehnten Jahrhundert zu bieten. Anhand von exemplarischen Lektüren werden jeweils die begrifflichen Konstellationen einer Epoche herausgestellt. Dies hat zur Folge, dass mancher zu erwartende Autor und manche historisch-ökonomischen Ereignisse hier nicht oder nur am Rande vorkommen können. Diese Auslassungen erfolgen aus Gründen der Darstellung, um den Gesamtbogen nicht aus den Augen zu verlieren. Die Kapitel sind historisch geordnet. Es ist aber durchaus möglich, das Buch als Kurzdarstellungen zur Entwicklung einzelner Disziplinen zu lesen. Eine kurze Geschichte der Psychologie ergibt sich aus dem Dreischritt von Moritz (1771) zu Beneke (1848) und Freud (1900). Die Geschichte der Volkswirtschaftslehre wird beleuchtet anhand der Diskussionen von Müller (1797), Menger (1871) und Schumpeter (1924) sowie der Abschnitte zur Inflation (1797, 1924), dem Homo Oeconomicus (1848) und zur Konsumtheorie (1957).

Den Ausgang nimmt die Untersuchung von der rasanten Ausbreitung des neuen Wortes »das Ich« um 1771, welche die Epoche des Sturm und Drang prägt. Bereits am Ende des achtzehnten Jahrhunderts münden die Entdeckung des Ich und der Ich-Zwang in der Parallelisierung von Ich- und Geld-Begriffen. Von den Geistergeschichten der Romantiker bis zu den Theorien des Kapitals werden das Ich und das Geld durch die gleichen Strukturen und Dynamiken gekennzeichnet. Diese Ähnlichkeit macht beide offensichtlich füreinander durchlässig. Regelmäßig schließen die unterschiedlichsten Autoren von der einen Instanz auf die andere. Und da beide als labil und bedroht gekennzeichnet werden, wird diese gegenseitige Transparenz auch als ein Element zu ihrer Konsolidierung verwandt. Die Schwäche des zu beglaubigenden Geldes soll im Ich gestärkt werden, und die Fragwürdigkeit des Ich soll durch die Realexistenz des Geldes ausgeglichen werden.

Im Laufe des neunzehnten Jahrhunderts weicht diese Parallelisierung von Ich und Geld der Vorstellung einer weitgehend ökonomisch organisierten Welt. Ökonomische Erklärungen von menschlichem Verhalten werden auf geradezu obsessive Art und Weise privilegiert. In dieser Kultur des Geldes ist allerdings auch das Ich nicht obsolet geworden, sondern wird mal zur Begründungs-, mal zur Kompensationsfigur des Geldlichen. Selbst zu Beginn des zwanzigsten Jahrhunderts, wenn Ich und Ökonomie sich als schroffe Antithesen gegenüberstehen, bleiben die beiden ursächlich miteinander verbunden. Selbst die Abschwächung des Ich-Zwangs verdankt sich im späten Jahrhundert zumindest teilweise der neuen Konsum-Ökonomie.

Die Kultur des Ich-Zwangs war, so könnte man überspitzt

summieren, eine Kultur des Minderwertigkeitskomplexes und der kompensatorischen Hyperaktivität, wie so unterschiedliche Autoren wie Lenz, Chamisso, Keller und Thomas Mann dokumentieren. Doch ob das Ende dieses Ich-Zwangs eine bessere Alternative bereitstellt, ist damit noch nicht gesagt.

Zur Übersicht seien die Thesen der einzelnen Kapitel hier vorweggenommen.

Vor 1771. Wie kann das Entstehen eines Begriffes wie »das Ich« erklärt werden? Die These des Kapitels ist, dass es, unter bestimmten Umständen, zu einer Wahrnehmung eines Mangels kommen kann, der als »Loch« oder »Lücke« eine erste, paradoxe Präsenz im Modus des Negativen erlangt. Indem der Mangel eine bestimmte Kontur erhält, präfiguriert er den späteren Begriff.

Dargestellt wird die Entwicklung einer negativen Präsenz des Ich anhand einer Gegenüberstellung von John Locke und Jean-Jacques Rousseau. Locke entwickelt eine Vorstellung der Person als autonomer Instanz – allerdings ohne Ich. Für Locke ist der Einzelne durch seine absolute Souveränität gekennzeichnet. Weder muss diese Souveränität erworben werden (sie muss nur kollektiv im Gesellschaftsvertrag gesichert werden), noch verleiht sie dem Einzelnen eine differenzielle Identität. Der Kernausdruck dieses Persönlichkeitsrechts ist, in physiokratischer Tradition, das Recht auf (Land)Eigentum.

Rousseau dagegen erhebt das Ich zu einer Leitfigur seines Denkens. Dabei dreht er die Lockesche Ableitung des Eigentums von der Person genau um. Das Ich entsteht dort, wo der Anspruch des Ich ins Leere greift. Das Ich ist nicht schlicht da und zeigt sich auch nicht unmittelbar im Eigentum. Doch wenn jemand glaubt, ein Recht auf ein Eigentum zu haben, projiziert er seine Identität in dieses Eigentum. Erst wenn sich dieser Anspruch als überzogen und verfehlt erweist, wird der Einzelne gezwungen, seine Projektion selbst wahrzunehmen. In dem leeren Raum, wo das vermeintliche Eigentum sich befand, dem »Loch«, findet der Einzelne sich negativ als das Wesen, welches sich zu manifestieren sucht. Die Entlarvung der Fiktionalität des vom Eigentum vorgegaukelten Bildes einer Identität als Besitzer wird die Voraussetzung der Rousseauschen Figur von Ichheit: Das Ich (le moi) entsteht aus der Kritik an den Eigentumsfiktionen eines Ich. Dieses Ich ist leer, und seine wesentliche Eigenschaft besteht darin, in seinen Selbstvorwürfen gefangen zu sein.

Im deutschen Kontext reicht die unmittelbare Vorgeschichte »des Ich« von der Verpflichtung der Pietisten zur Selbstprüfung bis zur Konzeption des Homo Duplex (der zweipoligen Trennung des moralischen vom physischen Menschen im Gegensatz zur graeco-lateinischen Trias von Körper, Geist, Seele) Mitte des achtzehnten Jahrhunderts.

1771. Die Epoche der deutschen Kultur, die meist als Ort der verschärften Individualität und der Zelebration des Ich beschrieben wird, erweist sich bei genauerer Betrachtung als der Ort, an dem der Mangel und die Abwesenheit des Ich am lautesten beklagt werden. Ein Ich scheinen immer nur die anderen zu haben. Und so wird »das Ich« zugleich zum Leitstern und zum Klageruf der Epoche. Kaum ein Zeitgenosse des Sturm und Drang scheint sich der Suche nach dem eigenen Ich entziehen zu können. Entsprechend, so die These des Kapitels, besteht das Ich seinem Kern nach in nichts als einem Ich-Zwang, der Verpflichtung, ein Ich zu haben, zu finden oder zu produzieren.

Zwei Spezifikationen des gesuchten Ich setzten sich durch, und beide sind durch eine Paradoxie gekennzeichnet: Autonomie und Singularität. Gerade weil Autonomie und Singularität nicht einfach bewiesen werden können, kann es, bestenfalls, zu Annäherungen oder, wahrscheinlicher, zu Ersatznarrationen kommen. Zwei Strategien, den Ich-Zwang zu entschärfen, werden privilegiert, nämlich Künstlertum und Besitz. Beide Strategien nehmen teils die Form eines tatsächlichen Beweises an, teils aber zeigen sie sich als Vermeidungsstrategien beziehungsweise Ersatznarrationen.

Dargestellt wird, wie Karl Philipp Moritz das Ich entsprechend der von ihm proklamierten autonomen Sphäre der Kunst konzeptionalisiert. Moritz beobachtet die Anfälligkeit und Schwäche des Ich, welches die Aufgabe hat, sich einen Schutz zu errichten, sich zu manifestieren und zu institutionalisieren. Es wird sich zeigen, dass für Moritz das Eigentum eine der ausgezeichnetsten Formen des Schutzes des Ich ist. Die Aufgabe des Ich wird es, sich durch die Schutzwand eines Eigentums von der Umwelt abzukapseln und ein (durchaus auch fiktives) Heim zu schaffen. Ohne Eigentum kein Ich. Moritz gründet sein Denken noch weitgehend auf Eigentum, stellt allerdings bereits den Zusammenhang zur Käuflichkeit und zum Geld her, der für die späteren Autoren entscheidend wird. Besitz ist dann nur noch eine Spielform des Geldes. Auch in den juristischen Diskussionen der Epoche werden Eigentum und Erwerbsrecht zu Grundrechten und werden später von Hegel zur notwendigen Bedingung des Ich deklariert.

Die ökonomische Theorie der Zeit um 1770–1788 macht dagegen nur relativ wenige Anleihen bei den Diskursen der Individualität. Zu Beginn des achtzehnten Jahrhunderts war es noch üblich gewesen, die Beschreibungen der ökonomischen Kreisläufe an die menschlichen Leidenschaften zu koppeln. Von Bernard Mandevilles *The Fable of the Bees or Private Vices, Publick Benefits* zu Adam Smith findet sich die Argumentation, dass gerade die individuellen Laster wie Eigennutz zu allgemeinem (ökonomischem) Wohl führen würden.[3] Doch in den Lehren der Kameralisten in Deutschland um und nach der Jahrhundertmitte sind die psychologischen Motivationen eher juristischen Grundsätzen wie der gleichen Besteuerung gewichen.[4] Dies ändert sich erst nach der Französischen Revolution.

1797. Eine Reihe von Frühromantikern warten mit einer starken These auf: Sie behaupten die Analogie von Ich und Geld, von projektiver Expansion und Ausbildung eines (zukünftigen) Ich und der Kapitalbildung des Geldes (durch Zinsen).

Die Wirtschaftstheorien werden erschüttert von der zweiten Hyperinflation des Jahrhunderts als Konsequenz aus Frankreichs Papiergeldemission. Die ökonomischen Balance-Modelle (Mandeville, Smith) weichen Expansionstheorien (Ricardo, Malthus, Fichte, Schlegel). Mit der Einsicht in die Entwertungs- und Inflationsanfälligkeit des Geldes wird die Stabilität des Geldes mehr als fraglich. Es kommt zu den ersten protokapitalistischen Theorien, die Geld zeitlichen Prozessen der Selbst-Vergrößerung unterstellen. Etwas Ähnliches geschieht, zunächst unabhängig von der Wirtschaftstheorie, in den Ich-Theorien. In Antwort auf den Ich-Zwang und die Unmöglichkeit, des eigenen Ich habhaft zu werden, werden Strategien der Selbst-Erzeugung und Verzeitlichung angeboten. Auch wenn man ein Ich jetzt nicht hat, könnte man künftig eines erlangen. Der Bildungsroman erweist sich insofern als Antwort auf den Ich-Zwang, als er einen Aufschub in Szene setzt.

Sowohl Geld als auch das Ich werden nun als potenzierbar gedacht. Geld wird mehr Geld, indem es investiert wird. Das Ich wird qualitativ ›mehr‹ durch seine Selbst-Reflexion. Diese Analogie von Ich und Geld wird zum Ausgang zahlreicher Ich- und Gelddiskurse, die die Analogie mal zu entschärfen und mal zu verschärfen suchen.

Zwei Effekte der Analogie werden im Zentrum der Untersuchung stehen: die Unheimlichkeit, die viele Romantiker registrieren und zu Geistergeschichten verarbeiten (Tieck, Fouqué, Chamisso), und die Versuche der Entschärfung dieser Analogie durch Staatsprotektionismus (Fichte, Müller) und Katholizismus (Schlegel).

1848. In der Mitte des neunzehnten Jahrhunderts setzt sich eine andere Form von Individualität gegen die romantische Figur der Selbst-Reflexion durch: Der Mensch des Selbst-Interesses beziehungsweise Eigennutzes. Das romantische Ich wird ersetzt durch eine Doppelfigur des Menschen mit Selbst-Interesse und seinem Beobachter, der dieses Selbst-Interesse entlarvt. Ein Selbst stößt dem Einzelnen dabei schlicht dadurch zu, dass er so beobachtet werden kann, als würde er sich durch seine Handlungen fördern. Die Leitfigur von Individualität ist nicht mehr der Künstler, sondern der Unternehmer als Mensch des Selbst-Interesses einerseits und der beobachtende Kritiker (Detektiv, Intellektuelle, Psychologe) andererseits.

Die Kultur des Ich-Zwangs ist mit diesem Wandel der Sichtform von Individualität nicht zu Ende. Auch in der Figur des mit Selbst-Interesse handelnden Menschen zeigt sich das Ich darin, dass das Selbst-Interesse der 1848er, anders als in der angelsächsischen Kultur, in der Regel nicht schlicht als gegebene menschliche Eigenschaft gesetzt wird, sondern als eine zu entwickelnde Fähigkeit. Selbst-Interesse ist zu lernen oder zu finden wie für die frühere Epoche das Ich. Auf die neue Individualität des Selbst-Interesses wird, etwa in Kellers *Der grüne Heinrich* oder der Psychologie von Friedrich Eduard Beneke, die alte Form des Bildungsromans aufgestülpt: Der Ich-Zwang schleicht sich in den Diskurs des Selbst-Interesses ein.

Die Echos des Ich-Zwangs lassen sich auch bei den Beobachtern und Kritikern des Selbst-Interesses vernehmen. Die Beobachter enttarnen die Maskeraden und Tricks der anderen, entlarven den heuchlerischen Liebhaber, der nur auf die Millionen der Braut aus ist, oder den habsüchtigen Priester. Für diese Position des Beobachters wird im vorliegenden Buch der Name Homo Oeconomicus reserviert: Der Homo Oeconomicus ist der Enttarner ökonomischer Motivationen. Der Homo Oeconomicus erkennt die eigennützigen Motivationen seiner Mitmenschen dabei nicht nur, er erfindet sie auch, wenn er zu den Handlungen seiner Mitmenschen Erklärungen findet, die diese Akte sinnvoll machen. In seinen Augen wird *jeder* Akt und noch der idealistischste zu einem ökonomischen. Notfalls erfindet er zu einem Akt schlicht einen Erklärungsrahmen oder eine Währung, die den Akt ›ökonomisieren‹. Die Handlungen von Liebenden etwa erscheinen ihm schlicht als ökonomisch motiviert, wenn er, in Antizipation von Freuds Libido, kurzerhand eine Währung der Liebe erfindet, die die Liebe zum Haushalt macht.

1871. Zur Zeit der Gründung des Deutschen Reiches werden die Disziplinen, Diskurse oder »Sphären«, wie Max Weber es später nennen wird, deutlicher als je zuvor voneinander abgegrenzt. Die Abkapselung der Privatsphäre, der Rückzug der Religion, die Codierung der Geschlechter, die Differenzierung der Wissenschaften und die Kultivierung ethnischer und nationaler Identität werden nun zum Gebot: Gesucht wird die »Reinheit« einer jeden Sphäre, wie zum Beispiel das *l'art pour l'art* die Reinheit der Kunst und einer jeden Kunstform suchte. Negativ sanktioniert dagegen wird die Vermischung. Dargestellt wird diese Etablierung zahlreicher

Sphären anhand einer Gegenüberstellung der beiden Fassungen von Gottfried Kellers *Der grüne Heinrich.*

Der Wirtschaft kommt in dieser Ausdifferenzierung der Sphären eine Sonderrolle zu. Zum einen wird die Wirtschaft parallel zu den anderen Sphären als mehr oder weniger autonom konzeptionalisiert. In der ökonomischen Theorie vollzieht sich die Abgrenzung des Wirtschaftens von anderen Wissensbereichen 1871 mit der Entdeckung des Grenznutzens. Die Theorie des Grenznutzens von Carl Menger ist die erste harte ökonomische Theorie, der es gelingt, Wert, Wirtschaftlichkeit, Geld und Kreditwürdigkeit allein aus der Struktur des Tauschaktes herzuleiten. Insofern ist Wirtschaft eine Sphäre unter vielen. Doch zum anderen mutiert die Wirtschaft zu einer amorphen »Ökonomie«, der die Tendenz innewohnt, auf die anderen Sphären zuzugreifen und zu einer Superstruktur zu mutieren. Diese Tendenz der Absolutierung des Ökonomischen unterläuft die scheinbare Autonomie der anderen Sphären.

Die Aufteilung der Welt in Sphären verleiht zugleich der Suche nach einer Instanz jenseits der Sphären Dringlichkeit. Gesucht wird etwas, das nirgends einen Ort hat und welches man ›das reine Ich‹ nennen könnte.

1900. Um 1900 hat sich eine neue Denkform ausgebildet, die man gerade in seiner amöbenhaften Vagheit in dem Begriff des »Ökonomischen« fassen kann. Die vielfältigsten Verhaltensweisen erscheinen den Zeitgenossen nun von innen her ökonomisch infiltriert. Ökonomie wird zur Leitmetaphorik zahlreicher wissenschaftlicher Diskurse. Den Sonderfall bezeichnet das, was nicht als ökonomisch sinnvolles Verhalten beschrieben werden kann.

Zugleich führt die Aufwertung des »Ökonomischen« dazu, dass den ökonomisch nicht beschreibbaren Verhaltensformen besondere Aufmerksamkeit gezollt wird. Regelmäßig stolpern die Denker der Epoche daher über ein Paradox: Gerade dort, wo die Wirtschaft am reibungslosesten zu verlaufen scheint, etablieren sich Verhaltensformen jenseits von Wirtschaftlichkeit und Ökonomie. Gerade die größten Kapitalisten erliegen, wie in den

Buddenbrooks, nicht-ökonomischen Tendenzen, an denen sie zugrunde gehen. Das, was sich der Ökonomie entzieht, besteht nicht außerhalb ihrer, sondern entsteht in ihrem Inneren. Und für eben diese ökonomisch nicht beschreibbaren Verhaltensformen finden die Autoren einen zugleich neuen wie alten Namen: das Ich.

Anhand von drei prominenten Beispielen zeigt dieses Kapitel, wie das »Ich« zugleich aus dem »Ökonomischen« hervorgeht und ihm entgegengestellt wird. In allen dreien entsteht das Ich dabei als Effekt des ökonomischen Verhaltens, in welchem die Ökonomie versagt. Untersucht wird das Konsumenten-Ich in Georg Simmels *Philosophie des Geldes* (1900), das traumatische Ich in Sigmund Freuds Werken seit *Die Traumdeutung* (1900) und das gelähmte Ich in Thomas Manns erstem Roman *Buddenbrooks. Verfall einer Familie* (1901).

Erst im zwanzigsten Jahrhundert kommt es zu einer Erschöpfung der begrifflichen Macht des Ich (wenn auch keineswegs des Wortes »Ich«). Dies wird im abschließenden Kapitel in drei Abschnitten erörtert. **1924** setzt sich eine neue Form der Ersatznarration für das Ich durch: Der Einzelne entgeht dem Zwang des Ich-Begriffs, indem ein anderer ein Ich für ihn stellvertretend repräsentiert. Nicht jeder Einzelne muss ein Ich haben. Diese Aufgabe kann dem Einzelnen von den ausgezeichneten Individuen abgenommen werden. Der Stellvertreter, sei's der charismatische Prophet, der Held oder die Filmdiva, stellt sich zwischen den Anspruch des Begriffs und den Einzelnen. Damit ist der Einzelne dem Begriff enthoben, zumindest solange er die Beziehung zu seinem Repräsentanten aufrechterhält. Gewissermaßen kommt die Ersatznarration hier zu sich selbst, insofern sie selbst in einem Ersatz, einem Ersatz für das Ich, besteht. Diese Repräsentationsverhältnisse werden von den Zeitgenossen regelmäßig in Bezug auf ökonomische Strukturen dargestellt.

Die Verhältnisse der Repräsentation sind nicht nur relativ erfolgreiche Ersatznarrationen, sie schwächen auch die Macht der Begriffe. **1957** gibt es dann zwar durchaus eine Reihe von begrifflichen Zwängen für den Einzelnen wie z. B. die »Konsumpflicht«. Zugleich aber werden ich-freie Räume bereitgestellt, Praktiken, in denen die alten Begriffe nicht gelten, und Zeitformen, die dem Zwang entzogen sind. 1957 ist ein solcher ich-freier Bereich etwa die »Jugend« beziehungsweise der »Teenager«. Entscheidend für unsere Zusammenhänge ist dabei, dass es solche Bereiche gibt und dass der Einzelne nicht mehr vollständig von Begriffen in die Pflicht genommen wird. Es zeigt sich daran die Ablösbarkeit des Ich-Zwangs von menschlichen Individuen und die Übertragbarkeit auf andere Konstrukte.

Die letzte Stufe dieser Darstellung besteht dann in Erörterungen zu unserer Gegenwart. Sicherlich steht dabei die Prognose der Gegenwart, die hier großzügig als die Epoche der letzten 30 Jahre gefasst wird, auf wackligen Beinen. Der Ich-Zwang gilt nun kaum mehr für die Menschen, sondern schwört die Waren auf Ichheit ein. Die Bürger des 21. Jahrhunderts haben aufgehört, sich als die Subjekte der Begriffe zu sehen. Eben hier mündet die Analyse denn auch in Spekulation, vor allem, wenn mehr gefragt als argumentiert wird, ob die Suggestivkraft der Begriffe im Allgemeinen am Abnehmen ist. Doch es soll hier die Hypothese gewagt werden, dass die Distanz von Ich-Begriff und Mensch derartig gestreckt und gedehnt worden ist, dass der Ich-Zwang seine Macht verloren hat. Individualität und Ökonomie haben ihre begriffliche Verfassung weitgehend eingebüßt und werden als quasi natürliche oder »kosmische« Kräfte schlicht akzeptiert. Ob wir damit in eine Welt jenseits der Begriffe eingetreten sind, fragt der kurze Ausblick.

3. Methodische Vorbemerkungen: Institutionalisierungszyklen

Wie jedes Buch hat auch dieses seine Voraussetzungen. Zu den Prämissen gehört die Annahme, dass begriffliche Konstellationen wie »das Ich« ihren Gegenstand nicht schlicht benennen und auch nicht selbst performativ erzeugen, sondern vielmehr einen komplexen Prozess anstoßen, der die Institutionalisierung eines Begriffs durch die Bündelung menschlicher Praktiken leistet. Statt hier nun die Theoriegeschichte darzustellen, die die Fragestellung dieser Arbeit ermöglicht hat, sollen in möglichst einfacher Form ihre theoretischen Grundannahmen benannt werden. Die Nähe und Ferne etwa zur Diskursanalyse von Michel Foucault und der Institutions- und Medientheorie von Niklas Luhmann und der Begriffs- und Ideengeschichte treten dabei deutlich hervor.

1. Im Folgenden gehe ich davon aus, dass Verhalten von Begriffen in Gang gesetzt wird, ohne allerdings direkt von ihnen gesteuert zu werden.[5] Als Begriffe dieser Art können etwa Gott, die Liebe, der Mensch, das Böse, Leben, Krankheit, Kunst, Freiheit, Frieden, Nation, Gerechtigkeit, Familie, Arbeit, Vergnügen sowie die vielen ihnen nachgeordneten Begriffe auftreten.[6] Auch die Geschichte der Naturwissenschaften kennt solche Begriffe wie Energie, Verwandtschaft, Licht, Bildung etc.

2. Die entscheidende Eigenschaft, die einen Begriff zum Begriff macht, besteht darin, dass er Anspruch auf Geltung und Legitimität erhebt. Der Begriff ist seinem Wirken nach also eine Anweisung, das heißt: Anleitung *und* Forderung zur Herstellung von ihm entsprechenden Objekten. Dabei ist es aber nicht so, dass der Begriff bereits eine vollständige Gebrauchsanweisung zur Herstellung ist und eine exakte Instruktion enthält. Vielmehr fordert der Begriff die Entsprechung zu ihm, ohne aber genau festzulegen, was eine solche Entsprechung sein könnte. Von den Begriffen geht keine Steuerung aus, sondern Zwang mit Spielraum. Aufgrund dieser inhärenten Forderung ist der Begriff keine schlichte Idee und auch keine »Konzeption« im Sinne von Aristoteles, da er keine neutrale Beschreibung leistet und kein kognitives Ordnungsschema anbietet.

3. Es scheint naheliegend, den strukturellen und vielleicht auch historischen Ursprung dieser Begriffe in dem Begriff Gottes zu suchen, also der Vorstellung einer Instanz der Letztbeurteilung aller menschlichen Akte. »Gott« ist der Begriff der Begriffe aufgrund der Totalität seines Geltungsbereichs und seiner gleichzeitig absoluten Unbestimmtheit.[7] Die Forderung Gottes ist total, doch der Inhalt der Forderung ist das Unbestimmteste.

4. Jedem Begriff haftet die Unmöglichkeit der adäquaten Umsetzung der Forderung an. Der Forderung eines Begriffs kann niemals praktisch entsprochen werden. Weder sind Liebe, Kunst, Gerechtigkeit, Wahrheit, Vergnügen, die Rolle des Helden oder das Ideal der Mutter etc. lebbar, erlebbar oder verstehbar, noch sind diese Begriffe direkt »anwendbar« auf eine Praktik. Dies heißt zugleich, dass die Existenz der Begriffe äußerst prekär ist: Niemand kann sie beweisen, für sich geltend machen oder auch nur akkurat definieren. Umso größer ist anscheinend die Nötigung, auf derartige Begriffe zu reagieren.

5. Mit jedem Begriff gewinnt eine Forderung Raum, *und* in Forderungen verdichten sich umgekehrt auch die Begriffe. Dies gilt es zu präzisieren. Von dem durch den Begriff geleiteten Verhalten wird erwartet, dass es den Begriff manifestiert. Der Begriff verlangt Geltung also auch darin, dass er durch das von ihm geleitete Verhalten bestätigt oder gar auch bewiesen wird. Insofern ist der Begriff auch Resultat des Verhaltens, wie wir später entwickeln werden. »Liebe« als Begriff fordert bestimmte Verhaltensweisen heraus *und* soll durch diese Verhaltensweisen erst demonstriert werden. Liebe ist sowohl die Anleitung zum Verhalten als auch das, was entstehen soll, wenn man sich entsprechend verhält.

6. Auf die Forderung des Begriffs gibt es also keine einfache Antwort, und doch wird eine Reaktion verlangt. Anders

gesagt: Nur insofern eine unabweisbare Forderung wahrgenommen und akzeptiert wird, kann überhaupt ein Begriff vorliegen. Das Modell, das unsere Kultur im Umgang mit derartigen Begriffen favorisiert hat, besteht darin, die Begriffe sequenziell, also »Schritt für Schritt«, umzusetzen. Die Sequenzialisierung erfolgt in drei Schritten. Zunächst wird die Forderung des Begriffs in Einzelteile zerlegt. Der Begriff von der Einfalt Gottes wird zerlegt in Vielfalten. Viele Götter entstehen, Dreifaltigkeiten, denen wiederum je spezialisierte Kulte der Verehrung entsprechen. Der eine Gott ist übermächtig, aber dem aufgeteilten darf sich der Einzelne nähern. Auf diese Zerlegung folgt ein Ordnungsmuster, das diese Einzelteile in eine Relation bringt. Diese Ordnung erfolgt oft als temporale Sequenzierung, also als zeitliche Staffelung. Im Kalenderjahr wird der göttlichen Vielfalt nacheinander auf je spezifische Art und Weise gehuldigt. Die romantische Liebe wiederum, so total sie zunächst auftritt und einen Werther tötet, kann entschärft werden durch schrittweise Annäherungen und Segmentierungen, also durch die Einsetzung vermittelnder Kommunikationen von der Offenbarung zunächst einem Vertrauten gegenüber bis zum amerikanischen »dating«. In einem dritten Schritt wird diese Sequenzierung narrativiert. In der Narration wird die Ordnung der Elemente auf den Einzelfall angewandt. In den Legenden als den Narrationen der Heiligen wird vorgelebt, wie ein Einzelner in seiner konkreten Situation unter dem Druck der Göttlichkeit Schritt für Schritt reagiert.[8]

7. Die Narrativierung soll zwar den Anschein erwecken, dem Begriff zu entsprechen, doch es ist keineswegs so, dass der Begriff schließlich als Ziel (*telos*) der Verhaltensabfolge tatsächlich erreicht wird. Kein Richter etwa wird so naiv sein zu glauben, mit einem Urteil am Ende des Prozesses schlicht »Gerechtigkeit« zu bewirken. Stattdessen hat er mit der Begründung seines Urteils etwas gefunden, was er sich und anderen erzählen kann. Diese Narration nistet sich an die Stelle des Begriffs der Gerechtigkeit ein, operiert als Ersatzbegründung. Anstelle des Begriffs selbst (der Gerechtigkeit) wird eine spezifische Verhaltensabfolge institutionalisiert, die als die relativ »gerechteste« erscheint. Ähnliches gilt für die Forderung der Liebe oder des Heroischen etc.

8. Die begriffliche Forderung wird ersetzt durch eine Darstellung und Erzählung – dies ist die kulturelle Erscheinungsform von begrifflichen Strukturen. Die Hauptaufgabe dieser narrativen Ersetzungen der Begriffe ist die Entschärfung. Niemand kann der Forderung des Begriffs genügen, niemand ist schlicht »gerecht«, »gottesfürchtig« oder »cool«, zugleich aber werden in den Narrationen Handlungsmuster gewonnen, die die Forderung umgehen, eben indem sie ihr zu entsprechen scheinen.

9. Den narrativen Ersetzungen kommt also, zumindest vor der Hand, die Funktion der Bannung und Beschwichtigung des Begriffs zu. (Dass in dieser Beschwichtigung zugleich eine Aufrechterhaltung, Tradierung, Produktion und vielleicht auch Verschärfung des Begriffs liegt, wird später deutlich.) Die Kompensationsleistung der Ersatznarration weist sie als Ritus aus. In diesem Sinne hat Niklas Luhmann die Wirkungsweise von Riten in der Bannung des Unverstehbaren gesehen. Die Funktion des Ritus sei, in einem Wort, die »Kommunikationsvermeidungskommunikation«.[9] Für das, was nicht kommuniziert werden kann oder darf, muss eine Kommunikation gefunden werden, die die direkte Kommunikation des Verbotenen oder Unmöglichen vermeidet, zugleich aber dieses Tabu als Tabu kommuniziert. Auf unsere Erörterung bezogen heißt dies, dass an die Stelle der unabweisbaren Forderung des Begriffs eine narrative Kommunikation gesetzt wird, der es gelingt, den Begriff zu vermeiden, indem sie behauptet, ihm zu entsprechen. Daraus resultiert einerseits, dass die Forderung nie erfüllt wird, andererseits aber, dass die Forderung ihren Stachel der Vergeblichkeit verliert.

10. Der hier beschriebene Prozess konstituiert in der Ersatznarration spezifisches Wissen. Zum Beispiel wird darüber Wissen erlangt, was Gerechtigkeit oder Liebe ist, wie moralisch richtiges Verhalten aussieht oder wie Familienmitglieder sich zueinander verhalten sollen. Wissen gibt es demnach nicht, weil es ein Objekt gibt, von dem in einem sekundären Prozess Wissen gewonnen wird. Vielmehr ist der Prozess der Wissenserzeugung zugleich der Prozess der Objekterzeugung, denn ein Bild dieses Objektes entsteht erst in der narrativen Ersatzkommunikation. Die Struktur dieser Erzeugung des Wissens aber bleibt dem Wissen eingeschrieben. Es bleibt ein defizitäres Wissen, das gezeichnet ist von den Spuren des Als-ob, der nur teilweise eingelösten Forderung, dem Willen zur Entschärfung, der erst zum Wissen führt. Anders gesagt, dieses Wissen ist ein Beschwichtigungswissen. Das Interesse an dieser Art des Wissens ist das Interesse an der Entschärfung einer begrifflichen Forderung.

11. Hier zeigt sich nun auch, warum Fiktion, und zwar vor allem narrative Literatur, strukturell auf dieses Wissen bezogen ist. Narrative Literatur beschwichtigt, vertröstet, ersetzt, verschiebt. Dies ist vielleicht das eigentlichste Metier der Literatur: die Entschärfung. Seit einigen Jahrhunderten verfolgt die Literatur auch die gezielte Verschärfung der Begriffszwänge, um sie, dialektisch verzahnt, zugleich zu entschärfen.[10] Entsprechend dürfen wir annehmen, dass es immer wieder zu Übergriffen von Wissen auf Literatur und von Literatur auf Wissen kommt – sofern beide wirklich voneinander getrennt werden können.

12. Literatur hat es deshalb nicht nur mit der Sichtbarmachung des Begrifflichen zu tun. Vielmehr grenzt die Ent- und

Verschärfung der Begriffe durch die Literatur stets an die Produktion des Begrifflichen. Die romantische Liebe existiert wohl zuerst als Gegenstand der Dichtung. Nationen entstehen in den Köpfen der Menschen, weil sie besungen werden.[11] Und erst indem in literarisch-narrativen Texten die Abwesenheit des Ich beklagt wird, kommt das Ich als Begriff in die Welt. Anders gesagt, narrative Literatur kann einerseits an der Bewegung »von unten nach oben« teilhaben, indem sie narrative Muster der Ersetzung anbietet, also Verhaltensformen, die dem Zwang des Begriffs (»oben«) genügen. Andererseits kann Literatur aber auch die Bewegung »von oben nach unten« kultivieren, indem sie die Begriffe wie Liebe oder Nation narrativ »erfindet« und damit erst den Zwang erzeugt, der Handlungen und Praktiken teleologisch auf sich ausrichtet. Man könnte diese zweite Wirkung der Literatur eine Simulation des Begrifflichen nennen, sofern man dabei nicht vergisst, dass Begriffe stets nur als ›Simulation‹ existieren. Nie sind sie über den Zweifel erhaben, nie werden sie selbst zu einem Ding.

13. Natürlich ist es selten so, dass der Einzelne die Übersetzungsleistung des Begriffs in eine narrative Praktik selbst und ohne Orientierung leisten muss oder erst einmal einen Roman lesen sollte. Längst haben sich die Narrationen zu normativen Handlungsmustern verdichtet, die häufig den Begriff derart verdrängt haben, dass dieser vergessen ist. Diese normativen Handlungsmuster verdichten sich in Institutionen.[12] Die Gerichte verwalten die Gerechtigkeit, die Schulen die Bildung, die Kirche den Gott und die Clubs das Vergnügen. In den Institutionalisierungen wird das Verhältnis von Begriff und Praxis stabilisiert. Sicherlich kann diese Stabilisierung in manchen Fällen auch eine derartige Permanenz erlangen, dass ein Begriff obsolet wird, so wie die Institution der Monarchie in den europäischen Ländern längst den Begriff des Adels überlebt hat.

14. Bisher haben wir eine einfache Hierarchie angenommen: Erst kommt ein Begriff, dann die narrative Ersatzkommunikation, die diesem Begriff zu entsprechen sucht und ihn dadurch ersetzt. Ein Begriff bietet sich an, den Praktiken und Narrationen als Sonne am Himmel Orientierung zu liefern. Doch natürlich steht der Begriff weder am Himmel noch fällt er vom Himmel. Vielmehr ist anzunehmen, dass er seinerseits aus den menschlichen Praktiken hervorgeht.

Ein Beispiel kann dies beleuchten. Der Begriff des Fetisch, popularisiert von Charles des Brosses um 1760,[13] wurde von portugiesischen Missionaren auf die von ihnen beobachteten Afrikaner angewandt. Obwohl dieser Begriff die Praxis der beobachteten Riten wohl keineswegs traf, sondern von den externen Beobachtern untergeschoben wurde, bot sich der Begriff anscheinend nicht nur für die europäische Anthropologie zur Selbstbeschreibung der ›zivilisierten‹ Europäer im achtzehnten Jahrhundert an, sondern auch für die Afrikaner selbst; zumindest scheint es, sofern man es rekonstruieren kann, als habe sich die Praxis ihrer Riten in Adaption und Rückkoppelung auf den Begriff »Fetisch« verändert.

Allgemeiner gesagt: Wenn also eine Verhaltensform besteht, sei es aus Gewohnheit, aus Zufall oder warum auch immer, so gibt es anscheinend eine Tendenz, diese Praktiken dadurch zu legitimieren, dass ihnen rückwirkend ein Begriff untergeschoben wird, der ihnen Sinn, Mandat, Plausibilität oder Gewicht verleiht. Der Begriff ist, so gesehen, ein Effekt der Beobachtung von Praktiken.[14]

15. Das bisher Beschriebene lässt sich als Institutionalisierungszyklus darstellen. Einerseits entstehen die Praktiken und Narrationen als Reaktion auf den Zwang, die begrifflichen Gebote umzusetzen. Andererseits ermöglichen die Praktiken und Narrationen erst die Begriffe, indem sie zur Projektion eines geheimen Steuerungssystems einladen. Dies kann in einem einfachen Schema dargestellt werden.

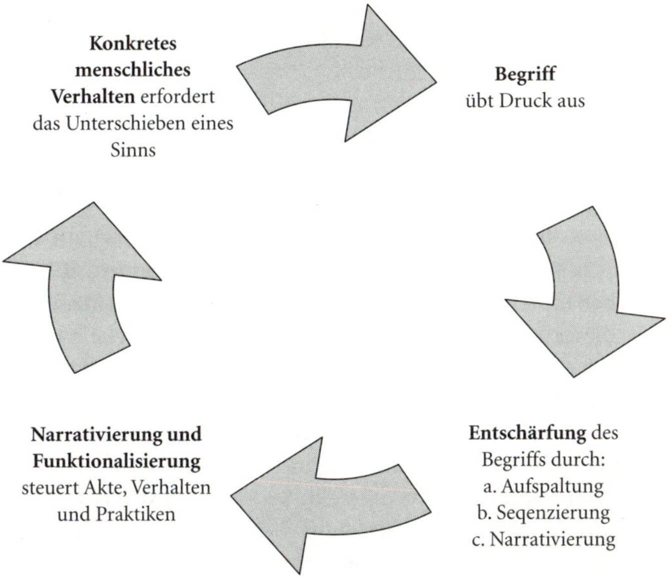

16. Diese Überlegungen führen uns zu einer prinzipiellen Zweideutigkeit im Verhältnis von Begriff und narrativer Praxis. Jeder Begriff ist wie der Begriff Gott absolut vorgängig *und* ein sekundärer Erklärungsversuch bestehender Akte. Umgekehrt ist ein jeder Akt (und jede narrative Praktik, die menschliches Verhalten vorbereitet) sowohl exemplarisch als auch individuell: exemplarisch, insofern er einem vorgeordneten Begriff zu entsprechen sucht, individuell, insofern er selbst vorausgeht und erst nachträglich einen Begriff einfordert, der ihn in einen Kontext stellt.[15] Ein jeder Akt, und noch der scheinbar konformste, könnte neue Rahmen und Begriffe zu seiner Erklärung erforderlich machen.[16]

Weder ein Begriff noch eine Praxis kann alleine auftreten: Beiden ist je die Erwartung der anderen Seite eingeschrieben. Einen Begriff gibt es nur, wo er Verhalten steuern könnte. Und dort, wo eine Praxis ausgeübt wird, ist immer auch das Potenzial für einen Begriff. Gerade weil keine Seite die andere determiniert, sondern beide strukturell geeignet sind, als *prima causa* aufzutreten, stehen sie permanent in Spannung.

17. Obiger Institutionalisierungszyklus liefert ein Modell, wie historische Prozesse wahrgenommen werden. Weil die Praktiken sich in überzeitlich stabil gedachten Begriffen konsolidieren, werden sie zu einem Gegenstand, an dem sich Wandel und Geschichte abzeichnen können. Begriffe behaupten absolute Geltung, und an dem Zusammenbruch dieses Anspruchs erweist sich der geschichtliche Prozess. Geschichte in diesem Sinne ist Begriffsgeschichte, die Geschichte des Beginns und des Endes von Forderungen auf Geltung. Moderne Geschichtsschreibung hat im späten achtzehnten Jahrhundert in der Tat auf Institutionen als ihren Gegenstand umgestellt. Seitdem registriert die Historiographie das Generieren, Modifizieren und Zerstören der Zentren menschlicher Verhaltenssteuerung.[17]

18. Diese Darstellung der Struktur der begrifflichen Zwänge berührt sich an mehr als einer Stelle mit der Konzeption des Diskurses von Michel Foucault. Als einen Diskurs in Foucaults Sinne begreife ich den Gegenstand im Vorstellen, welcher dadurch erzeugt wird, dass er mittels sprachlicher und sprachähnlicher Zugriffe kontrolliert, reglementiert und beherrscht wird.[18] Nach Foucault entsteht etwa ein Diskurs von Sexualität mit der Kontrolle sexueller Praktiken.[19] Foucaults Leistung besteht in der scharfen Beobachtung großer historischer Umbrüche innerhalb dieser Diskurse. Zudem haben seine Arbeiten den ungemeinen Vorzug, den Zwangscharakter von Wissensstrukturen historisch dokumentieren zu können.

Im Unterschied zu Foucault geht die vorliegende Arbeit allerdings von einer größeren Differenz von Begriff und Praxis aus. Für Foucault ist das, was ich als Begriff und Praxis unterscheide, nicht nur unmittelbar verzahnt, sondern identisch. Beides ist »Diskurs«. Den Begriff (Diskurs) gibt es für Foucault nur, weil er Praktiken (Diskurse) steuert; und die Praktiken (Diskurse) gibt es nur in Bezug auf den Begriff (Diskurs) als das Kontrollzentrum der Macht. Daher stellt sich für Foucault genau die Frage nicht, der dieses Buch gewidmet ist: Welche Narrationsstrategien, Kompensationsversuche und Verhaltensweisen ergeben sich aus dem bloßen Wort »das Ich«? Anders gesagt, Foucault unterschlägt oder, vorsichtiger gesagt, problematisiert nicht die hier vorgestellten wechselseitigen Dynamiken des Institutionalisierungszyklus.

(Foucault kann, vielleicht deshalb, nur einen ›negativen‹ Macht-Begriff ins Spiel bringen, denn jeder »Diskurs« repräsentiert für ihn immer schon Macht und Beherrschung. Entsprechend macht er es sich zum Ziel, eine ›positive‹ Dimension außerhalb der Unterdrückung durch die Diskurse zu suchen. Aus diesem Grund sieht sich Foucault anscheinend genötigt, in seinen späteren Schriften die eigentümliche Konzeption des ›Körpers‹ als Ort des Widerstands gegen die Diskurse auf den Plan zu rufen.)

Entsprechend wird hier argumentiert, dass Begriffe bereits vor der Kontrolle von Praktiken eine Macht besitzen, indem sie auf die Füllung mit Inhalt drängen, ohne sich je in einer bestimmten Füllung zu erschöpfen. Der Begriff des Ich, um den es in diesem Buch geht, zeigt, in Nachfolge des Begriffes Gottes, Wirkung auch außerhalb der Kontrolle und Bändigung von Ichheit, nämlich in dem ersten Anstoß, Ichheit zu finden und zu erfinden. Diese Differenz von Begriff und Praxis ist der Raum, in dem dieses Buch operiert.

Wie ein Begriff oder Begriffszwang kulturelle Wirksamkeit entfalten kann, soll anhand des Falles »des Ich« im Folgenden erörtert werden.

Wie angedeutet, wird sich die Analyse dabei vor allem aus drei Quellen speisen: Dokumenten der Wirtschaftstheorie, den Psychologien der Epochen und literarischen Werken. Während die beiden ersten jedem sofort einleuchten werden, ist es wohl angebracht, die Prominenz der Werke der Fiktion zu erläutern. Literatur und Narration sind eben die Medien, in denen begriffliche Konstrukte nicht nur besonders gut in ihrer Wirksamkeit beobachtet werden können. Vielmehr sind Begriffe auch aufs engste mit den (literarisch-fiktiven) Narrationen verwoben, insofern narrative Literatur stets mit den beiden Gegensatzpaaren operieren, die auch die Begriffe bestimmen: Realität und Fiktion sowie Verschärfung und Entschärfung (vgl. die Punkte 11 und 12 der methodischen Einleitung).

Jeder Begriff tritt auf als etwas, an dessen Realität gezweifelt werden kann. Der Begriff steht immer auch außerhalb der konkreten Realität der Praxis. Trotzdem ist er umgekehrt auch nicht rein fiktiv, da er ja Praktiken auf sich ausrichtet und sich, so scheint es, in diesen Praktiken manifestiert. Diese Mischung aus Realität und Fiktion kompromittiert viele auf Wahrheit und Authentizität ausgerichtete Diskurse (die Wissenschaften, die Theologie, die Liebe etc.). Damit ist nicht gesagt, dass diese unabhängig von Begriffen seien, doch die über die Realität hinausgehenden Aspekte des Begrifflichen müssen sich in diesen Diskursen gut verstecken, da sie ihnen sonst zum Vorwurf gereichen würden. Nur die Literatur wird von der Grenzverwischung von Realität und Fiktion nicht irritiert. Literatur ist zudem, wie bereits angedeutet, das Medium der Ersatznarrationen, in denen einerseits die Entschärfung der unbegreiflichen Forderung des Begriffs geleistet wird, andererseits aber eben im Modus der Ersetzung auch die Macht der Begrifflichen affirmiert, zementiert, fortgeschrieben und damit auch verschärft und produziert wird, da die Ersatznarration auf die Sonne des Begriffs ausgerichtet bleibt.

Es ist sicherlich nicht so, dass es die Begriffe ohne eine schöne Literatur nicht gäbe. Doch die mehr als strukturelle Nähe zum Narrativen kann nicht geleugnet werden. Insofern die Begriffe nur existieren, *weil* sie narrativ ersetzt werden können (siehe Punkt 14 der methodischen Vorüberlegungen), ist wohl auch der Begriff eine menschliche Möglichkeit aufgrund der Fähigkeit zur Narration.

Die Schwierigkeiten der folgenden Darstellung liegen wohl entsprechend nicht so sehr in der Auswahl des Quellenmaterials als vielmehr in seiner genauen Auslegung. Begriffe sind immer latent, immer indirekt, immer nur im Zustand der Verdrängung und Ersetzung zu erkennen. Hier können wir nur hoffen, dass wir von Fall zu Fall die adäquaten Entscheidungen treffen werden. Wo dies nicht gelingt, bleibt die Hoffnung, zumindest die richtigstellende Kritik einzuladen.

1. Kapitel

Vor 1771
Vor dem Ich

1. Der Schatten vor dem Ich

Kann es eine menschliche Kultur ohne einen Ich-Begriff geben? Auf jeden Fall. Tatsächlich ist der Begriff ebenso wie die Nominalisierung von »das Ich« oder »mein Ich«, »mein Selbst« eine relativ junge Errungenschaft zunächst des deutsch-französischen Kulturraums. Der wohl begabteste Künstler des früheren achtzehnten Jahrhunderts, Johann Sebastian Bach, hielt sich noch für ein reines Spiegelmedium der göttlichen Kreativität. Nichts könnte ihm ferner stehen als der Anspruch auf ein Ich in diesem Sinne.

Man kann es wohl als einen erklärungsbedürftigen Sonderfall ansehen, dass das Ich zu einem Begriff wird. Begriffe, so wurde in der Einleitung entwickelt, nötigen dem Einzelnen Verhaltensweisen auf, die diesen Begriff erst legitimieren. Der Begriff des Ich fordert von den Individuen, dass sie sich aktiv von anderen Menschen unterscheiden und ihre Abhängigkeit von ihnen leugnen. Warum aber nehmen die Menschen die Strapazen der Singularisierung und Autonomisierung auf sich? Das heißt, warum akzeptieren sie diesen Begriff, wenn anscheinend die voraufgegangenen Generationen noch gut ohne ihn auskamen?

Vermutlich gibt es keine Notwendigkeit für ein Ich, und das Ich bedeutet auch nicht plötzlich Autonomie und Befreiung aus Fremdherrschaft. Die noch im 17. und frühen 18. Jahrhundert üblichen Formen der Subjektivität ließen offensichtlich eine große Bandbreite an aktivischen und individuellen Verhaltensweisen zu. Noch das relationale oder verflochtene Selbst in seiner »Heterologie« konnte auf die patriarchalen Herrschaftsstrukturen durch unterschiedliche Aktivierungen und Interiorisierungen der Beziehungen antworten.[1] Auch die Selbst-Repräsentationen vor allem des Adels und der Patrizier vom 16. bis 18. Jahrhundert führten nicht zu einem »Ich« als Richtwert von Individualität. Es gibt noch keine Erwartung, dass der Einzelne anders als die anderen zu sein habe.[2] Im Gegenteil, nicht was man ist zählt, sondern das, als was man sich geben kann. Die allegorischen Selbst-Inszenierungen zeigen nichts als die Vielgestaltigkeit des Einzelnen.

Ähnlich war auch die Beziehung der barocken Feudalherren zum Geld nicht durch ein Ich motiviert. Besitz und Geld markierten für die Adligen keinen Seinszustand. Ihr Motto war vielmehr: Du bist, was Du ausgibst. Nicht das Horten, sondern das Verschwenden half dem Adligen, seinen Status zum Ausdruck zu bringen. Noch in Goethes *Wahlverwandtschaften* mit den Gelagen Lucianes hat sich diese ichlose, aber umso vielfältigere Adelskultur niedergeschlagen. Die Frage dieses einleitenden Kapitels lautet entsprechend, wie es um 1771 dennoch zur Ausbildung des Ich als Begriff kommen konnte.

In der Regel wird argumentiert, dass zu den wichtigen Vorbedingungen der Erfindung des Ich der Tod Gottes seit der Aufklärung und das Aufweichen der Möglichkeit einer klaren Verortung des Einzelnen durch Kategorien wie Familie, Stand, Beruf, Konfession und regionaler Herkunft gehören. Ohne Gott und ohne die Gruppenzugehörigkeiten, die das Individuum von oben »stratifikatorisch« (so Luhmann) determinieren, gäbe es mit dem größeren Handlungsspielraum für den Einzelnen auch größeren Bedarf an neuen Kategorien der Zugehörigkeit oder Selbstdefinition. In diesem Vakuum, so wird regelmäßig gefolgert, entsteht das Ich. Doch meiner Ansicht nach erlauben diese Argumentationen keine hinreichende Herleitung des Begriffszwangs des Ich. Vielmehr gilt es, auch das Implausible der Erfindung des Ich mitzudenken.

Im Folgenden wird versucht, eine alternative Entwicklungsgeschichte des Ich zu skizzieren. Die Herleitung soll anhand von zwei entgegengesetzten Positionen geschehen, nämlich den Konzeptionen der Person bei Locke und bei Rousseau. Die Differenz beider entzündet sich an der Bedeutung des Eigentums für den Einzelnen. Gefragt wird, wann, warum und wie Eigentum zum Faktor eines Begriffs von Individualität werden kann.

2. John Lockes Selbstbesitzer

Eigentum wird zum Faktor von Individualität, wenn Eigentum nicht mehr *a priori* dem Individuum zugerechnet wird. Solange nämlich Eigentum automatisch als Bestandteil des Individuellen gilt, prägt es noch kein Ich. Mit anderen Worten: Solange John Lockes Legitimation von Eigentum als natürliches Recht der Person gilt, so lange bleibt Eigentum gegenüber der Person absolut neutral. So wichtig Locke für die Entwicklung des modernen »punktuellen Selbst« sein mag (wie etwa Charles Taylor argumentiert),[3] so fern steht er dem späteren Denken in der von ihm angenommenen Gewissheit des Selbst oder Ich. Locke leitet in diesem Sinne das Recht auf Eigentum vollständig von der Person ab (*Second Treatise of Government*):

> … so hat doch jeder Mensch ein *Eigentum* an seiner eigenen Person. Über seine Person hat niemand ein Recht als nur er allein. Die Arbeit seines Körpers und das Werk seiner Hände, so können wir sagen, sind im *eigentlichen* Sinne sein.[4]
>
> [Every man has a *property* in his own person; this nobody has any right to but himself. The labor of his body and the work of his hands, we may say, are *properly* his.][5]

Lockes Argument ist zirkulär: Einerseits ist der Körper der Garant von Eigentum und erlaubt daher die »eigentliche« sprachliche Benennung von Eigentum. Andererseits aber reguliert »Eigentlichkeit«, die sprachliche Benennung »im eigentlichen Sinne«, das Eigentum: Der Körper und seine Produkte sind Eigentum nur, weil sie so genannt werden. Der Zirkelschluss liegt in der wechselseitigen Voraussetzung des jeweils anderen: Die Struktur des Besitzens ist Eigentlichkeit; und (sprachliche)

Eigentlichkeit wird verbürgt durch den Besitz des eigenen Körpers.

Der Zirkel kennzeichnet die *Second Treatise of Government* als Ganzes: Die Person, der Körper, ist zunächst nicht nur ein, sondern das erste, absolute, *natürliche* Eigentum. Es scheint zunächst, als könne Locke die gesamte soziale Ordnung von dieser ersten natürlichen Gegebenheit her ableiten. Durch die Leistungen des Körpers, Arbeit, weitet sich das Eigentum aus. Alles, was der Körper qua Arbeit modifiziert, macht er sich zu Eigen. Und so kommt Locke von »property« (Eigentum) auch zur »appropriation« (Aneignung). Arbeit wird somit zum Maß des Besitzbaren. Der direkte körperliche Kontakt zeichnet sich als Spur im Eigentum ab: sei es als Eisen im geschossenen Wild, sei es als Pflug im Ackerboden. Nur dasjenige kann angeeignet werden, was durch die Arbeit verändert werden kann. Die Veränderung der Dinge durch Arbeit ist dabei das, was die Dinge vergänglich macht, und zwar unmittelbar, wie das Pflücken die Frucht und das Schießen den Vogel. Das durch Arbeit gewordene Eigentum ist das Vergängliche, Verbrauchbare. Daher kann Locke sowohl sagen, das Maß des Eigentums sei Arbeit, als auch, das Maß des Eigentums sei Gebrauch.[6] Eigentum ist menschlich verursachte, menschlich genutzte Vergänglichkeit.[7] Doch hier stülpt Locke seine Genealogie um, denn Eigentum ist damit genau nicht mehr Sache der Natur, sondern der menschlichen Ordnung. Dabei tritt hervor, dass Eigentum einen Garanten außerhalb der Natur braucht, also eine Gesellschaft, Konvention, einen Gesellschaftsvertrag oder kurz: ein »commonwealth«, welches das Eigentum sichert. Das scheinbar natürliche Eigentum (property) kann bestehen, weil es als ein solches anerkannt und geschützt wird und unter der Obhut von Eigentlichkeit (properly, propriety), also Benennung und Übereinkunft, steht.[8] Der Zirkel besteht darin, dass das (natürliche) Eigentum zum Anlass einer (sozialen) Übereinkunft wird, die wiederum das (natürliche) Eigentum erst ermöglicht.

Diese Zirkularität bestimmt weite Teile von Lockes Denken. Dennoch bleibt eines stets außen vor und über den Zirkel erhaben: die Souveränität der Person.[9] Zum einen ist die Person das erste Eigentum von sich selbst (»every man has a property in his own person«). Zum anderen ist es die Person, die in den Bereich der menschlichen Konvention und Eigentlichkeit mit dem Ziel erst eintritt, das eigene Eigentum zu schützen (»this makes him [man] willing ... to join with others ... for the mutual preservation of their lives, liberties, and estates, which I call by the general name ›property‹«, § 123). Die Person ist dabei also noch vor dem Eigentum und ist vor der Eigentlichkeit. Sie wird daher von diesen nicht tangiert. Die Voraussetzung der Person ist einzig ihre Beständigkeit, also die Fähigkeit, dem Selbst durch Erinnerung Konstanz zu verleihen.[10]

Die Person geht vor; sie geht dem Eigentum, dem Commonwealth und noch der Natur vor. Daher ist Eigentum gegenüber der Person absolut neutral. Seine Möglichkeit ist bereits mit der Person gegeben, sodass ein jedes Eigentum nur eine Aktualisierung der in der Person gegebenen Möglichkeit, nur eine Sättigung der körperlichen Bedürfnisse bedeutet und somit nur ihrem Erhalt, nicht aber ihrer Erzeugung oder Veränderung dient. Kurz: Eigentum verändert die Struktur der Person nicht. Die einzige Gefahr für die Person, so Locke, geht vom (beweglichen) Geld aus, da der Tausch mit Geld mehr verfügbar macht, als durch Arbeit verdient werden kann.

Lockes Diktum, Aneignung sei ein natürliches Recht des Menschen, insofern sie durch Arbeit geschieht, basiert dabei auf der Annahme, dass genügend unbesetzter, aber besetzbarer, Besitz, *in vacuis locis*, zur Verfügung steht. Entsprechend gewinnt Locke seine Doktrin durch Betrachtung einer kleinen Urgesellschaft, der ein riesiger Landstrich zugeordnet ist, dessen Territorium sie nur zeitweise besetzt. Offener Raum ist so die Bedingung der Aneignung. Ohne dies weiter zu problematisieren, zieht Locke die Schlussfolgerung, dass die Basisformel von Arbeit als Maß von Eigentum auch im modernen Zeitalter gelte, obwohl dort kein freier Besitz mehr zu finden ist. Der Grund für Lockes Festhalten an der Struktur der Aneignung auch in einem Land ohne freies Eigentum dürfte in dem Status der Person liegen. *Es muss* Aneignung geben, denn sonst gibt es keine freien Personen.

3. Rousseau und das Ich

Jean-Jacques Rousseau artikuliert die Kritik an Locke. Bemerkenswerterweise geht auch er von dem Bezug von Person und Eigentum aus, bricht aber mit den beiden Säulen von Lockes Argument: der Souveränität der Person und dem natürlichen Recht der Aneignung durch Arbeit. Stattdessen entwickelt Rousseau ein explizites Konzept des Ich (moi). Für dieses Ich erweist es sich als entscheidend, dass die Einheit von Eigentum und Eigentümlichkeit aufgebrochen wird. Die Abkoppelung beider geschieht nicht nur im *Discours sur l'Origine et les Fondements de'l'Inégalité parmi les Hommes*, sondern auch in der Gärtner-Episode von *Emile ou de L'Education*, die hier sowohl aufgrund ihrer Zentralität als auch ihrer intellektuellen Schönheit ausführlich zitiert werden soll. Der Lehrer Jean-Jacques will darin seinem imaginären Schüler Emil »erklären, worauf sich das Eigentum gründet«.[11] Zu diesem Zweck erlaubt es Jean-Jacques seinem Zögling, einen Garten anzulegen.

> Ich werde sein Gärtnergehilfe und grabe die Erde, solange er zu schwach ist, für ihn um. Er nimmt sie in Besitz, indem er Bohnen pflanzt, und sicher ist diese Besitznahme heiliger und ehrwürdiger als die Besitznahme Südamerikas durch Nunez Balboa, als er seine Standarte auf diese Südseeküste aufpflanzte.
>
> Jeden Tag werden die Bohnen gegossen. Mit Entzücken sieht er sie keimen. Ich vermehre diese Freude, indem ich ihm sage: Das gehört dir! Dabei erkläre ich ihm den Begriff ›Besitzen‹. Ich lasse ihn empfinden, daß er seine Zeit, seine Arbeit, seine Mühe, seine Person drangesetzt hat; daß also in diesem Boden etwas von ihm selber enthalten ist [qu' il y a dans cette terre quelque chose de lui-même], das er gegen jeden behaupten kann, sowie er dem seinen Arm entziehen kann, der ihn gegen seinen Willen festhalten will.[12]

Die Bemühungen von Jean-Jacques zielen hier zunächst ganz darauf, seinem Schüler Emil die Dimensionen des »natürlichen«

Besitzens durch Arbeit nahezulegen, die Locke formalisiert hat. Dabei allerdings dreht er eine der Metaphern von Locke genau um: Wo Locke davon spricht, dass der Eigentümer sich das Eigentum einverleibt, spricht Rousseau hier von einem Hineinlegen des Eigentümers in das Eigentum (den Boden). Wo Locke also von Inkorporation spricht, setzt Rousseau eine Extension.

> Eines Tages kommt er [Emil] eilig mit der Gießkanne. Da, welcher Anblick, welcher Schmerz! Alle Bohnen sind herausgerissen. Das ganze Beet ist umgewühlt, man erkennt den Platz nicht mehr. Was ist aus meiner Arbeit, aus meinem Werk geworden? Aus der süßen Frucht meiner Mühen und meines Schweißes? Wer hat mir mein Gut geraubt? Meine Bohnen? Das junge Herz ist empört. Die Tränen fließen in Strömen. Das Kind ist trostlos. Man sucht und forscht und findet schließlich, daß der Gärtner an allem schuldig ist: man läßt ihn kommen.
>
> Wir haben uns verrechnet. Als der Gärtner merkt, worüber man sich beklagt, beklagt er sich viel lauter als wir: Was, meine Herren, Sie haben mir also meinen Garten zerstört? Ich hatte hier Melonen aus Malta gesät, deren Samen ein Vermögen wert sind und mit deren Früchten ich Sie erfreuen wollte. Nun haben Sie mit Ihren armseligen Bohnen meine schon aufgegangenen Melonen zerstört, die ich niemals mehr ersetzen kann! Sie haben mir einen unersetzlichen Schaden zugefügt und sich selbst des Genusses der köstlichen Melonen beraubt.
>
> Jean-Jacques: Entschuldigen Sie, lieber Robert. Sie haben Mühe und Arbeit darangesetzt. Ich sehe ein, daß wir unrecht hatten, Ihr Werk zu zerstören. Wir werden Ihnen anderen Samen aus Malta kommen lassen und wir werden keinen Boden mehr berühren, ehe wir wissen, ob nicht ein anderer vor uns dort gearbeitet hat.
>
> Robert: Gut, meine Herren! Aber dann brauchen Sie sich nicht anzustrengen; es gibt kaum noch unbebauten Boden. Ich bearbeite den Boden, den mein Vater urbar gemacht hat. Bei den anderen ist es ebenso. Alles Land, das Sie sehen, ist schon längst in Besitz genommen.

Emil: Herr Robert, gehen Ihnen also oft Melonenkerne verloren?

Robert: Verzeihen Sie, junger Herr, aber es kommen nicht oft so unbesonnene junge Herren wie Sie hierher. Niemand vergreift sich am Garten seines Nachbarn. Jeder achtet die Arbeit des anderen, damit seine eigene unangetastet bleibe.

Emil: Ich habe aber keinen Garten.

Robert: Was geht mich das an! Wenn Sie meinen zerstören, lasse ich Sie nicht mehr herein.

Der listige Pädagoge Jean-Jacques nutzt hier die ›natürliche‹ Aneignung durch Arbeit, wie Locke sie kodifiziert, um seinen Schüler zu einer Über-Extension zu verleiten. Der kleine Emil wird in den Glauben versetzt, dass diese Bohnen die seinen seien, dass also etwas von ihm in dem Boden selber liege und dass er seine Person so legitim erweitert habe. Aus seinen Handlungen leitet Emil eine einfache Vorstellung des Selbst als eines Machers und Besitzers ab. Dann kann die Falle zuschnappen. Emil ist gezwungen, sein Unrecht einzusehen, denn der Gärtner hat sich den Boden mit dem gleichen Recht angeeignet, welches Emil für sich in Anspruch nahm: das Lockesche Recht der ersten Urbarmachung und Bearbeitung. Anders als Locke geht Rousseau also nicht von einer ersten Appropriation einer Urgesellschaft aus, sondern zeigt die Unmöglichkeit einer Landbesitznahme in einem bereits komplett aufgeteilten Land. Gerade die Art und Weise, in der Emil die Bohnen für die seinen hielt, zwingt ihn dazu, diese Art und Weise nun auch in dem Akt des Gärtners zu erkennen und diesem damit das frühere, besser gegründete Recht zuzugestehen.[13] Emil muss lernen, *sich* zu zwingen, *sich selbst* einzuschränken.

Die Einsicht in seine ›Über-Extension‹ mündet nun aber nicht in schlichtes Vergessen seines um den Besitz erweiterten Selbst. Gerade weil Emil ›sich‹ schon vergrößert, erweitert und erhoben sah, bleibt die Fiktion dieser Extension bestehen, starrt ihn nun als leerer Raum an, den er nicht besetzen kann. »Ich habe aber keinen Garten.« Das um das Eigentum vergrößerte

Selbst, welches Emil für real hielt, erweist sich nun als fiktiv und damit nichtig, besteht dabei aber insofern fort, als es als Vakuum das Bewusstsein einer Abwesenheit, eine Markierung des Nichtigen hinterlässt. Aus Lockes *vacuis locis* wird der *horror vacui*. Das plötzliche Vakuum wird so zur Folie, vor deren Hintergrund Emil seine Nichtigkeit (»keinen Garten«) erkennen muss. Erneut gewinnt Emil also eine Vorstellung seiner Identität, einer solchen aber, die anders als die erste Identität des sich ausdehnenden Besitzers kein einfaches Selbst, sondern nur das Wissen um seine verfehlte Extension zum Inhalt hat. Emil kommt vom Selbst zum Ich. In der Gärtner-Episode gewinnt er ein Schattenbild von sich, welches ihm jedes (territoriale) Bild seiner Identität verweigert. Er wird zum Gefangenen eines dunklen Lochs, wie Rousseau in seinem abschließenden Kommentar dieser Szene formuliert:

> Der kleine Übeltäter wußte nicht, daß er sich mit dem Loch für seine Bohne ein Gefängnis grub, in das ihn seine Erkenntnis bald einsperren wird.
> Nun sind wir in der sittlichen Welt …[14]
>
> [Le petit méchant ne songeoit guére en faisant un trou pour planter sa féve, qu' il se creusoit un cachot où sa science ne tarderoit pas à le faire enfermer.
> Nous voila dans le monde moral …][15]

Es ist also nicht nur so, dass Emil sich in der Gärtner-Episode überhebt und dann gezwungen wird, seinen Fehler einzusehen. Vielmehr hinterlässt das überschätzte Selbst einen Schattenriss, den Emil zunächst für ein (reales) Selbst hielt und der eben deshalb nun als Mahnung seiner Überheblichkeit, Über-Extension, fortbesteht. Der Schattenriss wird so zum Ursprung eines Zwanges, das Loch als Loch zu erhalten und eben nicht durch die Vorstellung eines Selbst oder durch Eigentum zu füllen. Anders gesagt: Der Zwang zielt darauf, die Fiktionalität des Selbst zu erweisen.[16] Nur insofern wird der Zwang zur Instanz, als dass er ein jedes Selbst verunsichert, in Schach hält, gefangen setzt. Gerade weil Eigentum nicht Teil des Selbst ist, kann es zum Anlass einer Korrektur seiner fiktiven Überschätzung werden.

Diese Erzeugung einer Identität als Gefängnis kennzeichnet für Rousseau den Eintritt in die zivilisierte Welt. Dieser Eintritt geschieht durch den Übergang von einem als wirklich verstandenen Selbst zu einem seiner Fiktionalität bewussten Ich. *Emile ou de L'Education* als Ganzes gilt der Vorbereitung dieses Eintritts, der in der Gärtner-Episode zum ersten Mal in seiner ganzen Komplexität exerziert wird. In Buch IV wird Emil diesen Schritt in die zivilisierte Welt schließlich in aller Konsequenz ziehen. Dieser Schritt besteht darin, dass Emil ein »relatives Ich« (»moi rélatif«)[17] hervorbringt. »Relativ« ist dieses Ich dabei nicht schlicht, weil es sich mit anderen Menschen vergleicht, sondern vielmehr, weil dieses Ich sich selbst stets ›relativiert‹. Es bleibt seiner Über-Extension eingedenk und sieht sich nur *als* Über-Extension.[18] Diese Selbst-Auflösung nennt Rousseau Sittlichkeit.

Zahlreiche Episoden in *Emile* weisen eine ähnliche Struktur wie die Gärtnerepisode auf.[19] Emil oder ein anderer Zögling wird dazu verleitet, sich und sein geistiges wie physisches Eigentum zu überschätzen. Dann wird der Zögling wie von selbst dazu gezwungen, einen scheinbar selbstverursachten Fehler einzusehen. In all diesen Szenarien verführt ein überzogenes, von Besitz geprägtes Selbstbild die Knaben, um sie dann aber vor eine schreckliche Leere oder Dunkelheit zu stellen und sie in diese als Einsicht der Fiktionalität ihres Selbstbildes einzusperren.

Der Zusammenhang von Selbst und Eigentum ist für Rousseau ein negativer: Eigentum verführt den Eigentümer zu einem fiktiven Bild vom Selbst. Die Fiktionalität der Selbst-Erweiterung durch das Eigentum kann dann aber zum Anlass der Einsicht in ein kritisch distanziertes, »relatives Ich« werden. Einfach gesagt: Wo Eigentum war, kann ein Ich werden, das sich dieses Eigentum verbietet. Das Ich entsteht als Fiktionskritiker, als Kritiker der Fiktion eines auf Eigentum gegründeten Selbst. In Nachfolge der Pietisten antwortet Rousseau auf die Einflüsse der Fiktionen der sittlichen Welt (hier also die Fiktion eines durch Eigentum erweiterten Selbst) durch Ent-Fiktionalisierung.[20] In dieser Ent-

Fiktionalisierung liegt der Ursprung des Ich als Begriff. Der Einzelne gerät unter den Druck, keiner einfachen Konzeption von Selbstheit zu trauen. Stattdessen hält er einen Ort für ein Ich, was immer das sei, frei.

Damit kennzeichnet Rousseau exakt die anti-fiktionalistische Vorstellung des Ich, mit der die deutschen Denker seit dem Sturm und Drang um 1771 brechen. Diese antworten auf den Zwang, ein Ich zu haben, mit einer gezielten Fiktionalisierung und Ökonomisierung des Ich.

4. Das Jahrhundert des Pietismus

Nicht die Selbstgewissheit eines Locke führt zum Begriff des Ich, sondern der zwanghafte Selbst-Zweifel eines Rousseau. Wenn man also die Vorgeschichte dieses Selbst-Zweifels verfolgen will, so muss man sich den niederländischen und deutschen Pietisten zuwenden. Dort wird das Ich, wohl zum ersten Mal in der Geschichte des Abendlandes, als Abwesenheit empfunden. Das Bewusstsein einer Lücke geht der Fassung des Begriffs, der sie umgrenzen könnte, voraus. Entsprechend gibt es hier zwar keinen positiven Begriff des Ich, aber das Einüben des Registrierens eines Mangels.

Die Pietisten heben mit dem lutherischen Gestus der Eigenverantwortlichkeit an, doch sie bemerken das Versagen des Eigenen. In seinen pädagogischen Schriften warnt August Hermann Francke stets davor, dass alle Menschen vornehmlich »durch ihren eigenen Willen gemeiniglich [...] betrogen und verführt« werden.[21] Die Implikationen dieser Warnung sind immens. Der Mensch hat die Herrschaft über den eigenen Willen verloren. Jede eigene Intention, Motivation und Neigung, so Franckes Einsicht, könnte sich als bloße Maske einer verborgenen Intention oder eines Fremdeinflusses erweisen.[22] Der eigene Wille erlahmt nicht wie etwa beim Melancholiker, sondern wird zum Opponenten und, schlimmer noch, zum Doppelagenten. Zu Beginn steht nicht die Selbst-Gewissheit, sondern der Zweifel an sich selbst. Jedes Selbst könnte sich als bloße Vorstellung, als eine trügerische Fiktion erweisen. Die Demontage von Fiktionen wird zum Programm der Pietisten, wobei letztlich keine Instanz dem Fiktionsverdacht entkommt.

Die Quintessenz von Franckes Denken kulminiert in der Warnung ›Misstraue dir selbst!‹, die als Emblem des pietistischen Denkens insgesamt gelten kann.[23] Hier zeigt sich zugleich die große Nähe wie auch Ferne der Pietisten zu Descartes' Methode des Zweifelns. Denn wo Descartes Zweifel an allen Vorstellungen des empirisch Wirklichen erhebt, gegenüber denen sich das Denken begründen könnte, dort zweifeln die Pietisten an den Beweggründen, den Motivationen des Denkens selbst.[24]

Auf den Fiktionsverdacht antworten die Pietisten und ihre Nachfolger durch die Inzweifelziehung und Blockade des (scheinbaren) Selbst. Diese Blockade manifestiert sich dabei als vor-psychologischer Zwang, als Zwang nämlich, die Falschheit, Nichtigkeit desjenigen zu erweisen, was unreflektiert als freier Wille, Seele, Psyche oder Identität gilt. Dabei avanciert der Zwang zur Fakultät des Selbst, sodass in ihm die Absenz der »wirklichen« Individualität *vor* der (nicht-offensichtlichen, nicht-gegebenen, aufgeschobenen) »wirklichen« Individualität erfahrbar wird. Bevor der Kern des Eigenen sich zeigt, wird seine Absenz erfahrbar. Hamann etwa sieht sich als eine »unzeitige Frucht« und muss erkennen, wie seine Projekte nur in einem »Loch« münden, statt zu einem glücklichen Ende zu kommen.[25] Eben die Fühlbarkeit der Absenz von Selbstheit, das Loch, nimmt ihre Stelle ein und *ist* damit nicht nur sein Platzhalter, sondern die Fakultät der Selbstheit. Die Absenz von Selbstheit fordert mithin, dass es da etwas geben müsste. Hier liegt der Ursprung des späteren Ich-Zwangs, mithin des Ich.

Das Projekt der Pietisten besteht noch darin, in dem Loch Raum für Gott zu schaffen. Alles Fiktive muss ausgeräumt werden, damit der Einzelne zum Spiegel Gottes werden kann. Dieses (lebensnegierende) Projekt fehlt zwar den späteren Generationen, doch der pietistische Fiktionszweifel ist ihnen dennoch zur Gewohnheit geworden. Fraglich ist nur, für welches Selbst sie

Platz schaffen. Solange das Selbst nur als Zwang seiner Suche besteht, entgeht es dem Fiktionsverdacht. Als Forderung und Leitbild erhebt es (noch) keinen Anspruch auf Wirklichkeit. Die Absenz des Ich gewinnt als Phantom eine umrisshafte Gestalt und Präsenz, die jede Kritik an dem Ich in eine noch unbestimmte Zukunft aufschiebt. Diese Ungewissheit des Ich aber erlaubt den Nachfolgern der Pietisten, wie wir sehen werden, die Rehabilitierung der Fiktionalität (die die Pietisten noch ablehnen zu müssen glaubten).

Die Aufwertung des Phantoms eines freien, wahren Selbst durch die Pietisten führt zunächst zu einem Bruch mit der Trias von Seele, Geist und Körper, welche das Bild des Menschen bis weit ins achtzehnte Jahrhundert hinein prägt und auch durch die frühe Psychologie von Christian Wolff unangetastet bleibt. Gegen diese Trias setzen die Apologeten des neuen Selbst auf eine Zweiteilung der menschlichen Identität, den *homo duplex*.[26] Der Fokus der zunächst in Frankreich aufkommenden *homo-duplex*-Debatte besteht dabei in der Vermittlung zwischen zwei als unabhängig voneinander gedachten, in Konkurrenz stehenden Erklärungen der menschlichen Natur: dem *homme physique* und dem *homme morale* (Charles Bonnet). Die scharfe Trennung von »homme physique« und »homme morale« wirft die Frage nach möglichen Mittelgründen, Fähigkeiten oder Medien auf, in denen sich beide treffen. Zu diesen mit Bedeutung aufgeladenen Medien des achtzehnten Jahrhunderts gehören sinnliche Wahrnehmungen, die Einbildungskraft, Sprache, Erinnerung, Blut (wie beim Rotwerden), Tränen, Naturzustände und die Kindheit.[27] Auch Lavaters Projekt der Physiognomik, das eine Korrespondenz zwischen äußerer Erscheinung und inneren Eigenschaften behauptet, gehört in diesen Kontext, insofern es die Entsprechung von inneren Eigenschaften und körperlichen Erscheinungen behauptet.[28]

Wo die Franzosen von einer Gleichwertigkeit von *homme physique* und *homme morale* ausgehen, entwickeln die deutschen Autoren, unter starkem Einfluss der Pietisten in Halle, ein asymmetrisches Modell des zweiteiligen Menschen. Auf der überlegenen Seite steht das Bewusstsein seiner selbst, das »Selbstgefühl«[29] oder »die innere Geschichte« (wie Blanckenburg es nennt)[30], auf der anderen alles andere, also das Körperliche und Ungeistige, aber auch ›äußere‹ Spezifikationen wie Beruf, Stand, Alter, Rasse und Geschlecht.[31] Die Bifurkation eines Bewusstseins seiner selbst und von allem anderen erlaubt und verbietet gleichermaßen eine Antwort auf die Frage nach der menschlichen Identität: Das Bewusstsein seiner selbst erhält das Monopol über die Selbstheit. Daher ist es ebenso einfach zu bestimmen, was das Bewusstsein seiner selbst am Ende des achtzehnten Jahrhunderts leisten soll, nämlich eine Identität für das selbstbegründete Individuum bereitzustellen, wie es schwierig ist zu sagen, *was* dieses Bewusstsein seiner selbst sein könnte und *ob* es überhaupt etwas ist, da es nur durch die Abwesenheit ›alles anderen‹ gekennzeichnet ist.[32] Es gehört ein gewisser Optimismus dazu, wenn ein junger Autor wie Herder in einem *Versuch über das Sein* (1764) schreibt: »indessen gibts doch eine egoistische Gedankenwelt ein Etwas, was frei von allen sinnlichen Eindruecken, ohne alle *gegebne* Begriffe … vielleicht einzig zu sich *ich* sagen kann: – göttlich zu sich sagen kann: ich denke durch mich; und alles andere durch mich.«[33]

Die Frage, wer oder was ich bin, wird seitdem fast ausschließlich durch Referenz auf dieses Bewusstsein beantwortet. Ich bin das Bewusstsein meiner selbst. Es gibt kein psychisches Phänomen mehr, das mit Gewissheit an das eigentliche Selbst rückgebunden werden kann, keine Willensäußerung und kein untrügliches Zeichen. Gerade die Abwesenheit aller unmittelbaren Evidenz des Ich führt zur verschärften Beobachtung und zum neuen Imperativ im achtzehnten Jahrhundert.

2. Kapitel
1771
Warum das Ich Eigentum braucht

1. Das Ich als Ich-Zwang

Eigentümlichkeit verpflichtet. Individualité oblige. Wer sich als Träger eines Ich präsentiert, muss dieses Ich pflegen, erhalten und entwickeln. Da ein Ich nicht besessen wird wie ein beliebiges Objekt, muss es zunächst erkannt und beobachtet werden. Dies setzt voraus, dass seine Existenz als gesichert gilt – was nicht der Fall ist. Um also ein Ich haben zu können, muss man sich seines Besitzes vergewissern, indem man es erprobt und so zum Vorschein bringt. Auf diese Weise verpflichtet Eigentümlichkeit: Sie verpflichtet zu ihrem Beweis. Eigentümlichkeit, Ichheit, hat die Struktur eines Anspruchs, der das Ich dergestalt prägt, dass das Ich in der Forderung besteht, bewiesen zu werden. Das Ich existiert als Ich-Zwang.

Dieser Imperativ zur Ichheit wird literaturhistorisch unter dem Stichwort Sturm und Drang verhandelt. Der junge Goethe artikuliert ihn in einem Wort:

> »Ich! Der ich mir alles bin, da ich alles nur durch mich kenne! So ruft jeder, der sich fühlt, und macht grosse Schritte durch dieses Leben, eine Bereitung für den unendlichen Weg drüben. [...] Auf die Reise meine Herren! [...][1]

In den Jahren 1769–1771 setzt sich das Kampfwort »Ich« als Emblem der Aufgabe der Epoche durch. Doch »das Ich« ist kein Wort, das seinen Inhalt schlicht bezeichnet. Es ist eine Medusa, die alle erstarren lässt, die nicht hinter der Maske stehen. Die Menschen dieser neuen Ordnung, die Goethe hier adressiert, zerfallen in diejenigen, die aus ihrem Ich eine Welt schöpfen, und in diejenigen, die keine Welt aus sich hervorbringen können und daher in die »Nonexistenz«, so Goethe, versinken.[2] Dass nur die »Herren« der Schöpfung angesprochen sind und der Gefahr entgehen können, die Frauen dagegen nicht adressiert sind, macht Goethe explizit.[3] Dieses Ich ist nicht schlicht ein Angebot, es ist ein Zwang und eine Drohung. Wer nicht »Ich!« ruft, vergeht.

Das ängstliche Echo auf diese Drohung erklingt denn auch mindestens so häufig wie der Drohruf selbst. Selbst diejenigen, die wie Jakob Michael Reinhold Lenz die Luftigkeit des Ich erkennen, können sich dennoch nicht dem Auftrag entziehen, ein Ich zu suchen. Lenz schreibt:

> Wie denn, ich nur ein Ball der Umstände? ich-? ich gehe mein Leben durch und finde diese traurige Wahrheit hundertmal bestätigt. Wie kommt es aber, daß wenn ich meine Schicksale erzähle, ich alle meinen Witz aufbiete, meine Schicksale so viel ich nur kann, mir unterzuordnen, meiner Klugheit, meiner Würksamkeit, woher kommt denn die Gewissensangst die ich zugleich dabei fühle, du hast vielleicht nicht soviel dazu beigetragen als du dir einbildest.[4]

Dort, wo »Umstände« reagieren, soll das Ich sein. Die äußeren Gesetze und Zufälle müssen durch die innere Instanz ersetzt werden. Das Ich kommt nicht als eine positive Fakultät ins Spiel, nicht als ein Objekt des Wissens und nicht als eine Steuerungsinstanz, sondern als das Produkt einer Forderung und der Hoffnung, dass die Forderung erfüllt werden könne. Doch sofort erweist sich die Hoffnung auf ein solches freies und eigenständiges Ich als illusorisch. Das Ich bleibt eine Instanz, deren Eigenständigkeit negiert wird: »Ich nur ein Ball der Umstände?« Diese Negation veranlasst das Individuum seinerseits dazu, die Abhängigkeit von Umständen zu negieren. »Wie kommt es aber, daß … ich alle meinen Witz aufbiete, meine Schicksale … *mir* unterzuordnen …?« (Meine Hervorhebung, F.B.). Statt die Niederlage einzugestehen, lügt sich das erzählende Ich aus der Abhängigkeit von »Umständen« hinaus. Auch die Stimme des Gewissens, die sich als Antwort auf die Lüge regt, erhebt sich qua Selbstvorwurf über die reinen Umstände. Das Ich, welches so erwächst, ist die Leugnung der Leugnung der individuellen Unabhängigkeit. Die Abwesenheit von echter Ichheit (was immer dies sein könnte) wird zum Ursprung eines ersetzten Ich, einer Narration von der Erzeugung des Ich durch Simulationsstrategien. In der Einleitung wurden diese Simulationsstrategien bereits als ritualistische Ersatzkommunikation gekennzeichnet. Anders gesagt: Gerade hier wird das Ich zum Begriff. Das Ich besteht in der Pflicht, dieses abwesende Ich umzusetzen und zu realisieren.

Die große Frage der Epoche um 1771 ist es denn auch, ob es »das Ich« gibt oder ob die Nominalisierung des ersten Personalpronomen »ich« zu »das Ich« eine sprachliche Verirrung sei.[5] Die Angst, kein »Ich« zu haben, ist einer der wirkungsmächtigsten Momente der Epoche des ausgehenden achtzehnten Jahrhunderts. Die Angst nämlich, gegen die schwankenden Kräfte der Geschichte, gegen die überpersönlichen Institutionen, gegen die Einflüsse anderer Menschen und ihrer Ideen keinen Bestand, keinen inneren Halt, keine feste Identität zu haben und also als »Ball der Umstände« umhergeworfen zu werden, hat ihre deutlichste Manifestation in der Hypostasierung des »Ich« um 1771 gefunden.[6] Vor dieser Zeit findet sich die Nominalisierung »das Ich« selten und meist als Übersetzung von »alter ego«, bereits um 1780 dagegen sind die Journale und Publikationen Rarität, die sich dieses Wortes nicht bedienen.[7] Das Nomen »Ich« verbindet die Vielfalt von Disziplinen und Diskursen ebenso wie es sie auseinanderhält, wie schon ein kurzer Blick auf das Spektrum von Bildungsroman, Psychologie, Lyrik, idealistischer Philosophie, Herders Idee des Volks als Identitätsträger und der pietistischen Bekenntnisliteratur zeigt. Keiner dieser Diskurse scheint sich seines Objekts sicher, keiner, selbst die empirische Psychologie nicht, scheint der Angst zu entgehen, es nur mit einem Papiergespenst zu tun zu haben. Nur wer »Auf die Reise meine Herren« ruft, entgeht der eigenen Angst, insofern er den Schreck im Gesicht der anderen zelebriert. Vielleicht ist »das Ich« also nichts als ein Wort. Doch als ein solches Wort regt es die Phantasie an, dieses Ich zu belegen und wirklich zu machen.

Das »Ich« kommt aus dem heiteren Himmel beziehungsweise wird so wahrgenommen. Für die Autoren und anscheinend auch Menschen der Epoche wird die Erfahrung des Ich, also die Erfahrung einer Abwesenheit, nicht durch eine Tradition gemildert. Die Vatergeneration der 1771er kannte nicht den Zwang, *sich* zu erweisen und beweisen, selbst wenn ihnen die Abwesenheit einer freien Individualität durchaus nicht fremd war.

2. Kompensation des Ich-Mangels

Kaum jemand scheint um 1771 immun gegen den Geist der Zeit zu sein. Jeder fordert das Ich, welches sich zugleich in dem Maße entzieht, als es gesucht wird. Ähnlich wie Goethe begrüßt auch Herder zunächst emphatisch das Ich. In seinem *Journal meiner Reise im Jahre 1769* artikuliert er sein Projekt, ein Ich dadurch zu gewinnen, dass er sich von allem Fremden befreit: »Wann werde ich so weit sein, um alles, was ich gelernt, in mir zu zerstören, und nur selbst zu erfinden, was ich denke und lerne und glaube!«[8] In seinen Vorarbeiten zu *Plastick* (1769) schreibt Herder mutig: »*Ich fühle mich! Ich bin*!«,[9] als Revision des *cogito ergo sum*. Doch anders als Descartes' Schlussfolgerung fehlt diesem Satz die unmittelbare Gewissheit. Herder fährt fort: »Ich glaube, daß es für einen Blinden möglich ist, den ganzen Körper in seinem Gebäude auf Kräfte der Seele zu reduciren. [...] Wir nicht: denn wir sind zu zerstreut, zu sehr aus uns geworfen, um daran zu denken. Wir kennen unsere Seele so wenig, wie unser Gesicht.« Die Abwesenheit der Gewissheit noch des scheinbar unmittelbaren Tastsinns steht am Anfang der Selbstsuche bei Herder. Die Abwesenheit erweist sich dabei für Herder als unreduzierbar; die Bruchlandung folgt in wenigen Jahren, wenn Zweifel und Verzweiflung den Platz des Ich einnehmen. Herders Fazit: »Mein ganzer Trost ist nehmlich der, daß ich Nichts bin.«[10]

Der Kopf der Medusa, das Ich, ist aus dem Beutel gezogen. Selbst wenn Autoren wie Goethe und Herder schnell versuchen, sich vom Ich-Zwang zu distanzieren,[11] ist die lähmende Wirkung des Ich nicht zu unterschätzen. Immer wieder wird versucht, des Ich habhaft zu werden, um dann durch die Hintertür die Zweifel einzulassen, die Lenz beschwor. Das Ich tritt stets in dem Doppel von Selbstgewissheit und Zweifel auf: dem Forscher Faust und dem Verführer Mephistopheles, dem Alpenkletterer und den tückischen Nebelwolken, dem genialen Künstler und seinem dilettantischen Doppelgänger.

Noch die vollmundigsten Apotheosen der Allheilkraft des Ich zeugen von dieser Doppelbildung. In einem etwas derben Text von 1779 unter dem programmatischen Titel »*Was ich wil*, das kan *ich*« macht sich der Autor stark für die unbegrenzte Fähigkeit des individuellen Willens:

> Also […] liegt die Kraft im Menschen. Der dumme Mensch weis sie nur nicht hervorzurufen, und darum, […] steht er wie eine Bildsäule da, und weis sich nicht zu helfen und zu rathen. Woran liegt es aber und was ist die Schuld? Weil es am kräftigen Willen mangelt und weil kein Vertrauen da ist. Was woltest du aber können, wenn du selber zweifelst, ob es geht? O wehe dir, wenn der Zweifel komt. Wie ein Wind aus Norden, fährt er über dich und mach deine Gelenke erstarren. Der Zweifel kan einen Menschen so matt machen, daß ihn ein Kind jagen kan.[12]

Der zweifelnde Mensch ist handlungsunfähige Bildsäule, die nur *ex negativo* auf das verweist, was ihr fehlt.

Der Mangel an Ich-Bestimmtheit erklärt, was ansonsten verwundern müsste: den Klageruf, wann immer die Frage nach dem Ich aufkommt. Der Sturm und Drang, der in der Regel als Epoche der Subjektivität und des Individualismus beschrieben wird, ist die Epoche, in der der Mangel an Ichheit und Originalität zu einer der meist diskutierten, meist beklagten und unumstößlichsten Wahrheiten aufrückt. Anstelle eines Reichtums an Ichheit und manifesten Selbstbewusstseins findet man um 1771 nur eine intensive, bisweilen hysterische Suche nach dem Ich. Die Gewissheit einer unabhängigen Denk- und Fühlkraft des Gemüts, die manche frühere Denker schlicht voraussetzten, fehlt dieser Generation vollständig. Es scheint keine Alternative mehr zur Suche des Ich zu geben.

Die Angst vor dem Versagen ist wohl kaum auszuhalten. Entsprechend kann es nicht verwundern, wenn Verfahren der Entschärfung privilegiert werden. Eine der bestens dokumentierten Entschärfungen dieses Ich-Zwanges findet im Genie-Kult des Sturm und Drang seinen Ausdruck. Eine Entschärfung stellt der Genie-Kult insofern dar, als er das Versagen an der Ausbildung eines Ich zu einem allgemein menschlichen Phänomen macht. Nicht der Einzelne scheitert am Ich, sondern das Kollektiv. Der Mangel an Genie, den viele Kritiker der Epoche bezeugen, trifft alle und keinen. Das Genie ist eben nur der exzeptionelle Einzelne, der schöpferische Künstler. Wer sich damit abfindet, nicht exzeptionell zu sein, entgeht der Drohung des Begriffs. Doch der Trost ist ein schwacher, denn der Künstler wird zugleich zur Leitgröße der Epoche erklärt. Statt dem Ich-Begriff als Forderung an den Einzelnen die Spitze zu nehmen, buchstabiert der Genie-Begriff allen vor, was das Ich sein soll und wie es seine Originalität zu beweisen hat.[13]

Die Absenz des Ich führt schnell zu zwei prinzipiellen Spezifikationen des »Ich«. Erstens kann das Ich nur in Unabhängigkeit, Autonomie, bestehen. Zweitens ist das Ich nur als radikal individuelle, nicht-universelle, Größe zu verstehen (etwa als Bewusstsein, Geschichte und Situation *eines Einzelnen*). Im Genie treffen sich beide Forderungen, insofern dem Genie zugemutet wird, anders als alle anderen und zugleich in sich selbst vollendet zu sein. Beide Aspekte der Ichheit gehen in der Folgezeit ein Amalgam ein: Die eigene Unabhängigkeit muss individuell *erfahren* werden, das heißt, der ›Beweis‹ des Ich als Ganzes muss selbst Gegenstand einer Erfahrung werden. Autonomie muss individuell er- und gelebt werden (und kann nicht nur abstrakt, juristisch besessen werden). Auf diese Forderung antwortet der Bildungsroman ebenso wie der einsetzende Extremtourismus in den Alpen, die romantische Liebe und der Selbstmord (Stichwort: Werther-Fieber). Daraus resultiert auch eine Verschiebung im Status der Autonomie. Autonomie nicht schlicht zu haben, sondern zu repräsentieren und damit sinnlich zugänglich zu machen, ist das Ziel des Ich-Erweises.

Aufgrund dieser geforderten (sinnlichen) Erfahrbarkeit des Ich genügen auch die Ich-Belege nicht, die die Konzeption des Subjekts in Umlauf brachten. Der Name ›Subjekt‹ ist hier mehr ein Hilfswort zur Bezeichnung dessen, was in den Anthropologien der Aufklärung eher als ›freier‹ oder ›ganzer Mensch‹ und erst seit Hegel als »Subjekt« gilt. Das ›Subjekt‹, auf dessen Entwicklung die Epochen der späten Neuzeit bis zur Aufklärung zielten und das nie ganz außer Kurs gekommen ist, soll sich ›dialektisch‹, nämlich negativ durch die Beherrschung der ›Objekte‹ erweisen. Da sich aber das Subjekt seinerseits immer wieder als beherrscht und unfrei erweist, wurde von den Denkern der Epoche eine neue Beweismaschine der Überlegenheit noch des unterlegenen Subjekts erfunden, die die Dialektik auf die Spitze treibt. Das Schema dieser dialektischen Opferlogik findet sich bei Schelling etwa in der folgenden Darstellung, die durch die Diskussion von Philippe Lacoue-Labarthe prominent geworden ist:[14]

> Man hat oft gefragt, wie die griechische Vernunft die Widersprüche ihrer Tragödie ertragen konnte. Ein Sterblicher – vom Verhängnis zum Verbrecher bestimmt, selbst *gegen* das Verhängnis kämpfend, und doch fürchterlich bestraft für das Verbrechen, das ein Werk des Schicksals war! Der *Grund* dieses Widerspruchs, das, was ihn erträglich macht, lag tiefer, als man ihn suchte, lag im Streit menschlicher Freiheit mit der Macht der objektiven Welt, in welchem der Sterbliche, wenn jene Macht eine Übermacht – (ein Fatum) – ist, *nothwendig* unterliegen, und doch, weil er nicht *ohne Kampf* unterlag, für sein Unterliegen selbst *bestraft* werden mußte. Daß der Verbrecher, der nur der Übermacht des Schicksals unterlag, doch *bestraft* wurde, war Anerkennung menschlicher Freiheit, *Ehre*, die der Freiheit gebührte. Die griechische Tragödie ehrte menschliche Freiheit dadurch, daß sie ihren Helden gegen die Übermacht des Schicksals *kämpfen* ließ: um nicht über die Schranken der Kunst zu springen, mußte sie ihm *unterliegen*, aber, um auch diese, durch die Kunst abgedrungene Demüthi-

> gung menschlicher Freiheit wieder gut zu machen, mußte sie ihn […] *büßen* lassen. […] Es war ein *großer* Gedanke, willig auch die Strafe für ein *unvermeidliches* Verbrechen zu tragen, um so durch den Verlust seiner Freiheit selbst eben diese Freiheit zu beweisen und noch mit einer Erklärung des freien Willens unterzugehen.[15]

Freiheit, nach Schelling »das Wesen des Ichs«,[16] erweist sich darin, dass der Kampf des Einzelnen trotz seiner Hoffnungslosigkeit geführt und von den Göttern bestraft wird. Doch eben dieser scheinbare Beweis wird in den Werken von Schelling und anderen als Mechanik lesbar, als eine bloße Simulation von Freiheit, da der Tod eines Charakters durchaus echte Freiheit (was immer dies sein könnte) verbietet. Nur aus der Perspektive eines Zuschauers wird ein freies Subjekt fingiert und glorifiziert. Nicht das freie Subjekt als der tiefe Beweggrund von Handlung ist die Basis des bürgerlichen Trauerspiels, sondern die Unterstellung von Freiheit aus Sicht eines Dritten. Die Helden opfern sich nur, damit Zuschauer sie für freie Subjekte halten können. Die Tragödie wird in den Federn der Autoren des Sturm und Drang, in größter Perfektion bei Schiller, zur Technik der Subjekt-Simulation *ex negativo*.[17]

Anders als das ›Subjekt‹ aber muss das Ich sich selbst direkt erweisen, beweisen oder erfahren. Daher genügen auch die Ich-Beweise durch Abstinenz nicht, gleichwohl sie durch den Ich-Gedanken gesteuert werden. Die Erfindung der »Sucht« im späten achtzehnten Jahrhundert bei Aufklärern wie Benjamin Rush etwa dürfte auf das Konto des autonomen Ich gehen. Was einmal toleriert, ja gefeiert wurde, schlimmstenfalls als kleines Laster gesehen und übersehen wurde, muss nun im Namen eines freien und selbstkontrollierten Ich als negative Abhängigkeit sanktioniert und pathologisiert werden. Doch zum positiven Beweis des Ich genügt die (negative) Vermeidung der Sucht nicht.

3. Die zwei Beweise des Ich: Kunst und Eigentum

Zwei ›Beweise‹ oder Erzählungen des Ich setzen sich am Ende des achtzehnten Jahrhunderts durch: künstlerische Sensibilität und individuelles Eigentum. Der feinfühlige Künstler reagiert auf die äußere Welt auf idiosynkratische Art und Weise und sieht daher die Existenz seines eigenständigen Inneren anhand seiner Empfindungen bestätigt. Der Eigentümer wiederum sieht sich im Kreise seines Besitzes materiell verbürgt und weiß, dass ausschließlich er Verfügung über diese Dinge oder Leistungen hat. Zwar haben die Ideologen des neunzehnten Jahrhunderts viel Energie darauf verwandt, Kunst und Eigentum wiederum als Gegensätze darzustellen, etwa in der Antithese des Künstlers und des Kaufmanns, die uns später noch beschäftigen wird.[18] Doch entgegen des noch heute geläufigen Schemas dieses Gegensatzes stehen ökonomische und ästhetische Lebensformen im achtzehnten Jahrhundert dicht beieinander, wie sich schon daran zeigt, dass der Besitz von Kunst und das Sammeln schöner Objekte hoch im Kurs stehen. Kunstbesitz wird zum goldenen Mittelweg des Ich-Belegs.[19] (Eine theoretisch fundierte Analyse der gemeinsamen Struktur von Kunst und Eigentum leistet Karl Phillipp Moritz, wie im folgenden Abschnitt dargelegt wird.)

Die Nähe und Ferne der Praktiken von Eigentum und Kunst als Antworten auf ein und dieselbe Krise am Ende des achtzehnten Jahrhunderts wird von Niklas Luhmann wie folgt formuliert:

> Im Zusammenbruch der Ständegesellschaft suchen die Individuen sich auf die Insel Eigentum zu retten; aber dort ist, wie man weiß, nicht für alle Platz. […] Zum Glück ist dies nicht der einzige Weg, auf dem das 18. Jahrhundert das Individuum sucht. Es gibt eine zweite, davon unabhängige Ideenentwicklung, die ebenfalls Distanz zu schichtabhängigen Kriterien sucht und ebenfalls ein Differenzschema verwendet, mit dem das Individuum Information über sich selbst gewinnen kann. Hier geht es um die Beurteilung von Werken, speziell um Werke der schönen Künste und später deren Theorie: um Ästhetik.[20]

Luhmann betont, dass sowohl Kunst als auch Eigentum aufgrund ihrer kommunikativen Leistungen neu entdeckt werden, insofern sie dem plötzlich auf sich gestellten Individuum Information über sich gewähren. Diese Informationen werden gebraucht, so Luhmann, weil das Individuum seine Verankerung in Familie, Stand, Zunft und Region verliert.

Deutlicher als Luhmann will diese Arbeit zeigen, dass weder in der Kunst noch im Eigentum Individualität selbst »kommuniziert« wird. Stattdessen soll hier betont werden, dass es in diesen »Kommunikationen« weniger um Medien und um das Teilen von Information geht, als vielmehr um eine Ablenkungsstrategie. Kunst und Eigentum sind Ersatznarrationen beziehungsweise, um in Luhmanns Vokabular zu bleiben, »Kommunikationen«, deren Funktion eben nicht in einer positiven Vergewisserung eines vorhandenen Ich besteht, sondern in der Abwehr der Zumutung, die diese Kommunikation erst notwendig macht. Abgewehrt werden muss der Ich-Zwang. Wenn über das Ich indirekt (etwa mittels von Kunst und Eigentum) »kommuniziert« wird, dann wird um den heißen Brei herumgeredet. Nichts ist nämlich ungewisser als dieses Ich des Einzelnen.

Zu den vielen Inanspruchnahmen der narrativen Literatur im siebzehnten und achtzehnten Jahrhundert – also etwa die pädagogische Normierung durch das Exemplum des Protagonisten, die religiöse Kontemplation und die erotische Stimulation – kommt nun die Aufgabe, den Einzelnen zumindest für die Dauer der »Kommunikation« vor der Forderung nach einem Ich zu schützen, welche paradoxerweise erst durch die Literatur Gestalt gewonnen hat. Auf diese paradoxe Figur der Forderung nach einem Ich und dem gleichzeitigen Schutz vor dieser Forderung antwortet die Literaturtheorie des späten achtzehnten Jahrhunderts durch Individualitätsmodelle, die unter den Stichwörtern Mitleid, Genie und Kritik verhandelt werden. Ichheit verspricht die Literatur auf drei Ebenen: durch direkte Identifikation mit einem höchst individuellen Charakter (»Mitleid«),[21] durch die Idee eines geistreichen narrativen Gebildes (»Genie«)[22] und durch den erhabenen Blick auf das Werkganze (»Kritik«).[23]

Die dynamische Doppelung von Literatur einerseits als Stachel der Forderung nach einem Ich und andererseits als Therapie vor dieser Forderung erhebt die Literatur in den Rang der Kunst (im modernen Sinne): Literatur wird eine sich selbst begründende und antreibende Praktik. Dabei steht weniger die Autonomisierung im Vordergrund, denn diese ist ein Effekt dieser Bewegung, sondern die permanente Selbst-Reduplikation von Narration. Literatur muss gegen Literatur immunisieren.

Eigentum stößt aus einer anderen Richtung zu den Ich-Diskursen hinzu. Die Eigentumsdiskussion wird weitgehend von der Doktrin der Physiokraten besetzt, die darin besteht, dass immobiler Besitz, vor allem Ackerboden, als die unterste Ebene, als der Motor der Gesamtwirtschaft gilt. Weil der Boden einerseits die Grundlage der Ernährung einer Population darstellt, andererseits aber beschränkt ist, gilt sein Besitz als Krone wirtschaftlichen Erfolgs. Entsprechend werden demokratisch-politische Rechte an den (Land)Besitz geknüpft.[24] Persönlichkeit und (Land)Besitz werden zu den beiden Seiten einer Münze. Wer (Land) besitzt, von dem lässt sich eine Geschichte erzählen. Elemente dieser Geschichte sind Deutlichkeit, Beständigkeit (auch im Sinne der Familientradition), Widerstandskraft, Verantwortlichkeit und lesbare Ehrlichkeit.[25] Es sind dies zugleich die Elemente der ökonomischen Kreditwürdigkeit, die in der Epoche intensiv diskutiert werden.[26] Nicht die ökonomische Sicherheit des (Land)Besitzes an sich, als vielmehr die Rückschlüsse vom Besitz auf den Charakter stehen dabei im Vordergrund. Die Aura der Person ist ihr Boden. Der physiokratische Diskurs ist im achtzehnten Jahrhundert unter den populär-ökonomischen Diskursen sicherlich der wirkungsmächtigste (auch wenn die Kameralisten in der deutschen Akademie am Ende des achtzehnten Jahrhunderts die Oberherrschaft haben), sodass es nicht verwundert, wenn die Ableitung vom Besitz auf den Charakter auch in die andere Richtung lesbar wird. Wer ein Ich für sich behaupten will, kann dies auch dadurch tun, dass er etwas hat oder erwirbt. Der Besitz manifestiert ein Ich.

Die Parallele zwischen Kunst und Eigentum liegt mithin in

ihrer narrativen Funktionalisierung. Indem über Kunst und über Eigentum geredet wird, entgeht der Einzelne zumindest für die Dauer dieser Darstellung der Forderung nach einem Ich, da er in seinem künstlerischen Urteil oder seiner Okkupation ein Ich-Substitut feilbieten kann. Kunst und Eigentum werden insofern zu schützenden Schildern, in deren Spiegel die Medusa, das Ich, betrachtet werden kann. Die Funktion dieser »Kommunikationen« ist mit anderen Worten nicht, *was* da kommuniziert wird (Information über das Individuum), sondern die Ablenkung von dem, *was nicht* kommuniziert werden kann (»das Ich«). Und dass anscheinend viele Menschen der Epoche diese Ersatz-Bildungen wirklich für ein Ich halten, verstärkt nur die Glaubhaftigkeit der Ersatznarrationen.

In der Kunst wird also nicht schlicht der sensible Mensch mitgeteilt, sondern es werden Auswege aus der Forderung nach Individualität und Autonomie angeboten. Kunst und Individuum könnten, dies die Hoffnung der Kunstrezeption, eine sich verstärkende Rückkoppelung entfalten, für die man dann den Namen Ich in Anspruch nehmen kann. Im Schatten des Eigentums, oder genauer, in der blendenden Wirkung des Eigentums, wird derjenige verborgen, der seine Begehren vorgibt, um dahinter verschwinden zu können. Der Eigentümer des achtzehnten Jahrhunderts erscheint nicht als ein Macho-Unternehmer, sondern vielmehr als das sensible Pflänzchen, das sich eine Rückzugsoase zu seiner Entfaltung schafft, um eine ihm selbst unbekannte Blüte zu kultivieren.

Diese Gedankengänge werden in der Epoche wohl am deutlichsten von Karl Philipp Moritz artikuliert.

4. Karl Philipp Moritz und das Ich als Institution

Karl Philipp Moritz[27] dürfte der Autor sein, der die Implikationen des Ich-Zwangs am gründlichsten durchdacht hat. Moritz entwirft ein durch Eigentum gestütztes Ich, welches mittels des Geldes mit seinen Mitmenschen kommuniziert.

In der *Kinderlogik* offeriert Moritz eine These, warum der Mensch ein Ich braucht: »Das Böse besteht vorzüglich darin, daß der Einzelne zu sehr … vernachlässige und vergessen wird, indem man ihn nicht mehr selbst als ein Ganzes, sondern als einen untergeordneten Teil eines größern Ganzen betrachtet«.[28] Durchaus in Nähe zu Lenz geht es darum, den Menschen als ein in sich gegründetes Wesen zu etablieren, das nicht Teil oder Spielball anderer Mächte ist. Das Ich soll den Menschen vor der Vereinnahmung schützen.

Um diese Ich-Konzeption zu verstehen, muss man der Frage nachgehen, von wem die Bedrohung der Unterwerfung ausgeht, auf die das Ich reagiert. In *Denkwürdigkeiten, aufgezeichnet zur Beförderung des Edlen und Schönen* (1786–1788) sagt Moritz in einem Wort, wer oder was diese Mächte sind, die die Menschen zu unterwerfen drohen: »Einrichtungen«,[29] Institutionen. Institutionen nämlich degradieren Menschen zu rein »nützlichen Wesen«,[30] zu Wesen, die ihren Zweck außerhalb ihrer selbst finden. Für Moritz ist eine Institution zunächst ein mentales Konstrukt, welches menschlichen Handlungen den Rahmen vorgibt, innerhalb dessen eine Handlung als ›sinnvoll‹ erscheint. Sinnvoll ist jeder Akt, welcher zur Erhaltung der Institution beiträgt. Schulen etwa trainieren das Verhalten von Lehrern dahingehend, die Schüler zu künftigen Lehrern auszubilden und somit die Schule zu perpetuieren.

Dieser Begriff von Institution setzt sich um 1770 als Paradigma des geschichtlichen Prozesses durch.[31] In ihrem Anspruch auf überzeitliche Geltung trotzen Institutionen dem historischen Prozess, nur um zugleich der zermalmenden Wirkung der Geschichte umso deutlicher Ausdruck zu verleihen. Institutionen tendieren dazu, sich architektonisch zu manifestieren, und Moritz setzt sich in zahlreichen Schriften mit institutionsbeherbergenden Gebäuden wie Banken, Kirchen, Stadtmauern, Schulen, Parlamentsgebäuden und Gerichten auseinander.

Moritz fasziniert an diesen Einrichtungen oder Institutionen, dass sie ihren Zweck in sich selbst finden und insofern autonom oder als »in sich selbst vollendet« erscheinen.[32] Institutionen gelingt es, die Handlungen von Menschen derart umzuprogrammieren, dass sie der Konsolidierung, Erhaltung und Perpetuation der Institution dienen. Moritz beobachtet etwa, dass die Staatsinstitution ihre Bürger in den Krieg schickt, wo sie einander töten, mit dem einzigen Zweck, das fiktive Konstrukt des Staates zu erhalten (was offensichtlich nicht im Interesse der Individuen sein sollte).[33] Anscheinend sind Menschen gewillt, Institutionen als Zweck und Rahmen anzuerkennen, um ihre Handlungen erklären, interpretieren und mit Sinn ausstatten zu können. Moritz entdeckt hier den Realitätseffekt von (mentalen, fiktiven) Institutionen. Sie und die von ihnen suggerierten Realitäten sind offensichtlich derart persuasiv, dass Menschen sie als Inkarnationen des Eigenen und Realen anerkennen.

Wie kann der Mensch sich gegen die Usurpationsgewalt der Institutionen schützen? Moritz verschreibt dem Menschen keineswegs Zweckfreiheit, wie es etwa Schiller tut. Vielmehr hält Moritz an einem Zweckbegriff fest:

> Daß nun jeder einzelne Mensch, wenn er seinen Anteil von Kräften zur Erhaltung des Ganzen aufgewandt hat, sich auch als den Zweck dieses Ganzen betrachten lerne, und auch von jedem andern so betrachtet werde – darin besteht eigentlich die *wahre Aufklärung*.[34]

> Der einzelne Mensch muß schlechterdings niemals als ein bloß *nützliches*, sondern zugleich als ein *edles* Wesen betrachtet werden, das seinen eigentümlichen Wert in sich selbst hat, wenn auch das ganze Gebäude der Staatsverfassung, wovon er ein Teil ist, um ihn her wegfiele.[35]

Moritz antwortet auf die überwältigende Präsenz der Institutionen durch die Institutionalisierung der Person und der Institutionalisierung des Ich. Als Ich-Institution kann der Einzelne sich einen Zweck geben, ebenso wie es andere Institutionen vermögen. Das Ich wird mithin gebraucht, um den Menschen mit einem Selbstzweck auszustatten und ihn dadurch vor der Unterwerfung durch (andere) Institutionen zu schützen, die seinen Handlungen einen Zweck vorschreiben. Moritz entwickelt diesen Gedanken bereits vor und unabhängig von Kants *Grundlegung zur Metaphysik der Sitten* und der dort vorgestellten prinzipiellen Selbstzweckhaftigkeit des Menschen.[36] Radikaler als Kant sieht Moritz diese Selbstzweckhaftigkeit weder als gegeben noch als unmittelbar erreichbar an. Wo Kant formuliert, »nur der Mensch [...] ist Zweck an sich selbst«,[37] setzt Moritz den Imperativ: der Mensch *sei* Zweck an sich selbst. Erlernt werden kann die Selbstzweckhaftigkeit, so Moritz, von eben jenen staatlichen und institutionellen Mächten, die dem Menschen seine Entscheidungshoheit rauben. Die Institution taugt als Vorbild des autonomen Menschen, insofern sie eine Totalität in sich darstellt, deren Sein und Zweck identisch sind. Es geht Moritz dabei offensichtlich nicht um ein natürliches Selbst, sondern um etwas, das dessen Platz nach außen hin, zu seiner Verteidigung, besetzen könnte.[38]

Doch wie kann der Mensch sich zum Selbstzweck werden und dadurch verhindern, dass ihm andere Menschen oder Institutionen einen fremden Zweck »unterschieben«?[39] Die Antwort, die Moritz liefern wird, lautet kurz: durch Eigentum. Wer ohne Geld durch die Welt irrt wie Anton Reiser, kann kein Ich erlangen. So hat auch Heine den gleichnamigen Roman treffend zusammengefasst als einen »schon verschollenen Romane, der die Geschichte des Verfassers enthält, oder vielmehr die Geschichte einiger hundert Taler, die der Verfasser nicht hatte, und wodurch sein ganzes Leben eine Reihe von Entbehrungen und Entsagungen wurde«.[40]

Offenbar gibt es gemäß Moritz keine unmittelbare Gewissheit eines (Selbst)Zwecks, denn sonst könnten Institutionen Menschen nicht täuschen und umfunktionalisieren. Weil der Mensch also seinen Zweck nicht kennt, kann auch die Ich-Institution nicht auf einer unmittelbaren und natürlichen Selbst-Gewissheit oder direkten Selbst-Wahrnehmung beruhen. Die innerste Instanz bedarf eines Prozesses der Vermittlung, Kommunikation, Narrativierung und Externalisierung.

Hier also liegt das Problem. Der Mensch muss mit den Institutionen konkurrieren, die ihm einen Zweck unterschieben wollen. Um das zu verhindern, muss der Mensch sich selbst institutionalisieren. Doch indem der Mensch sich selbst zur Institution wird, geht er das Risiko ein, von dieser ›eigenen‹ Institution ebenso wie den anderen Institutionen versklavt zu werden. Der von der Institution entfaltete ›Selbsterhaltungstrieb‹ ordnet ihr notwendig alle Menschen als je »nützliche Wesen« unter. Auch eine solche Institution, die den Interessen und Zwecken des Menschen zunächst dient, wie der Staat, kann sich gegen seine Zwecke kehren und ihn als Soldaten in den Krieg senden.

Da eine unmittelbare Selbstwahrnehmung nicht zur Verfügung steht – Moritz verhandelt dies regelmäßig unter dem Stichwort »Selbsttäuschung«[41] – gilt es, eine äußere Instanz zu finden, die 1.) ein Abbild der inneren Zwecke ist, die 2.) vom Individuum vereinnahmt werden kann und die 3.) zudem Angriffen von anderen Institutionen standhalten kann, ohne 4.) den Einzelnen zu verknechten. Diese vier Bedingungen erfüllt das Eigentum.

In zwei Metaphern bezeichnet Moritz das Angebot des Eigentums für das Ich: Absonderung und Behausung.[42] Dies entwickelt Moritz anhand der Diskussion des Hauses in der *Kinderlogik*:[43]

> Er [der Mensch] bauet ein Haus um sich her, wodurch er gleichsam einen Kreis um sich zieht, der ihn von alle dem *absondert*, was ihn in nähern oder entfernten Kreisen umgibt.[44]

> Das stehende Haus ist ein großes Werk des Menschen, worin er sich gleichsam selbst übertroffen hat.[45]

> Eine Mauer oder Wand [...] – man denkt sich kein *Ganzes*, nichts *Vollendetes* darunter. [...] Sobald sie aber oben ein Art von Kranz oder Einfassung hat, gibt sie gleich einen weit *schönern* Anblick [...]. Darin besteht eigentlich das Wesen des *Schönen*, daß etwas aus der Masse der übrigen Dinge herausgehoben, gleichsam *um sein selbst willen*, mit Fleiß und Sorgfalt bearbeitet, Bildung und Form erhält.[46]

> *Der Schlüssel* ist ein Bild des Eigentums, das der Mensch unter sich eingeführt hat. – Er bauet ein Haus um sich her, wodurch er gleichsam einen Kreis um sich zieht, der ihn von alle dem *absondert,* was ihn in nähern oder entfernten Kreisen umgibt. – Das Haus hat eine Türe, die Türe hat einen Schlüssel. – Der Schlüssel *endigt* das Haus in seiner Zusammensetzung – er ist die letzte festeste Fuge desselben, wodurch man den Eingang in dasselbe nach Gefallen möglich und unmöglich machen kann.[47]

My home is my castle. Der Schlüssel »endigt« das Haus, »vollendet« es, gerade weil er es zugänglich und besetzbar macht. Das Haus ist nicht komplett verschlossen, sondern nur abgeschlossen. So wie zuvor das Kunstwerk wird nun das Haus vollendet, nicht weil es bereits an sich schön und »in sich selbst vollendet« ist, sondern weil es durch den Schlüssel vollendet wird. Vollendet ist das Haus also nicht, weil es radikal inkommensurabel ist, sondern weil es eben nur »als ob« vollendet ist, weil es ein Schlupf- und Schlüsselloch lässt für denjenigen, in dessen Augen es vollendet erscheinen kann. Das »Als-ob« der Vollendung ist der Schlüssel, der den Einzelnen hineinlässt, denn der Schlüssel verwandelt das materielle Haus in einen juristischen Gegenstand. Es ist ein fiktives Konstrukt, denn seine Wahrnehmung hängt von dem Wissen ab, wessen Haus es ist: meins oder nicht meins. Der Eigentümer nämlich kann in dem äußeren Haus den Zweck sehen, ihn zu behausen. Solcherart findet der Eigentümer seinen (ihm ansonsten unbekannten) inneren Zweck manifest und erfüllt in der äußeren Behausung.[48]

Die Ich-Institutionalisierung, die Moritz in Reaktion auf eine durch Institutionen geleitete Welt für nötig hält, erzwingt die Spaltung der Person, dergestalt, dass mit dem äußeren, fiktionalisierten Schalen-Ich ein verborgenes, unbekanntes Wesen einhergeht, von dem nicht einmal bekannt ist, ob es ein Ich, Selbst oder etwas anderes ist. Man weiß nur, dass es »Eigentümer« des Ich ist.

In der Institutionalisierung durch Eigentum wird das Ich gefangen, getrennt, abgesondert von den Mitmenschen, und hier berührt sich das Denken von Moritz mit dem von Rousseau (siehe die Darstellung im voraufgegangenen Kapitel). Damit der Einzelne aber aus seinem Gefängnis, dem Schneckenschalen-Ich, ausbrechen kann, findet Moritz allerdings ein ganz unrousseausches Korrektiv der absondernden Funktion des Schlüssels: Geld.

> Der *Schlüssel* trennt die Herzen der Menschen, wie ihre Häuser voneinander – Aber durch kleine runde Gold- und Silberstückchen werden sie wieder untereinander in Verbindung gebracht.[49]

In Antizipation von Georg Simmels *Philosophie des Geldes* bestimmt Moritz Geld als ein Medium der Kommunikation zwischen den Menschen. In einer durch Eigentum komplett aufgeteilten Welt und in einer Welt der eingeigelten Ichs wird Geld zum Mittel, durch welches Gesellschaft erst zustande kommen kann. Anders gesagt: Geld macht die institutionelle Individuation *menschlich* und ist insofern das ultimative Mittel der Individuation.[50]

Moritz betont, dass Geld diese Rolle der Vermittlung deshalb einnehmen kann, weil unklar ist, was das Geld ist: Fiktion oder Realität.

> Der Geizige denkt sich das Geld *ganz* als die Sache selbst; der Verschwender *bloß* als Zeichen.[51]

Indem Moritz Geld als das Medium der Kommunikation zwischen den Herzen der Menschen benennt, stellt er das gesamte Feld menschlichen Wirkens in das Feld eines steten Hin und Her zwischen Zeichen und Sache selbst, zwischen Fiktion und Realität, zwischen Ich-Zwang und Selbst, zwischen Haus und Wanderschaft, zwischen Eigentum und Eigentumskritik.

Der Mensch hat also nicht den Auftrag, ein Selbst zu finden, wie es natürlich besteht oder wie es sich aus den »Erinnerungen aus den frühsten Jahren der Kindheit« entwickelt.[52] Vielmehr ist es die Aufgabe des Menschen, sich zu institutionalisieren.[53] Dazu muss der Mensch die Vorstellung eines natürlichen Daseins oder Selbst aufgeben zugunsten der bloßen Projektion einer Totalität als Ich, dessen Funktion in nichts als dem Schutz besteht. In dem solcherart behausten, behausenden Ich treffen sich denn auch Fiktion und Realität, dergestalt, dass die Institution in keines von beiden aufgelöst werden kann.

Neben dem Eigentum liefert auch das schöne Kunstwerk das Modell für ein solches Ich, denn im Kunstwerk wird der innere Zweck, der nicht direkt wahrgenommen werden kann, sichtbar, da er auf eine Sache projiziert wird, die an sich funktions- und zwecklos wäre, aber zugleich den Schein von Funktions- und Zweckhaftigkeit erlaubt. Moritz nennt derartige Sachen »schön«:

> Bei der Betrachtung des Schönen aber wälze ich den Zweck aus mir in den Gegenstand selbst zurück: ich betrachte ihn, als etwas, nicht in mir, *sondern in sich selbst Vollendetes*, das also in sich ein Ganzes ausmacht, und mir *um sein selbst willen* Vergnügen gewährt.[54]

Indem der »Zweck aus mir« in den Gegenstand »[ge]wälz[t]« wird, gewinnt mein eigener Zweck Anschaulichkeit und Gestalt. Im Kunstwerk kann der Selbstzweck des Ich operieren, weil er nicht im Menschen erscheint, sondern dem Kunstwerk zugeordnet wird. Und damit kommt der innere Zweck erst zur Erscheinung, der dem Menschen sonst unbekannt bliebe. Die sogenannte Autonomie der Kunst, deren Erfindung Moritz in der Regel zugute gehalten wird, entpuppt sich als eine bloße Als-ob-Autonomie, da sich im Schönen nur die Autonomie des Menschen, nicht aber des Kunstwerks, abzeichnet.[55] Das Kunstwerk eignet sich als Behausung des inneren Zwecks, da es zweckmäßig und »um seiner selbst willen« da zu sein *scheint*,[56] aber keinen eigenen Zweck besitzt und entsprechend besetzt werden kann. Das Kunstwerk ist also selbst keine Institution, kann aber wie eine Institution auftreten und den Einzelnen davor bewahren, sich einer dritten Institution unterzuordnen.[57]

Der Akt der Ich-Begründung ist für Moritz der Akt, in dem

das Ich sich eine Schale gibt, unter der es verschwinden kann. Daher auch offerieren Kunst und Eigentum eine *Ersatz*-Narration des Ich, denn ihre Funktion ist es, eine sichtbare Gestalt für etwas darzubieten, wofür es keine Gestalt gibt. Das Ich zeigt sich nicht, es wird suggeriert. Moritz ist der erste Autor, der die Fiktionalität des Ich schlicht anerkennt und als Lösung eines Problems akzeptiert.

Zwischen Rousseau und Moritz zeichnet sich der Schritt ab, der für die moderne Welt bezeichnend geworden ist: der Schritt in die Fiktionalisierung des Ich. Während Rousseau die Externalisierung des Ich als Verlust des Selbst dramatisiert, auf den er anscheinend mit scharfer Fiktionskritik zu reagieren müssen glaubt, ist die Externalisierung das erwünschte Mittel für Moritz, anderen institutionellen Zwängen zu entgehen. Moritz kann die Externalisierung in dem Maße anerkennen und in dem Maße für eine Festigung der Person halten, in dem er das so erzeugte Konstrukt für eine Fiktion (eine Institution) hält. Das solcherart in seiner Fiktionalität begriffene Konstrukt ist damit genau kein Ausdruck von Identität oder Selbstheit, sondern ein Ich. In diesem Ich erlischt der Ich-Zwang. Doch sobald das innere Wesen sein Haus verlässt, sein Ich verlässt, gerät es wieder unter die Zwänge anderer Institutionen, vor denen es sich je nur durch erneute Institutionalisierung retten kann. Der Ich-Zwang wartet vor der Tür.

Die gezielte Institutionalisierung des Ich durch Moritz erlaubt denn auch eine neue Spielweise von Identität: nämlich vor ›seinem‹ institutionalisierten, je fiktionalisierten Ich wegzulaufen, so wie Anton Reiser aus Häusern und Städten und vor ›sich selbst‹ wiederholt flieht. Das neue Ich kann von seinem heimlichen Eigentümer verlassen werden. Auch die *Kinderlogik* artikuliert dies, wenn auch negativ: »[Der Mensch] lernt die Kostbarkeiten des gegenwärtigen Augenblicks, und dieses *Flecks*, wo er sein wirkliches Dasein hat, nicht einsehen – darum sucht er das Glück in der Zukunft, und jagt ihm allenthalben, *außer dem Bezirk seiner Wohnung* nach.«[58] Dieses Verlassen ist, so Moritz' Warnung, kein bloßes ›self-fashioning‹, kein unproblematisches Wechseln der

Identität, denn das innere Wesen besteht nicht unabhängig von seiner Ich-Schale. Die Person ist, ebenso wie das Geld, nicht aufspaltbar in die Komponenten eines fiktiven Ich und eines wirklichen Selbst, der Schale und dem Inhalt, dem Zeichen und der Sache. Daher ist auch das Weglaufen keine einfache Lösung. Denn entweder findet sich wieder eine stabilisierende Ich-Schale, oder aber es geht etwas von ihm verloren. Der Horizont des solcherart institutionalisierten Ich ist die Destruierbarkeit des Ich, seine Geschichtlichkeit.

Und noch in einer anderen Hinsicht ist dieses Ich bezeichnend für seine Kultur geworden. Das von Moritz hier durchdachte Ich ist anfällig für eine Simulation. Gemäß Moritz sondert das Ich eine äußere Ich-Schale ab und *ist* diese Schale (ein Kunstwerk, Haus, Eigentum), unter die es sich zugleich zurückziehen kann. In Umkehrung von Moritz' Logik könnte nun ein jedes Eigentum den Eindruck hervorrufen, es beherberge ein Ich. Eben dieser Ich-Effekt des Geldlichen dürfte zu einer zentralen Antwort auf eine Kultur des Ich-Zwangs geworden sein. Eigentum simuliert ein Ich und befreit insofern vom Ich-Zwang.

5. Privateigentum als Grundrecht

Die Aufwertung des Eigentums bei den Apologeten des Ich am Ende des achtzehnten Jahrhunderts zeigt sich parallel in den rechtstheoretischen Auseinandersetzungen zum Status des Privateigentums. Nicht nur setzt sich in knapp zwei Jahrzehnten Privateigentum als Grundrecht durch, vielmehr wird im Eigentum ein konstitutives Element von Individualität überhaupt erkannt. Zwischen 1770 und 1790 werden also nicht schlicht der Rechtsschutz des privaten Eigentums radikal aufgewertet, sondern funktionale Bezüge von Eigentum und der Ausbildung der freien Persönlichkeit erwogen und rechtlich sanktioniert.

Das ›alte‹ Naturrecht[59] des siebzehnten und früheren achtzehnten Jahrhunderts von Pufendorf, Grotius, Thomasius, Achenwall und Wolff ging weitgehend von einem Recht der

Selbsterhaltung aus, von welchem das Recht auf Eigentum sekundär abgeleitet wurde.[60] Für jeden Menschen, so diese Position, gebe es unmittelbar die Pflicht der Selbsterhaltung, die die Möglichkeit zu einem zumindest beschränkten Eigentum mittelbar enthalte. Entsprechend konnte über die Selbsterhaltung hinausgehendes Eigentum weder eingefordert noch zur Legitimierung der Person herangezogen werden. Privateigentum blieb ein Sonderfall des allgemeinen Nutzungsrechtes. Innerhalb dieser Denklehre setzt sich die Anerkennung des Okkupationsrechts durch, also das Recht der ersten Aneignung einer herrenlosen Sache.[61]

Ab etwa 1770 setzt sich das ›neue‹ Naturrecht durch, welches dem positiven Recht (also dem menschlich codierten Recht) mehr Platz einräumt und im Gewaltakt des Rechts sowie seiner institutionsgeschichtlichen Bedingungen konstitutive Elemente von Rechtlichkeit anerkennt.[62] Eigentum wird in dieser Denklinie als ein notwendiger Gewaltakt akzeptiert. Dieser Gewaltakt geht dabei nicht mehr mittelbar von der (natürlichen) Selbsterhaltung, sondern unmittelbar von dem Ich aus: »Was in der Ichheit, in der Persönlichkeit, in dem Umriß der Individualität eines Jeden enthalten ist, das ist auch Gegenstand der *ausschließlichen Verfügung durch sein Wollen – das Seinige*, das Ur-Seinige eines Jeden.«[63] Herrschaft wird zur Kernmetapher der Zeit. Freiheit, so der Physiokrat Schlettwein 1773, bestehe darin, dass jeder »über seine eigene Kräffte und Fähigkeiten und über sein ganzes Eigenthum uneingeschränkter Herr« sei.[64] Eigentum verspricht damit das, woran etwa Lenz, Herder und Moritz zu scheitern drohten: Souveränität.

Dass die rechtliche Verbürgung von Eigentum zunehmend in die Lage kommt, das ungewisse Schicksal des freien Ich zu verbürgen, zeigt sich auch in einer Studie zur historischen Genesis des Eigentums von C. Meiners. Meiners argumentiert kulturhistorisch komparativ, dass Privateigentum als Produkt der Aufteilung der Allmende entstanden sei. Zwar hätten alle Völker zu allen Zeiten einen gewissen Sinn von Eigentum, doch das eigentliche Individualeigentum sei eine historische Errungenschaft.

Als den entscheidenden Schritt erkennt Meiners die Aufteilung des gemeinsamen Bodens:

> So bald man Aecker eigenthümlich zu besitzen anfing, so bald entstanden auch sichtbare Zeichen, wodurch man die Gränzen seines Eigenthums andeutete und sicherte. Die natürlichsten und besten unter diesen Zeichen des Eigenthums waren Hecken, oder Zäune, weil man dadurch nicht bloß sein Eigenthum von den Gütern anderer absonderte, sondern es auch gegen Einbrüche diebischer Menschen, oder umherlaufender Heerden sicherte. Solche Hecken oder Umzäunungen finden sich unter den Negern am Senegal [...] Andere Neger umsetzen ihre Gärten und Felder mit Fetischen, die meistens in Töpfen mit allerley Scherben und Lumpen bestehen und hoffen, daß durch diese Fetische ihr Eigenthum werde geschützt, und alle Diebe getötet werden. In gleicher Absicht errichteten die Völker des Althertums ihre Gränz-Steine oder *deos terminos*.[65]

Die Grenzsteine und Marken sind gerade nicht die Zeichen unmittelbarer Arbeit, wie etwa Locke sie als Garanten von Eigentum fordert, sondern künstliche Hilfszeichen, die nur ein kodifiziertes Recht sichern. Verankert wird hier das Recht auf Privation und Exklusivität (im späten achtzehnten Jahrhundert wie bei Moritz regelmäßig unter dem Stichwort »Absonderung« verhandelt). Die Marken sind dabei nicht so sehr Produkt von Individualiät, sondern *verbürgen und suggerieren* Individualität. In der Erfindung der Parzelle ist das Individuum mit inbegriffen. Wie Rousseau in seinem Gleichnis von der Parzelle als schwarzem Loch darstellt, das im voraufgegangenen Kapitel diskutiert wurde, entsteht das Ich hier als Besitzer. Das Ich ist nicht mehr als ein Fetisch, mit dem Afrikaner (und Deutsche) Ansprüche zu sichern suchen. Man muss an die Grenzsteine, die bunten Lumpen und Scherben glauben, um sie als drohende Garanten einer Ausschließlichkeit anzuerkennen. Das Ich bleibt nicht als positive Instanz übrig, sondern existiert als das, von dem man annimmt, dass es sich hinter der Maske, hinter dem Grenzstein befindet. Eigentum ist der Person also nicht einfach mitgegeben, sondern kann zu ihrer Ersatznarration werden: Wo eine Grenze, eine Scherbe ist, da, so wird gefolgert, muss auch ein Ich sein. Eigentum leistet die Fiktionalisierung des Individuums.

Die Aufteilung des kollektiven Grundbesitzes in private Parzellen hat im achtzehnten Jahrhundert, dies sei kurz angemerkt, zudem zu einer beachtlichen Steigerung der Produktion pro Hektar geführt: Die Getreideproduktion wurde in England verdreifacht, die Milchproduktion immerhin verdoppelt.[66] Das Ich lohnt sich, wohl gerade weil es von einem Zwang getrieben wird.

Der nächste Schritt in der Geschichte der Eigentumsdiskussion in Deutschland findet seinen Anstoß in den Enteignungen durch die französische Revolutionsregierung. Neben das (Schutz) Recht des Eigentums tritt jetzt das Anrecht auf den Erwerb von Eigentum. Nun wird in Deutschland auch Lockes Aufwertung der individuellen Arbeit rezipiert: Alles, was durch Arbeit des Einzelnen unmittelbar modifiziert werde, gehöre ihm.[67] Doch anders als für Locke wird dabei regelmäßig die wechselseitige Ausbildung von Ich und Eigentum betont. Damit das Ich sein kann, darf es Eigentum nicht schlicht vorfinden, sondern muss es produzieren und modifizieren können. Die Narration des Ich als unbekanntem Eigentümer weicht nun einer aktivischen Erzählung seiner ökonomischen Errungenschaften.

Einer der Denker dieses Paradigmas ist Ernst Ferdinand Klein, der im Frühjahr 1790 seine Reaktion auf die Französische Revolution unter dem Titel *Freyheit und Eigenthum, abgehandelt in acht Gesprächen über die Beschlüsse der Französischen Nationalversammlung* publiziert. Klein erkennt in der Französischen Revolution viele Anstöße für Preußen, zeigt sich zugleich aber kompromissbereit gegenüber dem deutschen *status quo*. Für Klein ist die Freiheit des Einzelnen das oberste Menschenrecht, und von ihm leitet er auch die Heiligkeit des Eigentums ab.[68] Konkret äußert sich die Freiheit der Ärmeren in dem Recht, »mehr zu erwerben«, also in einem Expansionsrecht.[69] Neben das Recht auf Eigentum tritt, das ist neu, die dynamische Dimension des Erwerbrechts, eben das Recht auf Aneignung, welches Klein als ein »hypothetisches Recht« bezeichnet. Auf welche Art und Weise dies Erwerben geschieht, ob also Arbeit mit den Händen geleistet wird oder durch (den von Locke beklagten) Geldhandel, ist dabei sekundär gegenüber dem grundsätzlichen Recht, es versuchen zu dürfen. In diesem Punkt geht Klein dann auch ansatzweise über sein Vorbild, die Charta der Französischen Revolution, hinaus. Dort wird das Recht auf Eigentum auf eine Stufe mit dem Recht auf Freiheit und Leben gestellt: »Das Eigentum als unverletzliches und heiliges Recht kann niemand entzogen werden, abgesehen von solchen Fällen, in denen gesetzlich anerkannte Gründe des öffentlichen Wohls eine Entziehung eindeutig erfordern und eine gerechte Entschädigung gewährt wird.«[70]

Während in Frankreich der Bürger als selbstverständlich vorausgesetzt wird, leuchtet er in deutschen Zirkeln zunächst nur als ein ferner Leitstern. Eine Reihe von institutionalisierten Praktiken werden auf das Bürger-Ich hin orientiert, indem rechtliche, ökonomische, politische, pädagogische und kulturelle Prozesse daraufhin abgeklopft werden, ob an ihrem Ende ein Ich entstehen kann.

Die zunehmende Wechselseitigkeit von Ich und Eigentum tritt in besonderer Schärfe in den Diskussionen um geistiges Eigentum hervor. In einem guten Dutzend Jahren verschiebt sich von 1780 bis 1793 der herrschende Diskurs, wer Eigentümer eines Buches sei, radikal. Den ersten Schritt in Richtung eines Urheberrechts macht Johann Georg Feder 1780, wenn er den Autoren auch nach Veräußerung eines Textes an einen Verleger weiterhin als Eigentümer des »geistigen Grundstoffs« betrachtet.[71] Fichte treibt diese Beweisform auf die Spitze, wenn er 1793 argumentiert, dass Eigentum sich auf der Eigentümlichkeit der Gedankenführung gründet, diese aber wiederum gar nicht veräußert werden *kann*:

> Was aber schlechterdings nie jemand sich zueignen kann, weil dies physisch unmöglich bleibt, ist die *Form* dieser Gedanken, die Ideenverbindung, in der, und die Zeichen, mit denen sie vorgetragen werden.[72]

Neu ist an Fichtes Argumentation nicht nur die Emphase auf das weitgehende Urheberrecht. Neu ist zudem, dass der Einzelne gar nicht anders kann, als sich der Form nach in radikal einzigartigen Gedanken auszudrücken. Er ist Eigentümer nur, weil seine Gedankenführung und -verknüpfung unnachahmbar eigentümlich sind. Diese »Form« aber registriert der Einzelne selbst gar nicht, da sie ihm einfach zu eigen ist. Im Umkehrschluss lässt sich Fichtes Argumentation daher auch rückläufig beschreiben: Um sich seiner Individualität zu vergewissern, muss der Einzelne zum Literaten, zum Produzenten eigentümlicher Gedanken werden. Die Verflüchtigung des Ich zu verhindern ist Aufgabe des Eigentümlichen, denn Eigentum ermöglicht die Ich-Institution, die Fassung als »Form« des Flüchtigsten. Gerade dort, wo Singularität als Grundlage des Eigentums gesetzt wird, muss eben dieses Eigentum auch herhalten, um die Autorität des singulären Individuums, des Ich, zu sichern, denn anders als in diesem Eigentum manifestiert es sich nicht. Für Fichte geht es in dieser Auseinandersetzung also nicht schlicht um die finanzielle Entlohnung von Autoren, sondern um die Bedingung der Möglichkeit von Individualität.

Hegel schließlich erhebt diese Abhängigkeit des Ich vom Eigentum zum Ausgangspunkt seiner gesamten Rechtsphilosophie. Erst durch Eigentum erzeuge sich die juristische Person, das Ich: »Die Person muß sich eine äußere *Sphäre ihrer Freiheit* geben, um als Idee zu sein.«[73] Diese Sphäre des Eigentümlichen ist das Eigentum. Person und Eigentum bedingen sich wechselseitig. Die Person wird freie, rechtliche Person durch ihren Zugriff auf die äußere Welt. Die rechtliche Person entsteht mithin von außen her, von ihrer Sphäre, ihrer Rinde, das ist, ihrem Zueigen-Machen der äußeren Welt. Der Mensch hat seine Selbstzweckhaftigkeit im Streit mit der Selbstzweckhaftigkeit der Sache durchzusetzen: »Wenn ich und die Sache zusammenkommen, so muß, damit wir identisch werden, einer seine Qualität verlieren.«[74] Der Eigner muss also die »Hoheheit [s]eines Willens gegen die Sache manifestieren und aufweisen, daß diese nicht an und für sich, nicht Selbstzweck ist. [...] Ich gebe dem Lebendigen als meinem

Eigentum eine andere Seele, als es hatte; ich gebe ihm meine Seele«.[75] Moritz' Figur der Ich-Institutionalisierung wird von Hegel zur Basis des Rechts erklärt.

Eigentum ist für Hegel also weder schlicht Sache der Wolffschen Okkupation, noch der Lockeschen Arbeit, sondern der Seele. Und um diese Seele zu definieren, musste wiederum das Eigentum herangezogen werden, denn nur indem das Individuum der Sache seine Seele aufzwingt, manifestiert das Individuum seine Seele und hat eine Seele, und das ist Hegel zufolge ein Ich.

6. Zusammenfassung: Eigentum als Ersatznarration des Ich

Das freie Ich wird in der Zeit zwischen 1769 und 1771 zur Voraussetzung von Aufklärung, Demokratie, Erziehung und Gemeinschaft erklärt. Doch diese Individualität des Ich lässt sich nicht dingfest machen. An der unmittelbaren Erfahrung des Ich scheitern die Autoren und Denker der Epoche des Sturm und Drang, da sich das Ich immer dann verflüchtigt, wenn es genauer betrachtet wird. Wo sich Ichheit zeigen sollte, also etwa in freien Willensentscheidungen und emotionalen Grundstimmungen, erfährt das Individuum unter den Bedingungen der verschärften Selbstbeobachtung nur die Übermacht von Institutionen und Fremdeinflüssen. Statt der direkten Darstellung von Ichheit werden nur indirekte Narrationen des Ich gewährt.

Eine dieser Narrationen der Autonomie eines Ich zeichnet sich bei den deutschen Autoren der Epoche im Eigentum ab. Denn anders als einer Reihe zumeist angelsächsischer Denker, die die Annahme eines natürlichen »self-interest« hegen (wie Hobbes, Mandeville, Joseph Butler, Hutcheson, Hume und David Smith) und entsprechend Eigentum unmittelbar der Sphäre der Person zurechnen beziehungsweise der Person unterordnen,[76] wird den deutschen Autoren am Ende des achtzehnten Jahrhunderts Eigentum tendenziell zum Anlass eines Ereignisses: Der Einzelne erkennt sich in einer äußeren Sache, einem Ding, und will es sich deshalb an- oder zueignen. Während also die englischen Aufklärer Eigentum im Bereich des Natürlichen verordnen, sei es in der Natur der Dinge, sei es in der Natur der Person und ihrer Arbeit, betrachtet eine Reihe von deutschen Autoren das Eigentum als einen Fremdkörper, der zum Vehikel des Eigentümlichen werden kann. Kurz: Eigentum eignet sich als Fiktion oder »Fetisch« zur Ich-Bildung.

Eigentum wird genau dort zum Faktor von Individualität, wo diese als »das Ich«, als Ich-Zwang und Noch-nicht formalisiert wird. Eigentum verspricht das, was dem Ich fehlt: Seine Konkretion und schalenartige Konsolidierung. Wenn einer gefragt wird, wer oder was er sei, reicht ein Fingerzeig auf sein Haus, seine Sammlung, sein Anwesen. Das Ich wird ersetzt durch seine Behausung, dem ein Ich unterstellt wird. Im Haus wird das sprachliche Abstraktum »das Ich« anschaulich.

Zu jedem Eigentum wird ein Ich hinzugedacht, welches dieses Eigentum mit seiner Seele ausfüllt und bewohnt, um in ihm seine Geheimnisse zu bewahren. Eigentum verbürgt mit dem Ausschließlichkeitsanspruch auch die Heimlichkeit der Obsessionen und Phantasien, die den Einzelnen zu dem Besitz dieses Hauses, Kunstwerks, Romans oder modischen Utensils führen. In dem Akt der Absonderung, der im Eigentum vollzogen wird, findet also keine unmittelbare performative Selbstsetzung statt, sondern vielmehr die Erzeugung einer Undurchsichtigkeit, die in einem zweiten Schritt durch Narrationen wieder an Darstellung gewinnt. In diesem Haus *könnte* sich ein Ich eingenistet haben, die Seele dieses Kunstwerks *könnte* ein Ich sein. Diese Narrationen können das Ich nicht zur Erscheinung zwingen, sondern nur suggerieren. Eben daher operieren die Narrationen als Ersatz des Ich. Der moderne Mensch, solange er dem Ich verpflichtet bleibt, verlangt nach derartigen Narrationen, die ihm einerseits stets den Stachel der Forderung nach einem Ich ins Fleisch bohren, ihn andererseits aber in einen betäubenden Schlummer der Befriedigung dieses Bedürfnisses lullen.

3. Kapitel

1797
Der Ich-Effekt des Geldes

Auf den Ich-Zwang des Sturm und Drang finden die Romantiker ab 1797 eine Antwort: Sie heben die Forderung nach der unmittelbaren Präsenz des Ich auf und verschieben es in eine andere Zeitzone. Die Forderung des Begriffs Ich wird so teilweise entschärft: Auch wenn einer kein Ich zur Hand hat, so kann er es vielleicht künftig erlangen oder zumindest gehabt haben.

Für die Frühromantiker wie die Brüder Schlegel, Tieck und Novalis ist diese Verzeitlichung von Individualität vor allem eine Verzukünftigung. Das Ich, so formulieren sie, existiert als Projekt. Indem sie das Ich als »noch nicht vorhandenes« deklarieren, wird die Hoffnung aufrechterhalten, dass es künftig entstehen werde. Der Bildungsroman, der das Werden des Protagonisten vollzieht oder nachvollzieht, ist somit, je nach Perspektive, einerseits eine Fluchtbewegung vor dem unmittelbaren Ich-Zwang und andererseits die Rettung des Ich, da seine Präsenz in eine erahnbare Zukunft projiziert wird. Auch im Zustand der Abwesenheit, ja gerade als Abwesendes, wirkt das Ich weiterhin als Leitgestirn der Epoche.

Die späteren Romantiker wie etwa Fouqué, Chamisso und Adam Müller verzeitlichen das Ich tendenziell unter umgekehrtem Vorzeichen: Das Ich wird als verlorenes, vergangenes mystifiziert. Auch diese Strategie bricht nicht mit dem Ich-Zwang, sondern erhöht ihn nur, da es für die Erreichbarkeit des Ich spricht, dass es in einer verlorenen Zeit einmal bestanden hat. Das Ich lebt im Modus der Nostalgie fort.

Diese Verzeitlichung von Individualität in der Romantik (und überhaupt einer großen Anzahl sozialer Praktiken)[1] erzeugt, wie wir sehen werden, eine Ähnlichkeit der Diskussionen über Individualität und ökonomisches Denken. In beiden wird diese Verzeitlichung als Selbst-Potenzierung und Selbst-Reflexion theoretisiert. Wie aus dieser bloßen Ähnlichkeit eine wechselseitige Anleihe wird, ist Gegenstand des vorliegenden Kapitels.

Im letzten Jahrzehnt des achtzehnten Jahrhunderts kommt es ungefähr gleichzeitig zu einem Kurswechsel innerhalb der ökonomischen Theorien und zu einer Neubestimmung von Individualität. Diese Veränderungen, wie über Haushaltung und über Individualität nachgedacht wird, erfolgen zunächst weitgehend unabhängig voneinander, doch die Stoßrichtung der Entwicklung bewegt diese beiden Denkweisen aufeinander zu. Beide Diskussionen konzentrieren sich dabei jeweils auf einen zentralen Agenten, die ökonomische Theorie auf das Geld, die Individualitätstheorie auf das Ich. Die zentralen Agenten Geld und Ich sind entscheidend für ihre Systeme (keine Ökonomie ohne Geld, keine Individualität ohne Ich) und zugleich als labil und bedroht gekennzeichnet. In dieser prekären Situation, so die These, machen beide Wissensbereiche Anleihen voneinander, um das ihnen je eigene Manko zu schließen. Die bloß strukturelle Ähnlichkeit von Geld und Ich wird von einer Vielzahl von Autoren unterschiedlichster Couleur als kausale Verknüpfung gedeutet. Entsprechend halten sie es für möglich und nötig, die Ungewissheit des Ich durch das Geld auszugleichen und die Labilität des Geldes durch das Ich zu umschiffen. Der Ich-Zwang führt zum Geld und der Geld-Zwang zum Ich.

1. Von der Ökonomie der unsichtbaren Hand zur schrumpfenden Hand

Ein modernes ökonomisches Wissen, das sich von dem Fachwissen der Kaufleute und Bankiers ablöst, gibt es wohl erst seit dem letzten Drittel des achtzehnten Jahrhunderts. Mit Adam Smith wird es zum ersten Mal möglich, ökonomisches Wissen von den Staatswissenschaften abzukoppeln und tendenziell wirtschaftsinternen Größen zu unterstellen. Wenn man der starken Argumentation von Joseph Vogl folgt, löst das ökonomische

Wissen das politische Wissen als Matrix von Gesellschaft am Ende des achtzehnten Jahrhunderts ab, weil es keine sichtbare (politisierbare) Zentralmacht mehr gibt.[2] Das ökonomische Wissen setzt sich durch, weil es mittels seines Instruments der doppelten Buchführung auch dann Entscheidungen ermöglichen kann, wenn die moderne Gesellschaft unübersichtlich wird. Das vorliegende Buch bietet, ohne im Widerspruch zu Vogls Argumentation zu stehen, eine alternative Argumentation an. Das ökonomische Wissen wird seit dem Ende des achtzehnten Jahrhunderts aufgewertet, so die These, da es potenziell die Stärkung des labilen »Ich«-Begriffs leistet. Im ökonomischen Denken werden Prozesse entwickelt, die dem unter Ich-Zwang stehenden Individuum Strategien zur Stabilisierung aufweisen. Gerade weil es kein Ich gibt oder weil es nicht erzählt werden kann, wird Geld benötigt. Das staatswissenschaftliche Theorem der Souveränität dagegen, welches Vogl für seine Argumentation produktiv macht, bietet dem Individuum keine Hilfe, da es Ichheit nur voraussetzt, aber keinen Weg zu ihr hin eröffnen kann.

Innerhalb der ökonomischen Theorien des späten achtzehnten Jahrhunderts kommt es zu einer globalen Verschiebung von einem Modell der ökonomischen Balance zu Modellen der Expansion. Seit Adam Smiths Abhandlung *The Wealth of the Nations* (1776, deutsch 1776–78) wird von den Denkern in England und Kontinentaleuropa die dynamische Balance beobachtet, welche das volkswirtschaftliche Treiben leitet. Ohne dass jemand bewusste Steuerung der wirtschaftlichen Zirkulation betreibt, so die Einsicht, regulieren sich bestimmte gesellschaftliche Kräfte wie Produktion und Preis wie von selbst, als würden sie von einer »unsichtbaren Hand« gesteuert. Dynamisch ist diese Balance, da sie durch zunehmende Arbeitsteilung Innovationen in der Produktion fördert. Je komplexer das System zu sein vermag, desto mehr Produkte können entwickelt und kostengünstig produziert werden. An diesem Punkt setzt die Akademisierung und praktische Umsetzung von Smiths Thesen ein. Das Beobachten der Volkswirtschaft hat den konkreten Nutzen, die Förderung von Arbeitsteilung bis auf ihr natürliches Maximum (»full complement«) zu erhöhen, um damit den allgemeinen Reichtum der Nation zu befördern.

Die Leitmetapher von Smith und verwandten Denkern ist das Bild der Balkenwaage im (schwankenden) Gleichgewicht. Lange schon vor Smith war das Bild der ausgeglichenen Waage in den ökonomischen Theorien gebräuchlich. Zu den unmittelbaren Vorläufern von Smiths Balance-Modell gehört Mandevilles Abhandlung *The Fable of the Bees or Private Vices, Publick Benefits* (1714). Anhand des Gleichnisses eines Bienenstaates, in dem jede Biene kompromisslos eigene Interessen verfolgt, legt Mandeville dar, wie die große Waage des Staates die Rahmenbedingung dafür schafft, dass alle eigennützigen und egoistischen Handlungen der Bürger dem Wohl der Allgemeinheit dienen.[3] Der Egoismus der Einzelnen treibt sie zur geschäftigsten Arbeit an, was der Volkswirtschaft zugute komme, selbst wenn viele der Einzeltaten spitzbübisch und betrügerisch sind.[4]

Um 1797 weicht die Balance-Metapher und das Gleichgewichts-Modell der Ökonomie einer anderen Leitfigur. Die Bedrohung des Balance-Modells geht dabei durchaus von innerökonomischen Prozessen wie dem Bankrott aus. Mit einem Bankrott kommt das dynamische Gleichgewicht von Schulden und Guthaben, welches die Wirtschaft ankurbelt, auf einen Schlag aus dem Lot. Bereits Smith schildert einen Fall besonders eingehend, in dem ein Schuldner seine Schulden durch immer neue Verschuldungen bezahlt; sein Fazit betrifft das Papiergeld als Ganzes: »This payment, therefore, was altogether fictitious.«[5] Papiergeld hebelt die ökonomischen Prozesse aus ihrer Verklammerung mit der Natur der Dinge und unterstellt sie der Ordnung der Fiktion und damit der tendenziellen Nichtigkeit.

Wenn der Schuldner nicht über den Barbetrag verfügt, kann dies zu einem Domino-Effekt von Bankrotten führen, da der Schuldschein längst als positives Geld im System eingeplant war.[6] Anders gesagt, der Schuldschein behandelt die tatsächliche Inbalance (die nicht-bezahlte Schuld) als eine Balance, da der Schein von seinem Besitzer bereits jetzt wie Geld eingesetzt werden kann. In Wirklichkeit aber bewahrt die Note die Disproportion nur auf, das heißt, das (Schuldschein-)Geld ist da, nur um zu verschwinden, aufgehoben zu werden und auf Null zu gehen.[7] Diese Verwendung von nichts als etwas, also die Fiktionalität, bedroht das natürliche Gleichgewicht.

Einer der Autoren, die Figuren der Schuld und Verschuldung um 1795–97 ins Auge fassen, ist Johann Wolfgang von Goethe. 1795 kann er dem Balance-Modell Smiths noch indirekt Tribut zollen, wenn er schreibt: »die Natur [kann] sich niemals verschulden, oder wohl gar bankrutt werden.«[8] Während die Natur nur das verwenden und benutzen kann, was zu einer gegebenen Zeit vorliegt, besteht die von Goethe hier indirekt mit angesprochene Kultur anscheinend darin, dass sie die Fähigkeit zur Verschuldung besitzt und das (noch) nicht Vorhandene bereits jetzt einsetzen kann. Kultur ist gekennzeichnet von ihrer Fähigkeit zur Verschuldung, und damit eben auch der Fiktionalität und dem Risiko von Bankrott und Nichtigkeit.

Diese Einsicht distanziert Goethe von Smiths unsichtbarer Hand. Das geschieht in einem sonderbaren Text unter dem Titel *Das Mährchen*. Eine Hand wird als Pfand eines Schuldhandels in einen Fluss gesteckt und verfärbt sich daraufhin sofort schwarz, beginnt zunehmend zu schrumpfen.[9] Die Hand wird, buchstäblich, zu einer unsichtbaren Hand. Doch anders als Smiths Metapher, die gerade der hypothetischen Hand die größte Macht einräumt, geht diese Hand langsam verloren, wird tatsächlich unsichtbar, nichtig. Jeder Schuldhandel droht die (fiktiv) unsichtbare Hand zu einer (real) unsichtbaren Hand zu machen, denn mit dem Schuldgeld setzt sich der Gläubiger der Gefahr des Bankrotts aus. Indem mit dem Verschwinden der Hand die physische Integrität des Menschen lädiert, liquidiert und aufgehoben ist, erweist sich die Superiorität der Kultur über die Natur. In jedem Schuldakt wird die natürliche Präsenz suspendiert, um der Fiktion und Imagination Einlass in die natürliche Welt zu gewähren.

Goethe verhandelt die Erfindung des Papiergeldes als einen Triumph der Fiktion über die Wirklichkeit. Wo auf die Zukunft spekuliert wird, wo Schuldgeld in den Warenkreislauf integriert wird, beginnt das Gegenwärtige zu schwinden. Vermutlich würde Goethe so weit gehen zu erwägen, dass Kultur nur in dieser Möglichkeit und dieser Gefahr existiert. Damit ist auch das Primat der Natur der Dinge in Frage gestellt. Nun wird es möglich, den Geldschein in seiner Fiktionalität als die vorgängige Wirklichkeit zu konzeptionalisieren und die dem Geld entsprechenden Güter als hypothetische schlicht zu erfinden. Eben dies geschieht im zweiten Akt von *Faust II*. Mephistopheles und Faust ›lösen‹ die notorischen Geldprobleme des Kaisers, indem sie das benötigte Geld mit dem Hinweis drucken, dass der Geldnote unzählige im Land vergrabene Schätze entsprechen. Der Schein simuliert die realen Dinge, die sich wie die unsichtbare Hand der Wahrnehmung entziehen. In historischer Hinsicht verarbeitet Goethe ironisch-heiter die Erfahrungen der Südseespekulationen von 1720, auf die sich auch Smith bezieht, und vor allem der Hyperinflation in Frankreich von 1797.[10] Es regiert der Schein. Fern davon, diese Allmacht des Scheins zu verwerfen, erfindet Goethe konsequent eine Welt unter der Herrschaft des Scheins. Im *Faust II* wird eine der Konsequenzen der Welt des Scheins und Geldscheins in Szene gesetzt: Ohne die Natur der Dinge als Maßstab, treibt der Schein ins Maßlose. Der Kaiser geht über alle Haushaltsgrenzen hinaus. Die Zügel auf dem Maskenball hält die Poesie, die sich als »Verschwendung« kennzeichnet. Das Papier wird ebenso schnell bedruckt, wie es in der Hyperinflation verbrennt. Hier endet die Welt der balancierten Waage, und es beginnt die Welt des Maßlosen, Extremen, Beschleunigten.

Die Annahme, dass das Gleichgewicht die Ausnahme und nicht die Norm ist, verbindet die Denker der Romantik. Und so weichen die Bilder des Gleichgewichts Bildern von unkontrolliertem, exponenziellem Wachstum. Zahlreiche Autoren der Jahrhundertwende beobachten, wie sich einzelne Wirtschaftskräfte und -elemente ins Maßlose ausdehnen. Expansion ersetzt Balance als neue Leitmetapher. Jedem Element des Wirtschaftens, so die neue Einsicht, wohnt die Tendenz inne, sich selbst zu vervielfältigen und auf Kosten (der anderen und zum Schaden) der Allgemeinheit auszuweiten. Diese Tendenz zur Verselbständigung aller Teilkräfte der Wirtschaft wird dabei, anders als Mandeville es darstellte, nicht mehr von einem großen Ganzen aufgefangen.

Auf die balance-orientierten Wirtschaftstheorien von Adam Smith und Jean-Baptiste Say reagieren Robert Malthus und David Ricardo mit Skepsis. Malthus argumentiert im *Essay on Population* (verfasst 1797, publiziert 1798, 1803), dass die allgemeine Wohlfahrt zu einer Bevölkerungsexplosion der Armen führen wird. Fichte reagiert in *Der geschlossene Handelsstaat* (1800) auf die Gefahr internationaler Imbalancen im Handel und zieht die berühmte Schlussfolgerung, dass die Staaten ihre Handelsgrenzen schließen müssen. Adam Müller schließlich sieht sich veranlasst, zwei Arten des Geldes zu unterscheiden, von denen das eine dem allgemeinen Ausgleich und Wohl dient, während das andere als ein Mittel zur individuellen Bereicherung angesehen wird, welches eine allgemeine Bedrohung darstellt. Bezeichnend für die Romantik ist dabei, dass Smiths Hoffnung auf Selbststeuerung und Selbstbalancierung des Ökonomischen vorerst begraben wird und dem Bild der Apokalypse weicht. Die späteren Romantiker sehen sich von dieser Vision der Katastrophe offensichtlich dazu veranlasst, eine nicht-ökonomische Macht auf den Plan zu rufen, die die Ökonomie zu stabilisieren verspricht. Urbild dieser Macht ist der Staat, in Metternichs Vision das große Ich. Das Geld ist derartig unheimlich geworden, dass es des Ich zu seiner Sicherung bedarf.

2. Das Ich der Romantiker

Der andere Akteur dieses Kapitels ist das neue, von den Romantikern ausgerufene Ich. Aus großer Distanz betrachtet geschieht in den Ich-Diskursen vor der Jahrhundertwende etwas Ähnliches wie beim Geld: Die Zeit hält verstärkt Einzug in das Ich, von dem 1770 noch angenommen worden war, es sei die feste Trutzburg gegen Umstände und Einflüsse. Bei allen Zweifeln an dem *eigenen* Ich hatten die Dichter und Denker des Sturm und

Drang die Annahme gehegt, es wäre prinzipiell möglich, ein Ich im Hier und Jetzt zu finden. Doch die Forderung, das Ich in der Gegenwart zu verorten, hatte diese Denker in eine Krise geführt, da sie in sich nur eine Abwesenheit der freien Individualität feststellen konnten. Die Verzeitlichung des Ich stellt sich insofern als eine Chance dar, den Ich-Zwang zu parieren. Vielleicht bin ich zwar jetzt ein »Ball der Umstände«, wie Lenz beklagte,[11] doch das heißt nicht, dass ich nicht noch zu Festigkeit gelangen könnte.

Der Bildungsroman – angefangen mit Moritz' *Anton Reiser*, Goethes *Wilhelm Meisters Lehrjahre*, Novalis' *Heinrich von Ofterdingen* und Tiecks *Sternbalds Wanderungen* – offeriert eine Antwort auf den Ich-Zwang: Er verlegt das Ich in eine mehr oder weniger erreichbare Zukunft. Der Einzelne ist auf dem Weg zu sich selbst. Dieses Auf-dem-Weg-Sein hat dabei eine dreifache Funktion. Erstens gewinnt der Einzelne einen Aufschub vom Ich-Zwang. Man kann jetzt sagen, dass man zwar noch kein Ich hat, aber durchaus Hoffnung haben kann, künftig eines zu erringen. Die Pein der Abwesenheit, die ein Lenz und ein Herder fühlten, wird so umschifft oder zumindest zeitweise suspendiert. Zweitens wird suggeriert, es gäbe eine Schritt-für-Schritt-Entwicklung, die die Pädagogen womöglich formalisieren könnten und die dem Einzelnen Orientierung gewähren könnte (selbst in Goethes Roman gewinnt diese Erwartung in der Turmgesellschaft Gestalt, wenn auch nur in der Form einer fehlgeleiteten Hoffnung auf Steuerung). Der Prozess des Ich-Erwerbs wird schlicht als die Form von Individualität gesetzt. Drittens kann dieses Verlegen des Ich in die Zukunft durch den Bildungsroman auch rückwirkend die Gegenwart erhöhen. Denn wer die Hoffnung unterhält, dereinst ein Ich finden oder erlangen zu können, wird zugleich auch annehmen, dass seine Anfänge bereits jetzt, wie bescheiden und unerkennbar auch immer, in der Gegenwart gewesen sein müssen. Der Einzelne kann schon jetzt im Futur II auf sich zugreifen: Mein Ich ist dasjenige, was schon jetzt gewesen sein wird (auch wenn ich es jetzt noch nicht weiß). Es geht hier nicht darum, ob die genannten Romane dieser Hoffnung gerecht werden – dies ist Gegenstand der jahrhundertelangen

Klassik-Romantik-Debatte, durch die die Germanistik ins Leben gestritten wurde –, sondern schlicht um den strategischen Einsatz der Bildungsidee in der Kunst-Periode. Der Einzelne macht eine Anleihe an die Zukunft, wenn er schon jetzt für sich in Anspruch nimmt, was er erst zu erwerben hat. Das neue Ich gibt es auf Kredit.

Diese Anleihe an die Zukunft, also das Schon-jetzt des Nochnicht, hat eine spezifische Form. Das Ich ist die Instanz, die erst durch ihr Wissen von sich entsteht. Doch ein jedes Wissen verfehlt das Ich auch, da das Ich immer schon mehr ist als das Wissen vom Ich. Im Wissen vom Ich fehlt nämlich das um dieses Wissen erweiterte Ich. In den Akten der Selbst-Erkenntnis und des Sich-gewahr-Werdens potenziert sich das Ich, greift auf sich vor und überschreitet sich zugleich. Ein Ich gibt es nur, weil es mehr ist, als es ist. Entsprechend kultivieren die Frühromantiker wie die Schlegels, Novalis und Tieck eben die Akte und Situationen, in denen der Einzelne über sich hinausgeht und sich darin gewahr werden kann. Dazu gehören das Gespräch, die Selbstbetrachtung, der Witz, die Liebe, Freundschaft und der Briefverkehr. Das Ich, welches die Frühromantiker in diesen Akten aufblitzen sehen, ist ein Fragment ohne endgültige Form. Es ist ein permanentes Projekt ohne Abschluss.

In dieser Ich-Konzeption ist der Zwang des Begriffs Ich zugleich verschärft und entschärft. Verschärft ist er, da die Zumutungen an das Ich gesteigert sind. Das Ich muss sich jetzt auch noch selbst erzeugen. Es reicht für die Romantiker nicht mehr, dass das Ich autonom und einzigartig ist. Die Autonomie und Singularität muss nun auch den Ursprung des Ich einschließen. Das Ich wird nicht mehr geboren oder in die Welt gesetzt, es muss sich selbst gebären. Doch in dieser Verschärfung liegt der Kern einer Entschärfung. Die Entschärfung stellt sich, wie so oft, als Narrativierung dar, die dem Stachel die Spitze nimmt, da sie die Forderung in ein Versprechen umwandelt.[12] Aus der absoluten Forderung ›ein Ich sei‹ wird eine konditionale Regel: ›Wenn eine Instanz sich selbst erzeugt, so ist sie ein Ich‹. Die Narrativierung und das ›wenn … dann‹ leisten eine Konkretion Schritt für Schritt, die der absoluten Forderung ganz fehlt. Und tatsächlich finden die Frühromantiker eine Verlaufsform, das heißt eine Narration von Ichheit. Diese liegt in der Selbst-Reflexion. Wer sich selbst betrachtet, setzt sich darin zugleich. In der Selbst-Reflexion wird ein Ich denn auch immer wieder institutionalisiert und zugleich überschritten, da die Dynamik der Reflexion stets auch über das je gesetzte Ich hinausführt.

Diese Verzeitlichung und Potenzierung des Ich findet eine Parallele im ökonomischen Denken der Zeit. Die Grundformel des Ich der Romantiker ist zugleich die Formel des Kapitals: Kapital ist Geld, welches auf sich selbst ›reflektiert‹, das heißt sein Investitionspotenzial nutzt und dadurch mehr wird, als es ist. Kapital ist die Inkarnation der Selbstbildung. Marx wird dies später in der berühmten Formel des Kapitals fassen: Eine Summe Geldes (M) wird getauscht für eine Ware (W), die wiederum für eine größere Summe Geldes (M') getauscht wird: M – W – M'. Das Paradoxe dieser Formel wird betont, wenn man sich vor Augen führt, dass Geld (M) durch den Tauschprozess gleich Mehr-Geld (M') wird.[13]

Diese Formel des Kapitals ist keinesfalls unproblematisch. In ihr drückt sich ein Imperativ aus: Eine Summe Geldes *sei* gleich einer größeren Summe. Die Aktualisierung des im Kapital versprochenen Potenzials ist keineswegs gesichert. Je weniger die Geldmärkte institutionalisiert sind, desto ungewisser ist das Kapital als Kapital. Es ist gebunden an diejenigen, die die Möglichkeiten im Geld erblicken und sich diese Perspektive des Kapitals auf seine Vergrößerung zu eigen machen. Sosehr Marx das Kapital auch als eigenständige gesellschaftliche Kraft dämonisieren wird, so sehr braucht das Geld Allianzen, die das Kapital als solches beglaubigen. Geld wird zum Kapital, wenn diejenigen, die es investieren und einsetzen, ihre Leistung schlicht dem Geld selbst zuschreiben, als wachse es aus eigener Kraft. So wie die Selbst-Reflexion und Selbst-Setzung des Ich von einem Ich-Zwang getrieben wird, so könnte man hier parallel von einem Imperativ zur Aktualisierung des Geldes sprechen, einer Art ›Geld-Zwang‹. Geld soll das sein, was es potenziell sein könnte, nämlich mehr

Geld, Surplus, Kapital. Die Instabilität und dieses Mehr-Sein-Wollen bzw. -Sollen verbindet Ich und Geld.

Geld (Kapital) agiert in zahlreichen Diskursen der Epoche als ein Modell von Ichheit. Geld nämlich zeigt den Prozess der Selbstbildung und Selbstexpansion in der Reinform, ungetrübt von Inhalten jeder Art, da es als präzise quantifizierbares Medium die Abzählung des Mehr-Seins ermöglicht. In dem Maße, wie das Ich durch sein Mehr-Sein gekennzeichnet wird, gerät es in den Strudel der Ökonomisierung. Das Ich kann sich in den Früchten seiner Arbeit, seinen Interessen, Leidenschaften und Taten nur dann erkennen, wenn diese sich als auf Gewinn spekulierende Handlungen erweisen, als deren Nutznießer das Ich sich schmücken kann. In dem Maße also, wie die Idee des Ich in Abhängigkeit von seinen Investitionen gerät, wird es ein Effekt des Geldes. Und umgekehrt wird sich im nächsten Kapitel zu 1848 zeigen, dass die Ungewissheit des Kapitals dieses wiederum zum Ich zurückführt.

3. Friedrich Schlegels Lehre der Individualität

Die Nähe von Geld und Ich sucht viele Denker der Epoche heim. Selbst die Denker, die dem Geld zunächst keinen Einfluss auf die Individuation zugestehen wie der frühe Friedrich Schlegel, stoßen auf geldliche Organisationsformen inmitten ihrer Ich-Konzeptionen.

Bildung ist für den frühen Friedrich Schlegel des *Athenaeum* stets die Formation eines Individuums. Individualität ist nicht schlicht eine Sammlung von mehr oder weniger einzigartigen Charakterzügen, die den einen von dem anderen unterscheiden, sondern ist Resultat einer fortwährenden Selbst-Erzeugung. Diese Akte der Selbst-Erzeugung nennt Schlegel »Reflexion«, »Potenzierung«, »Charakterisieren« oder in einigen Fällen auch »Kritik«.[14] Indem ein Individuum auf sich selbst reflektiert, spaltet es sich auf in Beobachter und Beobachtetes. In dem Beobachteten fehlt dabei als seinem spezifisch blinden Fleck je die beobachtende Instanz. Die beobachtende Instanz wird zum Surplus, das im beobachteten Selbst nicht enthalten ist. Weitere Beobachtungen und also weitere Surplus-Instanzen werden benötigt im Versuch, auch die beobachtende Instanz in den Blick zu bekommen. Doch in jeder zusätzlichen Perspektive des Beobachters des Beobachters werden wiederum weitere beobachtende Instanzen vom Beobachteten abgespalten. Entsprechend gibt es keine einzige Sicht, die dem Ich in allen seinen Instanzen und Selbstpotenzierungen gerecht werden kann, da es stets eine übergeordnete Instanz geben muss, die es beobachtet. In jedem Versuch, das Ich zu erfassen, entstehen nur weitere Potenzen, die sich der Darstellung und Definition entziehen. In jedem Akt der Definition entschlüpft das Ich somit zugleich dem definitorischen Zugriff, sodass eine infinite Bewegung ein Mehr-als-Ich oder ein Über-Ich erzeugt. So wird das Ich zu einem »Projekt« ohne jemals Präsenz zu erlangen.[15] Gerade die infinite Bewegung der Selbst-Erzeugung singularisiert das Ich zugleich.

Brisant wird die Umkehrung von Schlegels Thesen. Wenn Schlegel schreibt, dass nur das Individuum sich reflektieren, potenzieren und charakterisieren kann, lautet die Umkehrung: Alles, was sich reflektiert, potenziert, charakterisiert und kritisiert, ist ein Individuum. »Alles was kritisirt werden soll, muß ein Individuum sein.«[16] »Nur Individuen kann man charakterisiren.«[17] »Die Potenzirung ist eine moderne Figur; Combinazion des Individuum mit sich selbst.«[18] Hier ist der Angriffspunkt, der die Superiorität des Menschlichen aushebeln wird. Individualität ist einerseits die höchste menschliche Fähigkeit, kann aber andererseits potenziell auch von anderen Entitäten in Anspruch genommen werden, wie etwa Institutionen, die in Akten der Reflexion begründet und vergrößert werden.[19]

Für die Zeitgenossen Schlegels waren diese Postulate eine Zumutung. Selbst die Denker, die Schlegels Grundthesen prinzipiell nahestanden wie etwa Hegel, sahen sich dazu veranlasst, diese unendliche Reduplikation und damit Schlegels gesamtes Denken vehement abzulehnen.[20]

Schlegels Konzeption von Individualität steht keineswegs

im Gegensatz zum Kollektiv oder zur Gemeinschaft. Vielmehr operiert Individualität, in ihrer dargestellten Radikalität, als die Bedingung der Möglichkeit von Gemeinschaft. Das Individuum ist eben keine einsame Insel, sondern kann nur sein, indem es sich ausdehnt, und das heißt ausdehnt in Richtung auf andere. Das Individuum kann nur sein, indem es offen ist für das, was es nicht ist.[21] Der Akt, der das Individuum zum Individuum macht, reicht zugleich über das Individuum hinaus zu anderen. Insofern ist Individualität unmittelbar ein Prozess der Sozialisation.[22]

Auch wenn Gemeinschaft nicht der Gegensatz von Individualität ist, gibt es im Denken des frühen Schlegel dennoch eine Antithese zur Individualität: Abstraktion. Und eine Inkarnation von dieser Abstraktion wiederum ist Geld. Bereits zu Beginn des *Gespräches über die Poesie* spricht Friedrich Schlegel von dem »allgemeine[n] Bild«, welches er für eine falsche Methode hält, Universalität zu erlangen, da es dem Individuum seine Individualität raubt. Kurz später unterscheidet er erneut zwischen dem Weg der echten Individualität und der »tötenden Verallgemeinerung«. Offensichtlich hält es der frühe Schlegel für ohne weiteres möglich, diese Abstraktion und Verallgemeinerung zu vermeiden, da er sie nur kurz am Rande erwähnt. Selbstsicher betont er, dass keine Kritik das »eigene Wesen« wegnehmen »kann und darf«. Zahlreiche Fragmente aus dem Umfeld des *Athenaeum* thematisieren diese Ausschließlichkeit von echter Individualität und der zu vermeidenden Abstraktion. Und nicht selten wird diese Abstraktion oder »Objektivität« im Geld angeprangert oder verspottet.[23] Auch August Wilhelm Schlegel klagt über den »ökonomische[n] Geist« des »Zeitalters«: »Die [...] Zurückführung von allem Möglichen auf das sogenannte Nützliche, welches doch ohne Hinweisung auf das an sich Gute gar keine Realität hat, der ökonomische Geist mit einem Worte, ist eine der hervorstechendsten Eigenheiten des Zeitalters.«[24] Geld, so viel ist gewiss, steht dem Individuum sehr fern.

4. Verselbstung des Geldes (Schlegel II)

Friedrich Schlegels Denken macht bekanntlich eine radikale Kehrtwendung. Er konvertiert zum Katholizismus und tritt in Metternichs persönliche Dienste ein. Und wenige Jahre nach der Zeit des *Athenaeums* kehrt auch die zuvor verdammte Abstraktion und Bedrohung des Ich zurück. Jetzt ist diese Abstraktion aber nichts mehr, das schlicht vermieden werden kann, sondern operiert vielmehr als ein zentraler Aspekt innerhalb von Individuation. Schlegels Kölner Vorlesungen *Die Entwicklung der Philosophie in zwölf Büchern* leitet die Notwendigkeit des Staates von nur drei sozialen Institutionen ab: Ehe, Eigentum und Strafe.[25] Zentral ist dabei das Eigentum, und hier stößt Schlegel wieder auf die Frage der Individualität. Nach wie vor begreift Schlegel Individualität als einen Prozess der Selbst-Bildung. Nun betont er allerdings, dass dieser Prozess der Selbst-Bildung von dem Akt der Aneignung abhängt: »Ohne Eigentum würde der Mensch weder sich selbst und seine Kräfte, noch irgend eine Kunst ausbilden können.«[26] Eigentum wird, wie für Hegel,[27] zur Bedingung von Eigentümlichkeit.[28]

Eigentum, als die Bedingung der Möglichkeit von Eigentümlichkeit, führt notwendig zu Handel und Tausch. Aber »Handel ist ein gefährliches Prinzip«, wie Schlegel wiederholt warnt. Diese Gefahr kulminiert, wie bereits schon für John Locke, im Geld. Gerade die Abstraktionsleistung des Geldes, die die früheren Texte von 1800 noch von der echten Individualität zu unterscheiden glauben konnten, rückt jetzt ins Herz der Frage der Individualität.

Geld ist, so Schlegel in den *Vorlesungen*, zunächst nichts als ein Mittel des Vergleichs, »ein allgemeiner objektiver Maßstab des Werts aller dem Handel und Wechsel unterworfenen Dinge«.[29] Geld erlaubt den schnellen und einfachen Tausch zwischen den unterschiedlichsten Waren. Doch mit dem Geld beginnt ein Prozess, der sich der Kontrolle des Ich entzieht:

> Durch das Geld entsteht ein Handel in der zweiten Potenz, mit dem Gelde selbst, da derjenige, der viel Geld hat, sich viele

Waren und durch diese wieder viel Geld verschafft. Dieses verzinst sich wieder, und so kann dieses immer weiter fortgehen. Es entsteht nun billig die Frage: darf der Staat solche Benutzung des Geldes erlauben, darf er Zinsen garantieren und sanktionieren?

Der Handel ist ein gefährliches Prinzip. Dies gilt vorzüglich vom auswärtigen Handel. Beim Handel geht, da das Geld sich immer in sich selbst vermehrt, das Steigen des Reichtums ins unermeßliche.[30]

Schlegel argumentiert hier, in Nähe zahlreicher Denker der Jahrhundertwende, dass die scheinbaren Balancen (eines Smith) in Wirklichkeit auf einseitige Expansion tendieren. Für Schlegel haben diese Thesen aber noch eine darüber hinausgehende Brisanz. Indem das Geld ›auf sich reflektiert‹ (Stichwort: »zweite Potenz«) und eine Relation mit sich selbst unterhält (»sich immer in sich selbst vermehrt«), führt das Geld den Akt aus, der das Individuum zum Individuum macht: Selbst-Bildung, Selbst-Ausdehnung. Geld wird dabei von Schlegel als Kapital begriffen, welches sich vermehrt und potenziert.

Die Gefahr des Geldes ist also nicht einfach ein genereller Zustand der Abstraktion, wie die Kulturpessimisten des zwanzigsten Jahrhunderts lamentierten, sondern besteht in der *Individuation* des Geldes. Hans Christian Andersen etwa kann ein Märchen schreiben, in dem ein Silberschilling seine Lebensgeschichte erzählt, die wiederum davon handelt, ob er echt oder falsch sei: »Ich ...« (*Der silberne Schilling*). Nicht der Gegensatz von Ich und dem abstrakten Wertmaßstab Geld ist das Ärgernis, sondern die strukturelle Nähe von Ich und Kapital. Indem Geld investiert wird, bleibt Geld nicht selbst-identisch, sondern teilt sich in das, was es jetzt ist, und das, was es sein kann. Es beginnt mehr zu sein, als es ist. Geld (Kapital) wirft Zinsen ab. Eben diese Nicht-Identität und das Mehr-Sein sind für Schlegel, wie oben dargestellt wurde, nicht schlicht ein *sine-qua-non*, sondern die Essenz von Individualität. Geld (Kapital) vermag also den von

Schlegel beschriebenen Akt der Individuation auszuführen, und entsprechend muss Schlegel ihm den Einzug in den Tempel der Individualität gewähren. Kapital ist ein Ich.

Diese Verselbständigung und Verselbstung des Geldes ist das *skandalon*, welches die Romantiker heimsucht. Schlegel kann nicht mehr schlicht sagen, dass das Geld das Individuum imitiert oder parodiert, sondern muss erkennen, dass das Geld zur Reinform romantischer Individualität avanciert, da niemand den Akt der Selbst-Ausdehnung und Selbst-Reflexion präziser ausführen kann als das Geld.

Geld ist nichts als das Potenzial seiner Selbst-Ausdehnung. Geld ist damit die einzige realexistierende Entität, die dem nahekommt, was Fichte als Ich postuliert, denn das Geld ist essenziell leer und unabhängig von seinem Grund. Alle anderen Entitäten und vor allem Menschen werden ›beschmutzt‹ von ihren Eigenheiten, ihrer Materialität und ihrer Geschichte. Geld fungiert also nicht nur als ein äußerer Rivale des Menschen, der vom echten menschlichen Ich unterschieden werden könnte, sondern als sein Ideal. Das, was Menschen sich als Ausdruck ihrer Individualität aneignen können sollten, ist bereits vom Geld okkupiert.

In dem Maße, in dem Schlegel den Menschen durch sein stetes »Werden«[31] charakterisiert und als Projekt kennzeichnet, wird Geld im späteren Denken zum Modell des Verlaufsprozesses von Individuation, dem der Mensch sich annähern muss. Die Gefahr der De-Humanisierung des Menschen kommt mithin nicht von außen, sondern geht aus dem Prozess der Individuation selbst hervor. Geld etabliert und entzieht die Basis für das Ich in ein und derselben Geste: Geld etabliert das Ich, da Geld als Modell der Selbst-Potenzierung figuriert, und es entzieht dem Ich seine Basis, da es den Prozess der Selbst-Potenzierung der Kontrolle durch das menschliche Individuum entzieht, sodass die Individuation zu einem nicht-menschlichen Prozess wird. Geld wird dabei weder schlicht das abstrakt Andere des menschlichen Individuums, noch wird es selbst ein konkretes Individuum, sondern ist die Abstraktion von Individualität, das heißt die Produktion eines Individuums durch Abstraktion. Geld individualisiert Abstraktion und abstrahiert damit zugleich alle Individualität. Im Geld erweist sich, dass Schlegels Begriff der Individualität, der zum Ich führen soll, dieses nur der Abstraktion aussetzen kann.

Die Faszination des Geldes geht für die Frühromantiker also nicht davon aus, dass Geld zum allgemeinen Maßstab von Wert aufrückt, dass es Wert über Zeit erhalten kann, dass es als Mittel des Tausches von Gesellschaft operiert oder dass es zum Kommunikationsmedium aufrückt. Vielmehr beobachten die Frühromantiker, wie Geld in jeder Hinsicht selbstbezüglich wird. Geld misst nur noch sich selbst, es erhält nur sich und verwandelt alle Objekte, die es als Waren in die Welt des Tausches hineinzieht, in bloße Phänotypen von Geldwert. Als Kommunikationsmedium radiert es alle sozialen Differenzen aus, um nur einen Monolog mit sich selbst zu führen. Zelebriert und gefürchtet wird das Kapital, welches das Potenzial seines Mehrwerts in sich trägt und also im Futur II gedacht wird als die Fakultät, die sich vermehrt haben wird. Während einfaches Geld als Tauschmedium zwischen zwei Waren erscheint, ist Kapital das »Geld, das gleich mehr Geld, Wert, der größer als er selbst ist«.[32] Kapital *scheint*, und hier sehen die Frühromantiker die Nähe zum Ich, bereits jetzt *seinem Wesen nach* mehr zu sein, als es ist.

5. Politik als Rettung vor der Ökonomie (Schlegel III)

Die Romantiker haben keine Hoffnung, die dem Geld innewohnende Tendenz zur Totalisierung innerhalb der ökonomischen Prozesse zu dämmen. Entsprechend müssen sie davon ausgehen, dass alle ökonomischen Prozesse stets zu Ungleichheiten und Missverhältnissen führen werden. Anders als die Physiokraten, die im Bodenbesitz einen festen Anker sahen, der die Extreme der ökonomischen Schwankungen ausgleicht, und anders als Adam Smith und die Kameralisten, die das dynamische Equilibrium der Ökonomie beobachten, halten die Frühromantiker die Balance der Kräfte für die Ausnahme. Aus dem Zustand der Ungleichheit führt kein Weg zurück zur Balance:

> Überhaupt führt das Eigentum notwendig zu einem großen Unterschied zwischen Armen und Reichen. Diese aber sind ein Übel, da sie praktisch untätig werden, und dem Staate zur Last fallen.[33]

Es ist bereits bemerkt worden, dass die Referenz von »diese« unklar ist.[34] Tatsächlich lässt sich das »diese« sowohl auf die Armen als auch auf die Reichen beziehen. Für die Armen bedeutet die Akkumulation des (Geld)Eigentums, dass sie nur einen sehr eingeengten Handlungsspielraum haben, um ihre Individualität und also auch Arbeit zu entfalten. Für die Reichen bedeutet ihr Eigentum, dass sie selbst nicht zu arbeiten brauchen und sich nicht mehr individualisieren müssen. Entsprechend behindert Eigentum (und also Geld) die Individuation der Armen wie der Reichen. Und dem Staat entzieht die Ungleichheit produktive Kräfte.

Diese Situation fortschreitender Expansion veranlasst Schlegel, aber auch die späteren Romantiker, wie wir gleich sehen werden, zu einer Radikalkur. Um die von ihnen befürchtete Akkumulation und die Brutalität eines freien Kapitalismus zu begrenzen, rufen die Romantiker eine höhere Kontrollmacht auf den Plan. Diese Kontrollmacht ist der Staat.

Für Schlegel kann diese Kontrollmacht ihrerseits nur als Individuum gedacht werden, als ein Individuum, das die nämlichen Akte der Individuation, also die Akte der Selbst-Definition, Selbst-Reflexion und Selbst-Potenzierung, vollzieht. Dieses höhere Individuum des Staates existiert, mit anderen Worten, indem es die Bürger limitiert, reflektiert, kritisiert. Die Kontrolle der ökonomischen Expansion beinhaltet, Schlegel kann sich hier keine Illusionen machen, die Begrenzung von menschlicher Individualität, inklusive aller Versuche durch Menschen, sich zu individualisieren. Doch eine Alternative kennt der späte Schlegel anscheinend nicht. Dem Staat wird mithin das Monopol zur Individuation übertragen, er wird sowohl »Individuum« als auch »Obereigentümer«.[35] Der spätere Schlegel lässt also nicht das Konzept von Individualität als Ganzes fallen, doch er reduziert die Menge der Individuen, die zur Individuation qualifiziert sind, auf eins: den absolutistischen, katholischen Staat.

Der Staat existiert nicht einfach, wie Schlegel betont, sondern entsteht im Akt der Selbst-Begrenzung der Menschen, die sich in diesem Akt als Bürger deklarieren. Als Bürger sind sie Teile des Staatskörpers. Diese Selbst-Begrenzung ist ein Glaube, und somit wird der Staat eine Sache des Glaubens: »Der Staat beruht auf dem Glauben«:

> Nun ist aber der Glaube ein sittliches Anhalten des Geistes, ein willkürlich sich selbst anhaltendes, beschränkendes, beharrendes Denken, nicht aus Armut und Trägheit des Geistes, sondern aus Überfluß von geistiger Kraft und Tätigkeit. Der Glaube ist also ein wahrhaft göttliches Denken. [...] Nimmt man allen Glauben weg, so geht das Denken nach allen Richtungen ins unendliche, welches notwendig endlich einen skeptischen Zustand herbeiführen muß.[36]

Der religiöse Bürger übt seine Individualität also aus, indem er seine Individualität freiwillig suspendiert. Dieses Aufopfern der eigenen Individualität tarnt sich schwach als eine dialektische Aufhebung, insofern die Annihilierung zugleich als Bewahrung deklariert werden kann, die die Individualität des Individuums Staat erhöht. Und der Staat als einziges echtes Individuum, wenn wir den Gedanken von Fichtes *Der geschlossene Handelsstaat* hier einfügen dürfen, muss vor allem die Handelsgrenzen dichtmachen und den freien Kapitalismus einschränken, um die heimischen Handwerker und Produzenten vor billigen Importen zu schützen. Der Ich-Effekt des Geldes wird hier zum Ende des menschlichen Ich.

6. Geld-Geister und Geister-Geld (Tieck)

Wo immer das Ich sich in seiner Individualität zeigen sollte, da erscheint in der Romantik Geld. Das Ich wird begleitet von seinem Schatten, der es zu verschlingen droht. Diese doppelköpfige Erscheinung von Ich und Geld lässt sich in den Werken der Frühromantiker wie Brentano, Novalis, Tieck und Friedrich und August Wilhelm Schlegel relativ präzise datieren auf die Jahre um und nach 1797.

In den Werken von Tieck, um uns hier auf einen dieser Autoren zu beschränken, zeichnet sich der Advent von Geld als Basis von Ichheit in der Kluft zwischen *Der blonde Eckbert* (1797) und *Der Runenberg* (1804) ab. Man wird die Novelle *Der blonde Eckbert* wohl kaum eine konventionelle Geschichte nennen können. Eine detaillierte Lektüre müsste das vierfach wiederholte Handlungsmuster analysieren: Ein Akteur wird zunächst in einen Familienverband eingebettet; diesen verlässt der Akteur mehr oder weniger verantwortungslos und mehr oder weniger schuldhaft, um sich nach einigen Irrungen und Wirrungen wieder an einen zweiten Familienverband anzuschließen. Doch dieser Übergang von dem einen in den anderen Familienverband wird gestört durch die Wiederkehr eines verdrängten Elements der ersten Familie.[37] Dieses Muster wird von den *bert*-Charakteren (*Bert*ha, Eck*bert*) mehrfach durchlaufen. Betrogen, verlassen oder getötet dagegen werden die *alter*-Charaktere (*Elter*n, W*alter*, die *Alte*). Aus den Delirien der Wiederholung gelingt den *bert*-Charakteren kein Ausbruch. Doch trotz des Wahnsinns dieser Wiederholungen bleibt die Erzählung in Bezug auf das Geld konventionell, denn Geld und Eigentum erscheinen nur als Gegenstand von Eifersucht, die zu Diebstahl und Mord führt.

Einen grundsätzlich gewandelten Umgang mit Geld und Individualität zeigt *Der Runenberg*. Diese Geschichte hat zunächst einen ähnlichen Handlungsbogen einer *rite de passage* wie *Der blonde Eckbert*, insofern der Protagonist Christian seine Familie verlässt, um einen undefinierten Raum zu betreten, und sich schließlich einer neuen Familie anschließt, in der er wiederum von Erinnerungen und Erscheinungen seiner ersten verdrängten Familie heimgesucht wird. Doch während *Der blonde Eckbert* dieses Muster benutzt, um Individualität auszuradieren und als Wahnsinn zu deklarieren, leistet *Der Runenberg* eine Analyse dieses Wahnsinns, ohne dass dadurch aber Individualität als solche diskreditiert würde (auch wenn Christian dem Wahnsinn erliegt).

Geld spielt in den verschlungenen Wegen Christians eine entscheidende Rolle, denn es ist das Geld, welches den Prozess der Entfremdung von der zweiten Familie in Gang setzt. Geld erweckt ein sonderbares Verlangen in Christian, welches durch den Besitz von Geld nicht gestillt wird. Gerade der Besitz des begehrten Geldes provoziert die Suche, die Christian aus dem Zustand der Harmonie in seiner Familie treibt. Er sucht weniger das Geld als vielmehr das Funkeln des Geldes, das Scheinen und Glänzen, wie er seinem Vater erklärt:

> Ich verstehe mich selbst nicht mehr, weder bei Tage noch in der Nacht läßt es mir Ruhe; seht, wie es mich jetzt wieder anblickt, daß mir der rote Glanz tief in mein Herz hineingeht! Horcht, wie es klingt, dies güldene Blut! Das ruft mich, wenn ich schlafe, ich höre es, wenn Musik tönt, wenn der Wind bläst, wenn Leute auf der Gasse sprechen; scheint die Sonne, so sehe ich nur diese gelben Augen, wie es mir zublinzelt, und mir heimlich ein Liebeswort ins Ohr sagen will: so muß ich mich wohl nächtlicherweise aufmachen, um nur seinem Liebesdrang genugzutun, und dann fühle ich es innerlich jauchzen und frohlocken, wenn ich es mit meinen Fingern berühre, es wird vor Freuden immer röter und herrlicher; schaut nur die Glut der Entzückung an![38]

Christian erotisiert Geld und wird vom Geld erregt, doch diese Selbst-Erotisierung findet keine Befriedigung und kein geeignetes Objekt.[39] Seine Suche führt ihn nicht zu einem sicheren Ort und zu einer Selbstfindung, sondern führt ihn hoffnungslos in den Untergrund der Minen. Als er am Ende nach Jahren der Wanderung wiederkehrt und stolz seine Funde zeigt, so sind es nichts als ein paar gewöhnliche Feuersteine, die Funken versprühen, wenn sie zusammengeschlagen werden. Erneut sind es nicht die Steine, die ihn interessieren, sondern wie beim Geld nur die Funken. Was Christian sucht, ist nicht das Wesen der Dinge, das in stabiler Form existiert, sondern vielmehr das, was aus einem

Wesen (sei's Geld, Stein oder Individuum) hervorgeht, um über es hinauszugehen. Der Überschuss der Steine, der Mehr-Wert des Geldes, die geheimnisvollen Zeichen auf dem Mantel, die Blitze und Funken zeigen sich als Analogie zur menschlichen Selbst-Potenzierung, also dem Prozess der romantischen Individuation. Christian erliegt dieser Analogie. Fälschlich hält er die Funken und die Töne für die Inkarnation der Ich-Werdung und den Glanz des Geldes für Individualität selbst. Diese falsche Umkehrung und Verwechselung von Modell und Imitat der Individualität wird von der Novelle als ebenso pathologisch wie unvermeidlich ausgewiesen.

In diesem *double bind* befindet sich das Ich gegenüber dem Geld in vielen der intelligentesten Texte der Epoche. Das Individuum wird in Tiecks, Schlegels und Novalis' Strukturalismus an die Naturphänomene und die Kulturinstitutionen gekoppelt, die als Vorbild der Selbst-Erzeugung dienen. Doch einen Ausweg aus der Ununterscheidbarkeit von Ich und Kapital scheint keiner der Frühromantiker zu kennen.

7. Die Rettung des Ich vor dem Geld (Fouqué)

Die radikalen Konzepte von Tieck, Schlegel, Novalis und ihrem Kreis provozieren eine Gegenreaktion nicht nur von den Weimarer Klassikern, sondern auch von den späteren Romantikern, inklusive dem späteren Friedrich Schlegel. Bemerkenswert daran ist zunächst, dass die meisten dieser Reaktionen die Einsichten der Frühromantiker in die Struktur der unendlichen Reflexion nicht prinzipiell verwerfen, sondern vielmehr versuchen, sie zu entschärfen. Vielfach bemühen sich spätere Romantiker, den verhängnisvollen Knoten von Ich und Geld zu entwirren. Dies führt keineswegs zu einer Revolte gegen das Konzept von Individualität als solches. Im Gegenteil. Indem das Ich scheinbar aus der Reichweite des Geldes gerückt wird, kann es, so die implizite Hoffnung, von jedem kritischen Einspruch gerettet werden und weiter als Leitstern der Epoche strahlen. Während Denker wie der frühe

Friedrich Schlegel dem Ich noch eine genau umrissene Struktur und Funktion zuwiesen, weicht diese Konturierung von Ichheit bei den späteren Romantikern einer Mystifikation. Gerade weil die späteren Romantiker die Struktur dieses mystisch überhobenen Ich im Dunkeln lassen, können, so die These der folgenden Abschnitte, ökonomische Muster dieses Ich im Verborgenen kultivieren. Und so steht das Ich, wie zu zeigen sein wird, dem Geld näher, als es die Spätromantiker zuzugeben bereit sind.

De La Motte Fouqués *Das Galgenmännchen* (1809) ist eine der vielen Gespenstergeschichten der Epoche, die eine Rettung des Ich aus den Klauen des Geldes dramatisieren. Die Novelle basiert auf einem impliziten Wortwitz. Reichard, der Protagonist, erwirbt ein »Galgenmännchen«, ein teufelsähnliches Wesen in einer kleinen Flasche, welches seinem Besitzer beliebig viel Geld beschafft.[40] Der Haken an dem Teufelchen ist allerdings, dass man das Galgenmännchen verkaufen muss, bevor man stirbt, denn sonst bekommt der Teufel die Seele des Verstorbenen. Um die Flasche aber wieder loszuwerden, muss man sie für weniger Geld verkaufen, als man sie ursprünglich erwarb. Am Ende aller Transaktionen wird unweigerlich einer mit der Flasche sitzen bleiben, der sie nicht mehr an den Mann bringen kann. Das »prisoner's dilemma« dieser Konstruktion besteht offensichtlich darin, den richtigen Punkt zu finden, bevor man die Flasche nicht mehr verkaufen kann, weil jeder potenzielle Käufer sich ausrechnet, sie seinerseits nicht mehr losschlagen zu können. Während die meisten Käufer sich anfangs sehr motiviert zeigen, entsteht das Problem erst, wenn der Kaufbetrag sehr niedrig wird. Zunächst erwirbt Reichard das Teufelchen für eine sehr hohe Summe, doch nach einer Serie von weiteren Tauschaktionen kauft er die Flasche unwissend wieder für die kleinste Münze. Jetzt klebt die Flasche an ihm, weil ihr Preis nicht weiter dividiert werden kann. Reichard begibt sich auf eine verzweifelte Suche nach einem »Halbheller«, der es ihm erlauben würde, den Teufel wieder loszuwerden. Diese Suche trägt ihm ironischerweise den Spitznamen »Halbheller« ein und betont damit noch einmal seine Untrennbarkeit vom Geld.

Fouqués Geschichte findet eine Rettung. Reichard lernt einen Aristokraten mit Münzprivileg kennen, der »Drittelpfennige« für ihn prägt. Zudem erfährt er, dass die Pfennige einer Währung so viel sind wie drei Münzen einer anderen Währung, sodass sich auch hier wieder Tauschmöglichkeiten auftun. Tatsächlich findet sich ein Freiwilliger, der seine Seele bereits dem Teufel verschrieben hat, um ihm das Fläschchen abzunehmen.

Die Achse der Novelle besteht in einem Sprachwitz, in dem Wort Individualität. Zunächst scheint es, als verfalle das Individuum Reichard dem Geld. Doch die teuflische Nähe von Individuum und Geld erweist sich als Irrtum, denn Geld ist immerfort dividierbar, teilbar. Geld ist kein In-Dividuum, sondern ein Dividuum. Diese durchaus unterhaltsame Lösung ermöglicht der Novelle am Ende einen humanen Reichard zu präsentieren, der die Unabhängigkeit menschlicher Individualität vom Geld behaupten kann. Reichard, *Reich-Heart*, hat ein reiches Herz unabhängig von seiner Börse. Doch die Geschichte scheitert damit zugleich darin, die Attraktion des Geldes für das Individuum zu erklären, die die Geschichte zunächst erst motiviert hatte. Das, was ein glückliches Individuum ausmacht, was überhaupt Individualität sein könnte, bleibt in jedem Maße unklar. Behauptet wird schlicht, dass Geld nicht dazugehöre und dass sich das menschliche Ich stets wieder vom Teufelsgeld trennen kann. Die Mystifizierung ist mit anderen Worten eine Verharmlosungsstrategie, die die Nähe von Geld und Ich leugnet.

8. Die Rettung des Ich vor dem Geld (Chamisso)

Für die späteren Romantiker ist diese Doppelbewegung kennzeichnend: Einerseits gerät das Individuum in große Nähe zum Geld und bedarf des Geldes, um sich seiner selbst zu vergewissern. Andererseits aber muss diese Nähe geleugnet und buchstäblich verteufelt werden, damit das Ich weiter seine Humanität und Autonomie vom Geld behaupten kann. Diese Ambivalenz zeigt sich meist nur im Zustand der Verschleierung. Um das Ich zu schützen, muss es in eine unbestimmte räumliche oder zeitliche Ferne gerückt werden.

Die wohl präziseste Deklinierung dieses Doppelverhältnisses von Ich und Geld in der späteren Romantik leistet die ungeheure Geschichte des Mannes, der seinen Schatten für einen Geld erzeugenden Sack eintauscht, Adelbert von Chamissos *Peter Schlemihls wundersame Geschichte* (1813). Ich und Geld geraten in dieser Geschichte in ein paradoxes, unmögliches Tauschverhältnis. Um diesen sonderbaren Handel zu beleuchten, soll die Szene des Pakts in Erinnerung gerufen werden. Schlemihl ist zu diesem Zeitpunkt ein armer junger Mann, der auf einer Party von den reichen Gästen ignoriert wird. Er wendet sich von der lustigen Gesellschaft ab, als ihn ein sonderbarer Fremder anspricht, der auf der Feier ans Magische grenzende Kräfte bewiesen hatte, indem er aus seiner Tasche riesige Objekte hervorholte. Der Fremde spricht:

> »Möge der Herr meine Zudringlichkeit entschuldigen, wenn ich es wage, ihn so unbekannterweise aufzusuchen, ich habe eine Bitte an ihn. Vergönnen Sie gnädigst –« – »Aber um Gottes willen, mein Herr!« brach ich in meiner Angst aus, »was kann ich für einen Mann tun, der –« wir stutzten beide und wurden, wie mir deucht, rot.
>
> Er nahm nach einem Augenblick des Schweigens wieder das Wort: »Während der kurzen Zeit, wo ich das Glück genoß, mich in Ihrer Nähe zu befinden, hab ich, mein Herr, einigemal – erlauben Sie, daß ich es Ihnen sage – wirklich mit unaussprechlicher Bewunderung den schönen, schönen Schatten betrachten können, den Sie in der Sonne und gleichsam mit einer gewissen edlen Verachtung, ohne selbst darauf zu merken, von sich werfen, den herrlichen Schatten da zu Ihren Füßen. Verzeihen Sie mir die freilich kühne Zumutung. Sollten Sie sich wohl nicht abgeneigt finden, mir diesen Ihren Schatten zu überlassen?«
>
> Er schwieg, und mir ging's wie ein Mühlrad im Kopfe herum. Was sollt' ich aus dem seltsamen Antrag machen, mir meinen Schatten abzukaufen? er muß verrückt sein, dacht'

ich, und mit verändertem Tone, der zu der Demut des seinigen besser paßte, erwiderte ich also:

»Ei, ei! guter Freund, habt Ihr denn nicht an Eurem eignen Schatten genug? das heiß ich mir einen Handel von einer ganz absonderlichen Sorte.« Er fiel sogleich wieder ein: »Ich hab in meiner Tasche manches, was dem Herrn nicht ganz unwert scheinen möchte; für diesen unschätzbaren Schatten halt ich den höchsten Preis zu gering.«

Nun überfiel es mich wieder kalt, da ich an die Tasche erinnert ward, und ich wußte nicht, wie ich ihn hatte guter Freund nennen können. Ich nahm wieder das Wort und suchte es, wo möglich, mit unendlicher Höflichkeit wiedergutzumachen.

»Aber, mein Herr, verzeihen Sie Ihrem untertänigsten Knecht. Ich verstehe wohl Ihre Meinung nicht ganz gut, wie könnt' ich nur meinen Schatten –«[41]

An dieser Stelle unterbricht der Fremde ihn, wiederholt sein Angebot, und als Schlemihl einen solchen Tausch für unmöglich erklärt, verwirft er Schlemihls Zögern mit der Bemerkung, dass die scheinbare Unmöglichkeit des Tauschs nicht sein Problem sei. Darauf listet der Fremde Dinge mit magischen Kräften auf, die er im Tausch für den Schatten zu geben bereit wäre, und Schlemihl springt über seinen Schatten, überwindet seine Zurückhaltung, als Fortunas Glücksbeutel erwähnt wird. Schlemihl testet den Beutel und zieht wiederholt je zehn Dukaten hervor. Er schlägt nun in den Tausch ein und kann sogleich beobachten, wie der Fremde mit »bewundernswürdiger Geschicklichkeit« den Schatten vom Boden abschält und einsteckt. Der nun steinreiche Schlemihl wird schon bald diesen Tausch verfluchen, der ihn allen Menschen unheimlich macht. Doch der Fremde ist mit dem Schatten verschwunden.

Die meisten Deutungen dieses Textes haben versucht, dem Schatten eine allegorische Bedeutung unterzuschieben, etwa als Schlemihls Seele, bürgerliche Scheinexistenz, Moral, Menschlichkeit, Bewusstsein, sexuelle oder nationale Identität.[42] Auch wurde argumentiert, der Schatten operiere als bloßer »shifter«, der Deutungen stets provoziere,[43] um sie ins Leere laufen zu lassen. Für all dies lassen sich Belege finden, und doch geht in diesen Deutungen das eigentliche Ärgernis der Novelle verloren, die Ungeheuerlichkeit, ja Unmöglichkeit des stattfindenden Tausches. Der Schatten steht in der Novelle weniger *für* etwas anderes als vielmehr unmittelbar *bei* jemandem. Der Schatten, wenn er etwas ist, steht bei einer Person, begleitet sie und ist, um das Mindeste zu sagen, absolut unablösbar, irreduzibel dieser einen Person oder dem einen Objekt zugehörig. Kurz, der Schatten ist radikal untauschbar, unteilbar, in-dividuell. Und dennoch, dies ist die Katastrophe, von der der Text handelt, findet das Unmögliche, also der Tausch des Untauschbaren, statt.

Der Kuhhandel wird von der Novelle doppelt bewertet: einmal aus der Perspektive vor dem Tausch und einmal aus der Sicht nach dem Tausch. Wenden wir uns zunächst der Sicht *vor* dem Tausch zu. Es ist ein Pakt der Superlative. Verhandelt wird über die zwei unmöglichsten, untauglichsten Objekte des Tausches. Auch der verbale Austausch zwischen Schlemihl und dem Fremden ist ein Verkehr der Superlative, wenn beide sich als absolut minderwertig gegenüber den Besitztümern und Fähigkeiten des anderen stilisieren. Der Fremde nennt den Schatten »unschätzbar« und spricht von ihm mit »unaussprechlicher Bewunderung«, während Schlemihl sich als des Fremden »untertänigste[r] Knecht« bezeichnet, der »unendliche Höflichkeit« an den Tag legt. Und so wird alles doppelt beurteilt: Der Schatten ist zugleich »unschätzbar«, *und* er ist reiner Abfall, den Schlemihl bloß »von sich werfen« kann. Der geldproduzierende Beutel ist mehr als die Summe aller Werte, *und* er ist zu gering, um einen Schatten zu bezahlen. »Für diesen unschätzbaren Schatten halt ich den höchsten Preis zu gering«, sagt der Fremde. Entscheidend ist, dass weder verbal noch merkantil eine Vorstellung von Äquivalenz, ja überhaupt nur von einem möglichen Wertmaßstab eines solchen Tausches erlangt wird. Die beiden Objekte des Tauschpakts sind absolut individuell und als solche inkommensurabel, sodass sie weder wechselseitig noch durch Zuhilfenahme eines allgemeinen Wertmaßstabes gegeneinander aufgerechnet werden können. Es ist ein Pakt ohne jede Fiktion einer Gleichwertigkeit und insofern auch ohne theologische Mucken. Es ist ein Tausch ohne Geld. Auch die Objekte des Tausches entziehen sich einer einfachen Substanziierung oder Fixierung. Als Schatten und als geld-entbergender Sack haben diese Dinge nur gemeinsam, dass ihr Gehalt nicht erkennbar, nicht einmal definierbar ist: im Falle des Schattens, weil er nur Phänomen ohne Inhalt, im Falle des Sackes, weil sein Gehalt ohne Phänomenalität ist.

Aus der Sicht *nach* dem Tausch aber verbürgt der Tausch die zuvor geleugnete Gleichwertigkeit. Weil getauscht wurde, so lautet jetzt die Logik, sind die beiden Tauschobjekte, Schatten und Beutel, gleichwertig. Der Handel, weil er stattfand, erzeugt eine Vorstellung von Gleichwertigkeit. Konsequent erhält Schlemihl für seinen Schatten nicht schlicht eine bestimmte Geldsumme, sondern die Quelle des Geldes überhaupt, das Medium der Äquivalenz, Fortunas Geldbeutel, die Bedingung zur Möglichkeit gleichwertigen Tauschens. In der Welt der Äquivalenz wird der Wert im Tausch erhalten, nur die Dinge und Waren ändern sich, in denen er sich manifestiert. Aus der Perspektive nach dem Stattfinden des Tausches besteht also keine essenzielle Differenz zwischen dem Haben und Nicht-Haben eines Dinges oder eines Schattens, solange der Wert des Dinges in einer anderen materiellen oder immateriellen Form in der eingetauschten Ware erhalten bleibt.

Die Aporie, welche die Novelle in Szene setzt, besteht in der Vereinigung beider Perspektiven des Vorher und Nachher. Vor dem Akt des Tausches sind Individuum und Geld füreinander inkommensurabel, nachher sind sie dagegen austauschbar.[44] Diese Doppelung beider Perspektiven zeigt, dass das unteilbare, unersetzbare Individuum und das absolut tauschbare und teilbare Geld zugleich als unverträgliche Antithesen *und* als zwei Elemente ein und desselben Prozesses bestehen. Ja, erst der Akt (der Tausch) scheint beide möglich zu machen. Das Individuum wird sich seiner Unteilbarkeit erst bewusst, wenn es geteilt ist und sein Schatten nur noch als »une ombre *perdue*«[45] an Individualität gemahnt. Geld entsteht, wenn das scheinbar Inkommensurable, Untauschbare, als gleichwertig getauscht wird, denn Gleichwertigkeit ist der Kern des Geldes.

In Szene gesetzt wird hier der Ursprung des Geldes. Geld wird in einem Tausch geboren, der seinerseits nicht durch Geld realisiert wird und der nicht durch die Fiktion der Gleichwertigkeit geleitet wird. Kapital und Ware entstehen in einem gewaltigen Sprung über die Kluft von Vorher zum Nachher, in einer radikalen Umdrehung, in der die Dinge auf den Kopf gestellt werden. Der Schatten »zu Füßen« von Schlemihl wird zum Kopf, *caput*, Kapital, umgedreht von einem gewaltigen Mühlrad im »Kopf« Schlemihls. In sachlicher und motivischer Nähe zu Marx' »Fetischcharakter der Ware« ist diese Drehung ebenso gravierend wie unbegreiflich.[46] Diese Einsicht der Novelle gilt der Sache nach für jeden Tausch, da in jedem Tausch stets auch die Individualität der Dinge *und* ihre Austauschbarkeit affirmiert wird, sodass man sagen kann, dass in jedem Tausch die ungeheure, superlative und je singuläre Begründung der Ökonomie wiederholt wird.

Es gibt ein Postscriptum. Die Einsicht der Novelle in die in sich verdoppelte und gespaltene Urszene des Tauschakts wird von Peter Schlemihl nicht ausgehalten. Wie die meisten Interpreten der Novelle denkt Schlemihl am Ende das Verlorene, den Schatten, im Nachhinein nun doch als ›etwas‹. Der absolut unablösbare Schatten avanciert, *qua verbo*, zu einer ›Unablösbarkeit‹, zum Un-tauschbaren, In-dividuellen und Anti-Ökonomischen. Was Peter Schlemihl zunächst ein Nichts schien, wird rückwirkend zum Inbegriff einer Identität und Authentizität jenseits alles Ökonomischen verklärt. Durch das Festhalten an diesem *je-ne-sais-quoi* vor dem Tausch wird Peter Schlemihl zu einem traurigen P.S. hinter der kritischen Erkenntnis der Novelle, dass nämlich Ökonomie und Individualität füreinander durchlässig sind und dass sie vielleicht nur durcheinander existieren. Gerade dass Schlemihl den Verlust des Schattens am Ende betrauert, zeugt von einer bereits entwickelten Vorstellung von Äquivalenz, denn der Pakt erscheint nun doch als ein Äquivalenzhandel: ein solcher aber, in dem Schlemihl ein schlechtes Geschäft gemacht hat. Auch mit den Sieben-Meilen-Stiefeln, die Schlemihl als Biologen und Geographen dorthin führen, wo die Menschen und der Tausch nicht regieren, entkommt er dem Gefühl des Verlusts einer *als Wert* verfassten Individualität nicht.

Nostalgie, also das rückwirkende Erfinden einer Vergangenheit, die von einem spezifischen Übel der Gegenwart frei ist, dieses aber noch negativ spiegelt, wird so zum formalen Prinzip der Novelle. Rückwirkend, also *a posteriori*, erfindet sich die Novelle eine Perspektive des Vorher, in der das Individuum und das Geld einander unversöhnlich gegenüberstehen.[47] Das Individuum ohne Geld, aber mit Schatten, wird so als Ich in eine mythische Vorzeit verlegt. Die nostalgische Trauer um einen verlorenen Urzustand, die Chamissos Novelle für den armen Mann ohne Schatten vermittelt, gilt damit keiner nicht-ökonomischen Außenposition mehr.

Entsprechend gilt der Eintritt in die ökonomische Ordnung als Teufelspakt, dessen einzigartiger Einschnitt alle Beziehungen ändert, zugleich aber geleugnet wird wie die Urszene der Erfindung des Papiergelds in *Faust II*.[48] Kurz, der Eintritt in die ökonomische Ordnung wird zum Unerklärlichen, Singulären, Unmöglichen, das dennoch stattfindet. Es wäre zu überlegen, ob die Romantik den Teufel wieder auf den Plan ruft, um dem aporetischen Begründungsakt der Geld-Ökonomie eine allegorische Figur zu verleihen.

9. Teufelsaustreibung: Geld als Medium der Kommunikation (Adam Müller)

Die Entschärfungsoffensive gelingt. Im Denken der späten Romantiker setzt sich die Idee durch, dass die gefährliche Vermischung von Ich und den Expansionskräften des Ökonomischen verhindert oder isoliert werden kann. Das Teufels-Ich wird ausgetrieben. Verteufelt wird nicht schlicht das Ich und nicht schlicht die Ökonomie, sondern die ökonomische Individualität, das Ich also, das sich der Expansionsbewegung des Kapitals verdankt. Gepriesen wird dagegen die einfache Gegenüberstellung einer guten Individualität und einer allen dienenden Haushaltung. Was die Novellen Fouqués und Chamissos im Literarischen durchexerzieren, wenn sie die Rettung des Individuums aus den Klauen des Geldes darstellen, leistet Adam Heinrich Müller für das ökonomische Denken.

Adam Müllers *Versuche einer neuen Theorie des Geldes*, 1810/11 verfasst als Reaktion auf die Abwertung des Papiergeldes der Bank von England, gilt aufgrund der Akzeptanz des Papiergeldes als eines der fortschrittlichsten Dokumente der Zeit. Müllers Kerneinsicht ist, dass der Geldwert des Papiergelds mit dem kollektiven Kredit einer Volkswirtschaft steht und fällt. Also, folgert Müller, müssen alle Individuen Interesse daran haben, Geld so einzusetzen, dass der allen gemeinsame Kollektivwert (und nicht der einzelne Netto-Wert) steigt. So weit, so gut. Doch diese Aufwertung des kollektiven Wertes führt Müller, wie sich zeigen wird, zu einem obsessiven Kreuzzug gegen die individuelle Bereicherung, um das Kollektiv zur diktatorischen Norm zu erheben.

Müllers Werk dient dem Zweck, Geld als Spiegel des Selbstwertes einer Gemeinschaft zu funktionalisieren. Wenn alle im Geld ein Gemeinschaftliches erkennen, so Müller, dann arbeiten sie auch an der Erhöhung ihres gemeinschaftlichen Kredits (Müller aktiviert hier die religiöse Wurzel, *credere*, des Kredits). Geld ist als dieses Mittel für die Gemeinschaft geeignet, weil es von allen und jedem verstanden und akzeptiert werde. In seiner Kommunikationsfähigkeit komme dem Geld nur die Sprache der Poesie nahe.[49] Müller kann sich hier, anders als Schlegel, unmittelbar auf Adam Smith beziehen, dessen Metaphorik der Balance er übernimmt.

Um das Papiergeld als dieses neutrale Medium begreifen zu können, muss Müller das gefährliche Ich, den Privateigentümer, ausgrenzen. Dies tut Müller durch die Unterscheidung zweier Geldformen: das rein egotistische »Allod« (Privateigentum) und das gemeinschaftsfördernde »Feod« (im Sinne des »Feudalismus«).

Feod ist »Geld, welches nur circulirend, von einem zum anderen übergehend, und zwischen zwey Personen vermittelnd zu denken ist, niemahls ein Gegenstand des unbedingten Privateigenthums seyn kann«.[50] Für Müller ist Feod also genau keine Sache, sondern das substanzlose In-der-Mitte-Sein zwischen den Kräften des Tausches: »Die Macht des Geldes liegt darin, daß es [...] zwischen Sachen und Personen [...] zu vermitteln im Stande ist.«[51] Entsprechend nennt er Geld (Feod) das »persönliche Band« zwischen den Arbeitern und den Waren. Feod ist also Geld nur in dem Akt der Transaktion von dem einen zum anderen, im Moment der Durchlässigkeit, in dem die eine Ware mit der anderen identisch ist (»nur im Moment des Umsatzes oder der Circulation sind die Substanzen des Geldes wirklich Geld«[52]). Daher kann Müller das Feod-Geld strukturell zusammendenken mit der geschlechtlichen Vereinigung von Menschen: »[Die] Ehe [ist] eine Hauptquelle des Feudalismus.«[53] Ehe und Geld (Feod) basieren beide auf totaler Vereinigung. Zudem haben sie gemeinsam, dass sie beide Produkte erzeugen, die ihrerseits zur Reproduktion fähig sind. »Es kommt nähmlich darauf an, daß das Produkt auch selbst wieder eine dauerhafte und fruchtbare Verbindung (eine Ehe) schließen könne; kurz es kömmt [...] darauf an, etwas Produktives zu produciren.«[54] Geld (Feod) ist also nie Profit, sondern die Kraft, die weiteren Austausch, weitere Vermittlungen ermöglicht, die gebärende Kraft, die weitere Gebärende hervorbringt. Gemeinschaft und Feod bedingen sich wechselseitig.[55] Aus dieser gemeinschaftsschaffenden Kraft leitet Müller dann, ähnlich wie Fichte, seine Kritik der »Fabel vom Weltmarkt« ab:[56] Nur diesseits von »Nationalglauben« und »Nationalcredit« kann es ein wirkliches und nicht bloß abstraktes Band geben.[57]

Das Privateigentum (Allod), Gold, wird von Müller dagegen verworfen. Es ist eine Sackgasse, von der kein Weg zurück zum kollektiven Kredit und der Gemeinschaft führt. Der Reichtum des Einzelnen hilft seinem Nachbarn nicht, und entsprechend lässt Müller keine Gelegenheit aus, das Privateigentum als gefährlich zu diskreditieren.[58] Erstaunlicherweise hält er es anscheinend für möglich, Allod zu kontrollieren und sogar zu unterbinden. In anderen Worten, die Tendenz der Einzelnen, Geld zu horten und ihre individuelle Bereicherung voranzutreiben, ist für Müller kein notwendiger Effekt des Geldes, sondern eine Verunglückung, die verhindert werden kann. Müller hält dabei weniger den tatsächlichen Privatbesitz für gefährlich, als vielmehr *den Akt* des Erwerbens, der Bereicherung, der Akkumulation (Müller tritt hier der Position von Klein entschieden entgegen).[59] Müller aktualisiert damit Aristoteles' Unterscheidung von Ökonomie (Regeln des allgemeinen Haushaltens) und der Chrematistik (Kunst der individuellen Bereicherung),[60] indem er die Ökonomie als kreditfördernd, die individuelle Bereicherung aber als Abwertung des kollektiven Kredits darstellt.[61]

Der Clou von Müllers Theorie besteht darin, dass er die Realität von individuellem Geldbesitz als Irrglauben diskreditiert. Anders als Aristoteles und Adam Smith versucht Müller zu zeigen, dass die individuelle Bereicherung nicht nur nicht zu wünschen sei, sondern eigentlich gar nicht wirklich zustande komme, und dass nur eine Begriffsverwirrung die Idee des Privateigentums hervorbringe. Weil nämlich, so Müller, jeder Profit nur das Potenzial an weiterer Vermittlungsfähigkeit sei, so ist der Begriff von Privateigentum an sich bereits falsch. Selbst das scheinbare Privateigentum (Allod) bedarf eines Kollektivs und ist insofern nur maskiertes Feod. In Müllers Worten:

> Es ergibt sich also für den Eigenthümer nie und an keiner Stelle ein absoluter Überschuß, welcher Gegenstand des ausschließenden Privateigenthums für ihn werden könnte: es ergibt sich für ihn nichts, als ein unsichtbares aber immer festeres zuverläßigeres Band an die bürgerliche Gesellschaft. Anstatt des vermeintlichen Überschusses wird er nur tiefer und tiefer in die Haushaltung, und zugleich in die Gesetze der bürgerlichen Gesellschaft verwoben, und weil er in größere Wechselwirkung mit dem Ganzen tritt, und den Credit des Ganzen mehr empfindet und deutlicher repräsentirt, als die Übrigen – fühlt er sich reicher, nennen wir ihn reicher als die Übrigen.[62]

Hier spätestens zeigt sich, dass Müller nicht schlicht eine Realität, sondern vielmehr ein Ideal des Geldes beschreibt. Die zwei Geldformen sind weniger zwei grundverschiedene Geldarten und nicht nur zwei verschiedene juristisch-politische Reglementierungen von Geld, sondern eher zwei Verwendungsarten ein und desselben Geldes und vor allem zwei verschiedene Arten der Beobachtung derselben Verwendung von Geld. Nur an der Bewertung, die Müller vornimmt, besteht kein Zweifel: Es geht um die Neutralisierung des Ich-Effekts des Geldes, um die Ausmerzung der falschen Idee, dass es etwas wie Allod geben könne.

Im Zentrum von Müllers Feldzug gegen die falsche Idee des Privateigentums steht der Kampf gegen ein Phantom: das Ich. Indem Müller eine falsche Wahrnehmung und Beschreibung von Eigentum und Privat-Reichtum anprangert, hofft er anscheinend zugleich, die Praktiken der individuellen Aneignung zu verändern. Müller nimmt hier und anderswo Wendungen des frühen Schlegel auf (Erweiterung, Bereicherung und Überschuss), um an ihnen diese Begriffsverwirrung aufzuzeigen. Statt Profit gebe es nur ein höheres Maß an Kredit, an Vertrauen, das den Einzelnen an seine Gemeinschaft bindet. Das Individuum existiere in der Nationalökonomie nur aufgrund seiner Vertrauenswürdigkeit und somit seiner Fähigkeit, in Medialität aufzugehen. Umgekehrt besteht Müllers proto-nationalsozialistische Mission darin, den Einzelnen dazu zu bekehren, den Reichtum des Volksganzen zu befördern.

Aus dieser Argumentation folgt direkt, dass Müller Geld als substanzlos begreifen muss, also als rein relational. Entsprechend spricht sich Müller als einer der wenigen Denker seiner Zeit gegen die Verwendung von Gold und Silber als Geld aus.[63] Gold nämlich könnte sehr wohl Überschuss sein, könnte als exklusives Privateigentum gehortet werden. Entsprechend erblickt Müller im Jahr 1797 den Beginn einer neuen Ordnung,[64] denn es ist das Jahr der erfolgreichen Emission von Papiergeld durch die Bank of England.

Auf theoretischer Ebene versucht Müller zu zeigen, dass alles Geld seinem Wesen nach Feod ist und nur irrtümlicherweise als

Allod missverstanden wird. Die Gefahr der Fehleinschätzung dessen, was Geld ist oder sein soll, hat dabei durchaus praktische Konsequenzen. Wenn das Wesen des Geldes etwa im Metall oder Bodenbesitz festgemacht wird, wenn also die Idee des Allod herrscht und das Geldwesen bestimmt, dann bereichern sich die Einzelnen auf Kosten des Staatsganzen (also der Gesamtzirkulation und des kollektiven Kredits). Entsprechend muss sich bereits die Idee des Einzelnen, die Idee eines Ich, das unabhängig von der Gesellschaftlichkeit und Nation besteht, einem »falschen Exceß der Abstraktion« verdanken.[65]

Kurz, der harmonische und balancierte Nationalhaushalt der Liebe, welchen Müller anvisiert, kann nur zustande kommen, sofern die Idee des Schlegelschen selbstreflektorischen Ich ausgegrenzt wird. Das Amalgam von Ich und Privateigentum (Allod) zersetzt jede Form der Gemeinschaft und Nation, die Müller propagiert. Müllers scheinbar so progressive These der Anerkennung des Papiergeldes und des Geldes als Mittel der Kommunikation verdankt sich also einem regressiven moralisierenden Programm, welches ökonomische Individualität ablehnt.

Müllers Thesen nehmen sich aus Sicht der gleichzeitig entstandenen Novelle vom armen Schlemihl als bescheiden aus. Müller unterschlägt das Ärgernis, dem sich das Geld verdankt: die Lust am Besitzen, für das der *simple simon* Schlemihl bereit ist, seinen Schatten zu opfern. Nur wenn dieses Ärgernis, die Durchlässigkeit von Ich und Geld, unterschlagen wird, kann Geld als rein neutrales Mittel der Gemeinschaft, also aller Individuen, erfunden werden. Müllers Thesen entsprechen wohl dem Wunsch der Zeit, Geld als reines Mittel verharmlost zu sehen, es vor allem von dem Ich zu trennen. Dahinter verbirgt sich nichts als eine Idealisierung oder Ideologisierung, die dem Ich-Zwang zu entgehen sucht, indem sie so tut, als gäbe es ihn nicht. Zwar mag es stimmen, dass es »das Ich« nicht gibt, doch Gleiches lässt sich für den Ich-Zwang nicht behaupten. Ihn zu unterschlagen ist naiv. Unter dem Deckmantel von Müllers Narration der Gemeinschaft kann er weiter wuchern und pathologisch werden.

10. Fazit: Vom Ich-Zwang zum Geld-Zwang

In der Romantik entstehen mithin zwei Leitvorstellungen des Verhältnisses zwischen Geld und Individuum. In Antwort auf den Ich-Zwang entwickeln die Frühromantiker (die Schlegels, Novalis, Tieck) die Idee des sich selbst vermehrenden Kapitals, welches ihnen zum Analogon und Modell des (menschlichen) Ich wird. Die späteren Romantiker (Fouqué, Chamisso, Müller) gehen nicht mehr vom Ich oder einem Ich-Zwang aus, sondern reagieren auf die Konzeption des Kapitals der Frühromantiker. Ihnen präsentiert sich dieses neue Geld als eine bedrohliche Instanz, die durch ihr disproportionales Wachstum alles – und vor allem das Ich – zu verschlingen droht.

Was sich zwischen diesen Positionen der frühen und späten Romantiker abzeichnet, ist eine zunehmende Verunsicherung darüber, was Geld ist und wie weit seine Domäne reicht. Man könnte versucht sein, diese Verunsicherung um 1797 mit dem Hinweis auf das Papiergeld (die Assignaten der Französischen Revolutionsregierung) und der Hyperinflation zu erklären.[66] Doch das würde zu kurz greifen. Für die neue Konzeption des Kapitals macht es keinen Unterschied, ob Gold oder Papiergeld investiert wird. Die literarischen Texte nach 1797 von Tieck, Fouqué, Chamisso und E. T. A. Hoffmann (etwa: *Fräulein von Scuderi*) entzünden sich, mit Ausnahme des *Faust II*, am Edelmetall. Und wenn wir Müller ernst nehmen, ist Papiergeld die Lösung und nicht Ursache der Krise, die vom Edelmetall ausgeht.

Einig sind sich die späteren Romantiker darüber, dass die Expansionskraft des Geldes und seine amorphe Ausdehnung auf Politik, Gesellschaft, Religion und Individuum reguliert und gebremst werden muss. Uneinig sind sie sich über die Mittel, wie dies zu leisten sei. Fouqué, Chamisso und Eichendorff fallen auf einen Begriff der Individualität zurück, der vom Geld nicht tangiert wird. Novalis sucht sein Heil in der Religion. Fichte und der späte Friedrich Schlegel rufen einen mächtigen Staat auf den Plan, der das Geld in seine Grenzen weist. Müller wiederum bemüht sich, eine Gelddefinition in Umlauf zu bringen, die die

Identität von Geld und Gemeinschaft behauptet. Die Strategien der Zähmung des Geldes sind also weitgehend verschieden, doch das Anliegen bleibt das gleiche.

Indem die frühen Romantiker die Formel des sich selbst vermehrenden Kapitals entwickeln und die späteren Romantiker es zu ihrem Projekt machen, die Ausdehnung des Kapitals auf Gesellschaft, Politik, Religion, Kunst, Individualität und Liebe zu unterbinden, bereiten sie die Ubiquität des Geldes vor, die die nachfolgenden Epochen heimsuchen wird. Alle Versuche, das Geld zu begrenzen, sind insofern nichts als Belege dafür, dass Geld in jeder Praxis erscheinen kann. Und tatsächlich wird aus dem spätromantischen Anliegen, Geld zu regulieren und zu diskursivieren, in den nachfolgenden Epochen ein Zwang mit umgekehrtem Vorzeichen, nämlich Geld in jeder menschlichen Praxis erkennen zu müssen.

Eben dieser Versuch, Geld, Geld-Interessen und später Ökonomie als kleinsten gemeinsamen Nenner allen menschlichen Aktionen zu unterlegen, wird uns in den folgenden Kapiteln beschäftigen.

4. Kapitel

1848
Der Homo Oeconomicus als Beobachter von Selbst-Interesse

1. Rhetorik des Selbst-Interesses

Wer die Epoche um 1848 in den Blick nimmt, wird nicht umhinkommen, die ungeheure Präsenz wirtschaftlichen Denkens wahrzunehmen.[1] Obsessiv unterlegen die Denker der Zeit den unterschiedlichsten Praktiken eine ökonomische Matrix. Dieses Denken verdichtet sich in der Annahme, dass alle Menschen aus Selbst-Interesse handeln. Jeder Tat wird unterstellt, dass sie dem Handelnden nützlich und von der Ökonomie eines Eigennutzes motiviert sei. Diese Unterstellung von Selbst-Interesse erlaubt eine Vereinheitlichung der unterschiedlichsten menschlichen Praktiken. Wo vormals etwa Religion, Politik, Moral, Ästhetik und Liebe je unterschiedliche Leitmodelle des Handelns anboten, erscheint nun das Selbst-Interesse[2] als Basis menschlicher Entscheidungen. Unabhängig davon, ob eine Handlung eine politische Institution, ein Kunstwerk oder einen Liebesbund betrifft, wird ihr intendiertes Ziel in der Förderung der Interessen des Handelnden gesucht. Entsprechend verdrängt Selbst-Interesse andere soziale Praktiken oder höhlt sie derart aus, dass sie zu bloßen Masken individuellen Vorteilsdenkens werden. Die Struktur des Selbst-Interesses besteht in der aufrechenbaren Bereicherung.

Nun ist aber keineswegs sicher, dass alle Handlungen aus Selbst-Interesse geschehen. Es handelt sich vielmehr um eine Unterstellung, einen Verdacht oder ein Gerücht, dass menschliche Motivation sich aus einem primären Eigennutz speist.[3] Wir könnten mit Blick auf die Epoche um 1848 auch von einer Rhetorik des Selbst-Interesses sprechen, die mehr persuasiv als argumentativ verfährt. Dieser Verdacht, seine Auswirkungen und sein Verhältnis zum Ich stehen im Mittelpunkt dieses Kapitels.

Um die Eigenart der Epoche um 1848 zu kennzeichnen, soll im Folgenden untersucht werden, wie und wo diese *Unterstellung* zustande kommt. Uns beschäftigt also nicht direkt das Selbst-Interesse, sondern vor allem die *Beobachtung* von Selbst-Interesse. Selbst-Interesse ist nämlich kein Ding, welches man unmittelbar wahrnehmen könnte.[4] Wer es ›beobachtet‹, setzt es bereits als Motivationsgrund von Handlung voraus. Daher kann es nicht wundern, dass der Beobachter von Selbst-Interesse seine Unterstellung zu belegen und legitimieren sucht, indem er nachweist, dass eine Handlung *messbar* ist und wie sie dem Einzelnen dient. Aus diesem Grund wird Selbst-Interesse eng an Figuren der Bereicherung und damit auch an Messeinheiten der Bereicherung wie Geld und geldähnliche Währungen geknüpft. Die Annahme des Vorteilsdenkens wird somit zum Vehikel, welches das Geld zum Universalmedium des Gesellschaftlichen erhebt. Insofern könnte man von einer Epoche des Geld-Zwangs sprechen. Sie ist gekennzeichnet vom Zwang, in allen Praktiken Geld als Motivation von Verhalten erkennen zu müssen. Wenden wir uns also den rhetorischen Mitteln und den Strategien der Narrativierung des Geldes zu.

Die Beobachtung des Selbst-Interesses verdichtet sich in der Figur des Homo Oeconomicus. Der Homo Oeconomicus, so wie er in diesem Buch verstanden wird, beobachtet, wie andere Menschen aus finanziellem Eigennutz handeln. Um es zu betonen: Als Homo Oeconomicus wird hier entgegen des gängigen Sprachgebrauchs eben nicht der wirtschaftende Mensch verstanden, sondern der Wirtschaft konstituierende Beobachter.[5] Er ist selbst kein Geschäftsmann, der seinen Vorteil verfolgt, sondern ein skeptischer Beobachter der Beobachter, ein Kritiker, der bei anderen den Hang zu Eigennutz und Vorteilsdenken erkennt, auch dort, wo diese getarnt sind. Entsprechend braucht der Homo Oeconomicus den Menschen des Selbst-Interesses und erzeugt ihn durch seine Entlarvungen oder Unterstellungen.

Jede zielgerichtete Handlung, geschähe sie auch aus Liebe, Freundschaft oder etwa Religiosität, kann als Bereicherung kalkuliert werden, so Amartya K. Sen, sofern man ihr eine Währung zugrunde legt.[6] Die (scheinbar) altruistische Handlung wird dem Gebenden zum Gewinn, wenn man eine moralische Währung zugrunde legt; die liebende Handlung wird zur gewinnversprechenden Investition, wenn man mit Freud »Libido« als Währung der Psyche voraussetzt;[7] die edle Handlung des Helden wird zur ökonomischen Handlung, wenn man Ehre als Währung annimmt, und selbst die (sexuelle) Abstinenz der Jungfrau wird von Döblin als Wertsteigerung der Braut gedeutet.[8] Es kommt mithin zu einer großen Ausweitung dessen, was vom Einzelnen als Währung verstanden werden kann. Neben Geld treten etwa Ehre, Genie, Ruhm und moralischer Anstand als Währungen des neunzehnten Jahrhunderts. Es ist denn auch der Konflikt der Währungen, der die Literatur des Realismus prägt, sodass man Realismus insgesamt als Pluralität von Währungen charakterisieren könnte.

Der Homo Oeconomicus ist insofern nicht ein Gewinnsüchtler, denn es geht ihm nicht um eigenen Vorteil, sondern ein Währungsfinder und -erfinder: Er erkennt in jedem Akt die Währung, die ihn zum ökonomischen macht. Er ist der Agent des Geld-Zwanges, denn er vermag die Welt nur wahrzunehmen, insofern sie sich in einer Währung ausdrücken lässt. Entsprechend transformieren seine Unterstellungen die Welt in eine berechenbare. Er entlarvt einerseits ökonomisches Vorteilsdenken, tut dies aber andererseits um den Preis, seinerseits die Ökonomie zum Leitparadigma von Wirklichkeit zu erheben. Damit wird auch das kritische Potenzial des Homo Oeconomicus fraglich, denn wenn alle Individuen, seiner zirkulären Logik gemäß, aus Selbst-Interesse handelten, ist die Aufdeckung dieses Selbst-Interesses an sich keine Leistung.

Die Unterstellung des Selbst-Interesses ist derart mächtig, dass, wenn ein Akt scheinbar nicht von Selbst-Interesse geleitet wird, schlicht eine neue Währung postuliert wird, die noch den interesselosesten, selbstlosesten und verrücktesten Akt als einen ökonomischen einholt. Mit Niklas Luhmann könnte man den Homo Oeconomicus als Beobachter zweiter Ordnung, den Menschen des Selbst-Interesses aber als Beobachter erster Ordnung bezeichnen. Doch mehr als um eine Beobachtung handelt es sich beim Blick des Homo Oeconomicus um eine Setzung, denn Selbst und Selbst-Interesse sind keine tauglichen Gegenstände der Beobachtung. Selbst-Interesse ist Gegenstand einer Rhetorik, die keinen Widerstand duldet und die noch den Widerstand gegen die Unterstellung von Selbst-Interesse als von Selbst-Interesse geleitet diffamiert. Sein ebenso nicht-intendiertes wie nichtbewusstes Endziel ist die Inthronisierung des Geldes als Universalmacht von Gesellschaft.

Im Fortlauf des neunzehnten Jahrhunderts erweist es sich offensichtlich als schwierig, eine andere Perspektive als diejenige des Homo Oeconomicus einzunehmen. Jedem, den der Homo Oeconomicus als von Selbst-Interesse und Eigennutz geleitet deklariert, schiebt er zugleich ein »Selbst« als Zentrum des Selbst-Interesses unter. Es scheint dem Homo Oeconomicus nämlich, als strebe jeder danach, ›sich‹ als Kapital(ist) zu erhalten, und als verlange die Libido einen Schutzmantel, ein Ego, um ›sich‹ zu bewahren. In der reflexiven Partikel ›sich‹ nistet sich das Selbst ein. Weil man ›sich‹ durch seine Handlungen erhält und fördert – beziehungsweise weil es vom Homo Oeconomicus so gedeutet wird, als ob man es täte –, hat man diesem späteren Verständnis zufolge also bereits ein Selbst. Wo vom Einzelnen um 1797 erwartet wurde, sich auf die Suche ›nach seinem Ich‹ zu begeben, da wird dem modernen Menschen des späteren neunzehnten Jahrhunderts unterstellt, er könne gar nicht anders, als sein Selbst und seine Ansprüche auf Geltung in jedem Akt neu zu manifestieren. Dass der beobachtende Homo Oeconomicus dabei vergisst, dass er dem Handelnden sein Selbst erst unterlegt, ist Voraussetzung dieses Selbst-Effekts der Währung und des Eigennutzes. Das Selbst wird dem Homo Oeconomicus zum Sekundärphänomen der Währung, also zum Attribut, welches er zu jeder beobachteten Handlung hinzudenkt. Anders gesagt: Ein Selbst ist Produkt des Ausfalls der Beobachterrolle der Währung. Für den (unterstellten) Besitzer des ›Selbst‹ aber bleibt es ganz leer. Dieses Selbst ist sehr weit entfernt von dem, was wir zuvor als ›Ich‹ verhandelt haben.

Der Blick des Homo Oeconomicus ist die treibende Kraft, Parallelwährungen zum Geld und also Parallelökonomien zu entdecken oder zu erfinden. Der Homo Oeconomicus denkt dabei jede dieser Parallelwährungen in genau dem Maße als materiell und wirklich, in der er dem Beobachteten unterstellt, dass dieser annehme, er verliere in jedem Tausch in der Tat einen Teil der Währung (als Medien sind Währungen eben durch die Übertragbarkeit und also die Verlierbarkeit gekennzeichnet)[9]. Doch trotz der prinzipiellen Mannigfaltigkeit möglicher Währungen zeigt sich zugleich eine Hierarchie der Währungen. Da jede Währung auf einer Fiktion beruht, ist es am wahrscheinlichsten, dass sich diejenige Währung durchsetzt, deren Fiktion sich am besten als Realität tarnen kann. Die Währung also, deren Fiktion auf einer Fiktion von Realität beruht, bewährt sich. Genau dies leistet nur das Geld, da in ihm unbestreitbar ein ›wirkliches‹ Ding, die Münze, das Papier, den Besitzer wechselt, und sei es auch nur ein kleiner Papierfetzen oder ein Datenstrom auf dem Computer, sodass dieser an sich lächerliche dingliche Aspekt der Transaktion die Fiktion des Geldlichen als ›reale Fiktion‹ akkreditiert. Diese Akkreditierung des Geldes als Realität ist wahrscheinlich der Grund für die Monopolisierung der Geldwährung. Denn anders als Geld lässt sich etwa Ehre nicht horten und unbeschadet von der Zeit aufbewahren. In dem Währungsträger, also dem Metall des Geldes, lädt sich Zirkulation einer Währung mit Selbst-Interesse auf, ›verselbstet‹ sich dergestalt und führt zu Akkumulationen. Entsprechend sinkt auch die Rolle des Homo Oeconomicus zum bloßen Bestätiger der übersubjektiven Währung des Geldes herab. Damit aber wird der Homo Oeconomicus in der Tat zum Komplizen einer monolithischen Realität, wie sie später Georg Simmels *Philosophie des Geldes* artikulieren wird.

Wie aus dem bisher Gesagten deutlich wird, macht die vorliegende Studie in diesem Kapitel einen Kurswechsel. Bislang waren wir von dem Ich und Ich-Zwang ausgegangen und stießen auf Figuren von Besitz und Geld nur insofern, als diese als Krücken des Ich fungierten. Die Ungewissheit des Ich war der Motor des Institutionalisierungszyklus, den wir eingangs ins Auge gefasst haben. Nun aber ist die Bewegung nahezu umgekehrt. Jetzt gehen wir von Figurationen der Ökonomie aus, also dem Selbst-Interesse, der Währung und der Bereicherung. Und dabei werden wir nun, auf umgekehrtem Weg, wieder auf das Ich stoßen, wie im Folgenden dargestellt werden soll.

2. Vom Ich zum Homo Oeconomicus?

Wenn man das Duo aus dem beobachtenden Homo Oeconomicus und dem Menschen des Selbst-Interesses betrachtet, so scheint es, als komme hier die romantische Konzeption des Ich zu einem Ende. Doch der Schein trügt. Vielmehr gibt es eine verdeckte Kontinuität des Ich im Selbst-Interesse. Unter der Hand werden Ich und Ich-Zwang mächtiger, als sie es in der romantischen Epoche jemals hätten werden können.[10]

Das Ich lebt im Selbst-Interesse auf zwei Arten und Weisen fort. Zum Ersten besteht das Selbst-Interesse für die deutschen Theoretiker anscheinend nur aus der Perspektive seiner Beobachtung zweiter Ordnung. Nur ein Außenstehender kann Selbst-Interesse attestieren. Und dieser Beobachter zweiter Ordnung – der Homo Oeconomicus – nimmt für sich strukturell eine privilegierte (Ich-)Position in Anspruch. Zum Anderen wird im deutschen Literaturraum das Selbst-Interesse nicht schlicht vorausgesetzt, sondern als Sache des Erlernens gesetzt, und damit ebenso wie das Ich als Sache der ungewissen Zukunft behandelt. Anders gesagt: Das Ich findet Fortbestand sowohl im Beobachter von Selbst-Interesse als auch im Beobachteten selbst. Beide Formen des Ich sollen hier vorab skizziert werden.

In der Figur des Beobachters findet das romantische Ich Asyl. Selbst-Interesse kann es, so die Implikation zahlreicher literarischer Werke und psychologischer Theorien, nur aus der Position dieses Beobachters geben, den wir Homo Oeconomicus genannt haben. Offenbar ist die unmittelbare Wahrnehmung und Umsetzung von Selbst-Interesse unmöglich oder, wie im Falle der Figur des Juden, rein negativ besetzt. Dieser Beobachter, da er kritische Distanz behauptet, nimmt für sich notwendig eine gewisse Absenz von Selbst-Interesse an. Einerseits okkupiert er in seiner behaupteten Unabhängigkeit in der Tat den Platz des freien Ich. Andererseits kann er diese Freiheit nie umsetzen, ohne seinerseits in den Verdacht auf (ich-fernen, unfreien) Eigennutz zu kommen. Der Homo Oeconomicus bewahrt also nur die Erinnerung an ein freies Ich auf, da seine Kritik an den von ihm Beobachteten zwar die Erwartung des eigenständigen Ich gegen die reine Selbstsucht des Selbst-Interesses perpetuiert, ohne aber angeben zu können, worin Ichheit bestehen könnte. Der Anspruch auf Geltung des Ich, der Ich-Zwang der früheren Epochen, lebt also fort, wird aber direkt unterlaufen durch die absolute Passivität des Homo Oeconomicus.[11]

Erstaunlicher dürfte allerdings die Präsenz des Ich im Selbst-Interesse sein. Auf den ersten Blick scheinen Ich und Selbst-Interesse menschliche Praktiken auf diametral entgegengesetzte Arten zu leiten. Bildete das Ich in der Romantik noch das künftige Ziel alles Strebens, sollte man vom Selbst-Interesse annehmen, dass es als Antrieb des Handelns bereits gegeben sein muss. Das Ich ist Sache der Zukunft, sodass zahlreiche Praktiken und Institutionen wie Erziehung, Kunst, Literatur, Psychologie und Philosophie auf das Ich als noch zu erreichenden Zustand ausgerichtet werden. Selbst-Interesse dagegen wird als Antrieb zu einer jeden Handlung hinzugedacht, sodass es zur neuen Aufgabe etwa der Pädagogik und Moral wird, diesen Motor zu schalten, zu zähmen und zu steuern.

Doch ein genauerer Blick auf die Figuration des Selbst-Interesses im deutschen Kulturraum ergibt ein anderes Bild. Nach wie vor wird das neue, auf Selbst-Interesse gegründete Individuum nicht nur vorausgesetzt, sondern zugleich auch als Sache des Lernens, also einer zukünftigen Leistung, gedacht. Einerseits ist ein allgemeines Selbst-Interesse nun mit jedem Individuum als gegeben gedacht, andererseits aber wird ein gutes, wünschenswertes, sozial verträgliches, irgendwie moralischeres und ›gesunderes‹ Selbst-Interesse weiterhin als ein noch zu erreichendes, zu erlernendes Ziel vorgestellt.

Festgehalten wird damit weiterhin an der Form des Bildungsromans, das heißt an der Notwendigkeit *des Lernens* von Selbst-Interesse. Max Stirner formuliert dieses Programm einer Bildung zum Selbst-Interesse 1844 wie folgt:

> Erst dann, wenn man sich *leibhaftig* liebgewonnen hat und an sich, wie man leibt und lebt, eine Lust hat – so aber findet sich's im reifen Alter, beim Mann – erst dann hat man ein persönliches oder *egoistisches* Interesse, d.h. ein Interesse nicht etwa nur unseres Geistes, sondern totaler Befriedigung, Befriedigung des ganzen Kerls, ein *eigennützigges* Interesse. [...] Knaben hatten nur *ungeistige*, d.h. gedankenlose und ideenlose, Jünglinge nur *geistige* Interessen; der Mann hat leibhaftige, persönliche, egoistische Interessen.[12]

Um es zu betonen: Zu lernen sei eben das, von dem man annehmen sollte, dass es allem Lernen vorausgeht, nämlich Selbst-Interesse, Egoismus, Eigennutz. Das Selbst-Interesse wird so auf den Bildungsroman des Ich aufgepfropft. Und wieder, wie bei dem »Ich«, erfolgt dieses Erlernen des Selbst-Interesses ohne klare Instruktion, ohne nachahmbares Vorbild und also ganz »individuell« und voller Risiken. In einer Novelle Stifters von 1847 wird ein Sohn von seinem reichen Vater mit diesen Worten in die Wüste geschickt:

> Sohn, Abdias, gehe nun in die Welt, und da der Mensch auf der Welt nichts hat, als was er sich erwirbt, und was er sich in jedem Augenblicke wieder erwerben kann, und da uns nichts sicher macht, als diese Fähigkeit des Erwerbens: so gehe hin und lerne es. Hier gebe ich dir ein Kamel und eine Goldmünze, und bis du nicht soviel erworben hast, davon ein einzelner Mensch sein Leben hinbringen kann, gebe ich dir nichts mehr, und wenn du ein untauglicher Mann wirst, so gebe ich dir auch nach meinem Tode nichts.[13]

Die Fähigkeit des Erwerbens allein, das heißt das Erlernen und Ausüben von Selbst-Interesse, sichert und begründet den Menschen. Doch wie die Erwerbsfähigkeit erworben wird, kann nicht vermittelt werden. Eben dieses Erwerben der Erwerbsfähigkeit wird nun in die Ziel-Position gesetzt, die früher das Ich innehatte. Und so muss der Jüngling Abdias wie im Bildungsroman in die Wüste ziehen, um sein Eigenstes zu erlernen. (Doch Abdias wird einem Missverständnis erliegen. Er verwechselt das Besitzen von Geld mit der Verfolgung eigener Interessen. Und so wie er daran scheitert, Ziel und Mittel zu trennen, wird er später vergeblich zwischen Ursache und Wirkung der Blindheit seiner Tochter unterscheiden.)

Es ist bemerkenswert, wie spät »self-interest« in den deutschen Diskursen zur zentralen Figur sozialer Theorien wird. Anders etwa als bei den englischen Denkern, die »self-interest« tendenziell als Repertoire der Grundkonstitution des Menschen annehmen,[14] besteht es für die deutschen Denker der Epoche zwar als eine Möglichkeit, nicht aber als eine gesicherte Eigenschaft der Menschen. Nur durch einen komplexen Apparat der Beobachtung (welchen wir hier unter dem Stichwort Homo Oeconomicus verhandeln) kann das Selbst-Interesse zur Basis des Menschlichen erhoben werden. Dass das rechte Selbst-Interesse zu lernen sei, veranlasst die deutschen Dichter und Denker zur vehementen Ablehnung von ›falschen‹ Formen des Selbst-Interesses. Wo gelernt und geleistet wird, gibt es Fehler, Abwege und Gefahren, vor denen nicht genug gewarnt werden kann. Für die deutschen Autoren des neunzehnten Jahrhunderts sind es von nun an die internen Differenzen zwischen verschiedenen Formen des Selbst-Interesses, über die gestritten wird.

Für die ›fehlerhafte‹ Ausprägung von Selbst-Interesse ist schnell eine Personifikation gefunden: der Jude, dessen angeblicher Eigennutz schon lange sprichwörtlich war. Gegen dieses Negativbild des Selbst-Interesses konstruieren die Texte der Epoche eine Art von christlichem, ›gutem‹ Selbst-Interesse. Zahlreiche Autoren der Jahrhundertmitte suchen eine ›menschliche‹ Währung, deren Anhäufung nicht nur durch egoistisches Selbst-Interesse motiviert scheint. Dies mündet in der Antropomorphisierung des Geldes, die in diesem Kapitel anhand Gustav Freytags Roman *Soll und Haben* diskutiert wird. Kurz: Die deutsche

Entdeckung des Selbst-Interesses zielt auf eine Alternative zum Ich, kann sich aber nur durchsetzen, indem das Selbst-Interesse die Position des Ich besetzt.

Diese Kontinuität von Ich und Selbst-Interesse unterläuft damit auch die von den Literatur-Autoren des neunzehnten Jahrhunderts so oft beschworene Differenz von Künstler und Kaufmann. Mit dem »Bildungsroman« des Künstlers war das Paradigma der Ich-Individuation um 1797 gegeben, dem nun der Kaufmannsroman in der Jahrhundertmitte zumindest zahlenmäßig den Rang abläuft.[15] Während am Ende vom *Wilhelm Meister* der von der Kunst betörte Wilhelm gegen den abgezehrten Kaufmann Werner triumphiert, geht den Künstlern in der Jahrhundertmitte die Puste aus. Sie werden marginalisiert und zum Beispiel von Gustav Freytags *Soll und Haben* als kränklich diskreditiert. Dennoch täuscht dieser vermeintliche Sieg des selbst-interessierten Unternehmer-Typus und die endlos durchexerzierte Figur des Scheiterns des Künstler-Ich bei vielen zentralen Autoren wie Immermann, Willkomm, Ungern-Sternberg, Gutzkow, Weerth, Heine und Marx. Denn in den Figuren des Künstlers und Kaufmanns wird Mitte des Jahrhunderts nicht mehr der Gegensatz zwischen dem romantischen Ich und dem Menschen des Selbst-Interesses verhandelt, sondern verschiedene Strategien, Selbst-Interesse zu entwickeln und zu verfolgen.[16]

Die folgenden Abschnitte wollen zunächst einmal die Genese dieser Kopplung des Homo Oeconomicus an das Selbst-Interesse anhand einiger Stationen aufzeigen. Die Autoren der Zeit kurz vor 1848/49 wählen nach wie vor die frühere Konzeption des »Ich« zum Ausgang ihres Denkens, vollziehen dabei aber schrittweise eine Ökonomisierung des »Ich«, die seine Umpositionierung als »Selbst-Interesse« möglich macht.

Die Umstellung auf Selbst-Interesse als Leitmodell des Handelns erfolgt Mitte des neunzehnten Jahrhunderts in zahlreichen Disziplinen. Genannt seien nur drei: die Biologie, die sich vom Bildungs- und Perfektionsparadigma des späten achtzehnten Jahrhunderts löst[17] und auf das Paradigma des Überlebenskampfes (einer Form des Selbst-Interesses) der Darwinschen

Evolutionsökonomie ausrichtet, die politische Ökonomie der Kapitalinteressen (Rudbertus, Marx) sowie die Psychologie, die sich von dem idealistischen Modell der Identität und Genialität des Einzelnen ablöst (wobei Autoren wie etwa C.G. Carus noch lange an dem früheren Modell festhalten) und auf Begehren als ein konstitutives Moment von psychischen Phänomenen ausrichtet (Eduard Beneke, später Sigmund Freud). Doch auch für diese Disziplinen bleibt das Selbst-Interesse ein bloßer Verdacht, den sie nicht belegen, sondern nur hypostasieren können.

3. »Die psychologische Warte« (Ernst Willkomm)

Die Verschiebung vom »Ich« zum Homo Oeconomicus als Beobachter von Selbst-Interesse soll hier zunächst anhand eines Romans gezeigt werden, der heutzutage zwar nicht mehr auf der Bestseller-Liste steht, seinem Titel nach aber aktuell geblieben ist. In Ernst Willkomms *Die Europamüden* (1838) hat der Zivilisationskritiker und Schriftsteller Bardeloh in seiner Wohnung einen durch dunkle Gläser abgeschirmten Raum eingerichtet, den er seine »psychologische Warte« nennt und von dem aus er unbeobachtet sehen und belauschen kann, was in seinen Gesellschaftsräumen vor sich geht. Als Beobachter in der Warte rettet Bardeloh sein Ich vor den Gefahren der Welt, die er dort distanziert analysiert. »Ungesehen von Anderen könnten wir genau jeden Einzelnen beobachten«,[18] beschreibt er diese Institution. Das psychologische Urteil des Beobachters fällt dabei stets ähnlich aus: Die Beobachteten sind nur Masken, deren kaltem Egoismus, modischem Gehabe und ökonomischem Vorteilsdenken die wahre Identität, was immer dies sei, geopfert werde.[19] Eine solche Maske ist der Pastor Gleichmuth, der von sich sagt: »Als Pastor bin ich nicht mehr Ich. Mein Individuum ist aufgegangen in den Falten des schwarzen Talars, der Mensch schläft in dem gestickten Kreuze.«[20] Die Maske verbirgt »das Ich« weniger, als sie es erstickt.

Die Institution der psychologischen Warte macht Bardeloh

zum Prototyp des Homo Oeconomicus. Von seiner psychologischen Warte aus kann Bardeloh diese Masken von bloßem Selbst-Interesse entlarven, doch Bedingung dieser Entlarvung ist wiederum, dass er sich seinerseits maskiert und hinter die schwarzen Scheiben der psychologischen Warte zurückzieht. Hinter den dunklen Gläsern ist er frei, genial, ein Ich, doch sobald er aus der Warte hervortritt, legt er seinerseits die Maske des Gesellschaftsmannes an. Er ist ebenso maskiert wie diejenigen, die er beobachtet. Beobachtetes und Beobachter sind strikt getrennte Rollen, doch zugleich wiederholt sich die Unterscheidung von Beobachtetem und Beobachter, von Maske und Ich im Einzelnen. Die äußere Einrichtung dieser Warte redupliziert sich im Inneren, indem sie zum Modell und zur Bedingung einer in sich gespaltenen Psyche wird. Die psychologische Warte ist somit zugleich Rettungsort und Grab eines Ich, dessen produktive Umsetzung dem Künstler anscheinend nicht (mehr) möglich ist. Im Prinzip ist dasjenige, was die Individualität des Ich erlaubt und schützt, nämlich die psychologische Warte, zugleich dasjenige, was einen aktiven Einfluss dieser Individualität auf die Welt verbietet. In der Warte wartet das Ich für immer. Nur im Akt des Sich-Abgrenzens behauptet das Ich weiterhin seine Einzigartigkeit, und so hält dies Schneckenhaus-Ich verbissen am Wert der Einzigartigkeit fest. Das aufsteigende Kulturem des Selbst-Interesses kündigt sich hier nur negativ an.

Das hier typisierte Individuum der 1830er, zu dem auch der Beobachter in Hoffmanns *Des Vetters Eckfenster* (1822) gehört, ist kein produktiver Künstler mehr, sondern ein behinderter oder kastrierter Künstler. Und so sind als Erbe des produktiven Künstlers der Kritiker, Intellektuelle,[21] der Psychologe und auch der Detektiv[22] auf den Plan gerufen, die die intellektuelle Beherrschung der Gesellschaft anstreben, ohne sie in Praxis umsetzen zu können oder vielleicht sogar zu wollen. Das Projekt des Intellektuellen der Zeit besteht allein im Entlarven des Selbst-Interesses der anderen; ihm allein verdankt er sich. Ein Folgeprojekt der Verbesserung des Entlarvten besteht nicht (oder nimmt zumindest eine sekundäre Position ein). Doch die Sicht der psychologischen Warte, die Kritik also, ist eine Sackgasse. Es bleibt nur die Flucht, so wie sie der Erzähler von Willkomms Roman ergreift und keinen Ausweg mehr weiß, als nach Amerika auszuwandern. Diese Konzeption ist prototypisch für die Figur des ›Zerrissenen‹, die im Mittelpunkt zahlreicher literarischer Werke der 1830er steht.[23] Eine Konstellation ähnlich der psychologischen Warte erprobt auch Charles Dickens in *Our Mutual Friend*, in der ein reicher Erbe sich für tot erklären lässt, um unerkannt eine Vielzahl von Menschen beobachten (und entlarven) zu können.

4. Einzigartigkeit als ökonomischer Wert (Karl Gutzkow)

Das Geld und die Welt der Waren erheben Anspruch auf Individualität. Und so ist es für die Denker der Epoche nicht damit getan, im Selbst-Interesse eine neue Form von Individualität zu propagieren. Vielmehr geht es ihnen regelmäßig auch darum, zu zeigen, dass das freie und einzigartige Ich eine Illusion sei, welche gegen das Geldliche nicht bestehen kann.[24] Speziell der Anspruch auf Einzigartigkeit des Ich wird kritisch aufs Korn genommen. In Antwort auf die Krise des Ich warten eine Reihe von Autoren des Vormärz mit einer starken These auf: dass nämlich die so gefeierte Einzigartigkeit des Künstlers nichts als ein ökonomischer Wert sei. Wer seine Einzigartigkeit auf den Markt zu bringen weiß, kann dafür einen hohen Preis beanspruchen, denn das Einzigartige ist die Inkarnation des Wertes: Es ist extrem knapp.[25] Das heißt umgekehrt, dass Einzigartigkeit ihre Leitfunktion in Sachen menschlicher Individualität nur erhalten kann unter der Voraussetzung einer Ökonomie, die das Seltene zu schätzen weiß. Damit wird aber der Gedanke einer in sich selbst begründeten Originalität des autonomen Ich höchst fragwürdig, da sie sich als bloße Funktion eines Wertsystems erweist. So begründet der Chef eines Aktienunternehmens in einem Stück von Karl Gutzkow den Wert eines Gemäldes:

Kann man ein Bild nach seinem Werthe zahlen?
Was man an einem Bild bezahlt, ist nicht
Die Farbe, nicht die Leinwand, nicht die Zeit,
Die es gekostet, selbst der Genius nicht,
[...]
Was man bezahlt ist der Besitz des Bildes!
[...]
Das Schöne für sich sich selber zu genießen!
Für sich allein, gestört von keinem Auge,
Von keiner blinden Neugier angeredet,
Von keinem halben Kennerwort zerstreut!
Nur eines in der ganzen Welt, wie dies!
Hier, wo sich alles ewig wiederholt,
Ein schönes Etwas Einmal nur vorhanden!
Und dieses Eine, Echte, Allbekannte,
Wie die Geliebte, heilig, unentweiht,
Nur *uns* gehörend, *uns* nur hingegeben –
Da sprechen diese Menschen noch von Zahlen![26]

Lesbar wird hier das Paradox des Einzigartigen, wie es sich um 1848 darstellt.[27] Das Unikat wird geliebt und als wertvoll angesehen, weil es aus der ökonomischen Ordnung der Austauschbarkeit auszubrechen scheint. »Hier, wo sich alles ewig wiederholt,/ Ein schönes Etwas Einmal nur vorhanden!« Weil das Einmalige nicht durch Gleiches ersetzt werden kann, so wird hier gefolgert, muss es ungeheuer wertvoll, unerreichbar und »heilig« sein. Dem Schein nach ist das Einzigartige der Ökonomie entzogen. In Wahrheit aber entsteht der Eindruck, das Einzigartige sei nur vor dem Hintergrund einer Ordnung wertvoll, die Austauschbarkeit zur Figur der Ökonomie erhebt und damit das Einzigartige als Ausnahme stilisiert. Aus der Sicht des Austauschbaren nämlich ist das Einzigartige zugleich der die Ökonomie begründende wie transzendierende Grenzwert. Es ist einerseits das Wertvollste, der Wert selbst, andererseits aber auch dasjenige, was nie in der Ökonomie eingeholt werden kann, da es nicht adäquat in Begriffen von Tausch zu denken ist. Einerseits ist es also das, was die Zirkulation der Zahlen und Werte in Gang setzt, andererseits eben das, was in dieser Zirkulation keinen Platz hat. So wie diese authentische Kunst, so erhält auch das ausgewählte Individuum seine Wertschätzung allein von einer Ökonomie, die echte Einzigartigkeit ausschließt.[28]

Zum Wert wird dabei das Einzigartige, das Kunstwerk, das Unzählbar-Unbezahlbare nur vor dem Hintergrund einer Ökonomie von Angebot und Nachfrage, denn nur in einer solchen ökonomischen Ordnung kann das extrem Rare zugleich zum Wert schlechthin avancieren. Doch wo die klassischen Ökonomen artikulieren, dass eine Erhöhung der Nachfrage eines knappen Guts zu seiner Wertsteigerung führt, dreht die Rede in Gutzkows *Uriel Acosta* dies um: Die Rarität und konzeptionelle Einzigartigkeit des Kunstwerks selbst erzeugt erst die Nachfrage, erzeugt das Begehren seines Besitzes.[29]

Einzigartigkeit – die Minimalstruktur des Ich – wird als Funktion eines ökonomischen Wertesystems denkbar. Während Gutzkows Trauerspiel durchaus eine nicht-ökonomische, authentische Form von Individualität zu retten sucht, so zeichnet sich dennoch ab, dass auch das Ich von diesem ökonomischen Denken erfasst werden muss. Das Ich wird dabei nicht schlicht als idealistisch oder unerreichbar abgetan. Vielmehr wird die Attraktion suspekt, die das Ich ausübt; attraktiv ist das Ich nämlich aus der Perspektive eines Homo Oeconomicus, der sich das einzigartige Ich als Inkarnation und zugleich als Kur vom Ökonomischen erfindet.

5. Die drei Währungen (Gottfried Keller)

Ein Autor hat sich dem Thema der Verschiebung vom Ich zum Homo Oeconomicus besonders gewidmet: Gottfried Keller. In *Die mißbrauchten Liebesbriefe* (1860), einer Geschichte aus *Die Leute von Seldwyla*, bedient er sich des geläufigsten Topos der Individualitätsdiskussion der Jahrhundertmitte, des Konflikts zwischen Künstler und Kaufmann. Als Protagonist erscheint in der Novelle ein Kaufmann, der zugleich hochgestochene schriftstellerische Ambitionen verfolgt. Alles geht gut, solange er seine literarischen Aktivitäten im Zaum hält, zumal seine Frau Gritli den Spott der Mitbewohner der Stadt von ihrem Mann fernhält. Doch je mehr sich der Kaufmann der Schriftstellerei verschreibt, desto schneller geht es mit ihm ökonomisch und gesellschaftlich bergab. Als er auf Geschäftsreisen geht, nötigt er seiner Frau einen poetischen Briefwechsel auf. Als sie den ersten blumigen Brief ihres Mannes bekommt, weiß sie sich nur zu helfen, indem sie die Briefe abschreibt, mit ihrem Namen unterzeichnet und einem drolligen Schulmeister zukommen lässt. Dieser beantwortet die Briefe in demselben gestelzten Ton im Glauben, dass die Briefeschreiberin in ihn verliebt sei. Die Antworten auf diese Liebesbriefe schreibt Gritli ihrerseits ab, adressiert sie an ihren Mann, und so floriert der kleine Schriftverkehr zum Vergnügen ihres Mannes, der eine gewinnbringende Publikation plant. Doch das Ganze fliegt auf. Der Kaufmann, der den Betrug für einen Affront gegen seine Genialität hält und für einen wirtschaftlichen Schaden dazu, verlangt die Scheidung, um sich später als Schriftsteller mit einer neuen Frau, die seiner Poeterei huldigt und sein Geld schlicht ›verzehrt‹, zu ruinieren. Der Schulmeister, der sich, durch die falschen Briefe verleitet, in die Briefeschreiberin verliebt hat, erkennt seine Täuschung und zieht sich aus der Welt zurück, erregt aber eben durch seine Einsiedelei wieder die Aufmerksamkeit von Gritli, die ihn am Ende heiratet.

Drei fälschungsanfällige Währungen zirkulieren in dieser Novelle, und alle drei beruhen auf dem Währungsträger Brief. Die Novelle behandelt erstens die Geld-Währung, die in Form von Warenbestellungen und Wechselgeschäften zur Zirkulation kommt. Als zweite Währung kommt literarischer Ruhm ins Spiel. Der Kaufmann betreibt einen regen poetischen Briefwechsel mit anderen Möchtegern-Poeten, durch den sich jeder Teilnehmer literarischen Ruhm erhofft. Dass es sich hierbei ebenfalls um eine Währung handelt, die in den Transaktionen stets auch verloren geht, betont die Novelle bereits in den Kalkulationen des Portos pro literarischer Sendung, vor allem aber in der Gefahr des Spotts, dem sich jeder Beitragende aussetzt. Dieser Gefahr des Verlusts hoffen die Poeten durch eine Luftspekulation nach Art der ersten Papiergeldexperimente zu entgehen, indem sie sich wechselseitig mit inflationärem Lob überschütten. Die dritte Währung ist diejenige der Liebe, die in den Briefen zwischen Gritli und dem Schulmeister ausgetauscht wird (so zumindest denkt sich dies der Lehrer, der auf das Falschgeld der Liebe hereinfällt).[30] Auch hier handelt es sich um eine wirkliche Währung, die je einen Verlust beinhaltet, insofern der Lehrer in der Tat große Liebeshoffnungen auf Gritli setzt und verliert. Nach seiner Enttäuschung hofft er, sich vor ähnlichen Fehlinvestitionen dadurch zu schützen, dass er sich aus der Welt der Liebe ganz zurückzieht.

So wie in der Novelle drei Währungen zirkulieren, gibt es drei Arten der Benutzung von Währung: sie kann 1) als neutrales Verbreitungsmedium, 2) als Medium des indirekten Ausdrucks und 3) als wertproduzierendes Zirkulationsmittel eingesetzt und aufgefasst werden. Die erste Benutzungsart repräsentiert den Kaufmann: Er hält das Medium Brief schlicht für ein Blasrohr seiner schriftstellerischen Genialität. Der alberne Kaufmann geht in dem Maße zugrunde, wie er seine Einzigartigkeit oder Genialität per se für einen Wert hält, den er glaubt schlichtweg in Zirkulation bringen zu müssen, um davon zu profitieren (wenn er nicht, wie hier, betrogen wird). Er denkt sich die Währung also als reines Verbreitungsmedium, welches neutral gegenüber dem Inhalt des Zirkulierten bleibt.

Die zweite Benutzungsart wird vom Lehrer dargestellt. Er erkennt, dass es zwischen Brief und Briefschreiber(in) keine Deckungsgleichheit gibt. Er interpretiert also, dass hinter dem gestelzten Brief von Gritli eine echte Gefühlsbasis der Schreiberin liegt, welche sich im poetischen Ton potenziert. Entsprechend erwidert er die Briefe im selben Ton, um den Gefühlen der Schreiberin zu korrespondieren. Der Brief ist für ihn ein Ausdrucksmedium, welches der Interpretation des Absenders durch den Empfänger bedarf.

Die dritte Benutzungsart der Währungen praktiziert Gritli. Für sie haben die Briefe keine authentische Referenz oder Bedeutung. Stattdessen erblickt sie die Qualität der Briefe allein in der Zirkulationsfähigkeit. Damit erkennt sie als Einzige die Währungen als Währungen und benutzt sie entsprechend. Dies erlaubt ihr, Währungen zu simulieren, selbst wenn ihr das Fachwissen wie etwa für die poetische Disziplin abgeht: Als Währungskünstlerin muss sie nur die Zirkulation vorantreiben, um die Interessen der anderen zu befriedigen. Insofern befindet sich Gritli in der Position des Homo Oeconomicus, der die Selbst-Interessen der anderen durchschaut. Keller unterstreicht dies noch dadurch, dass sie sich durch haushälterische Fähigkeiten auszeichnet.

Auch der Schulmeister wird am Ende, vielleicht unwissentlich, zum Währungsmeister. Statt sich in die Zirkulation einzubringen, entzieht er sich ihr und macht sich durch seinen Rückzug von der dörflichen Gemeinschaft rar und knapp. Das Knappe aber hat Wert und wird, gemäß der Logik von Gutzkow, gesucht. Erst indem der Schulmeister unzugänglich wird, wird er begehrenswert, nicht weil er es authentisch ist, sondern weil er den eigenen Wert zu steigern weiß. Gritli folgt ihm nach, stellt seine Selbstdisziplin auf die Probe und heiratet ihn schließlich.

Der Verlierer ist derjenige, der eine außer-ökonomische Individualität und Einzigartigkeit schlicht behauptet und die Währung als neutrales Medium missachtet. Gewinner ist, wer seine Individualität einer ökonomischen Strategie unterwirft und Wert nicht als Eigenschaft, sondern als Medium erkennt. Zirkulationen des Tausches, des Publizierens oder der Liebe sind keine neutralen Medien der Wertverbreitung, sondern erzeugen Wert und Individualität durch marktgerechtes Verhalten. Und so kann auch der arme Schulmeister am Ende reich werden. Der Lehrer muss lernen, dass er sein Ich nicht aus Büchern gewinnt, sondern es einer ökonomischen Strategie unterwerfen muss. Das, was die frühere Epoche noch als autonomes »Ich« oder produktives Genie feierte, wird in der Klassifikation dieser Novelle zur Position nur noch des Allerdümmsten, da er ein autonomes Ich lediglich im Modus des Epigonentums zu finden vermeint (dies auch die Quintessenz von Immermanns *Epigonen*). Die wahre Gewinnerin liest die jeweiligen Selbst-Interessen der Individuen nur, um sie zu manipulieren. (Hier macht es keinen Unterschied, ob Gritli dies scharf kalkulierend tut oder notgedrungen, wie die Novelle nahelegt.)

6. Die Währungen der Psyche (Friedrich Eduard Beneke)

Währungen erscheinen zu dieser Zeit auch in der Psychologie.[31] Die Psychologie setzt es im neunzehnten Jahrhundert daran, sich vom Schatten der Mutterdisziplin Philosophie abzulösen. Die Hauptstrategie der Emanzipation der Psychologie liegt dabei sicherlich in der Verwissenschaftlichung nach Maßgabe der Physiologie mit Quantifizierung (Fechner), Experiment (Gall) und der Beobachtung sensomotorischer Prozesse (Helmholtz) unter gleichzeitiger Zurückdrängung der ›philosophischen‹ Elemente wie des Bewusstseins und der Vorstellungsinhalte.[32] Durch diese Verwissenschaftlichung wird das Psychische dabei weitgehend reduziert auf funktionale, experimentell wiederholbare Formen des Erlebens und Handelns. Zugleich beginnt im neunzehnten Jahrhundert aber auch die viel weniger beachtete Ökonomisierung des Psychischen, wie sie in Freuds Psychoanalyse kulminieren wird. Ich möchte dies im Folgenden kurz anhand des einflussreichsten Beitrags zur Psychologie zur Jahrhundertmitte darstellen.

In der 1850 erschienenen, zweibändigen *Pragmatischen Psychologie* von Friedrich Eduard Beneke (1798–1854) artikuliert der Verfasser – einer der prominentesten akademischen Psychologen der ersten Hälfte des neunzehnten Jahrhunderts –, was die neue Psychologie von der alten unterscheide: »In der früheren Psychologie wurde das *Selbstbewußtsein*, oder die Vorstellung des *Ich*, beinah durchgehends, in der einen oder in der anderen Weise, als *angeboren* gesetzt.«[33] Die neuere Psychologie dagegen handle wesentlich vom Bilden eines Ich. Beneke spricht in diesem Zusammenhang auch von der Aufgabe des Einzelnen, sich zu »individualisieren«. Doch anders als Psychologen, die wie Carus dem Modell eines stufenweisen Erwerbens folgen, beschreibt Beneke die Individuation in Nähe zu Herbart durch Akte der Selbstwahrnehmung von psychischen Energien. Wie also wird das Ich oder Selbstbewusstsein erworben?

Um ein Selbstbewusstsein auszubilden, muss der Einzelne ein Bewusstsein davon gewinnen, wo sich in seinem Inneren bestimmte Erregungsanhäufungen befinden. Jeder menschliche Akt hinterlässt, so Beneke, Erregungsenergien oder, in Antizipation von Freud, »Spuren«,[34] deren Zusammenballungen den Einzelnen kennzeichnen.[35] Diese gilt es ausfindig zu machen.[36]

Das Selbstbewusstsein wird somit der sekundäre Ort, an dem der primäre Prozess von quantifizierbaren Erregungsenergien, Reizen und Spuren wahrgenommen und durch das Vorstellungsvermögen geordnet wird. Beneke versucht mit der Beschreibung von Energiespuren sicherlich, dem naturwissenschaftlichen Anspruch auf Quantifizierbarkeit nachzukommen, will diesen aber zudem für kognitive Prozesse durchsichtig machen, wenn er dem Bewusstsein die Aufgabe zukommen lässt, diese Spuren zu ordnen. Der Übergang von den quantifizierbaren Energien zum qualitativ bestimmten Bewusstsein bildet den Fokus seines Werkes, und ähnlich wie später bei Freud findet hier die Ökonomie ihren Ort.

Der Sprung von reinen Quantitäten zum Bewusstsein geschieht in der Ausweitung eines primären Begehrens zum »Eigennutz«. (Beneke changiert zwischen den Vokabeln »Eigennutz« und »Selbstliebe«, die er als Übersetzungen des englischen *self-interest* kennzeichnet.)[37] Das »Begehren« ist ein angeborenes Urvermögen, welches darin besteht, nach den »Dingen« zu streben, die der unmittelbaren Befriedigung eines Bedürfnisses dienen, wie das Essen den Hunger stillt. Eigennutz dagegen bildet sich aus, wenn gelernt werde, dass bestimmte vom Individuum erwünschte Erregungen intensivierbar sind. Es kommt zu einem ersten »Steigerungsbewußtsein«. Der Einzelne lernt, die Akte und Situationen, die zu den erwünschten Steigerungen führen, zu begünstigen.[38]

Über die Zwischenstufe dieses Steigerungsbewusstseins

kommt es zur Ausbildung des eigentlichen Selbstbewusstseins. Dem Selbstbewusstsein fällt die Rolle der Beobachtung zu, d.h. es beobachtet und ordnet, wie das Selbst-Interesse am besten zum Zuge kommen kann. Während das Selbst-Interesse nur unmittelbar auf seine künftigen Erwerbschancen zielt, kann erst das Selbstbewusstsein rückwirkend den gesamten Prozess von selbst-interessiertem Erwerben erkennen: »Das *Selbstbewußtsein* bezieht sich auf *Vergangenheit und Gegenwart*, auf den Erwerb oder den Besitz, welcher in der Form des *Vorstellens* (der befriedigten Empfindung) aufgefaßt wird; der *Eigennutz* geht auf die *Zukunft*, das *erst zu Erreichende*, und in der Form des *Begehrens.*«[39] Das Selbstbewusstsein steht bei Beneke also durchaus in der Tradition des Bildungsromans.

Das Selbstbewusstsein operiert hier als ein Homo Oeconomicus, der sein eigenes Interesse verfolgt. Der Eigennutz treibt den Menschen zum Erwerb an. Später wird das Selbstbewusstsein auf dieses Erwerben von etwas als seine eigene Konstitution zurückblicken. »Eigennutz« ist »eine *Spannung auf die Zukunft* [...] welche einen neuen Zuwachs [...] von außen erwartet.«[40] Und nur weil dieses Selbst-Interesse beobachtet, verstanden und geordnet wird, kann es ein Selbstbewusstsein geben, welches den »Erwerb« bestätigt. Das Selbst des Selbstbewusstseins wird derart rückwirkend als Nutznießer des Erwerbens ausgebildet.[41] (Beneke spricht in diesem Zusammenhang von der zentralen Rolle der Eitelkeit, die das Selbst zunächst außerhalb seiner verortet und welche erst vom Selbstbewusstsein in eine innere Instanz überführt wird.)

Damit das Selbstbewusstsein das Selbst-Interesse erkennen und unterstützen kann, muss es die »Mittel« zu seinem Wohlbefinden erkennen.[42] Es ist nämlich keineswegs so, dass alle Menschen die gleichen Interessen haben. »Auch in allen diesen Beziehungen macht sich zunächst wieder die Besonderheit geltend, in welcher sich bei jemand die Werthauffassungen *überhaupt* (noch unabhängig von der Eigengruppe) ausgebildet haben. Was dem Einen als ein Vorzug erscheint, stellt sich dem Anderen als unbedeutend dar, oder ist ihm gar ein Gegenstand für sein Widerstreben.«[43] Entsprechend muss das Selbstbewusstsein erkennen, mit welchem »Mittel« möglichst viele Begierden gestillt werden können und also ein großes Maß an »Werthauffassungen« bedient werden können: »Mehrere verschiedene Neigungen ... treffen doch darin mit einander zusammen, daß sie durch dasselbe Mittel, z. B. durch Geld, zu ihrer Befriedigung gelangen können.«[44]

Die »Mittel« dieses Eigennutzes sind die Währungen, mittels deren der beobachtende Homo Oeconomicus (das Selbstbewusstsein) seinen Haushalt an Begierden ordnet. Beneke setzt sich ausführlich mit einigen dieser Währungen auseinander, etwa »Bravour« als Währung der Soldaten, Geld als Währung der »Geldstolzen«, Reinheit als Währung der »Adelstolzen«, »Genie« als Währung der Künstler und »Schulstolzen«.[45] Dass es sich dabei um wirkliche übertragbare Währungen handelt, betont Beneke auch darin, dass jemand »seine« Währung im Umgang mit anderen sparsam und bewusst einsetzt und etwa ungern ein schnelles Lob gibt, wenn ihm selbst an solchem gelegen ist.[46] Die Währung erklärt das Interesse an der Kontaktaufnahme mit der Außenwelt, da Akte der Wahrnehmung und Kommunikation geleitet werden von der Hoffnung, durch sie das Erwünschte zu erhalten.

Die Aufgabe der Individuation, für die es (wie beim klassischen Bildungsroman) keine normative Verlaufsform gibt, besteht also in einem Doppelschritt vom Begehren zum Selbst-Interesse und von diesem zum Selbstbewusstsein. Das Selbstbewusstsein erfüllt seine Aufgabe der Beobachtung und Optimierung des Selbst-Interesses durch die Bestimmung der Werte und Währungen. Die Individualität des Einzelnen besteht in der Reduktion der Welt auf einen Markt mit nur einer Währung. Die allgemeine Form aller Währungen der Psyche besteht darin, diverse Begehren simultan operabel zu machen.

Als »Mittel« oder Währung sind die gesuchten Dinge oder Zeichen imaginär und dem Bereich der »Vorstellung« angehörig. Deshalb betont Beneke, dass das als Währung Gesuchte dem Einzelnen stets schon teilweise dadurch angehört, dass es ihm in der Vorstellung zugänglich ist und er seinen Besitz zumindest für möglich hält.[47] In den Währungen oder »Mitteln« weitet sich das »Begehren« auf den Bereich der Vorstellungen aus und wird darin erst zum eigentlichen Selbst-Interesse oder »Eigennutz«. Die Idee des Selbst wird erst dort notwendig, wo es beobachtbare Währungen gibt, denn Währungen implizieren (anders als die unmittelbaren Bedürfnisse des Begehrens) Entscheidungen, zunächst über die Art der Währung, aber auch über den Wert der haushälterischen Investition. Psyche entsteht demzufolge als eine Auftrags- und Kontrollinstanz der Arbeitsteilung von genuinem Selbst-Interesse und dem Beobachten von Selbst-Interesse. Sie ist ein Beobachter zweiter Ordnung.

In der kurzen Skizze wurde Benekes späte Psychologie als Vorreiter von Freuds Theorie der Bahnung und des Haushalts der Psyche dargestellt (siehe dazu das fünfte Kapitel dieses Buches). Dies soll allerdings nicht zur Verkennung von großen Differenzen zwischen den Projekten beider Denker verleiten. Anders als Freud kristallisiert und monopolisiert Beneke das Begehren noch nicht zu einer Universalwährung, einer »Libido«, sondern untersucht eine Vielzahl von Währungen. Anders als Freud geht Beneke noch nicht so weit, die Psyche als einen Haushalt sämtlicher Lebenserscheinungen zu denken.[48] Stattdessen gibt es Elemente der Psyche wie die Moral, die unabhängig von der Ökonomie bestehen.

7. Der Selbst-Effekt des Kapitals (Heine, Marx)

Selbst-Interesse liegt im Auge des Betrachters. Doch die konstituierende Rolle des Betrachters kann auch unterschlagen werden. Wenn der beobachtende Homo Oeconomicus vergessen wird, so erscheint der von ihm Postulierte, nämlich das Selbst-Interesse und die Währung, wirklich zu werden. Beide bedingen einander. Erst die Währung erlaubt, ein Selbst-Interesse zu postulieren, da nur sie die Balance von Gewinn und Verlust registrieren und messen kann. Umgekehrt kann aber auch die Währung nur ausgehend von Währungsnutzern gedacht werden. Durch dieses wechselseitige Bedingen scheint es dann so zu sein, als habe die Währung *selbst* das Interesse, sich zu vergrößern. Der Währung selbst wird dann zugemutet, ein Selbst hervorzubringen.

Dieser Selbst-Effekt der Währung hat zur Konsequenz, was für frühere Denker nahezu undenkbar war und erst von den späteren Romantikern als schauerliche Möglichkeit in Gespenstergeschichten erahnt wurde: dass das Selbst nicht ein menschliches Privileg sei, sondern auch von bestimmten Dingen – nämlich den Währungsträgern – in Anspruch genommen werden kann. Gedacht wird zugleich die Entmenschlichung von Selbst und Individuum und die Verselbstung der Währung, des Geldes. Umgekehrt ist damit das Ich »nichts als ein Spuk«.[49]

Heine stellt dar, wie das Geld mit Selbstgefühl ausgestattet wird:

> In unruhiger Zeit ist das Geld ängstlich, zieht sich in die Kisten der Reichen zurück, hält sich eingezogen; der Diskonto steigt. In ruhiger Zeit wird das Geld wieder sorglos, bietet sich preis, zeigt sich öffentlich, ist sehr herablassend. So ein alter Louisdor hat mehr Verstand als ein Mensch, und weiß am besten, ob es Krieg oder Frieden gibt.[50]

Am Barometer der Geldinvestitionen kann die Zuversicht der Investoren abgelesen werden. Wenn Heine den Währungsträger, also die Münze, als intentionsbegabtes Wesen darstellt, unterschlägt er die Ableitung des Geldes als Maß menschlicher Zuversicht und erhebt den Währungsträger unmittelbar zum Agenten. Was Heine noch als lustige Anthropomorphisierung ausstellt, wird bei anderen Autoren zu einer zentralen Denkfigur, etwa wenn Marx das Kapital und Freud die Libido als selbstgesteuerte Instanzen denken.

Eine Reihe von Texten um 1848 konzeptualisieren die Genealogie des Selbst als Sekundär-Effekt der Währung. Auch die großen Diskurse des Selbst-Interesses stimmen in diesem Ursprung des Selbst aus dem Geist der Währung überein. Dies soll hier an der Kritik der Ökonomie von Karl Marx skizziert werden.

Der Ausgangspunkt von Marx' Theorien der Kapitalakkumulation steht in deutlichem Kontrast zu den klassischen ökonomischen Theorien. Die Klassiker gehen in der einen oder anderen Weise von Angebot und Nachfrage aus und registrieren die Marktaktivitäten in diesem Sinne aus der Doppelperspektive von Käufer und Verkäufer.[51] Mit Ricardo und Malthus aber kommt eine andere Perspektive in die Werttheorie, die von den deutschen Revolutionären wie Marx und Rodbertus, aber auch den bürgerlichen Denkern wie von Thünen oder Menger aufgegriffen wird. Ricardo hatte die Grundrente (Profitabilität des Bodens) zum Ausgang seiner ökonomischen Theorie erhoben. Das führt bei Ricardo zwar keineswegs zum Bruch mit dem Prinzip von Angebot und Nachfrage, doch ist damit die Wirtschaftstheorie potenziell auf die neue Basis der Kapitalinvestition gestellt.

Ausgehend vom Tauschmarkt begründen die Klassiker wie Adam Smith Wert durch die Nachfrage eines begrenzten Gutes. Marx dagegen begreift Wert tautologisch als das, was sich *als Wert* zu erhalten und zu vergrößern weiß.[52] Für Smith besteht die treibende Kraft der Wirtschaft in der intelligenten Verbesserung der Produktion von möglichst begehrten Waren, für Marx dagegen besteht die treibende Kraft in der Vergrößerung von Wert durch Wert. Smith geht vom produzierenden und gewerbetreibenden Einzelnen aus, Marx dagegen vom Kapital, das als Kapital zur Expansion strebt. Marx hat die Differenz zwischen Tausch- und Kapitalmarktordnung später so artikuliert, dass die alte Ökonomie Waren mittels Geld durch neue Waren, die neue dagegen Geld mittels Waren gegen (mehr) Geld tausche.[53]

Marx publiziert 1849 (also vor *Das Kapital* und seiner Mehrwerttheorie) folgende Definition des Kapitals: »Wie nun wird eine Summe […] zu Kapital? Dadurch, daß sie als selbständige gesellschaftliche *Macht*, d.h. als die Macht *eines Teils der Gesellschaft* sich erhält und vermehrt durch den *Austausch gegen die unmittelbare, lebendige Arbeitskraft.*«[54] Entscheidend an Marx' Definition ist, dass sie dem Kapital die ›Intention‹ des Selbst-Interesses unterstellt. Wie bei Heine fällt der menschliche Beobachter schlicht aus. Damit avanciert das Kapital – hier als »selbständige Macht« bezeichnet – zum Selbst.[55] Kapital ist *verselbstetes*

Geld, oder genauer: sich verselbstendes Geld, denn ein Selbst wird dieser Tätigkeit des Kapitals *unterstellt*, da es – scheinbar – von Selbstinteresse geleitet wird. Mit anderen Worten: Anders als bloßes Geld bringt Kapital einen Selbsterhaltungstrieb hervor.[56] Kapital ist, seiner Definition nach, pures Selbst-Interesse des Geldes. Bekanntlich wird Marx diese immaterielle Kontinuität des Kapitals später »Fetisch« nennen; ein Fetisch, der einerseits nur im Kopfe des Beobachters besteht, andererseits aber so agiert, als gäbe es ihn wirklich und als dränge er nach (Re-)Substanzialisierung.

Indem der Beobachter zweiter Ordnung, der Investor, unterschlagen wird, kann Marx das Vokabular der Selbst-Erzeugung ähnlich wie die Romantiker um 1797 verwenden. Nicht was es ist, sondern *dass* es sich erzeugt, erhält und vergrößert, qualifiziert etwas zum Selbst. Ein Selbst ist das Kapital also nicht, weil ›es‹ stabil existiert, sondern weil es ›sich‹ selbst in eine Zukunft projiziert, für deren Verwirklichung es einsteht. Das Selbst, Kapital, konsolidiert ›sich‹ so rückwirkend als dasjenige, was ›sich‹ zu perpetuieren weiß, also als dasjenige, was ›sich‹ selbst voraussetzt.

Semantisch zeichnet sich dieses neue Selbst des Selbst-Interesses durch Geschichtslosigkeit, Zukünftigkeit, Risikoaffirmation und durch seine Aktivität (allerdings nicht Produktivität) aus. Das heißt in Begriffen der ersten Jahrhunderthälfte: Dieses Selbst ist nicht menschlich. Selbst die Semantik der Aktivität galt nicht als gesund und human; man denke etwa an Woyzeck, dessen Hyperaktivität als Zeichen von Krankheit gedeutet wird. Marx hat denn auch 1844 das Wort der »Entmenschung« des neuen Menschen geprägt.[57] Das passende Motto liefert Franz Falk in einer Faust-Parodie aus dem Jahre 1846: »L'argent c'est moi!«[58]

8. Geld und das Ende der Literatur (Georg Weerth)

Auch die Literaten der Revolution greifen das neue Selbst, den Selbst-Effekt, auf. Dies geschieht unverblümt in Georg Weerths *Humoristischen Skizzen aus dem deutschen Handelsleben* von

1847/48. Dort erscheint das Kapital personifiziert in dem eigennützigen Großhändler Herrn Preiss.[59] Dieser stellt zu Beginn seine Weltordnung vor, in der Gewinn allein Leben verspricht. Die wichtigste Entscheidung des Herrn Preiss im Laufe der *Skizzen* besteht darin, Aktien zu erwerben und sich somit am Spekulationsgeschäft zu beteiligen. Es zeigt sich allerdings, dass in den Aktien nur in Reinform zum Ausdruck kommt, was auch seine anderen Geschäfte bestimmt, nämlich »die Differenz von Preis und Wert«.[60] Nur wo der (Buch)Wert und der (Verkaufs)Preis verschieden sind, können Gewinne erwirtschaftet werden. Nicht die Beschaffenheit des zu tauschenden Gutes, sondern die Spekulationsdifferenz motiviert den Handel und erlaubt die Institutionalisierung der Mittelsmänner wie Kaufleuten und Aktionären. Indem der Preis schwankt und sich erhöht, kann es Gewinn und somit einen Herrn Preiss überhaupt geben. Herrn Preiss' Unbeständigkeit, der die Differenz von Preis und Wert braucht und ausnutzt, artikuliert sich schon *qua Namen*. Er muss wollen, dass der Preis(s) nicht gleich dem Prei(s) sei. Seine Existenz basiert demzufolge ebenso wie das Kapital auf der Bedingung von Preis-Instabilität. Er lebt also davon, nicht er selbst zu sein, wie er es in der Tat zu seinem Prinzip erhebt, seine Fahne in jeden Wind zu hängen, um sich zu vergrößern.[61]

Offensichtlich steht der Herr Preiss für eine Form von Individualität, die sich zugleich als ausbeuterisch und profillos diskreditiert. Bemerkenswert ist aber, dass der Revolutionsautor Weerth dieser kapitalistischen Identität, genauer: Nicht-Identität, trotz aller Vorbehalte keine alternative Position entgegenstellt. Im Gegenteil schreibt sich der Autor selbst in die ökonomische Struktur der Wertschöpfung mit ein. Auch der Autor Weerth steht und fällt mit der Differenz von Preis(s) und We(e)rt(h). Georg Weerth hat einen Gegenstand seiner Schrift, nämlich den Herrn Preiss, nur, insofern er sich von Herrn Preiss unterscheidet, denn wenn We(e)rth und Preis(s) zusammenfielen, würde er keine eigene Position finden können. Doch zugleich attestiert Georg Weerth hier, dass er selbst, nämlich sein Selbstwert, entschieden vom ökonomischen Gewinn- und Differenzdenken abhängt. Es gibt für Georg Weerth keine sichere psychologische oder ideologische Warte der Kritik, keine wertende Außenposition einer nicht-ökonomischen Individualität mehr. Dass dieser Text eine satirische Provokation darstellt, ist ebenso offenkundig wie der Mangel einer Alternative zu dem Selbst-Effekt des Kapitals.

Diese sonderbare Un-Position kennzeichnet auch Georg Weerths berühmten und seinerzeit vieldiskutierten Beitrag zum sogenannten Freihandelskongress von 1847 in Brüssel.[62] Weerth hatte sich dort aus der Sicht der Arbeiterklasse für die internationale Zollfreiheit eingesetzt, nicht weil diese den Arbeitern *Verbesserung*, sondern nur *Veränderung* verspreche. Die Semantik der Kritik weicht einer Semantik der Risiko-Affirmation.[63] Dies gilt bekanntlich für viele Aspekte der Revolution von 1848, etwa für die zentrale Forderung der Revolutionäre, sich höher verschulden zu dürfen. Gewünscht wird die Möglichkeit der Existenzgründung und damit auch des Rechts, Bankrott machen zu dürfen. Wie aber eine neue Identität der Arbeiter beschaffen sein könnte, dazu äußert er sich nicht. Und statt einer festen Gegenposition zum neuen Kapital stellt Weerths Herr Preiss lediglich eine Repräsentation des neuen kapitalistischen Selbsts dar, ohne ein irgendwie ›menschlicheres‹ Ich dagegen zu mobilisieren. Das Selbst der Währung wurde um 1848 endgültig zum Paradigma menschlicher Praktiken und Diskurse aufgewertet.

9. Wilhelm und die Eisenbahn

Diese sonderbare Alternativlosigkeit zum neuen Individuum des Selbst-Interesses zeichnet auch die Auseinandersetzungen zwischen den Revolutionären und dem preußischen Establishment um 1848/49 aus. Die umfochtene Frage ist nicht, *welche* Form von ökonomischer Individualität verfassungsrechtlich zu verankern sei, sondern nur *für wen* sie gelte. Im Zentrum stand das Recht, Schulden machen zu dürfen und mithin das Recht, den Bankrott zu riskieren. Standen die Revolutionäre und die

Monarchisten 1848 in den deutschen Staaten auch in vielem auseinander, so einte sie doch das Bestreben einer Änderung der Fiskalpolitik: Beide Seiten hielten eine zumindest graduelle Aufweichung der rigiden, auf dem Deckungsprinzip durch Edelmetalle beruhenden Geldpolitik für gefordert. Und so besteht eine der entscheidenden (später nicht wieder rückgängig gemachten) Reformen von 1848 in der Begründung von Aktienbanken, die das Recht hatten, nicht materiell gedeckte Geld- und Schuldscheine auszugeben, um dadurch die Liquidität der unter Geldmangel leidenden Wirtschaft zu erhöhen und zugleich ihrer autonomen Ausdifferenzierung Vorschub zu leisten.

Die Revolutionäre fochten denn auch für die Einführung von »Vorschusskassen«, was durch die 1848 und danach gegründeten Volksbanken und Kreditgenossenschaften (etwa durch F. W. Raiffeisen) gewährleistet wurde. Die Kreditaufnahme ohne Eigenkapital versprach Existenzgründern einen Start, versprach auch dem Kleinunternehmer und Handwerker die Möglichkeit einer *creatio ex nihil* und schuf damit die materielle Voraussetzung, den Unternehmer zum Modell von Individualität und Staatlichkeit zu erheben.

Tatsächlich hat ausgerechnet der auf das Geldmonopol bedachte preußische König einen Anstoß hierzu gegeben. Um eine ersehnte Eisenbahnverbindung von Berlin aus bauen zu können, bedurfte der preußische König 1847 eines Staatskredits. Doch hierin war der Staat gesetzlich eingeschränkt, durfte nur mit Zustimmung (und Bürgschaft) der Standesversammlung Schulden machen. Obwohl die Standesversammlung durchaus den Eisenbahnbau wollte, forderten sie vom König eine Garantie der regelmäßigen Einberufung der Standesversammlung. Ein solches Zugeständnis lehnte der König ab, woraufhin die Versammlung den Kredit nicht gewährte und der König wiederum 8000 Eisenbahner entließ, aus deren Kreisen zahlreiche Revolutionäre hervorgingen.

Die Zeit wollte die Anleihe und die Aktie. Für Aristokraten bedeutete Kreditaufnahme die Möglichkeit, Heer und Kriege zu finanzieren und damit paradoxerweise Stabilität zu fördern.

Unternehmern versprach die freie Kreditpolitik der »banking school« die Möglichkeit, auch ohne großes Eigenkapital ins Geschäft einzusteigen. Dem verarmten Kleinbürgertum boten Volksbanken (»Vorschusskassen«) die Möglichkeit zu Existenzgründungen.[64]

10. Die Antwort der Literatur auf ihr Ende: Anthropomorphisierung des Geldes (Gustav Freytag)

Wie verhält sich dieses neue Selbst des Selbst-Interesses zum Projekt der Literatur? Anders gefragt: Ist das Selbst-Interesse überhaupt noch eine Angelegenheit von Individualität im weiteren Sinne, kann es also literarisiert werden? Zum einen nämlich ist das Selbst kein Privileg mehr für Menschen, zum anderen ist es dermaßen frei von persönlichen Merkmalen (siehe die Texte von Willkomm, Immermann, Weerth und Heine), dass es kaum noch zur Unterscheidung verschiedener Individuen taugt. Ohne menschliche Selbste und ohne individuelle Individuen, so könnte man spekulieren, kann es auch keine Literatur mehr geben. Ist das neue Selbst des Selbst-Interesses also das Ende der narrativen Literatur?

In der Tat reagiert die Literatur auf die Bedrohung, die von dem neuen Selbst des Selbst-Interesses ausgeht. Selbst-Interesse wird vehement diffamiert. Dies ist an sich nichts Neues. Die direkte und skrupellose Verfolgung eigener Interessen ist in der neuzeitlichen Literatur stets negativ sanktioniert worden. Selbst-Interesse, wenn es erkannt wird, taugt auch weiterhin zu vernichtender Kritik, nur scheint es keine Alternative mehr zum Selbst-Interesse zu geben. Es avanciert in einem solchen Maße zum Modell von Individualität, dass das neue Projekt der Literatur einzig im Geltendmachen von Binnenunterscheidungen zwischen verschiedenen Formen von Selbst-Interesse besteht (ein Projekt, welches auf die Psychologie von Eduard Beneke zurückgehen könnte, insofern seine Psychologie die verschiedenen Ausprägungen des Eigennutzes untersucht). Gesucht wird in der

Literatur des späteren neunzehnten Jahrhunderts eine Form des Selbst-Interesses, welche zugleich etwas anderes ist als Selbst-Interesse. Dies führt zu einem Coup: der Etablierung von Selbstlosigkeit als Währung des Selbst. Im Folgenden soll der wohl wirkungsmächtigste Versuch der Etablierung eines »besseren«, selbstlosen Selbst-Interesses beleuchtet werden.

Dem nackten und unpersönlichen Selbst des Selbst-Interesses, welches in der Zeit der Revolution 1848 hervortritt, verleiht Gustav Freytag wieder ein neues Gesicht. Dies geschieht in dem großen Romanerfolg des neunzehnten Jahrhunderts, *Soll und Haben*, der zum Prototyp des Romans in der zweiten Jahrhunderthälfte avanciert und darin Goethes Künstlerroman *Wilhelm Meisters Lehrjahre* den Rang abläuft. In Freytags Roman finden wir erneut die diskutierte Struktur und Semantik des Selbst der Selbsterhaltung. Dennoch hat sich nun etwas verändert. War das Gesicht des Kaufmanns Abdias in Stifters gleichnamiger Erzählung noch von Blattern entstellt, die er sich auf Handelsreisen zuzog, so bekommt das Kapital in Freytags Roman ein neues Gesicht, und zwar ein ausgesprochen freundliches und sympathisches. Es heißt Anton Wohlfahrt und gehört einem Vollwaisen, der familienlos, ortslos, nahezu geschichtslos wie das Geld in die regionale Hauptstadt (Breslau) auswandert, um dort das Kaufmannshandwerk zu erlernen und etwas aus sich zu machen. Sein Gegenbild ist der Jude Itzig, der ebenfalls in Breslau Kaufmann werden will und dies tut, indem er sein Selbst-Interesse skrupellos verfolgt.[65]

Es ist nun leicht zu zeigen, wie Anton, der am Ende als Sieger hervorgeht, ebenfalls ununterbrochen sein Selbst-Interesse verfolgt. Doch anders als der Jude Itzig scheint er dies selbst nicht zu wissen. Anton zeigt keine Neigung zur persönlichen Bereicherung, handelt stets gütig und gibt sein Geld und seine Arbeitszeit ›selbstlos‹ fort. Diese von Anton angesammelte Selbstlosigkeit erweist sich als die beste Investition: Selbstlosigkeit wird zur Währung, deren Anhäufung am reichsten belohnt wird, denn sie qualifiziert Anton am Ende nicht nur zu Geld, sondern auch zu Frau und Geschäftsführung. Selbstlosigkeit erweist sich als die

Geheimwährung des Bürgertums, die über die beiden anderen Währungen des Romans, das Geld der Juden und die Ehre des Adels, triumphiert.

Selbst-Interesse muss, so lautet die ›Moral‹ des Romans, durch Strategien in Schach gehalten werden, die die unmittelbare Verfolgung eigener Interessen protestantisch (im Sinne Max Webers) aufschieben oder aus politischem Interesse (im Sinne von Marx) verschleiern. Dies leistet die Währung der Selbstlosigkeit. Die Währung Selbstlosigkeit produziert ein Selbst, welches sich selbst stets zukünftig ist und solcherart im Gegenwärtigen nur diejenigen selbst-interessierten Akte duldet, die die Selbstlosigkeit vergrößern. In dieser Zukünftigkeit des Selbst liegt denn auch die Nähe von *Soll und Haben* zum klassischen Bildungsroman. Doch anders als in der Romantik hat diese Zukünftigkeit die Funktion, das pure Selbst-Interesse des Helden vor ihm selbst zu verbergen, und nicht, wie im Bildungsroman, ein Ich erst zu finden oder zu erlangen. Man könnte sagen: Das Verbergen des Selbst-Interesses macht es zur Ideologie. Der Jude Itzig dagegen benutzt die Selbstlosigkeit nur als Maske zur Täuschung anderer, nicht seiner selbst, wodurch er zum Inbegriff des Unbildbaren wird; er verfolgt sein Selbst-Interesse sofort und schiebt sein Selbst nicht für eine unberechenbare Zukunft auf. Anders als der Protagonist ist er nicht willig, sich durch sich selbst zu betrügen, sodass er vergäße, dass er aus Selbst-Interesse handelt. Diese Weigerung zum ideologischen Selbstbetrug (oder der Mangel an Naivität) muss dem Juden zum Vorwurf gereichen in einer Welt, die ihre Hyper-Ökonomisierung vor sich selbst zu verbergen sucht. In der Figur des Juden, der sein Selbst-Interesse mit allen Mitteln verfolgt, kann der Geld-Zwang zugleich als Geist der Epoche zugegeben *und* diskreditiert werden.

Damit ›Selbstlosigkeit‹ im Roman zur Währung werden kann, muss der bloße Mangel an Selbst aufgewertet und aufbewahrt werden. Dies geschieht durch Ästhetisierung. Während der polnischen Revolution, die das Geschäft seines deutschen Handelshauses bedroht, heißt es:

Anton war den ganzen Tag an seinem Schreibpult in einer

nervösen Aufregung, wie er bis dahin noch nicht gekannt hatte. [...] Er fühlte lebhaft die Gefahr des Geschäfts und seines Prinzipals, aber er war nicht niedergeschlagen und mutlos. Ihm war, als trüge er Sprungfedern an Arm und Bein [...] Mit einer wilden Freude sagte Anton: »Das ist Poesie, die Poesie des Geschäfts, solche springende Tatkraft empfinden nur wir, wenn wir gegen den Strom arbeiten. Wenn die Leute sprechen, daß unsere Zeit leer an Begeisterung sei und unser Beruf am allerleersten, so verstehen sie nicht, was schön und groß ist. Dem Manne steht in diesem Augenblick alles auf dem Spiel, woran seine Seele hängt, sein Geschäft, der Erfolg eines langen Lebens von rastloser Tätigkeit, seine Freude, sein Stolz, seine Ehre; und er steht kaltblütig am Pult, schreibt Briefe über geraspeltes Farbeholz und gibt sein Urteil über Kleesamen ab, ja, ich glaube, er lacht innerlich.«[66]

Was ist hier »schön und groß«? Zunächst nur die Kluft zwischen dem »geraspelten Farbeholz« sowie den »Kleesamen«, mit denen sich der Kaufmann abgibt, und allem, was »schön und groß« ist. Doch gerade »geraspeltes Farbeholz« wird einmal etwas »schön« färben, und auch die kleinen »Kleesamen« werden einmal »groß« werden. Die »Poesie des Geschäfts«, so darf man folgern, besteht darin, im gegenwärtigen Kleinen das zukünftig Gedeihende zu sehen, also unbeirrt von Risiken die Verwandlung des derzeit Minimalen und Lächerlichen in Gewinn und Größe zu verfolgen. Um »Poesie« handelt es sich, weil das Gegenwärtige ausgeblendet wird (der Krieg, die Risiken für das Individuum, die Lächerlichkeit des Winzigen) zugunsten eines erst Werdenden, Zukünftigen. Möglich ist dies wiederum nur durch das Ausblenden der Ungewissheit des Kommenden. Diese Poesie springt gleichsam in die Zukunft, nimmt sie vorweg, zwingt sie an das Schreibpult, und entsprechend spricht Anton auch von den »Sprungfedern« und der »springenden Tatkraft«. Diese Diskrepanz von Gegenwart und Zukunft (registriert etwa in dem »innerlichen« Lachen) ist die Anlage eines Selbst im Zustand der Selbstlosigkeit. Indem er jetzt selbstlos und kaltblütig handelt, sich zudem der Lächerlichkeit aussetzt, investiert er in die Zukunft eines umso größeren und schöneren Selbst.

»Groß und schön« ist diese Zukünftigkeit aber nur aus der Sicht des Kapitals und der Selbst-Interessen. Genau diese Sicht macht sich Anton Wohlfahrt zu eigen. Es geht um »alles [...] woran seine Seele hängt, sein Geschäft [...].« Das Kapital schmückt sich wieder mit Menschen, die ihre Seele an das Kapital heften und das Schicksal des Geldes zu ihrem erklären. Dreißig Jahre zuvor galt dies Peter Schlemihl noch als Teufelspakt. Während also Autoren wie Stifter, Marx und Weerth an der Entblößung des menschenlosen Kapital-Selbst arbeiten, setzt Freytag seine Energie in die Re-anthropomorphisierung des nackten Geld- und Selbst-Interesses.

Es kann denn auch nicht wundern, wenn dieser Roman ohne das Gegenbild des romantischen Poeten auskommt. Der einzige Poet, der am Rande erscheint, nämlich Bernhard Ehrental, der Sohn eines zweifelhaften jüdischen Kaufmanns, ist zwar selbst ehrenhaft, aber kränklich. Als Anwärter auf ein Ich oder Selbst kommt er nicht in Frage und verliert so schnell im Selektionsprozess des Romans.

In *Soll und Haben* gibt es keinen Charakter mehr, der wie in Ernst Willkomms Roman die beobachtende Rolle des Homo Oeconomicus füllt. Stattdessen hat sich der Roman, und Literatur als solche, die Aufgabe der Beobachtung von Selbst-Interesse gestellt. Das Interesse an der Literatur ist das Interesse an der Entlarvung der anderen. Und mit der Etablierung von Selbstlosigkeit als Währung gelingt es der Literatur, den Kreis zu schließen. Es gibt keinen Akt mehr, der nicht mehr als ökonomischer gedeutet werden kann. Von nun an erscheint die Annahme eines nicht-ökonomischen Handelns und noch viel mehr eines außerökonomischen Bereichs als ebenso naiv wie Anton Wohlfahrt.

Erfolgreiche Literatur der Epoche unterscheidet nun je verschiedene Wertmodelle eines guten und eines schlechten Selbst-Interesses. Das gute Selbst-Interesse ist regelmäßig dasjenige, welches nicht als solches erkannt wird und den Charakter deshalb im Zustand der Suche hält. Im Falle von *Soll und Haben* operiert dieses Nicht-Verstehen des Selbst-Interesses als simple Ideologie. Anton ist nur gut, weil er nicht weiß, was er will. Doch die Suche des richtigen Selbst-Interesses kann selbst wieder literarisiert und dramatisiert werden. Dies geschieht etwa in der ersten Fassung von Kellers *Der grüne Heinrich*. Hier kommt es dazu, dass sich Ich und Selbst-Interesse (wieder)vereinen.

11. Der grüne Heinrich, erste Fassung: Roman ohne Selbst-Interesse

Eine andere Art und Weise, Selbst-Interesse wieder zu narrativieren und zu humanisieren, wird in Gottfried Kellers großem Roman *Der grüne Heinrich* in der ersten Fassung von 1855 vorgeführt. Selbst-Interesse steht *ex negativo* im Zentrum der Geschichte: Erprobt wird der Werdegang eines Menschen ohne aktive Verfolgung eigener Interessen. Das Rätselhafte an Heinrich Lee, dem aufgrund seiner Kleidung »grün« genannten Heinrich, ist sein Schweigen, sein Zögern und Nicht-Handeln. Jeder Leser und auch der Protagonist des Romans weiß genau, was von ihm erwartet wird und was er zu tun hat. Doch er handelt nicht, agiert nicht im eigenen Interesse, trotz aller Mahnungen wie derjenigen des Statthalters: »Sodann merkt Euch für Eure künftige Tage, wer seinen Vorteil nicht mit unverhohlener Hand zu erringen und zu wahren versteht, der wird auch nie imstande sein, seinem Nächsten aus freier Tat einen Vorteil zu verschaffen!«[67] Selbst-Interesse muss gelernt werden.[68] Das Lernen (oder das Nicht-Lernen) wiederum kann narrativiert werden. In diesem Erlernen kommen Selbst-Interesse und Ich wieder zusammen als ein Noch-nicht.

Als Heinrich etwa von den Mitschülern zum Sündenbock eines Schulstreiches erklärt wird, schweigt er, was er wie folgt begründet:

> Das ängstliche Leugnen, die Zungengeläufigkeit, Strafe von sich abzuwenden, das hartnäckige Feilschen um dieselbe waren mir unmöglich; glaubte ich eine solche verdient zu haben, so nahm ich sie schweigend hin, schien sie mir zu ungerecht, so

schwieg ich ebenfalls, und nicht aus Trotz, sondern ich lachte innerlich ganz frohmüthig darüber und dachte, der Richter hätte das Pulver auch nicht erfunden.[69]

Entsprechend nutzt er die Chance nicht, dem Schulrat den tatsächlichen Hergang der Ereignisse zu berichten. So lässt er zu, fälschlich als Rädelsführer von der Schule verwiesen zu werden. Ganz gleich, was ihm vorgehalten wird, Heinrich schweigt, handelt nicht im eigenen Interesse. An seinem äußeren Verhalten ist nicht abzusehen, ob er schuldig oder unschuldig ist. Dennoch geht das Schweigen nicht spurlos an ihm vorüber. In ihm erwächst das umso festere Gefühl der Überlegenheit, wenn der Richter irrt (»er lachte innerlich …«). Es entsteht Innerlichkeit.

Ähnlich geht es Heinrich in der Liebe: Er schweigt. Und auch hier vergrößert das Schweigen seine innere Liebe nur. Als er auf seiner Rückkehr von Studium und Malerdasein in Deutschland auf dem Gut des Grafen landet und sich dort in Dorothea verliebt, zieht er niemanden in sein Vertrauen. Dorothea selbst kann Heinrichs Zuneigung zwar ahnen, doch als er sich entfernt und ein Jahr lang kein Lebenszeichen von sich gibt, heiratet sie einen anderen. In der zweiten Fassung des Romans macht der Graf ihm klar, dass Heinrich sein fehlendes Selbst-Interesse für sein Scheitern verantwortlich machen müsse:

Hättest Du, was Du als ein maßhaltender Mensch nicht getan hast, während Deines Hierseins die Zeit und Deinen Vorteil wahrgenommen, oder hättest Du bald nach der Ankunft in Deinem Vaterlande von dir hören lassen, so wäre, glaub' ich, Dorothea bis zur Stunde die Deinige geblieben.[70]

Heinrich erkennt durchaus, dass die Ursache seines Scheiterns in dem Mangel liegt, eigene Interessen zu verfolgen. So räsoniert er in der ersten Fassung:

… daß er bis jetzt vom Zufälligen sich habe treiben lassen, wie ein Blatt auf dem Bache; […] alles kam ihm nunmehr mit einem Blicke vor wie ein unbewußter Traum. Zugleich fühlte er aber, daß er von nun an sein Schifflein tapfer lenken und seines Glückes und des Guten Schmied sein müsse, und ein sonderbares, verantwortlichkeitsschwangeres Wesen kräuselte sich tief in seinem Gemüte, wie er es bis jetzt noch nie empfunden zu haben sich erinnerte.[71]

Doch Heinrich wird nicht zum Steuermann seines »Schifflein«. Nicht nur vertraut sich Heinrich niemandem an, sondern er flieht stets dann, wenn andere seine Interessen erraten könnten. So entschließt er sich etwa zur Abreise aus Annas Dorf nur deshalb, »weil ich wähnte, man würde mir auf der Stelle ansehen, daß ich wegen Anna bliebe und daß ich sie wirklich liebe«.[72] Während er Judith gegenüber unbefangen ist, die er nicht zu lieben glaubt, bringt er in Annas Gegenwart kein Wort heraus.[73]

Der Mangel an praktiziertem Selbst-Interesse zeigt sich besonders deutlich in ökonomischen Angelegenheiten, in denen Heinrich nie für seinen Vorteil eintritt, regelmäßig betrogen wird und sich jedem Aspekt des Tauschaktes entzieht.[74] Heinrich traut sich fast nie, ein Bild zum Verkauf anzubieten.[75]

Doch wie erlernt man Selbst-Interesse? Der Roman als Ganzes ist der wohl erste Bildungsroman des Selbst-Interesses, ein Bildungsroman aber, in dem das Bildungsziel nicht einmal annähernd erreicht wird. Der Roman bewegt sich ganz im Zustand *vor* dem Selbst-Interesse. Für Heinrichs Zustand *vor* der Ausbildung von Selbst-Interesse findet der Roman den Namen Scham oder Scheu. Heinrich schämt sich stets dann, wenn er sprechen sollte, etwa als es darum geht, der Schulbehörde gegenüber seine nur eingeschränkte Schuld zu erklären, oder als es darum geht, seine längst erratbar gewordene Verliebtheit zu gestehen. Stattdessen überkommt Heinrich Scham. Er schweigt beziehungsweise leugnet alles ab. Er schämt sich vor allem und jedem, vor sich selbst[76] und sogar vor dem Gott seiner Gebete.[77] Auch seine Armut beschämt ihn.[78]

Scham ist einerseits der Zustand der Stagnation, Unterlassung und Nicht-Kommunikation, andererseits aber auch das Geburtsbett von Innerlichkeit, das heißt der Leidenschaften wie die romantische Liebe, die Kunst und das Ich. Gerade weil Heinrich so verschämt ist, sich Anna zu nähern, vertieft sich sein Empfinden zur Liebe. Umgekehrt wird seine körperliche Liebe mit der schönen Judith, der gegenüber er keine Scham empfindet, nicht zur eigentlichen ›Liebe‹. Bemerkenswerterweise könnte diese Scham also entweder einem überzogenen Ichgefühl oder Stolz entspringen, welches sich zu schade zur Handlung ist, da jede Handlung seiner Erhabenheit nur halb entsprechen würde, oder einem absoluten Mangel an Selbst-Sicherheit oder Ichheit. Vermuten darf man zudem, dass Keller auch bei der Charakterisierung des Malers Römer einen ähnlichen Mechanismus zugrunde legt, denn auch dieser Mann verbirgt aus Scham seine ökonomischen Verhältnisse und steigert sich eben deshalb in einen Größenwahn. Anders gesagt, die Scham als Hemmung gebiert Kompensationsphantasien wie Liebe und Genialität. Die gesamte ästhetische Existenz eines Römers und des Ich im Allgemeinen werden im Roman zu skurrilen Rückzugsfiguren gegenüber den Anforderungen der Welt.

Die Scham bietet sich als Substitut des Selbst-Interesses an, denn sie ist eine Art und Weise, mit einer bedrohlichen Situation umzugehen: Scham diktiert Flucht. Und tatsächlich flieht Heinrich vor den anderen Malern, vor dem Verkauf der Bilder, vor der Schule, vor seiner Heimatstadt, seinen Gläubigern und vor allem seinen heimlich Geliebten. Doch gerade weil er sich schämt und flieht, nehmen diese Verhältnisse überhand, werden zu unermesslichen Bedrohungen. Ohne Selbst-Interesse mutieren die inneren (und äußeren) Verhältnisse ins Monströse. Und so wuchert Innerlichkeit in der ersten Fassung stets in pathologischen Dimensionen aus.

Nirgends zeichnet sich die Gefahr des mangelnden Selbst-Interesses derart dramatisch ab wie im Akt der Verschuldung. Weil Heinrich nicht das Interesse besitzt, Vermögen aufzubauen oder nein zu sagen, nehmen die Schulden überhand. Heinrichs Kindheitsfreund Meierlein benutzt die Freundschaft zum jüngeren Heinrich, um ihm in diversen Situationen Geld zu leihen und aufzunötigen. Doch statt es direkt zurückzufordern, führt Meierlein Buch über Heinrichs Schuld, um schließlich eine erhebliche Summe von ihm zu fordern, die um vieles übersteigt, was Heinrich besitzt und ermessen kann. Entsprechend reagiert dieser auf die Einforderung der Schulden auf eine nicht-ökonomische Art und Weise: Er beginnt zu hassen. Ökonomie schlägt um in Pathos. Die Mutter muss einschreiten. Nun aber glaubt Meierlein eine offene Rechnung zu haben. Es kommt zur unüberwindlichen Feindschaft. Im Zustand ohne Selbst-Interesse wird Heinrichs Leben gesteuert von seinen Phantasien über die Monstrosität von Schuld und Liebe.

In ähnlicher Weise werden die Trödler, die Heinrich den Kauf seiner Bücher anschreiben, zu Monstern, sobald sie die Schuld einfordern, die sein Vermögen übersteigt. Wie zuvor bei Meierlein fungiert auch hier die Mutter als Beschützerin, die das komplette Abgleiten in den Bereich außerhalb der Ökonomie verhindert. Anders gesagt, solange es kein Selbst-Interesse gibt, hat die Mutter die Funktion, die schlimmsten Verfehlungen und Verschuldungen zu begleichen. Die Mutter (Mater, Materialität) zähmt das Imaginäre.

Und so definiert sich das Selbst-Interesse im Roman durch sein Ausbleiben: Seine Funktion sollte die Verhinderung der Pathologien der Innerlichkeit sein. Selbst-Interesse verhindert die Eskalation von Verhältnissen. »Gutes« Selbst-Interesse ist mithin der Garant dafür, dass die Ökonomie keine Lebensbereiche außerhalb der Ökonomie erfasst. Kommt es umgekehrt zu einem Versagen dieses Schutzmechanismus des ausgewogenen Selbst-Interesses, dann schlägt Ökonomie in Pathos und Pathologie um. Die Zuneigung, die Heinrich empfindet, wird zur hoffnungslosen romantischen Liebe, nur weil er sie in seiner Innerlichkeit ohne das Ventil von Handlung ausbrütet. Das Ziel des Bildungsromans des Selbst-Interesses muss es daher sein, die Schutzfunktion der Mutter durch die Ausbildung von Eigennutz zu ersetzen und somit die hermetische Innerlichkeit zu überwinden. Der Tod der Mutter am Ende des Romans ist also kein Zufall, doch kommt ihr Tod in der ersten Fassung des Romans zu früh. Selbst-Interesse ist nichts als der Horizont jenseits des Romans.

Heinrich scheitert an der Frage, wie er aus dem Zustand der

Scham zu einem ›gesunden‹ Selbst-Interesse gelangen kann. Doch während er schlicht zugrunde geht, als seine Mutter stirbt, die ihn bis dahin vor der Brutalität der ökonomischen Matrix von Verschuldung und Selbst-Interesse bewahrt hatte, offeriert der Roman zumindest zwei Strategien des Erwerbens von Selbst-Interesse.

Die erste Antwort, die der Roman bereitstellt, besteht in einer prozessualen Umkehrung der Verschuldungs-Dynamik. Das Schuldverhältnis ist ein juristischer Kontrakt. Und weil es ein Kontrakt ist, kann Heinrich für sein Interesse eintreten, denn nicht »er« pocht auf seinen Anspruch, sondern der höhere Geist des Rechts. Dergestalt erweckt oder simuliert das Einfordern von Schulden Selbst-Interesse selbst in denen, denen es sonst abgeht, denn Schulden postulieren ein künftiges Selbst, welches die Schuld begleicht oder von ihr profitiert. So verficht Heinrich einmal vehement sein und seiner Mutter Interesse, als er für seine Mutter eine Schuld von seinem Lehrer, dem Landschaftsmaler Römer, zurückfordert. Die Römer-Episode ist einer der zentralen Schaukästen in die Struktur des Romans und wird uns in der Lektüre der zweiten Roman-Fassung im folgenden Kapitel weiter beschäftigen. Ähnlich tritt Heinrich auch für sein Recht ein, als er einmal eine traditionelle Arbeit annimmt und für den Trödler Fahnenstangen bemalt, wobei dieser nach getaner Arbeit plötzlich den Preis drücken will. Dagegen setzt sich Heinrich zur Wehr, weil auch hier das ökonomische Schuldverhältnis ein Selbst-Interesse kontraktuell simuliert. Gelänge es Heinrich häufiger, derartige Schuldkontrakte zu schließen, sei es als Schuldner, sei es als Gläubiger, so müsste er dieser Logik des Romans zufolge triumphieren und mit einem ausbalancierten Selbst-Interesse heimkehren. Das Recht schafft Rechtssubjekte, für die das Selbst-Interesse sich nicht als psychologische Eigenheit, sondern in einem mathematischen Austarieren von Ansprüchen zeigt.

Die zweite Strategie, welche der Roman zur Ausbildung von Selbst-Interesse anbietet, ist indirekte Kommunikation. Da das fehlende Selbst-Interesse sich als Schweigen, also als ein Mangel an Kommunikation und Kommunikationswilligkeit darstellt, können nur Techniken der indirekten Kommunikation eine Alternative anbieten. Das Schema ist im Roman stets dasselbe: Heinrich benutzt ein Kommunikationsmedium (Brief, Buch, Sprache, Bild, Musik), ohne es allerdings als Mittel der Kommunikation zu gebrauchen. Er behält es stattdessen für sich. Doch dann wird dieses Aufschreibmedium durch einen Zufall jemandem anderen in die Hände gespielt. Seine nicht zur Versendung bestimmten Liebesbriefe schwimmen im Fluss zu jemandem oder werden ihm von einem Windstoß entrissen (die Novelle *Die mißbrauchten Liebesbriefe* entfaltet dies weiter). Oder er malt Bilder, ohne sie verkaufen zu wollen. Oder er pfeift seine verliebten Klagen in der Waldeinsamkeit, die dann von einem Star nachgepfiffen werden. Und natürlich schreibt er seine Lebensgeschichte auf, die ohne seine Erlaubnis vom Grafen und von Dorothea gelesen wird. Auch das Ausbleiben seiner Briefe an die Mutter wird von dieser zu Recht als ein Zeichen seiner Armut gedeutet, sodass noch das Nicht-Schreiben zum geglückten Medium wird.

Derart gelangt die Nicht-Kommunikation über einen Umweg zum Wunschadressaten und wird dadurch zur Kommunikation. Dies hat den Effekt, dass Heinrichs Interessen manifestiert werden, was wiederum den Effekt nach sich zieht, dass man ihm begegnet, als habe er seine Interessen kommuniziert. Selbst-Interesse wird so durch das aufgezeichnete Wort vorweggenommen. Heinrich lernt nicht, sondern wird mit seinen Interessen konfrontiert.

In beiden Fällen manifestiert sich Selbst-Interesse durch eine Vorwegnahme, als *hätte* Heinrich schon jetzt Selbst-Interesse (da er ja in Schuldkontrakten auf die Zukunft seiner Interessen setzt und da er ja schon jetzt sein Interesse brieflich formuliert). Dieser Sprung in eine Zukunft, in der Heinrich Selbst-Interesse besitzt, ist das Symptom für den Unwillen (oder die Unfähigkeit) des Romans, eine graduelle Genealogie von Selbst-Interesse zu offerieren. Zu einer Kur aus dem Zustand ohne Selbst-Interesse kommt es nicht.

In Kellers Roman wird Selbst-Interesse behandelt wie in früheren Romanen das zu erwerbende Ich. Anders als in Freytags Roman wird es nicht vordergründig verworfen, sondern avanciert zur Figur der Rettung des Menschlichen. Denn Heinrich entgeht dem Vorwurf des schnöden Eigennutzes, weil er ja nie Selbst-Interesse erwirbt, sondern stets in einem Zustand vor und auf dem Weg zu Selbst-Interesse verharrt. Menschlich und damit auch literarisch nutzbar ist das Selbst-Interesse, insofern es nicht ausgeübt wird. Während die Romantiker auf der Suche nach dem Ich sich nur zu helfen wussten, insofern sie das Ich in eine ferne Zeit aufschoben, so wird dieser Aufschub jetzt umgekehrt zur einzig akzeptablen Form von Ichheit.

5. Kapitel

1871
Pathologien des Ökonomischen

1. Die Welt der Sphären

In den Jahren um 1871 werden nicht nur die Reichsgrenzen fester gezogen. Am 30. Januar 1872 beteiligt Bismarck sich an dem jüngst entbrannten »Kulturkampf« über den Status der Religion in der Politik und verbannt die Religion, speziell den Katholizismus, aus dem Verfassungsstaat mit folgenden Worten:

> [D]aß der König, der über Alles in letzter Instanz zu entscheiden hatte, … sich … eine Vorschrift daraus machte, gewisse Stellen mit Räten gewisser Konfessionen zu besetzen, war durchführbar. Sobald wir in konstitutionellen Formen übertraten, war es meines Erachtens ganz unverträglich mit dem Grundbegriff der Verfassung, daß die Zugänglichkeit zu gewissen politischen Rechtsstellen in den Ministerberatungen von der Konfession abhängig gemacht wurde.[1]

Konstitutionelle Politik hat es nicht mit Religion, sondern mit nichts als konstitutioneller Politik zu tun.

Wenige Jahre später revidiert Gottfried Keller seinen großen Roman *Der grüne Heinrich* und lässt den Maler Erikson beim Betrachten einer Kritzelei Heinrichs eine neue Idee von Kunst entwickeln:

> Wohlan! Du hast dich kurz entschlossen und alles Gegenständliche, schnöd Inhaltliche hinausgeworfen! Diese fleißigen Schraffierungen sind Schraffierungen an sich, in der vollkommenen Freiheit des Schönen schwebend; dies ist der Fleiß, die Zweckmäßigkeit, die Klarheit an sich, in der reizendsten Abstraktion! Und diese Verknotungen, aus denen du dich auf so treffliche Weise gezogen hast, sind sie nicht der trium-

phierende Beweis, wie Logik und Kunstgerechtigkeit erst im Wesenlosen ihre schönsten Siege feiern, im Nichts sich Leidenschaften und Verfinsterungen gebären und sie glänzend überwinden? Aus nichts hat Gott die Welt geschaffen.[2]

Das Ziel der Kunst wird in dieser Rede als *l'art pour l'art* entziffert, welches keine Verunreinigungen durch Gegenstände, Inhalte und Realien duldet. Dass es sich dabei um einen sarkastischen Angriff auf genau diese Idee von Kunst und ihren Jargon des »an sich« handelt, zeigt nur, wie weit verbreitet diese Idee der absoluten Kunst bereits Anfang der siebziger Jahre war. Auch in der Kunst geht es nur noch um Kunst.

Bismarck und Keller konzeptionalisieren beide je eine innergesetzlich regulierte Organisationsform, einmal den Verfassungsstaat, einmal die Kunst. Die Ausbildung solcher autonomen Sphären, wie es Max Weber später nennen wird, ist weder eine Errungenschaft noch eine intellektuelle Einsicht des neunzehnten Jahrhunderts. Doch erst im späten neunzehnten Jahrhundert wird die Idee der Autonomie verschiedener Sphären zur normativen Richtlinie, die alle Fremdeinflüsse zu exterminieren sucht. Deshalb müssen der Einfluss der Kirche auf die Politik als »ganz unverträglich« mit deren Begriff ebenso wie die Einmischung von »Gegenständliche[m]« und »Inhaltliche[m]« in die Kunst prinzipiell abgelehnt werden.

Was aber kennzeichnet eine Sphäre, so wie sie um 1871 wahrgenommen wird? Woher weiß man, dass ein bestimmter Handlungsbereich wie etwa die Politik, Kunst oder die Liebe prinzipiell unterschieden ist von, sagen wir, Pädagogik oder Freundschaft? Gibt es eine bestimmte Wahrnehmung von Autonomie?

Meine Hypothese ist, dass sich in der kulturellen Wahrnehmung um 1871 in der Tat eine spezifische Konstruktion von ›Autonomie‹ durchsetzt. Diese Konstruktion beruht auf der Minimal-Struktur eines Aktes. Eine jede Sphäre besteht aus der Kombination von zwei Elementen. Zum einen bedarf sie eines spezifischen Aktes und zum anderen eines Ortes, an dem dieser Akt wirkungsvoll ausgeübt werden kann. Der Ort stellt die Rahmenbedingungen bereit, an denen der Akt wiederholt werden kann und leistet damit die Institutionalisierung des Aktes, das heißt, er verleiht dem Akt eine überzeitliche Stabilität.

Wenn man Bismarcks Logik in obiger Rede und anderswo verfolgt, ergibt sich etwa, dass die Sphäre des Politischen durch den Akt der Zugehörigkeitserklärung konstituiert wird. Verhandelt wird, wer zum Reich gehört, wer entscheiden darf, wer das Volk ist, wer wählen darf, wer repräsentiert wird und wer nicht. Der Ort, an dem dieser Akt ausgeführt werden kann, ist die Volksversammlung. Die Versammlung als Institution nimmt für sich in Anspruch, auch die Abwesenden zu vertreten, und ist insofern bereits selbst von dem Akt abgeleitet.

Im Folgenden werden wir beobachten, wie die (gesamte) Sphäre der Ökonomie 1871 aus dem einzigen Akt des Tausches am Ort des Marktes hergeleitet und wie das Psychische als autonome Sphäre auf den einen Akt der Wiederholung gegründet wird. Bevor jedoch diese Hypothese zur Konstruktion der Sphären anhand einiger Beispiele erhärtet wird, soll bereits auf eine wichtige Implikation dieses Modells hingewiesen werden.

Die Formalisierung einer Sphäre in die zwei Komponenten von Akt und Ort hat eine wichtige Konsequenz. Beide müssen nicht notwendig kombiniert auftreten. Vielmehr können die Akte der einen Sphäre auf die Instanzen und Institutionen eines anderen Ortes treffen. Dieses Zusammentreffen von Akt und falschem »Ort« wird um 1871 als Mischform, Unfall, Pathologie wahrgenommen. Autonom ist eine Sphäre nur dann, wenn ihr spezifischer Akt und ihre spezifische Institutionalisierung konvergieren. Aber gerade aufgrund der Formalisierung von Akt und Ort diverser Sphären wird die Konvergenz zur Ausnahme.

Im kulturellen Bewusstsein vieler Beobachter bildet sich um 1871 eine geschärfte Aufmerksamkeit für die Grenzen einer jeden Sphäre aus. Die Peripherie einer Sphäre wird nun als problematischer Bereich voller Überlappungen und Instabilitäten wahrgenommen. Was als Vermischung von Sphären erscheint, wird nun *prinzipiell* negativ sanktioniert. Hierfür entwickeln die Zeitgenossen des späten neunzehnten Jahrhunderts ein feines

Gespür. Verhindert werden soll die Kolonisation einer Sphäre durch eine andere. Deshalb wird die Trennung von der Politik des Staates und der Religion der Kirche im Deutschen Reich 1871 genau reglementiert. Schulmeister werden in der Literatur bloßgestellt und denunziert, die nicht nach pädagogischen Gesichtspunkten verfahren, sondern etwa herrschsüchtig und politisch agieren, ebenso wie die Künstler-Könige, deren Macht statt auf politischer Einsicht eher auf ästhetischem Zauber gründet.[3] Immer wenn der Akt der einen Sphäre am Ort einer anderen auftritt, wird dies von den Zeitgenossen als Verfehlung oder zumindest gewollte Überschreitung registriert. Die Reinheit einer jeden Sphäre wird zum Selbstzweck.

Dieser Reinheitswahn erfasst eine Vielzahl von zuvor liberalen Verhaltenscodices. Gab es etwa in der Goethe-Zeit noch auffällige Überlappungen zwischen beiden Geschlechtern, wie sie sich etwa im öffentlichen Weinen von Männern oder in der Figur der Amazone manifestierten, gilt nun das strenge Gebot der Geschlechtskonformität. Auch die massiven Nationalbewegungen des neunzehnten Jahrhunderts speisen sich in nahezu allen kontinentaleuropäischen Ländern aus der Idee der Reinheit, die sich etwa in Rassenkunde, Sprachpflege und Nationalismus manifestiert. Repressionen gegen die sogenannten Mischrassen wie Roma, Sinti oder Juden sind die konsequente Umsetzung dieses Reinheitswahnes, so wie aus den »Zigeunern«, den (sicherlich bereits bedrohten) Helden der Romantik, degenerierte, lebensunfähige Halunken werden.[4]

Eine große Zahl an Zeitgenossen registriert um 1871 diese Abschottung der reinen Sphären. Statt sich in einem romantischen Weltganzen zu sehen, stilisieren sie sich als Wanderer zwischen den Sphären. Sie erwarten nicht mehr, dass sie das Fachwissen der einen Sphäre auf die Anforderungen einer anderen Sphäre vorbereitet. Die Kunst des Malers Erikson ist keine Schule des Lebens mehr. Und ob Bismarck gute Bilder malt, weiß das Parlament nicht. Es existiert kein »master model« mehr für alle Sphären. Das Verhalten und Sich-Bewegen in einer jeden Sphäre will gelernt sein. Eine jede Sphäre tritt einem nun mit spezifischen Anforderungen entgegen, denen man sich gewachsen zeigen muss, indem man den jeweils spezifischen Akt einübt.

Um diese Formalisierung der autonomen Sphären weiter zu entwickeln, sollen im Folgenden einige Sphären exemplarisch dargestellt werden. Den Anfang der Darstellung macht dabei die Revolution der Ökonomie durch die Marginalisten um 1871. Anschließend können wir uns auf einen einzigen Text konzentrieren, der eine besonders scharfsinnige Analyse verschiedener Sphären liefert: Gottfried Kellers *Der grüne Heinrich* (zweite Fassung). Es wird sich dabei zeigen, dass das Ich und das Geldliche in der neuen Welt der Sphären jeweils eine Sonderrolle einnehmen.

2. Autonomie als Provokation: Carl Mengers Volkswirtschaftslehre (1871)

Von Adam Smith stammt bekanntlich die schöne Metapher von der Selbststeuerung des Ökonomischen: die unsichtbare Hand, die Balancen zwischen den wirtschaftlichen Kräften herstellt. Hundert Jahre nach Smith entstehen nationalökonomische Theorien, die Wirtschaftsfaktoren deutlicher als Smith in ein selbstverwaltetes System überführen können, indem sie alles wirtschaftliche Handeln auf die Verwaltung von Knappheit beziehen. Um 1871 erscheinen unabhängig voneinander Stanley Jevons' *Theory of Political Economy*, Léon Walras' *Economie Politique Pure* und vor allem Carl Mengers *Die Grundsätze der Volkswirtschaftslehre*, die durch die neue Konzeptionalisierung des »Grenznutzens« beziehungsweise des »Marginalismus« den größten Paradigmenwechsel in der ökonomischen Theorie der letzten Jahrhunderte herbeiführen.[5] Im deutschsprachigen Raum kann sich Mengers Denken in den kommenden Dekaden dank seiner selbsternannten Schüler Eugen von Böhm-Bawerk und Ferdinand von Wieser trotz der herrschenden historischen Schule verankern.

Menger entwickelt eine binnenökonomische Logik, die es ihm erlaubt, rein ökonomische Operationen zu bestimmen. Mengers

Theorie basiert auf dem Austarieren von knappen wirtschaftlichen Gütern einerseits und dem subjektiven Bedürfnis andererseits (er gilt entsprechend als der Entdecker der Knappheit als kleinstem Nenner aller wirtschaftlichen Operationen). Für Menger ist nur derjenige Akt ökonomisch beschreibbar, der subjektive Bedürfnisse mittels knapper Güter befriedigt. Dieser Akt ist der Tauschakt. Entsprechend verbannt Menger alles aus der Wirtschaftstheorie, was nicht aus dem Tauschen hervorgeht, wie etwa den »homo oeconomicus«[6] oder den Nationalcharakter.[7]

In verblüffender Einfachheit leitet Menger alle Erscheinungen des Wirtschaftslebens aus dem Tauschakt ab. Um etwa den Ursprung des Geldes zu erklären, beruft sich Menger nicht auf irgendeine Übereinkunft oder einen politischen Akt, sondern greift auf eine kleine Narration zurück. Menger erzählt, wie auf einem Markt der Antike ein Rüstungsschmied seine Rüstungen gegen Kupfer, Brennmaterial und Nahrung umsetzen will:

> Er begibt sich auf den Markt, bietet seine Waare gegen die obigen Güter aus und ist sicherlich sehr befriedigt, wenn er daselbst mit Personen zusammentrifft, die Rüstungen einzutauschen beabsichtigen und zugleich sämmtliche ihm nothwendige Rohmaterialien [...] feilbieten. Es müsste indess offenbar als ein besonders glücklicher Zufall betrachtet werden, falls er unter der jeweilig geringen Zahl von Personen, welche ein so wenig absatzfähiges Gut, wie dies seine Rüstungen sind, einzutauschen beabsichtigen, gerade solche fände, welche jene Güter insgesammt ausbieten, deren er benöthigt. Er würde demnach auf den Austausch [...] verzichten, zum mindesten aber denselben nur mit bedeutendem Zeitverluste bewerkstelligen können, falls er so unökonomisch handeln würde, eben nur die ihm nöthigen Gebrauchsgüter im Austausche gegen seine Waaren annehmen zu wollen und nicht auch andere Güter, die zwar für ihn gleichfalls den Waarencharakter haben, aber von grösserer Absatzfähigkeit sind als die seinen, Waaren deren Besitz ihm demnach das Auffinden von Personen, welche eben jene Güter besitzen, deren er bedarf, bedeutend erleichtert.[8]

Der Schmied handelt ökonomisch, wenn er sich in seinem Tausch auf eine Zwischenware einlässt, die von »höherer Absatzfähigkeit« als seine erste Ware ist. Der ebenso verblüffende wie nun persuasiv einfach scheinende Denkschritt lautet, dass derjenige Tausch bevorzugt wird, der anschließend die meisten künftigen Tauschmöglichkeiten eröffnet. Entsprechend ist das Rind, als die absatzfähigste Ware der Antike, für Menger die erste Währungseinheit und ein Vorreiter des Goldgeldes. Die Narration etabliert hier den Referenzrahmen einer innerökonomischen Logik. Menger schaltet durch diese Narration andere Logiken aus, die dem Rüstungsschmied durchaus zu Gebot ständen. Etwa könnte er zwar einen ungünstigeren Tausch hinnehmen, dafür aber seine soziale Verflechtung intensivieren, indem er bei jemandem ›etwas gut‹ hätte. Doch Mengers Narration rekurriert auf nichts als den Tausch als Selbstzweck. Die Frage des Ökonomischen entsteht entsprechend *ex negativo*: Es wäre »unökonomisch«, wenn der Schmied keine Zwischenwährung akzeptieren würde.

Hier werden die Fremdeinflüsse auf den ökonomischen Akt des Tausches durchaus anerkannt. Zugleich werden sie von Menger regelmäßig durch die Formel *Es wäre unökonomisch, wenn* abgetan. Die Fremdeinflüsse werden nicht ignoriert oder unmittelbar invisibilisiert, sondern eben nur recodiert, das heißt, markiert als Außen der Ökonomie und insofern indirekt invisibel für die Beobachter erster Ordnung (die Tauschenden auf dem Markt), da sie sich ja innerhalb der ökonomischen Verfassung bewegen.

Ähnlich argumentiert auch der Artikel *Geld* von 1892:

> Er [der Tauschende] gewinnt auf dem Umwege eines vermittelnden Tausches (durch Hingabe seiner minder marktgängigen Waren gegen marktgängigere) die Aussicht, seinen Endzweck sicherer und ökonomischer, als bei Beschränkung auf den direkten Eintausch, zu erreichen.[9]

Das Revolutionäre in Mengers Theorie besteht darin, dass sie Wert nicht mehr voraussetzen muss (etwa als Nutzen), sondern zeigt, wie Wert und Lukrativität aus dem Akt des Tausches *entspringen*: Privilegiert werden diejenigen Tauschakte, die in mehr Tauschmöglichkeiten resultieren. Der Tauschakt wird selbstreferenziell, sodass ein geschlossenes Bewertungssystem aller Akte entstehen kann. Wert hat, was weitere Tauschgeschäfte erlaubt.[10] Unter dieser Voraussetzung wird ökonomisches Handeln berechenbar und ausbalancierbar.

Dies zeigt sich anhand des sogenannten »Grenznutzens«. Gemeint ist damit, dass ein Tauschender irgendwann an eine Grenze kommt, an der ihm ein Mehr an einer Ware nicht mehr hilft. Ein Bäcker braucht Mehl, aber eben nur in Maßen. Statt also mehr Mehl zu kaufen, ist es ökonomischer für den Bäcker, sein Geld anders einzusetzen und etwa eine Arbeitskraft einzustellen.[11] Ökonomisch heißt auch hier, die größtmögliche Zahl künftiger Tauschmöglichkeiten für sich zu sichern. Noch die Bewertung, ob ein konkreter Tausch ökonomisch klug ist oder nicht, leitet sich somit innerökonomisch beziehungsweise selbstreferenziell aus der Struktur des Tausches ab.[12]

Diese Umstellung auf Selbst-Referenz erzeugt eine ökonomische Atmosphäre, insofern es nun so scheint, als hätten die Tauschakte selbst das Interesse an mehr Tauschakten und als wäre das Ziel des Tausches weiteres Tauschen. Die Selbstreferenz markiert die (tatsächlich vorhandenen) außerökonomischen Anliegen, macht sie insofern unsichtbar für die ökonomisch Handelnden und kann daher die Konsolidierung der Ökonomie als selbstregulierte Sphäre bewirken. Die selbst-referenzielle Codierung der Tauschakte erlaubt die Herausbildung eines eigentlich ökonomischen Wissens. Diese Selbst-Referenz unterbricht jeden (tendenziell infiniten) Regress auf andere Bereiche. Statt dass also der ›gute‹ Tausch auf Wert, Wert auf Nutzen, Nutzen auf Lebensqualität, Lebensqualität auf Länge des Lebens und so fort rekurriert, referiert Tausch auf Tausch. Damit erst kann es eine selbstregulierte, autonome ökonomische Praktik geben.

Insofern prallt der prominent im berühmten Streit der Volkswirtschaftler von Gustav von Schmoller gegen Menger erhobene

Vorwurf ab, dass er die Komplexität menschlichen Verhaltens verkenne. Menger interessiert eben nicht, dass Menschen in der Regel diffuse Handlungsmotivationen haben oder »Irrthümer« begehen.[13] Ihn interessiert nur, dass »Irrthum« von dem System der Ökonomie als Außen markiert und daher sekundär invisibilisiert werden kann. Mengers Generalantwort auch hier: *Es wäre unökonomisch, wenn …*

Der Fall der (auf Marginalismus zentrierten) Volkswirtschaftslehre von Menger, Jevons und Walras im späten neunzehnten Jahrhundert zeigt uns neben der Biologie und der Ästhetik wohl einen der erfolgreichsten Versuche der Umstellung auf Selbstregulierung. Dem Verdacht der Ideologie versucht die Volkswirtschaftslehre dadurch zu entgehen, dass sie Fremdeinflüsse durchaus anerkennt, aber eben als »unökonomisch« abtut. Unter dem Gebot des Konditionals »es wäre unökonomisch, wenn« werden die Fremdeinflüsse negativ markiert und symbolisch geregelt. Das neue System der Ökonomie reguliert sich, ohne je als Aufsichtsbehörde oder Regulierungsinstanz auftreten zu müssen. Die Sortierung erfolgt wie von selbst über die Zeit hinweg wie die Selektion in der Darwinschen Evolutionsbiologie: Die fehlgeleiteten Aktionen führen langfristig zu einem Verschwinden der Akteure aus dem System des Lebens beziehungsweise der Ökonomie. In der Grenznutzen-Berechnung präsentiert sich die Ökonomie als ein reines Ausbalancieren ohne Agenten. Die Zeit wird zum Schiedsrichter erklärt. Um dies richtig zu betonen: Für Menger und Jevons *ist* die Ökonomie eine (der Mathematik verwandte) Naturwissenschaft. Entsprechend geht der Vorwurf der Ideologie fehl, insofern nämlich nicht die reale Existenz eines rein ökonomischen Systems behauptet wird, sondern nur eine Betrachtungsweise, die den menschlichen Eigennutz, also das wirtschaftliche Handeln, zum alleinigen Zweck erhebt. Und so antwortet Menger gegenüber den Vorwürfen, er verfahre unempirisch, schlicht, dass die Naturwissenschaften ebenso wie die exakten Sozialwissenschaften (u.a. seine Lehre der Nationalökonomie) »gegenüber der ›vollen empirischen Wirklichkeit‹ willkürlich und unempirisch« seien,[14] ohne dass dadurch ihre

Richtigkeit leide. Selbstregulierung bedarf keines empirischen Agens mehr.

Damit es zu dieser Abschließung der Ökonomie kommen kann, muss sich der Tauschakt permanent perpetuieren, verabsolutieren und institutionalisieren. Bei Menger geschieht dies durch den »Markt«. Nur weil es Rahmenbedingungen gibt, innerhalb derer der einmalige Akt des Tausches selbstreferenziell auf künftige Tauschakte verweist, gibt es die Stabilität der Ökonomie. Anders gesagt, selbstreferenziell kann der (jeweils einmalige) Akt des Tausches nur werden in einer Institutionalisierung des Aktes innerhalb eines festen Ortes. Die Institutionalisierung des Tauschens sichert dieses als überzeitliche Möglichkeit: Der Tausch erhält sich am Ort des Marktes.

3. Grüne Psychologie (Der grüne Heinrich, Zweite Fassung)

Um diese Welt der Sphären genauer in den Blick zu bekommen, können wir uns auf ein einziges Monumentalwerk beziehen, das die Tendenz der Epoche in einen Mikrokosmos verdichtet. Die Rede ist von der zweiten Fassung des *Grünen Heinrich.* Zwei Kräfte haben in dieser Welt der Sphären einen besonderen Status, das Ich und die Ökonomie. Wir werden sehen, wie Keller die Impulse von Menger aufnimmt und dabei zugleich umdeutet.

In der ersten Fassung vom *Grünen Heinrich* von 1854–55 sind die Sphären noch nicht ausgebildet. Stattdessen gibt es dort noch eine Universalinstanz, die alle Anforderungsbereiche umfasst: Selbst-Interesse. Selbst-Interesse war sozusagen der *global player.* Heinrichs Problem war, dass ihm dieses Selbst-Interesse fehlt, sodass der Roman als Ganzes den Versuch aufzeigt, Selbst-Interesse zu erwerben, so wie die Helden der früheren Bildungsromane ihr Ich suchten (siehe das vierte Kapitel). Die zweite Romanfassung von 1879–80 konfrontiert Heinrich nun mit einer Welt, die in diverse Sphären aufgeteilt ist. Heinrichs Aufgabe besteht darin, diese verschiedenen Anforderungsbereiche wie die Kunst, die

Schule, das Wirtschaften und die Liebe zu identifizieren und sich ihnen gewachsen zu zeigen. Seine erlernte Meisterschaft in einer Sphäre hilft ihm nicht unbedingt, in der nächsten Sphäre zu bestehen. Und da keine universale Struktur von Identität oder Ichheit zur Verfügung steht, ist dieser Roman der erste große deutsche Sphärenroman.

In der zweiten Fassung des Romans durchläuft Heinrich weitgehend dieselben Stationen wie in der ersten Fassung.[15] Doch anders als zuvor sieht er sich nun unterschiedlichen Anforderungen ausgesetzt, denen er auf jeweils unterschiedliche Art und Weise begegnen muss. Anders gesagt, sein Erlernen der Kunst, seine finanziellen Zustände, sein Scheitern an der Liebe, sein Verhalten in einer pädagogischen Institution, seine Schuldverhältnisse der Mutter gegenüber und seine Religion folgen nicht mehr einer übergeordneten Logik und sind nun nicht mehr alle gleichermaßen auf die Matrix eines fehlenden Selbst-Interesses bezogen. Stattdessen folgt jeder dieser Anforderungsbereiche einer eigengesetzlichen Dynamik. Als Künstler soll er genaue Nachahmung betreiben, als Liebhaber mutig auftreten und als Geldverdiener haushälterisch sein. Der Roman beobachtet dabei genau die Einwirkungen eines Anforderungsbereichs auf den anderen, die Interferenzen zwischen den Sphären, wenn der Akt der einen Sphäre am Ort einer anderen erscheint und solcherart als Fremdkörper Verwirrung im System stiftet. Die hingepfuschten Ansichtsdrucke der Schweizer Landschaft etwa entstehen, wenn am Ort der Kunst ökonomische Sparsamkeit regiert. Es gibt jetzt Episoden, in denen Heinrich sein Selbst-Interesse sehr wohl verfolgt, und andere, in denen fehlendes Selbst-Interesse keine Rolle mehr spielt (wie etwa in der Hulda-Episode, in der Heinrich auf Liebe schlicht verzichtet), und wieder andere, in denen ihm nach wie vor Selbst-Interesse abgeht.

Der Schwund einer Zentralinstanz des menschlichen Handelns zeigt sich deutlich an einer neuen Sphäre der zweiten Fassung: der Psychologie. Die Psychologie reguliert nicht Verhalten an sich, sondern eine spezifische Art und Weise von Verhalten. In der ersten Fassung vergleicht sich Heinrich noch global mit einem willen- und interesselosen Blatt, wenn er sich »vom Zufälligen … habe treiben lassen, wie ein Blatt auf dem Bache« und nur die Hoffnung ausdrückt, bald »sein Schifflein tapfer lenken« zu können.[16] Darin drückt sich negativ die Hoffnung aus, dass das noch abwesende Selbst-Interesse als Kapitän das Ruder übernehmen könnte. An dieser Stelle im Text erscheint in der zweiten Fassung eine Reflexion über eine Spinne, die ihr Netz immer wieder neu baut, auch wenn es mutwillig zerstört wird.

> Jetzt zog sie die feineren Querfäden, […] nicht mehr so gleichmäßig und zierlich wie die zerstörten; es gab lockere oder zu enge Stellen, hier fehlte eine Linie, dort zog sie eine solche zweimal, kurz, sie betrug sich wie einer, über den Schweres und Hartes ergangen ist und der sich bekümmert und mit zerstreuten Sinnen wieder an die Arbeit gemacht hat.[17]

Die wiederholten Zerstörungen prägen die Spinne derartig, dass sich ihr Lebensplan verwirrt und dass das Trauma der Zerstörung ihre Arbeiten prägt. Hier entfaltet sich die Psyche als Sphäre mit eigener Handlungslogik. Der zentrale psychische Akt besteht im unwillkürlichen Festhalten und Wiederholen des Vergangenen, sei es im Wiederholen frühkindlicher Muster (etwa das Nachahmen des Vaters), sei es im Verzeichnen traumatischer Erfahrungen wie beim Netz der Spinne.

Anders als das universell wirksame Selbst-Interesse der ersten Roman-Fassung ist die Reichweite dieses psychologischen Mechanismus auf den einen Akt der unwillkürlichen Wiederholung eingeschränkt. Psychologie hat es ausschließlich mit nicht-bewussten Wiederholungen zu tun. Viele andere Formen menschlichen Verhaltens, die nicht durch unwillkürliche Wiederholung reguliert werden, fallen außerhalb der psychischen Sphäre.

Heinrichs Verhalten wird in der zweiten Fassung durch das Fehlen des Vaters begründet. Weil Heinrich (ebenso wie Zwiehan) ohne Vater aufwächst, fehlt ihm ein starkes Modell für selbst-interessiertes Handeln, welches er nachahmen (das ist, wiederholen) und verinnerlichen könnte. Doch gerade da die prägende Seite der Vaterlosigkeit des heranwachsenden Heinrich nun herausgestellt wird, gibt es nur eine beschränkte Anzahl von Fällen, in denen diese Vaterlosigkeit wirksam wird. Diese Fälle kennzeichnen die Sphäre des Psychologischen mit ihren Akten der Wiederholung, Nachahmung und Erinnerung. Während in der ersten Fassung die Schutzfunktion der Mutter zentral wird, betont die zweite Fassung die Absenz des Vaters. Die Vaterlosigkeit wird dafür verantwortlich gemacht, dass Heinrich nicht weiß, ›worauf es ankommt‹, da er sein Verhalten nicht am Vatervorbild orientieren kann. Worauf es aber ankommt, variiert von Sphäre zu Sphäre und liegt nicht mehr in der Reichweite des Psychologischen. Das Selbst-Interesse war noch die universelle Leitgröße *allen* Handelns, das Psychologische dagegen ist nur *eine* von vielen Dimensionen von Verhalten.

4. Das rudimentäre Ich (Der grüne Heinrich, Zweite Fassung)

Es wäre nun einfach zu zeigen, wie sich im Roman eine Reihe von Sphären und Disziplinen wie die Nationalpolitik, das Theater, die Pädagogik, die Gottesfurcht und auch die Liebe von den jeweils anderen Anforderungen abschotten. Keller inszeniert, wie kaum ein anderer deutschsprachigerAutor, das *l'art pour l'art* einer jeden Sphäre.[18] Im Roman werden diese Sphären durch die Orte markiert, an denen sich Heinrich befindet: die Schule, das Haus der Mutter, die Ansichtdruckwerkstatt eines Habersatt, das Haus des Oheims, die Akademie in München, die Ausstellungen, die Feste, der Keller des Krämers, das Gut des Grafen und so fort. Aber statt diese Sphären hier im Einzelnen zu beleuchten, wird im Folgenden gefragt, ob es in dieser Welt der Sphären eigentlich noch ein Ich oder auch nur den Bedarf für ein Ich gibt. Es könnte scheinen, dass diese Frage von außen an den Roman herangetragen wird. Doch tatsächlich stellt sie der Roman selbst.

Es gibt, so viel wird schnell deutlich, keinen adäquaten Ort für ein Ich, also keine Domäne, in der Heinrich schlicht Heinrich ist. Dennoch wird der gesamte Roman von der Suche nach einem

Ich getragen, einem Ich allerdings, welches nicht in den Sphären aufgeht und sich nirgends an einem Ort stabilisiert.

Auffällig wird diese Suche eines Ich in der Insistenz der Akte, die in keiner der Sphären aufgehen, die aber angenommen werden müssen, um Handeln erklären zu können. Drei Akte bilden in Kellers Roman keine eigenen Sphären aus: die Verweigerung (Meret), die Entscheidung (Zwiehan) und die Selbst-Anklage (etwa mittels Lys' Gemälde der »Bank der Spötter« oder im von Heinrich akzeptierten Schuldvorwurf des Römer-Briefes). Diese im Roman deutlich betonten Akte kommen insofern in Frage als Rückzugsorte eines Ich, das nicht von den Handlungslogiken der zahlreichen Anforderungsbereiche oder Sphären erfasst wird und sich diesen sperrt.[19] Weder diese Akte noch das Ich eignen sich zur Sphärenbildung. Es gibt keine Sphäre der Verweigerung, da man sich der Anforderung einer jeden Sphäre (die ja im Kern ein Anforderungsbereich ist) verweigern kann; es gibt keine Sphäre der Entscheidung, vielmehr tritt die Notwendigkeit zur Entscheidung immer dann auf, wenn keine Logik Verhalten steuern könnte; und es gibt keine Sphäre der Selbst-Anklage, da dies ein Ich oder Selbst voraussetzen würde, das beschuldigt wird.

Schon die erste Fassung wartet mit der wunderschönen und schrecklichen Novelle um das Meretlein auf. Ausgehend von einem Kinderporträt von 1713 wird das kurze Leben der kleinen Meret erzählt. Bereits als kleines Kind wird Meret als »verstockt« bezeichnet. Sie gehörte »einer adligen, stolzen, höchst orthodoxen Familie« an und wird aufgrund ihrer »Abneigung gegen Gebet und Gottesdienst« einem besonders strengen Pfarrer zur Erziehung übergeben.[20] Dort erleidet sie bis zu ihrem Tode ein Martyrium an Strafen mit Schlägen, Hungerkur und Einsperren im Dunkeln. Doch sie widersetzt sich allen Disziplinierungen bis zu ihrem Tod, ja anscheinend noch über ihren Tod hinaus, denn als sie (das erste Mal) begraben werden soll, erweist sie sich als Scheintote, die noch einmal dem Sarg entrinnt. Entsprechend ranken sich zahlreiche Legenden um sie, die sie als eine Hexe oder ein teuflisches Wesen stilisieren.[21]

Meret verkörpert eine Instanz, welche es in der Perspektive des strengen Pfarrers nicht geben kann: das widerspenstige Ich. Es wäre vernünftig von Meret, die Gebetbücher zur Hand zu nehmen, still im Gottesdienst zu sitzen und sich der pietistischen Erziehungstortur zu unterwerfen. Sie würde damit Strafe vermeiden und dem Anforderungsbereich der Bildung gerecht werden. Dass sie es nicht tut und nicht vernünftig handelt, ist die ungeheure Begebenheit dieser Novelle. Meret fügt sich nicht in eine ihr klar präsentierte Handlungslogik. Ihr ganzes Tun und Handeln, ihre »Verstocktheit« also, passt in keines der Schemata, welche der strenge Pfarrherr oder die Eltern akzeptieren. In ihr triumphiert aber auch kein »freier Wille«, den Heinrich in seiner Studienzeit vergöttert. Sie agiert, ohne dass ihr Handeln irgendwo aufgeht und einer Logik folgt.[22] Auch das Dämonische, Teuflische, welches der Pfarrer in ihr erkennen will, ist keine Logik, sondern nur ein Zuordnungsbereich für das, was sich nicht zuordnen lässt. Kurz, in der Verstocktheit könnte sich etwas zeigen, was außerhalb jeder Ordnung steht und welches dieses Außerhalb zur Instanz verdichtet: Die Ungeheuerlichkeit der Novelle besteht in diesem resistenten Ich.

Ähnliches gilt für den Akt der Entscheidung (Zwiehan-Novelle) und den Akt der Selbst-Anklage.[23]

Dieses Ich der sphärenlosen Akte, wenn es denn eines ist, kann am besten als ein rudimentäres Ich bezeichnet werden. Es ist weniger Wesen, als vielmehr eine narrative Konsequenz bestimmter Akte. Das Echo des Ich-Zwangs, der aus der Epoche einhundert Jahre zuvor entstammt, ist bereits relativ schwach geworden. Vor allem gelingt die Institutionalisierung des Ich als Instanz nicht mehr. Sosehr den drei Akten noch die Erwartung eines freien Ich eingeschrieben ist, so wenig gelingt die Etablierung einer überzeugenden Narration oder Ersatz-Narration eines sich selbst gestaltenden Ich. Das rudimentäre Ich bildet anders als die Sphären der Psychologie, Religion, der Erziehung, der Ökonomie, der Kunst und so fort keine eigene Sphäre aus. Es tritt immer nur dort auf, wo keine Sphäre hinreicht. Es *sollte* nicht zu einem existenziellen Akt des Entscheidens kommen, da andere Diskurse wie die Religion dem Individuum die Entscheidung abnehmen sollten. Und das Individuum *sollte* rational sein, sich auf jeden Fall nicht verstockt sperren. Das rudimentäre Ich kommt immer unzeitgemäß. Es markiert eine Störung. Darin liegt auch seine Hauptdifferenz zu den Ich-Konzeptionen der Romantik. Zwar könnte man auch von dem rudimentären Ich behaupten, es sei singulär, sei selbstbestimmt und individuell. Doch damit vergisst man, dass die Singularität, Individualität und Selbstbestimmung des Rudiment-Ich nur aus der Perspektive eines anderen Anforderungsbereiches und einer anderen Sphäre existieren, für die eben die Singularität, Individualität und Selbstbestimmung ein Ärgernis bedeuten. Das rudimentäre Ich besteht in bloßer Verstocktheit, Entscheidungskraft und Selbst-Anklage. Es ist irrational, aber nicht pathologisch (denn als ein krankes würde es sich dem Diskurs der Psychiatrie und Psychologie beugen).[24] In der Welt der Sphären hat nicht einmal die Psychologie der Zeit einen Platz für dieses Ich.

5. Die Expansion des Ökonomischen (Der grüne Heinrich, Zweite Fassung)

Nicht nur das Ich, auch die Ökonomie geht in der Welt der Sphären nicht auf. Es wurde oben bereits vorgeschlagen, die zweite Fassung des *Grünen Heinrich* (1879–80) als eine Reaktion auf Mengers Theorie der Volkswirtschaft zu lesen. Kellers Roman formuliert, so gesehen, einen praktischen Einwand: Zum rein ökonomischen Tausch kommt es nicht, denn die Struktur des Ökonomischen lädt Störungen geradezu ein.

In der ersten Fassung des Romans findet die Störung des Marktgeschehens noch eine simple Erklärung in den ökonomischen Spielern: Heinrich ist nicht in der Lage, sein Interesse am Tausch zu artikulieren. Andere betrügen ihn. Er flieht den Kunstmarkt und lässt sich auch anderswo schlicht übertölpeln. In der ersten Fassung sind der Markt und das ökonomische Geschehen eine der vielen Bühnen des fehlenden Selbst-Interesses von

Heinrich. Die Welt des Ökonomischen ist robust, schwach sind nur manche Marktteilnehmer.

In der zweiten Fassung des Romans dagegen wird die Störungsanfälligkeit des Marktes als Eigenschaft des Ökonomischen selbst begriffen. Der Akt des Tausches erweist sich als ein äußerst empfindlicher Akt, der leicht manipuliert werden kann und solcherart in andere Sphären gezogen wird. Diese Labilität des Tausches macht ihn zu einem entscheidenden Schauplatz von Gesellschaft.

Wo immer die Wirtschaft im Roman erscheint, also in den Darstellungen von Erbrecht und Hypothek, Münzgeld und alten oder neuen Schuldscheinen, vom proletarischen Tagelohn und der Eisenbahn oder von Figuren wie Meierlein, der wunderlichen alten Händlerin, Habersaat und dem Trödler, überall erscheinen sie als Abweichungen des idealen Austarierens von Angebot und Nachfrage.[25]

Eine der frappierendsten neuen Gestalten der zweiten Fassung ist die betrügerische arme Alte, die sich auf dem Bauernmarkt als Kind verkleidet, um von den Händlern toleriert zu werden, wenn sie heruntergefallenes Obst erhascht. Bereits in der ersten Fassung gibt es die Fleischergesellen, die mit den Mägden flirten, um ihnen Innereien unterzujubeln. Auch der Kunstmarkt existiert bereits in der ersten Fassung, doch sind nun die Kniffe neu, mit denen Preise manipuliert werden. Als der Graf Heinrichs Bilder ausstellen lässt, hängt er zwei kleine Bilder von ihm dazu mit dem Hinweis »verkauft«, um so das Interesse an den übrigen zu erhöhen.[26] In der ersten Fassung setzt der Graf den Preis schlicht fest und kauft die Bilder selbst, »ohne daß Heinrich es wußte«.[27] In der zweiten Fassung muss Heinrich den Preis selbst festlegen. Sorgfältig wird auch erwogen, ob Heinrich die Bilder einem Händler überlassen soll, der zwar weniger Geld bietet, dafür aber Heinrich einen ehrenvollen Markennamen geben würde, da er so, qua Zwischenhändler, zum »Mitglied der X'er Schule« aufgestiegen wäre.[28] Die Zugehörigkeit zu einer Schule ist nicht das Produkt einer künstlerischen Ausrichtung, sondern Teil einer Marketingstrategie.

Flirt, Verkleidung, Markenname und die Simulation von Nachfrage bestimmen den Preis, nicht aber ein freies Spiel der ökonomischen Kräfte von Angebot und Nachfrage. Die Liste der kleinen und großen Irritationen des Ökonomischen ist lange fortzusetzen, man denke nur an den ausbeuterischen Ansichtsbildhersteller Habersaat, das Bild-Plagiat und die Machenschaften der »Gewinnsüchtigen«, die Heinrichs Mutter mittels ihrer Hypothek um das Haus zu bringen trachten und dadurch ihren Tod bewirken.[29] Das rein ökonomische Tauschen findet – mit der einen Ausnahme vielleicht des Anmalens der Fahnenmasten – in seiner Reinform nicht statt.

Der eigentliche Vorstoß Kellers stützt sich allerdings nicht auf die Beobachtung, dass der Markt manipuliert werden kann. Vielmehr geht es ihm um eine prinzipielle Einsicht in die Struktur ökonomischer Akte. Sie sind ansteckend, infizieren andere Sphären und degenerieren zu pathologischen Formen.

Ökonomische Akte werden zur Bedrohung der Reinheit anderer Anforderungsfelder, weil sie parasitär in ihnen erscheinen können. Andere Handlungslogiken wie etwa diejenigen der Kunst, Psychologie oder Liebe können in Figurationen des Tauschens transformiert werden. Die Handlungspsychologie von Heinrich kann in der zweiten Fassung etwa ökonomisch beschrieben werden.[30] Auch in der Liebe gibt es nun ein massiv ökonomisches Element, wie die Hulda-Episode zeigt. In dieser Transformation erfahren die anderen Handlungslogiken eine substanzielle Degradierung, man denke etwa an Eriksons gewinnbringende Produktion minimalistischer Bilder, die zugleich am Wert der Kunst zweifeln machen.

Am krassesten zeichnet Keller in sachlicher Nähe zu Nietzsche die Degeneration von finanziellen Schulden zu ethischer Schuld. Dazu kommt es im unvollständigen Tausch. Wenn einer dem anderen etwas schuldig bleibt oder wenn man eine Handlung auch nur so interpretieren kann, als schulde der eine dem anderen etwas, so resultiert dies in einem permanenten Vorwurf. Die Schuld gegenüber Meierlein und Römer bleibt auch dann bestehen, wenn die (nur halb legitimierten) finanziellen Schulden nicht mehr erstattet werden können. Der Vorwurf wird in dem ungeheuren Anklage-Brief des Malers Römer formuliert. Wichtig für unseren Zusammenhang ist dabei vor allem Heinrichs Reaktion:

> Den unheimlichen Brief wagte ich nicht zu verbrennen und fürchtete mich ihn aufzubewahren; bald begrub ich ihn unter entlegenem Gerümpel, bald zog ich ihn hervor und legte ihn zu meinen liebsten Papieren, und noch jetzt, sooft ich ihn finde, verändere ich seinen Ort und bringe ihn anderswohin, so daß er auf steter Wanderschaft ist.[31]

Als Heinrich von diesem Brief spricht, springt die Erzählung mitten im Satz, soweit ich sehe zum einzigen Male im Roman, plötzlich vom Präteritum ins Präsens (»sooft ich ihn finde«). Dieser Brief existiert also noch, und sein Besitz ist »unheimlich«, unauslöschlich, traumatisch. Der bestimmte Ort, den die Schulden im Bereich der Ökonomie haben, wird nun zu einer unheimlichen Ortlosigkeit. Die ökonomischen Schulden, also das zurückgeforderte Geld, münden, wenn sie nicht beglichen werden, in ethische Schuld – sofern das Individuum die Schuld auf sich nimmt. Würde Heinrich den Brief schlicht verbrennen und vergessen, wäre nichts von den Schulden übrig. Stattdessen bewegt er den Brief unablässig hin und her.[32]

Auch die Mutter trägt an ihrer Schuld. Heinrich findet am Ende ein Zettelfragment der toten Mutter, in dem sie sich anklagt, Heinrich falsch erzogen zu haben:

> … so tritt die Frage an mich heran, ob nicht mich, seine Mutter, die Verschuldung trifft, insofern ich es in meiner Unwissenheit an einer festen Erziehung habe mangeln lassen und das Kind einer zu schrankenlosen Freiheit und Willkür anheimgestellt habe. Hätte ich nicht suchen sollen, daß unter Mitwirkung Erfahrener einiger Zwang angewendet und der Sohn einem sicheren Erwerbsberufe zugewendet wurde, statt ihn, der die Welt nicht kannte, unberechtigten Liebhabereien zu überlassen, die nur geldfressend und ziellos sind. Wenn ich sehe, wie wohlgestellte Väter ihre Söhne zwingen, oft schon

vor dem zwanzigsten Jahre ihr Brot zu verdienen, und wie das solchen Söhnen nur zu nützen scheint, so fällt der traurige, altbekannte Selbstvorwurf mir doppelt schwer, und ich hätte in meiner Arglosigkeit nie gedacht, daß eine solche Erfahrung mich jemals heimsuchen könnte.[33]

Die Mutter fühlt sich schuldig, den Sohn zum Schuldenmachen erzogen zu haben, was jetzt wiederum dazu führt, dass Heinrich sich schuldig fühlt, der Mutter zum Schuldvorwurf geworden zu sein. Auch hier gilt, dass die Schuld der Mutter nur besteht, weil sie sich anklagt. Diese Anklage infiziert wiederum Heinrich. Alle Verfehlungen fallen am Ende Heinrich »zu Lasten als einzigen haftbaren Inhaber der Schuld« zu, heißt es. Heinrich wird auch diesen Zettel als ewiges Pfand mit sich herumtragen, so wie die Mutter bereits an ihrer Schuld trug.

(Finanzielle) Schulden sollten nichts als eine Form der Optimierung des Wirtschaftslebens sein, denn Schulden, Schuldbriefe und Schuldscheine ermöglichen den Tausch auch dort, wo die Tauschgüter zeitlich oder räumlich abwesend sind (siehe »Das Pergamentlein« und die Diskussion des Erbes in der Zwiehan-Novelle). Doch zugleich begünstigen die Schulden die Eskalation und Implosion des Ökonomischen. Wenn eine Gegenleistung im Tausch nicht erbracht wird, erhält sich die Abwesenheit dieser Ware oder dieser Summe Geldes als leerer Raum und besteht als Vorwurf weiter fort. Als (ethisch) Schuldiger ist Heinrich durchaus Inhaber, er besitzt die Schuld. Doch anders als dem ökonomischen Besitz ist diesem Besitz die Entäußerung, der Tausch, nicht mehr eingeschrieben. Die ethische Schuld ist insofern permanent, traumatisch und sinnlos. Sosehr die ethische Schuld sich aus der Ökonomie ableitet, so sehr widersetzt sie sich auch der Ökonomie, denn anscheinend erkennt der Sich-Anklagende keine Ersatzleistung als Wiedergutmachung an. Dieses Festhalten am Nicht-Ökonomischen kennzeichnet das ethische oder rudimentäre Ich, von dem oben die Rede war.

Die ethische Schuld ist der Doppelgänger der ökonomischen Schuld, ihre pathologische Form, die nicht mehr auf ein Ende der

Schuld, nicht mehr auf ein Abgelten, sondern auf den Wiederholungszwang gerichtet ist. Dort wo die erste Roman-Fassung einen kausalen Zusammenhang vom Fehlen des Selbst-Interesses zur pathologischen Genese der Innerlichkeiten zeichnet, entwickelt die zweite Fassung des Romans gerade im Gelingen der ökonomischen Individualität einen prinzipiellen Zusammenhang von Selbst-Interesse und pathologischer Schuld. In jedem ökonomischen Schuldakt wird der Raum einer Abwesenheit aufgetan, der sich, wenn er nicht durch Abzahlung oder Erlass gefüllt wird, als *horror vacui* perpetuiert.

Die ethische Schuld erfasst alle Lebensentwürfe, da sie weder in Kellers Roman noch in Nietzsches *Genealogie der Moral* (1887) eine eigene Sphäre der Ethik begründet. Sicherlich stehen Keller und Nietzsche in ihrer Beurteilung der Moral weit auseinander – während Keller dem schlechten Gewissen durchaus einen gewissen Sinn gibt, sieht Nietzsche in ihm nur eine Perversion der früheren Herrenmoral. Doch beiden ist gemein das Interesse an der Mechanik der Moral sowie die These, dass das ethische Gefühl des Richtigen und Falschen in der christlich geprägten Welt kein ursprüngliches Gefühl ist, sondern sich aus einer Ökonomie ableitet. Für beide ist Ethik fehlgeleitete Ökonomie: für Keller, weil der ökonomische Akt des Tauschens unvollständig bleibt; für Nietzsche, weil das ursprüngliche Privileg des ›Gut für mich‹ der Herrenmoral in ein bürokratisches Anspruchsdenken uminterpretiert wird, sodass jede Tat zwanghaft ökonomisch ausgeglichen werden muss und die Gewinner (die Starken) den Schwachen bezahlen.[34] Die ökonomische Verfassung der modernen Ethik verbietet ihr das Ausbilden einer eigenen Sphäre.

In den Erörterungen der Störungsanfälligkeit der ökonomischen Sphäre tritt zutage, dass diese Sphäre nicht in der Lage ist, ihre Reinheit zu gewähren. Gerade die Akte, die von zentraler Wichtigkeit sind, also vor allem das Tauschen selbst, aber auch der Sekundärakt der Verschuldung, sind die Kräfte, die das Ökonomische über sich hinaustreiben. Die Instabilität der Ökonomie erweist sich als Gefahr für eine in Sphären aufgeteilte Welt. Das Ökonomische müsste als Sphäre den Tausch von Waren nach der marktwirtschaftlichen Logik des Tauschwerts sicherstellen, doch es ist die Sphäre, deren Konturlosigkeit geradezu zum Übergriff auf viele andere Tendenzen und Sphären einlädt. Das Amöbenhafte der Ökonomie bedroht die Reinheit aller Sphären. Dadurch rückt die Entgrenzung des Ökonomischen, zusammen mit der Ortslosigkeit des Ich, zum geheimen Zentrum des Romans auf. Die Kernformel der zweiten Fassung lautet: Außer-Ökonomische Verhältnisse drohen ökonomisiert zu werden.

In der Ökonomie des Tauschens kommt die Welt der Sphären an ihre Grenzen. Im folgenden Kapitel wird sich zeigen, wie diese Sonderrolle der Ökonomie und die Außenseiterfunktion des Ich beide erneut aneinanderbindet.

6. Kapitel

1900
Die Erfindung des Nicht-Ökonomischen

1. Die Erfindung des Nicht-Ökonomischen

Historiker registrieren für die Epoche um die Jahrhundertwende eine große Unübersichtlichkeit. Konnte Alexander von Humboldt in seinem Monumentalwerk *Kosmos* das Wissen seiner Zeit noch Mitte des 19. Jahrhunderts in einer Geschichte bündeln, so ist eine solche Gesamtdarstellung um 1900 nicht mehr ein Projekt von ernstzunehmenden Wissenschaften. Stattdessen differenzieren sich die Wissensfelder vielfältig aus. Die Beschreibung der Gesellschaft etwa wird um 1900 zum Schauplatz eines großen Durcheinanders verschiedener Methoden und Strömungen. Nicht nur die neue Disziplin der Soziologie (in ihren Versionen von Durkheim, Simmel, Weber), sondern auch die Anthropologie, Ethnologie, der Marxismus, die Geschichtswissenschaften und die eigenständigen Theorien des sozialen Darwinismus (Haeckel) oder die Werke von Freidenkern à la Sorel, Weininger und Spengler konkurrieren miteinander um das Objekt Gesellschaft. Nicht nur werden also die Wissensgebiete immer spezifischer, es verwirrt sich auch das Vokabular der Beschreibung so sehr, dass die Diagnose der Unübersichtlichkeit durchaus angemessen erscheinen könnte.[1]

Doch, so die These dieses Kapitels, gibt es zugleich eine viel weniger beobachtete Gegenbewegung zu dem Auseinanderdriften der Wissensgebiete und Sphären. Die Diskurse und Sphären erweisen sich nämlich von innen her vernetzt, insofern sie eine vereinheitlichende Sprache oder Grammatik entwickeln. Dies ist die Sprache der Ökonomie. Ökonomische Metaphern und Erklärungsmodelle, die auf der Verteilung knapper Güter beruhen, dringen in Beschreibungen von Prozessen der unterschiedlichsten Phänomene ein, sodass man hier durchaus von einer neuen, mehr oder weniger im Verborgenen operierenden Leitwissenschaft sprechen könnte. Um 1900 radikalisiert sich die Tendenz der Ausweitung der ökonomischen Sphäre, die wir bereits um 1871 beobachtet haben. Allerdings ist es nicht so, dass die Ökonomie schlicht übergreift. Vielmehr wandert die Form des Tausches von knappen Gütern in das Innere von zahlreichen Sphären und Diskursen. Anders als noch 1848 in der Figur des Homo Oeconomicus wird die ökonomische Logik nicht durch einen äußeren Beobachter untergeschoben, sondern vielmehr als ein inneres Strukturgesetz postuliert.

Überall stoßen die Denker auf die Strukturierungsmacht des Ökonomischen. Ab 1900 erklären Max Weber,[2] R.H. Tawney[3] und Bernhard Laum[4] Religion als eine engstens mit dem ökonomischen Denken verbundene Praxis. Die käufliche Hure wird für Zola, Werner Sombart, Georg Simmel und Walter Benjamin Modell des Erotischen. In der *Genealogie der Moral* leitet Nietzsche Moral von der simplen Ökonomie des Gut-für-mich oder Schlecht-für-mich ab (Schuld entstammt demnach, wie schon bei Keller, aus den Schulden). Darwins Evolutionsbiologie ist regelmäßig als Ökonomie verstanden worden, insofern sie die Artenvielfalt aus verschiedenen ›Investitionen‹ der knappen Lebenskraft erklärt. Und die Ökonomie der Liebe ist ein beliebter Gegenstand der Literatur des Realismus von Dickens zu Keller, bevor sie von Freud zur Struktur des Psychischen schlechthin erklärt wird.

Nirgendwo zeigt sich die Vormachtstellung der ökonomischen Erklärungen deutlicher als in den Akten und Leistungen, die bislang als unmittelbare Gegenbegriffe des Ökonomischen galten. Diese werden um 1900 einer radikalen Revision unterzogen, die sie als ökonomisches Verhalten umdeutet.

1) Verschwendung und Exzess avancieren bereits vor George Bataille zum eigentlichen Motor des Ökonomischen: Laut Werner Sombart sind es das weibliche Luxus-Streben und die Verschwendungssucht, welche den ökonomischen Motor in Gang setzen,[5] ähnlich argumentiert auch Thorstein Veblen.[6] Besonders

die (angeblichen) Bedürfnisse des weiblichen Geschlechts, so Sombart, setzten die Erfindungsschübe der Industrie in Gange, die jedes Wirtschaftsleben beflügeln. Gerade der Konsum und die Verschwendung, angeregt durch den Eros, seien die Kräfte, die auf immer neue Erfindungen drängen und somit Fortschritt und Wirtschaft im eigentlichen Sinne hervorbringen.[7]

2) Die Gabe wird von den Anthropologen der Zeit als soziale Verpflichtung erkannt, als ein »potlatsch«, der Abhängigkeiten produziert und »Gegengeschenke« erzwingt, wie Georg Simmel[8] und Marcel Mauss argumentieren.[9] Geschenke verlieren damit den eigentlichen altruistischen und nicht-ökonomischen Charakter, schlicht Geschenk zu sein, welchen die christliche Moral dem Geschenk gerne beilegte.[10]

3) Eine weitere Konzeption galt von alters her als dem Ökonomischen entgegengesetzt: Jungfräulichkeit, und mit ihr Enthaltsamkeit und Entzug. Das Nicht-Teilnehmen am Verkehr wurde christlich als Einspruch gegen die Ökonomie gewertet, als moralisch höherstehende Alternative zum Austausch von Gütern. Doch mit der veränderten Auffassung von Ökonomie wird es um 1900 möglich, dieses Aufsparen von Jungfräulichkeit durchaus als ökonomischen Akt zu werten. Das Zurückhalten sexueller Aktivität wird von Alfred Döblin in Nachfolge von Georg Simmel schlicht als Akt der ökonomischen Wertsteigerung der zukünftigen Braut gewertet. Damit wird ihm Jungfräulichkeit kurzerhand zur anderen Seite der Prostitution, da beide weibliche Sexualität mit einem Preis versehen.[11]

4) Auch die Genügsamkeit oder der Altruismus kann als ökonomische Leistung berechnet werden. Georg Simmel etwa geht so weit, die Armut bestimmter Mönche als Währung des Altruismus zu erklären – es reüssiert der Mönch oder der Christ, der am meisten fortgegeben hat.

Während also um 1848 in der Figur der individuellen Bereicherung eine erste, krude ökonomische Universalstruktur entdeckt wurde, erscheinen um 1900 die ökonomischen Verfassungen der unterschiedlichsten Wissensbereiche nicht erst bei genauerer Beobachtung des eigennützigen Individuums (Homo

Oeconomicus), sondern der Handlungslogiken. Das Ergebnis ist eine neue Weltordnung, in der die unterschiedlichsten Wissensbereiche, die um 1871 noch unvermittelt als Sphären nebeneinander bestanden, durch ihre ökonomische Verfasstheit verzahnt sind.

Um 1900 erweist sich die Annahme, eine Praxis sei ökonomisch strukturiert, anscheinend als ähnlich persuasiv und zwingend, wie bereits um 1848 das (ökonomische) Selbst-Interesse aller handelnden Individuen. Man darf sich fragen, was gerade die Ökonomie als Leitwissenschaft qualifiziert. Man könnte versuchen, diese Vormacht des Ökonomischen schlicht ›rational‹ zu begründen: Die Ökonomie, so wäre zu spekulieren, kommt in diese Position, weil sie Individuen erlaubt, in jeder Sphäre ihren eigenen Vorteil zu verfolgen (so der Homo Oeconomicus um 1848). Ein solches Vorteilsdenken könnte in einer unübersichtlichen Welt Orientierungshilfe bieten. Denn sofern es knappe Güter gibt, können die Individuen je entscheiden, wie sie sich verhalten sollen, da sie die knappen Güter (und ihre Währungen wie Liebe, Geld und Macht) als Ziel setzen. Doch diese Begründung muss den Begriff des selbstsüchtigen Individuums, also des Ich, voraussetzen. Im Kern ist diese Erklärung daher eben nicht ›rational‹, sondern obsessiv, ritualistisch, fetischistisch, denn sie ist einem Begriff verschuldet, der wie ein Stern am Himmel schwebt, selbst aber nicht rational gestützt ist. Und so wirkt der Begriff des Ich und mit ihm der Ich-Zwang noch in der Epoche der maximalen Ausdehnung des ökonomischen Denkens fort.

Dies kann aber nicht darüber hinwegtäuschen, dass der traditionellen Ich-Konzeption des autonomen oder singulären Bewusstseins um 1900 die Grundlage entzogen ist. Was wir um 1900 »das Ich« nennen, hat mit den Epochen der Romantik wenig gemein – außer dem Anspruch des Einzelnen auf eine nur ihm angehörige Identität. Geblieben ist nur der Ich-Zwang, grundsätzlich gewandelt hat sich der Weg zum Ich. Es gibt jetzt nicht einmal mehr die Zwischenbereiche der Sphären oder die Räume außerhalb des ominösen Ökonomischen, in welchen ein

Ich sich einnisten könnte. Das neue Ich entstammt dem Ökonomischen ebenso wie es das Ökonomische motiviert. Innerhalb der ökonomischen Praktiken kommt es zu bestimmten Effekten und Ereignissen, die nicht mehr ökonomisch motiviert sind, wie die folgenden Lektüren zeigen. Etwas spaltet sich von der Ökonomie ab, das in der Ökonomie nicht (mehr) aufgeht. Diese Figur – dass sich ausgehend vom Geld etwas Nicht-Geldliches und von der ökonomischen Praxis etwas Nicht-Ökonomisches abspaltet – lässt sich historisch auf die Zeit um 1900 datieren. Und für dieses Etwas, das sich von der Ökonomie abspaltet, finden die Autoren, die uns beschäftigen werden, eine altbekannte Konzeption: das Ich, das Selbst oder Bewusstsein. Deutlicher als noch in dem Zeitalter von 1871 wird das Ich nun ausschließlich auf die Ökonomie als ihre genaue Antithese bezogen. Doch statt nun schlicht außerhalb der Wirtschaft und dem ökonomisch strukturierten Verhalten zu stehen wie um 1871, entsteht das Ich inmitten der Ökonomie.

Einerseits ist das (romantische) Ich tot, andererseits bildet es sich im Herzen der ökonomischen Zirkulationen immer wieder neu aus. Obsolet ist das alte Ich, welches in der einen oder anderen Weise mit Inhalten wie Autonomie, Singularität, Genialität und Erfahrungen besetzt war. Stattdessen wird jetzt potenziell alles, was sich dem Ökonomischen sperrt, ein »Ich«. Das Ich wird zentrifugal aus dem Ökonomischen hinausgeworfen. Das Ich wird einerseits als Produkt der geldlichen, ökonomischen Praktik angenommen, andererseits aber als ihr entgegengesetzt als etwas Nicht-Ökonomisches positioniert. Entsprechend gerät die Ich-Konzeption nun in eine paradoxe Situation. Ihre Voraussetzung *und* Antithese ist die ökonomische Steuerung. Wenn also ein solches Ich als Seiten- oder Verfallsprodukt der Hypostase des Geldes entsteht, so ist damit nicht zugleich angenommen, dass das Ich selbst ökonomischer Natur sei. Das Ich ist vielmehr die ökonomische Oase, die durch die Ökonomie bereitgestellt wird. Kurz, das Ich wird zum Nicht-Ökonomischen durch einen Effekt oder Unfall des Geldes. Die soziale Welt wird zwischen Ich und Geld aufgeteilt. Und so setzt die Allianz von Ich und Geld die symbiotische Geschichte des Ich-Begriffs und der ökonomischen Erklärung von Verhalten fort.

Drei Monumentalwerke der Jahrhundertwende sollen uns vor allem beschäftigen: Thomas Manns *Buddenbrooks. Verfall einer Familie* (1901), Georg Simmels *Philosophie des Geldes* (1900) und Sigmund Freuds Werke seit der *Traumdeutung* (1900).[12]

2. Thomas Mann: Das Ich und der Tod

Thomas Manns erster Roman *Buddenbrooks. Verfall einer Familie* (1901) ist kein Bildungsroman, auch nicht in der Form des Anti-Bildungsromans. Gezeichnet werden die Mitglieder einer Familie in ihrer Entwicklung, und dennoch versucht keiner von ihnen die selbstgesteuerte Befreiung von äußeren Erwartungen und Normen. Keiner hat oder kultiviert ein Ich. Auch die Familienmitglieder, die wie Tony und Christian die Sprache des Selbstbewusstseins im Mund führen, tun dies nur strategisch, um ihre vermeintliche Authentizität zu unterstreichen. Nur eins der Familienmitglieder entwickelt in der Tat eine Obsession, sich zu finden. Allerdings stößt ihm dieser Ich-Zwang eher von außen zu. Die Rede ist von Thomas, dem Repräsentanten der dritten und damit letzten Vater-Generation der Familie. Wurzelten die beiden voraufgegangenen Generationen noch in einfacher, wenn auch hausbackener Heiterkeit (so der alte Johan B.) oder in Religiösität (so Thomas' Vater Jean), so steht Thomas' Existenz ganz unter dem Zeichen totaler Ökonomisierung. Insofern repräsentiert er die Tendenz eines Zeitalters, welches in den unterschiedlichsten Handlungen ökonomische Motivationen sucht. Selbst Thomas' Neigung zur Exzentrik, zur Kunst und zum Gekünstelten steht in keinem Widerspruch zum ökonomischen Denken, zumal er die Beschäftigung mit schöner Kunst im Zweifelsfalle ablehnt (etwa die Theaterneigungen Christians) und auch die Liebe mit dem Geschäftsdenken in Einklang zu bringen weiß. (Er vermeidet es daher auch, sich Rechenschaft abzugeben über die Natur seiner Ehe, weil sie ihm als Liebesgeschäft eine außerordentlich hohe

Mitgift beschert). Anders also als für die Romantiker einhundert Jahre zuvor hat diese Ökonomie keinen Modellcharakter für ein Ich oder Selbst, sondern ist nur tautologischer Selbstbeweis. Entsprechend konsumiert die Ökonomie jede Möglichkeit eines Ich, indem sie alles als austauschbar deklariert.

Doch Thomas Buddenbrooks kaufmännische Konstitution hat einen überraschenden Effekt:

> Jedermann anerkannte mit Neid oder freudiger Teilnahme seine Tüchtigkeit und Geschicklichkeit, während er selbst vergeblich danach rang, mit Behagen in Reihe und Ordnung zu schaffen, weil er hinter seiner planenden Phantasie sich beständig zum Verzweifeln im Rückstande fühlte.[13]

Das ökonomische Denken seiner »planenden Phantasie« bewertet allen Besitz, alles Eigene, inklusive der zu verehelichenden Familienmitglieder, als *Aktiva* zu künftigem Tausch und zur Investition, sodass alles scheinbar ›Eigene‹ an sich keine Stabilität besitzt und keinen Seinszustand markiert. Nichts bleibt, wie es ist, sondern wird gedacht nur von dem her, was aus ihm werden könnte. Als Planender lebt Thomas in einer Projektionswelt und befindet sich daher immer im Rückstande zu sich und dem, was noch nicht ist. Er fehlt sich. Alles, was er ist, ist er noch nicht. Und was er noch nicht ist, das ist er bereits. Dieser Mangel kennzeichnet den Geist des Kapitalismus.[14]

Thomas Buddenbrook findet keinen Rückhalt seiner Identität außerhalb des Ökonomischen wie noch seine heiteren oder religiösen Vorfahren. Auch die exzentrischen Neigungen von Thomas, die ihn bei der Wahl von Frau und Lektüre leiten, sind kein festes Standbein, sondern reine Fluchtbewegung vor dem, was er nicht hat, nämlich ein Sein, ein Heim. Außerhalb seiner Planungen und seinem Ringen nach Ordnung hat er offenbar keine Substanz, selbst wenn er anderen als vorbildlicher Kaufmann erscheint. Es ist dieser strukturelle Mangel seines Daseins, der folgenden Wunsch in Thomas aufsteigen lässt:

> So war es nicht Übermut, daß Senator Buddenbrook im Sommer dieses Jahres 63 umherging und über dem Plane sann,

sich ein großes, neues Haus zu bauen. Wer glücklich ist, bleibt am Platze. Seine Rastlosigkeit trieb ihn dazu …[15]

Er baut das Haus, nicht weil er glücklich am Platz ist, sondern weil er sich weder am Platz noch glücklich fühlt. Beides soll der Bau des Hauses erzwingen, um die Rastlosigkeit auszusetzen. Begehrenswert wird der Stillstand erst vor dem Hintergrund der alles erfassenden Tauschbewegungen. Das Haus verspricht, gerade weil es vollkommen aus dem ökonomischen Denken hervorgeht, eine Kur von der Ökonomie. Aus der Projektion des Hauses spricht die Sehnsucht nach zeitlosem Stillstand und der Wunsch, dass das Projizieren zu einem Abschluss komme.

Die Suche nach demjenigen, was außerhalb der Ökonomie steht, geht solcherart aus der Ökonomie selbst hervor. Der Namensgeber der Ökonomie ist es, der sich der Ökonomie entzieht: das Haus, griechisch *oikos*. Die Ökonomie, der Definition des Aristoteles zufolge, stellt die Bewahrung des Hauses sicher.[16] Doch ist das Haus in den *Buddenbrooks* nicht der Ausgangspunkt des Haushaltens, sondern gerade die Schwelle zwischen Ökonomischem und Außer-Ökonomischem.

Was aber passiert, wenn der Hausbau vollendet ist? Man sollte erwarten, dass Thomas sich nun in dem Haus findet und eine Identität jenseits der ökonomischen Zwänge ausbildet. Er dürfte jetzt nicht mehr im Rückstande zu sich sein. Ob er will oder nicht, er müsste jetzt da sein, müsste sich selbst zum Gegenstand werden. Im Haus besteht Ich-Zwang. Weil Thomas Buddenbrook eine Kur gegen die Rastlosigkeit und Zukünftigkeit gefunden zu haben glaubt, ist er nun konfrontiert mit der Annahme, sich selbst unverstellt vorzufinden.

Solange das Haus unvollendet ist, bleibt ihm die Hoffnung auf das *je-ne-sais-quoi* eines Ich als feste Leitvision. Doch im Haus erfüllt sich die Sehnsucht nach einem Dasein jenseits der Ökonomie nicht: »Mir ist, als ob mir etwas zu entschlüpfen begönne, als ob ich dieses Unbestimmte nicht mehr so fest in Händen hielte, wie ehemals …«.[17] Verloren geht ihm die Annahme, dass es noch etwas anderes geben könnte jenseits der Ökonomie – eine unbestimmte Identität: Er hat sich weder als etwas Bestimmtes noch Unbestimmtes. Und so wandelt er als Gespenst in seiner Burg umher.

Ein Ich müsste jetzt da sein, ist es aber nicht, zumindest nicht unmittelbar. Das Ich existiert nur in der Wunschform als das Andere des Geldlichen. Doch Thomas stellt sich dieser Einsicht nicht, er sucht das Ich als festen Seinszustand. Er flieht vor seiner Ichlosigkeit und findet Strategien, um der existenziellen Leere zu entkommen.[18] Auf den Ich-Zwang reagiert Thomas durch eine aufwendige Strategie zur Kaschierung der Ichlosigkeit. Er veranstaltet eine ungeheure Maskerade, die weniger andere als ihn selbst täuschen soll, denn hinter der Maske wartet nichts als der *horror vacui* auf ihn. Die Maske verhindert, dass Thomas sich selbst sehen muss, sie gibt ihm einen Vorwand, weiterhin über sein Wesen, sein Ich, im Unklaren sein zu dürfen. Doch die Maskierung, Kostümierung und Toilette ist nicht weniger aufwendig und identitätsverhindernd als es die Handlungen seiner »planenden Phantasie« waren.[19]

Nun beginnt die Geschichte von Thomas als seinem eigenen Bewohner. Gerade weil er dort kein Ich findet, zumindest keines, welches Gegenstand von unmittelbarer Anschauung oder direktem Selbstgefühl sein könnte, muss die Sicht auf dieses (nichtvorhandene) Ich blockiert werden. Diese Blockade des Ich und der befürchteten Ichlosigkeit nimmt Thomas gefangen, verwandelt die Trutzburg des neuen Hauses in (s)ein Gefängnis:

> Wie bis zur Unkenntlichkeit verändert sein Gesicht sich ausnahm, wenn er sich allein befand! [...] wie eine Maske fiel die längst nur noch künstlich festgehaltene Miene der Wachheit, Umsicht, Liebenswürdigkeit und Energie von diesem Gesichte ab, um es in dem Zustande einer gequälten Müdigkeit zurückzulassen [...].
>
> Er war so gewöhnt daran, Sorge und Müdigkeit unter einem Ausdruck von überlegener Sicherheit zu verbergen, daß beim Öffnen der Thür diese Maske beinahe von selbst infolge eines ganz kurzen Willensaktes über sein Gesicht geglitten war.

> Wirklich! Thomas Buddenbrooks Dasein war kein anderes mehr, als das eines Schauspielers, eines solchen aber, dessen ganzes Leben bis auf die geringste und alltäglichste Kleinigkeit zu einer einzigen Produktion geworden ist, einer Produktion, die mit Ausnahme einiger weniger und kurzer Stunden des Alleinseins und der Abspannung beständig alle Kräfte in Anspruch nimmt und verzehrt …[20]

Die Anstrengung der Maskerade konsumiert die Möglichkeit eines Ich.[21] Es misslingt der Versuch, das Ich in seinem Werk, dem Haus, zu manifestieren. Karl Philipp Moritz gelang dies noch gut hundert Jahre zuvor, als der Bewohner seines ›Schneckenhauses‹ war er zumindest vor allem Äußeren geschützt. Bei Thomas Mann geht der Bewohner im Haus wie unbehaust umher. Thomas Buddenbrook erfährt nichts als die Diskrepanz zwischen seiner Sehnsucht nach einem In-sich-Ruhen einerseits und der Leere an Ichheit andererseits. Gerade die Größe des Hauses lässt diese Leere umso eklatanter werden. Das Haus ist die Hülle, die das Vakuum des Ich generiert. Dies heißt zugleich, dass es hier kein Ich gibt *und* dass das Ich *als Vakuum* entsteht. Diese Doppeldeutigkeit kennzeichnet das neue phantomenale Ich. Es ist das, was innerhalb des *oikos* entsteht, ohne von ihm oder von irgendetwas Anderem dingfest gemacht zu werden. Alles, was Thomas hat und ist, ist seine Diskrepanz zu dem Projekt des Hauses. Und doch ist diese Diskrepanz durchaus etwas. Es ist zumindest dieses Umherwandeln an der Schwelle des ökonomisch Regulierten.

Die Kernstruktur des Romans besteht so in der Abspaltung eines gespensterhaften Ich von der ökonomischen Verfassung aller Akte. Diese Doppeldeutigkeit des Ich manifestiert sich in seiner Lähmung, in seinem ruinösen Dasein.[22] Bestenfalls können dieses Ende des Ich und das Ich als Ende hinausgeschoben, verborgen, maskiert werden. Und so ist der Roman bereits in dem einleitenden Gespräch eingerahmt durch diese Lähmung, die dort just im Zusammenhange mit dem kürzlich erworbenen Haus der Familie Buddenbrook bedacht wird. Von dem Verkäufer des Hauses und seinem Bauherrn nämlich, einem Dietrich Ratenkamp, heißt es, als er seine Firma tatenlos in den Bankrott führte: »er war wie gelähmt.«[23] Dies wird zu Beginn des Romans, in Anwesenheit des jungen Thomas, fassungslos und verständnislos dahingestellt. Am Ende des Romans schließt sich der Kreis, da nun auch Thomas Buddenbrook tatenlos wird, an der Börse nur noch dekorativ wirkt, wie es heißt, und zugrunde geht.

Das Haus wird die Schale des Phantom-Ich, ohne das es nicht wäre und unter dem es verkrustet. Bereits kurz nach dem Entschluss, das Haus zu bauen, erinnert sich Thomas an ein »türkisches« Sprichwort: »Wenn das Haus fertig ist, so kommt der Tod.«[24] Das Haus ist Möglichkeit *und* Sarg des nicht-ökonomischen Ich zugleich. Die einzige deutliche Tat dieses gelähmten Ich besteht in der Lektüre von Schopenhauers Philosophie des Todes.

Auch für Krischan Buddenbrook, den schöngeistigen, hypochondrischen Bruder von Thomas, erweist sich, dass das Ich kein je Anwesendes ist, sondern nur als verborgener Bewohner zu denken ist, und zwar als Bewohner des Körpers. Für Krischan ist der Körper Seismograph eines erwünschten Ich. An jedem Stocken des Körpers, jeder Atemnot, jedem Schmerz und Schmerzlein könnte sich sein Ich zu erkennen geben. Und so horcht Krischan stets in sich hinein, ohne etwas anderes als Schmerz zu finden. Die Selbst-Beobachtung registriert und verstärkt nichts als Schmerz und Lähmung, sodass der Versuch der Dingfestmachung des Ich den Lauscher zur Annahme zwingt, dieses sei lädiert. Und so gilt auch für Krischan, dass die Betonung der Behausung des Ich zur Falle des postulierten Ich wird. Der arbeitsame Thomas und sein hypochondrischer, theaterliebender, arbeitsunfähiger Bruder werden sich am Ende immer ähnlicher.

Ein Ich gibt es gemäß dieses Romans nur als Figur des Rückzugs aus der Ökonomie, nur im Bankrott und Ruin. Die ökonomische Nische, die da angesteuert wird, simuliert das Ich mehr, als dass sie es tatsächlich behaust. Aufgrund der Übermächtigkeit der Ökonomie und des Sogs des Geld-Zwangs, die nahezu alle Verhaltensweisen der Kaufmannsfamilie steuern und zum Prinzip des Lebens schlechthin aufrücken, kann auch dieses simulierte Ich nur ein krankes, dem Tode verfallenes sein. Das Ich zeigt sich im Stillstand des Einzelnen. Der (biologische) Tod erweist sich als die einzige der Ökonomie wirksam entgegengesetzte Tendenz. In dem Moment, in dem sich das Ich von der Ökonomie abspaltet, in ein Haus zurückzieht, ist es dem Tod ausgesetzt. In der Tat erfahren wir nichts anderes von einem Ich oder Bewusstsein, als dass es zugrunde geht. Damit die Annahme eines Ich dennoch behauptet werden kann, muss es auf sekundäre Strategien der Ich-Vermeidung wie die Maskerade oder die Hypochondrie verfallen. Das Ich ist nicht mehr oder weniger als die Maske des Todes.[25]

In den *Buddenbrooks* geht es weniger um das Scheitern einer Familie an den ökonomischen Herausforderungen des Unternehmerstands, als vielmehr um einen Effekt des ökonomischen Diskurses. Positiv formuliert: *Buddenbrooks* zeigen, wie die Ökonomie ihre Teilnehmer zentrifugal aus sich herausschleudert, sodass sie zu einem Bewusstsein oder Ich gelangen, dessen Wesen nur darin besteht, ihr Herausgeschleudertsein zu reflektieren. Der Anspruch, ein Ich zu haben, zeigt sich nur im Verdecken, Aufschieben und Maskieren der existenziellen Leere.

3. Georg Simmel und das Ich durch Prostitution

Georg Simmels monumentale *Philosophie des Geldes* (1900) zeigt ebenso wie Thomas Manns Roman, wie Geldgeschäfte menschlichen Aktionen die Form geben. Und beide ziehen die Konsequenz, dass kein außerökonomischer Raum für die Konstitution eines autonomen Individuums bereitsteht. Thomas Buddenbrook wird als Kaufmann zum Komplizen der ökonomischen Zirkulation und kann sich trotz seiner Einsicht in ihren Mechanismus ihrem Sog nicht entziehen. Ein Ich kann er nicht entwickeln, es begegnet ihm nur als Phantom. Simmel dagegen beobachtet die Wirkung der Omnipräsenz des Geldes auf Konsumenten. Dies führt ihn zu Überlegungen, die ihn gerade die konstitutive Rolle des Geldes für die Entwicklung des modernen Ich erkennen lassen, ein Ich allerdings, welches er als ebenso leer beschreibt wie dasjenige von Thomas Buddenbrook. Im Folgenden soll diese Genese des Ich aus dem Konsum rekonstruiert werden.

Die Philosophie des Geldes bestimmt Geld als das zentrale Medium des Gesellschaftlichen.[26] Geld leitet Simmel vom Begehren ab. Je mehr ein Subjekt ein Objekt begehrt, desto höher wird sein (Geld)Wert. Dieses Begehren erklärt Simmel als einen Abstand oder eine Kluft zwischen Subjekt und Objekt: Nur weil das Subjekt das Objekt nicht hat und nur mit Schwierigkeiten erlangen kann, entwickelt es Begehren. Simmel baut hier auf Mengers Theorem der Knappheit auf. Den Geldwert eines Objektes ›berechnet‹ Simmel, indem er die Größe der Kluft zwischen Objekt und Subjekt zum Wesen der Dinge erklärt: Ist das begehrte Objekt rar und ist sein Erwerb mit Schwierigkeiten verbunden, so ist sein Wert höher.[27] Ist ein Gegenstand ubiquitär und also leicht für das Subjekt zu erhaschen, so hat er relativ geringen Wert.

Nicht das Ding hat Primat, sondern die Kluft zwischen Ding und Individuum, das heißt das Begehren. Ausführlich widmet sich Simmel etwa der Genese der Kaufehe und der Prostitution, in denen die Frau als Gut oder Ware mittels Naturalien oder Geldgaben aufgerechnet wird. Erst später, so Simmel, sei aus diesen Tauschformen die Liebe entstanden. Die bemerkenswerte Leistung des Geldes als Medium ist, auch das als verfügbar zu denken, was sonst nicht verfügbar wäre, und somit überhaupt erst zum Ding zu machen. Gesellschaft wird zur Gesellschaft eben darin, dass sie faktisch auf individuelles Begehren reagiert, und das heißt für Simmel, indem sie konkrete Strategien bereitstellt, das Begehren verschiedener Individuen miteinander in Beziehung zu setzen. Weil es Geld gibt, kann das Begehren des Einen in die gänzlich verschiedenen Anliegen des Anderen übersetzt werden.

Im Wert drückt sich die Distanz zwischen Subjekt und Objekt aus, der Kauf aber nivelliert die Distanz und damit auch den Aufschub und Wert. Diese den Wert vertilgende Überbrückung der Distanz heißt Konsum. Mit anderen Worten: Wert besteht als Aufschub der Konsumption, Konsum aber ist die Zerstörung des Wertes. Im Konsum befreit sich der Einzelne von seinem Begehren, von der Abhängigkeit von einem Objekt. Und tatsächlich ist es diese Möglichkeit des Loskaufens, die der Konsum dem Einzelnen verheißt. Die Attraktion von ökonomischen Tauschbeziehungen liegt in diesem Versprechen der Befreiung aus den Klauen des Begehrens.

Das Modell dieser Freisetzung findet Simmel in der Prostitution:

> [...] für den käuflichen Genuß, der jede über den Augenblick und über den ausschließlich sinnlichen Trieb hinausgehende Beziehung ablehnt, leistet das Geld, das sich mit seiner Hingabe absolut von der Persönlichkeit löst und jede weitere Konsequenz am gründlichsten abschneidet, den sachlich und symbolisch vollkommensten Dienst – indem man mit Geld bezahlt hat, ist man mit jeder Sache am gründlichsten fertig, so gründlich, wie mit der Prostituierten nach erlangter Befriedigung.
>
> Nur die Transaktion um Geld trägt jenen Charakter einer ganz momentanen Beziehung, die keine Spuren hinterläßt, wie er der Prostitution eigen ist.[28]

Prostitution ist die vollkommene Verwirklichung der Geld-Beziehung: Im Verkehr mittels Geld spielt die Persönlichkeit keine Rolle. »Hingabe« gibt es nur von Geld. Vor allem entsteht – beidseitig – keine persönliche Bindung noch im scheinbar persönlichsten, intimsten Kontakt. Die Menschen, das heißt ihre »Persönlichkeiten«, sind am Warentausch, an der Prostitution nicht beteiligt (das gilt für Freier und Prostituierte gleichermaßen). Sie sind nicht nur nicht am Tausch beteiligt, sondern entledigen sich im Tausch vielmehr von allen »Konsequenzen«, jeder Bindung, allem Dauernden und »jeder Sache«, wie es heißt, »am gründlichsten«. Das bedeutet aber vor allem, dass der Mensch sich seiner selbst entledigt, von seiner Zugehörigkeit am Tausch, von seinem Begehren, von seinem Körper und von seinem Sein. Der Tausch mit Geld ist damit die vollkommene Katharsis, Höhepunkt *und* Abwaschung aller Begierde, alles Körperhaften und Sinnlichen.

Was aber bleibt übrig? Was ist dieses menschliche Wesen, das sich seiner Bedürfnisse, Begehren und Wünsche entledigt? Für dieses befreite und entleerte Wesen, wenn es denn ein Wesen ist, findet Simmel den Begriff »Ich«.[29] Der Effekt der Absolutierung von Geld als Mittel besteht in der Ausbildung eines Bewusstseins oder Ich. Dieses Ich ist nur negativ durch Abwesenheit gekennzeichnet. Es ist frei von persönlicher Pflicht, von menschlichen Bindungen, von seinem Körper, von seinem Begehren. Daraus folgt weiterhin direkt, dass das Ich oder Bewusstsein die eine Instanz ist, die außerhalb des Ökonomischen steht. Was aber der Inhalt des Ich ist, wenn es denn einen hat, bleibt damit offen.

In Simmels Darstellung zeichnet die Freisetzung des Einzelnen die Geldwirtschaft als Ganzes strukturell und historisch aus.[30] Kulturhistorisch erklärt Simmel die Rolle des Geldes als ein Mittel der Befreiung aus dem Feudalismus. Der Sklave, der Leibeigene und noch der Vasall wird durch seine Pflichten durch und durch geprägt, indem seine Identität in der Beziehung selbst liegt und er derjenige *ist*, zu dem ihn seine Pflicht macht. Erst indem diese Beziehungen zu Beziehungen des Tausches werden, sind sie prinzipiell als beendbar gedacht: Der Vasall kann seine Pflicht schlicht durch eine Steuer, also durch Bezahlen, abgelten. Die Verpflichtung dem Herrn gegenüber, die zuvor seine ganze Identität und Existenz bestimmte, erschöpft sich nun in einem momentanen Tausch, einem Begleichen von Steuern. Die ökonomische Beziehung setzt sich gegen die ontische durch: »Das ist also das Recht, jede persönliche Verpflichtung mit Geld abzukaufen.«[31] Geld – das Mittel der reinen Relationalität – befreit auf diese Weise von der Relation.

Wird Geld solcherart eingesetzt, um einer »persönlichen Verpflichtung« zu entgehen, so wird die Person als solches erst freigesetzt.[32]

> Erst indem die Wirtschaft sich zu ihrer vollen Ausdehnung, Komplikation, innerlichen Wechselwirksamkeiten entwickelt, entsteht jene Abhängigkeit der Menschen untereinander, die durch die Ausschaltung des persönlichen Elementes den Einzelnen stärker auf sich zurückweist und seine Freiheit zu positiverem Bewußtsein bringt, als die gänzliche Beziehungslosigkeit es vermöchte.[33]

Dieser sonderbare Vorgang – Ichwerdung durch Entpersönlichung – ist das Leitschema von Simmels *Philosphie des Geldes.* Versachlichung ist die Chance der Befreiung aller; auch die Prostituierte ist emanzipiert, insofern es ihr gelingt, den Prozess der Prostitution als sachlich funktional anzusehen, sich also von ihrem Körper zu distanzieren.[34] Je funktionaler und sachlicher es in der wirtschaftlich geprägten Welt zugeht und je intimer sich das Geld in alle Praktiken eingefügt hat, desto stärker wird der Einzelne auf sich, auf sein Ich oder Bewusstsein »zurückgewiesen«, so Simmel, auf ein Ich aber, das es zuvor nicht gab und das es in der versachlichten Wirtschaftssphäre nicht mehr gibt.[35] Eine sonderbare Logik, die Simmel hier übrigens ganz undialektisch entfaltet: Das freie Ich entsteht, weil in der Wirtschaft alles derart unpersönlich zugeht, dass dort kein Platz für ein Ich ist.[36] Somit ist ausgerechnet die Funktionalisierung durch Arbeitsteilung und Verdinglichung die Chance für das freie Individuum oder »Ich«. Das Ich entledigt sich der Pflicht und Funktion und muss anderswo unterkommen.

Tatsächlich spricht Simmel regelmäßig in Metaphern des Raumes von einem möglichen Aufenthaltsort des Ich. Dieses Ich, das in der Wirtschaft keinen Herd und keinen *oikos* findet, muss denn auch auf Ortssuche gehen, wird zum Nomaden, der in den großen Werten der Kunst oder Wissenschaft oder Nationalität eine Bleibe zu finden hofft.[37]

Darin zeigt sich die Nähe von Simmels Denken zu Thomas Manns erstem Roman. Bei Mann wie Simmel entsteht das Ich als eine Figur des Rückzugs aus der Geld-Ökonomie. Gerade weil die Geld-Ökonomie alle Bereiche des Lebens erfasst, kann es für das

Ich nur einen von der Ökonomie unmarkierten Ort geben, eine Sphäre außerhalb der Ökonomie. Und in beiden Fällen zeigt es sich, dass es eine solche Sphäre nicht gibt, da die Ökonomie alle Sphären unterminiert. Nur innerhalb des Ökonomischen gibt es Effekte, die selbst nicht mehr ökonomischer Natur sind. Diese Effekte bringen ein phantomenales, leeres Ich hervor. Mann und Simmel betonen beide die körperlose Geistigkeit dieses Ich, und beide erkennen darin eine tendenziell todbringende Entkörperung. Das Ich besteht auf Kosten des Lebens, des *bios*.

Beide Werke haben auch ein ähnliches, wenn auch nicht identisches Verständnis vom Wirken des Geldes, denn beide betonen dessen Mittelcharakter, der alles in Bewegung setzt und der unter der Hand zum Zweck aufsteigt.[38] Für beide steht Geld daher auch in direkter Konkurrenz zum monotheistischen Gott; bei Thomas Mann durch die Darstellung der Abfolge der Generationen von einem gottesfürchtigen Vater zum geldhörigen Sohn Thomas und bei Simmel explizit.[39] Beide Werke unterhalten zudem eine ferne, fast nostalgische Hoffnung, dass das Ich in der Kunst doch noch seinen Ort finden könnte.[40]

4. Sigmund Freud: Libido als Währung

Anders als Mann und Simmel geht Freud nicht von einer Konzeption des Ökonomischen aus. Freud stößt auf Geld und Ökonomie, so die These dieses Abschnittes, erst indirekt, während er eine Gemeinsamkeit zwischen zwei konkurrierenden Erklärungsmodellen des Psychischen sucht.

In seinen Arbeiten der ersten Dekaden schwankt Freud zwischen bioenergetischen und imaginativen Erklärungsmodellen beziehungsweise Leitmetaphoriken für die unsichtbare Wirkungsweise des Psychischen. Seit seinen frühen Arbeiten mit Wilhelm Fließ und Josef Breuer benutzt Freud bioenergetische Konzeptionen zur Erklärung des Psychischen, die auf dem Problem der Verortung und Bewegung von Energiezuständen beruhen. Kernmetapher der frühen Jahre ist die »Bahnung«, die geschaffen oder genutzt werden muss, um bestimmte Energien und Reize zu bewegen und abzuleiten. Freud steht mit der Annahme einer quantifizierbaren, verwandlungsfähigen Lebensenergie offensichtlich in Nachfolge von zahlreichen Denkern des neunzehnten Jahrhunderts wie etwa Helmholtz und Eduard Beneke.[41] Das Modell der Bahnung und die Vorstellung von Energiezuständen wird in zahlreichen Schriften auf sexuelle Erregungszustände angewandt, ohne aber auf sie beschränkt zu sein.

In der *Traumdeutung* (1900) stellt Freud die Psychoanalyse auf eine zweite metaphorische Basis, nämlich diejenige des Imaginierens. Das, was sich der Einzelne vorstellt, sei es im Traum, sei es in der Phantasie oder in halbbewussten Assoziationen oder auch in bewussten Vorgängen, wird von Freud als entscheidende Komponente der Psyche wie der psychologischen Forschung rehabilitiert und in Erklärungen von Prozessen wie der Projektion, Übertragung, Zensur, Verdrängung, Neurose und so fort ausgebaut. *Die Traumdeutung* bewegt sich naheliegenderweise zu einem großen Teil im Bereich der Imagination. Alle Träume sind Wunschträume, so die mächtige These des Buches, und um sie aufrechtzuerhalten, konzeptionalisiert Freud Mechanismen, die die allzu unhöflichen und sozusagen unerwünschten Wünsche unkenntlich machen sollen, nämlich durch Vorgänge der Entstellung und Verdrängung. Auf diese Art und Weise institutionalisiert sich die Imagination in verschiedenen Instanzen, da mittels der Verdrängung nun auch scheinbar unangenehme Träume durchaus als Wünsche deutbar werden, insofern der eigentliche »latente« Wunschinhalt als »verdrängt« gedeutet werden kann.

Die beiden metaphorischen Zonen der Bioenergetik und der Imagination bestimmen eine Vielzahl von Freuds Arbeiten.[42] Dies ist umso erstaunlicher, als beide Zonen offenbar nur wenige Berührungspunkte aufweisen und sich bisweilen direkt widersprechen. Das Energiemodell resultiert zwangsläufig in Fragen der Quantität, der Identität, des Transports, des Verbrauchs oder der Unterbringung der Energie. Das Imaginationsmodell folgt dagegen keinen quantitativen und räumlichen Gesetzen, sondern unbestimmteren Prinzipien der Ähnlichkeit und Verschiedenheit. Der Witz etwa zeigt zwei verschiedene Vorstellungen plötzlich und überraschend als momentan ähnlich; Projektionen stellen eine unsinnliche Ähnlichkeit zwischen verschiedenen Situationen her; Übertragungen versuchen den Analytiker einer bekannten Person anzuähneln.

Aufgrund dieser Diskrepanz beider metaphorischer Sprachbereiche dürfte Freud daran gelegen sein, beide Sprachen miteinander kompatibel zu machen. Freuds Theoriegebäude steht oder fällt, wie wohl jede biologisch fundierte Psychologie, mit der Frage, ob die beiden metaphorischen Zonen der Bioenergetik und der Imagination letztlich ineinander übersetzt werden können. Dieses Dilemma motiviert vermutlich eine Reihe von Studien Freuds.

Einer der eindringlichsten frühen Versuche einer unmittelbaren Übersetzung der Bioenergetik in die Sprache des Vorstellens stellt *Der Witz in seiner Beziehung zum Unbewußten* (1905) dar. Dort nämlich erklärt Freud das Wesen des Lachens über den Witz in einem durch Vorstellungen provozierten Anstieg von Erregung oder Erwartungsenergie, welche dann, unerwartet, eine plötzliche »Abfuhr« über eine neue »Bahnung« erfährt. Ein fiktiver, narrativer Vorgang der Vorstellungen resultiert, so Freud, in Energiebewegungen. Es steht zu vermuten, dass Freud diesem eigentümlichen Buch und Thema so viel Aufmerksamkeit widmet, da es verspricht, einen Zusammenhang von Bioenergetik einerseits und mentalen Imaginationen andererseits zu beweisen. Ein anderer zentraler Ort, Bioenergetik und Imagination anzunähern, ist das Gedächtnis. Bestimmte »starke« Vorstellungen, so Freud wie zuvor Beneke, graben sich ins Gedächtnis als Bahnung ein und steuern die Energiebewegungen späterer Assoziationsvorgänge.[43] Auch andernorts findet Freud zahlreiche Übergänge von der Sprache der Energiebewegungen zu derjenigen der Imagination.

Trotz dieser und anderer Versuche des direkten Kurzschlusses der Metaphoriken von Bioenergetik und Imagination bewirkt eine jede, oft nur kleine Veränderung des Freudschen Denkens ein neues Aufreißen der Kluft zwischen beiden. Offenbar kann die Metaphorik der Energie nicht vollständig transparent gemacht werden hinsichtlich der Metaphorik des Vorstellens. Die Frage ist also: Wenn beide Metaphoriken nicht deckungsgleich sind, wie können sie dennoch zumindest zusammenwirken und einem übergeordneten Modell der Psyche verpflichtet werden?

Meine Grundthese, dass die Sprache der Ökonomie die Aufgabe aufgeschultert bekommt, beide metaphorische Sprachen zu vernetzen, habe ich bereits angedeutet. Analog zum Geld führt Freud Libido als Währung ein.[44] Der Libidohaushalt verwaltet und reguliert das System der Erregungsenergie. (Die Genese der verschiedenen Energiekonzeptionen im Denken von Freud muss hier unerörtert bleiben; Freud unterscheidet bisweilen aber nicht konsistent zwischen Reiz-, Erregungs- und Besetzungsenergie und Libido, sowie Ich- und Objektlibido.)[45] Einerseits fließt die Energie der Libido in den Bahnungen, wie Freud sie in seinem bioenergetischen Modell beschrieben hat. Andererseits aber stimuliert diese Libido Imaginationsvorgänge, sodass umgekehrt Imaginationsvorgänge Energiebesetzungen nach sich ziehen können.

Freud benutzt ökonomische Modelle von Beginn seiner Publikationen an und führt ab etwa 1910 den Begriff der Ökonomie explizit in die Psychoanalyse ein, um den Haushalt von Energien, Libido oder »Reizmengen« zu beschreiben.[46] In den *Vorlesungen zur Einführung in die Psychoanalyse* (1917) vermutet Freud, dass

> unsere gesamte Seelentätigkeit darauf gerichtet ist, Lust zu erwerben und Unlust zu vermeiden, daß sie automatisch durch das *Lustprinzip* reguliert wird. [...] Nur soviel darf man sich getrauen zu behaupten, daß die Lust *irgendwie* an die Verringerung, Herabsetzung oder das Erlöschen der im Seelenapparat waltenden Reizmenge gebunden ist, die Unlust aber an eine Erhöhung derselben. [...] Da es sich bei solchen Lustvorgängen um die Schicksale von Quantitäten seelischer Erregung oder Energie handelt, bezeichnen wir Betrachtungen dieser Art als ökonomische.[47]

Die Seele hat aus einem quantifizierbaren und somit beschränkten Maß an Reizmenge das Beste zu machen, indem sie die Reizenergie an die günstigsten Stellen verschiebt, in Bewegung hält oder abbaut.[48] Es handelt sich hier also um eine Ökonomie der Verteilung knapper Güter, welche geradezu der Grenznutzentheorie Mengers entlehnt zu sein scheint.[49]

Freud baut diese Überlegungen in der *Einführung des Narzißmus* (1914) aus. Dort beschreibt er als das Ziel der Handlungen jedes Einzelnen, eine Balance zwischen größtmöglicher Aufnahmekapazität von Libido einerseits und schnellstmöglicher Abbaufähigkeit andererseits herzustellen. Ziel sei nicht ein unbegrenztes ›kapitalistisches‹ Horten von Libido, sondern die Aufnahme der – weder zu großen noch zu geringen – Libidomenge, die untergebracht und in Bewegung gehalten werden kann. Ein Übermaß an Libido bereitet als Spannung Unlust,[50] ein zu geringes Maß wiederum führt zu einer »Ichverarmung«.[51] Die Kernfrage wird daher, wie viel Libido der Einzelne »bewältigen, das heißt in Spannung erhalten, sublimieren oder direkt verwenden kann«.[52] Je mehr Orte zur Unterbringung der Libido zur Verfügung stehen, desto besser, weil damit die Gesamtmenge an Libido, die verarbeitet (»bewältigt«) werden kann, am höchsten ist.

Das Kerngeschäft des psychischen Systems besteht also darin, den Libido-Kreislauf zu erhalten und zu vergrößern. Da die Orte der Unterbringung der Libido innerhalb des Systems zunächst begrenzt sind, müssen die möglichen Unterbringungsorte der Libido erweitert werden.[53] Dies geschieht durch Objektwahl. Das geliebte Ding oder die geliebte Person werden zum Aufbewahrungsort von Libido. Im günstigen Fall kann die Libido von diesem Objekt auch wieder abgerufen werden, sodass sie dem Kreislauf in beide Richtungen zur Verfügung steht. Wie Freud anhand seiner Kritik des Narzissten, der Libido für sich behält, ausführt, stellt sich größere Komplexität und größere Zirkulation als ökonomisch günstiger dar, da sich mit der größeren Aufnahmefähigkeit zugleich mehr Lust bereitende Möglichkeiten des Abbaus von Libido ergeben.[54] Dieser ökonomischen Logik entspringt es auch, dass Freud in *Das Ich und das Es* die Desexualisierung durch Sublimierung prinzipiell positiv sanktioniert. Statt nur auf das sexuelle Objekt fixiert zu sein, wird die Objektlibido als Ganzes umgewandelt, was den Effekt hat, dass sie an vielen Orten eingesetzt und untergebracht werden kann.[55] Je schneller und vollständiger das Kind lernt, seine Libido auf geeignete Objekte zu setzen, desto besser. Der ökonomisch gesteuerte Mensch fährt, daran kann kein Zweifel herrschen, am besten. Freud stellt somit den Menschen, zumindest zeitweilig, ganz unter die Herrschaft der Ökonomie.

An dieser Stelle der Unterbringung der Libido im Objekt verlässt die Libido auch das reine Energiemodell, denn um auf ein bloß geliebtes Objekt überspringen zu können, bedarf es einer Leistung der Imagination. Libido ist daher die Energie, die auch von reinen Assoziationsvorgängen bewegt werden kann.

In dem Moment, in dem Freud den ökonomischen Libido-Haushalt zum zentralen Geschäft der Psyche erklärt, wird er jedoch auf eine Gegenkraft zu dieser Ökonomisierung aufmerksam. Dieser Widerstand gegen die Ökonomie stammt aus der ersten Phase der Persönlichkeitsbildung. Damit der Prozess der Objektwahl beginnen kann, muss es ein erstes Objekt geben, eine erste Prägung. Doch die erste Objektwahl vollzieht sich noch ganz ›unökonomisch‹. Für das Kind ist »die Mutter« der erste Bezugspunkt und damit das erste Medium seiner Identität. Diese erste Prägung bindet das Kind an das eine Objekt, insistiert und verbietet die Wahl anderer Objekte auch, wo diese ›ökonomischer‹ wären (also mehr Gegenliebe versprechen). Anders gesagt, die erste Objektwahl lehnt sich gegen die heraufziehende Ökonomisierung des Seelenlebens auf und versucht sich gegen die rein ökonomische Objektwahl durchzusetzen. Gegen die Ökonomisierung rebelliert die Individualität des Einzelnen, sein erstes Mutter-Ich. Eine Ökonomie des Seelenlebens kann es entsprechend nur auf Kosten des ersten und einzigen Ich geben, nämlich auf Kosten der ersten Prägung, der ersten Identität durch die Identifikation mit der Mutter. Anders gesagt: Ökonomie und Ich können nicht nebeneinander bestehen. Ähnlich wird Freud in *Jenseits des Lustprinzips* darauf bestehen, dass die Arbeit des Bewusstseins (Ökonomie) und das Graben einer Erinnerungsspur (traumatische Verletzung, erste Prägung) unvereinbar sind.[56]

Das Ich (wohlgemerkt nicht das Ich im Sinne der Freudschen Nomenklatur) basiert auf dem Widerstand gegen die Ökonomie. Um diese für Freuds Denken so entscheidende Konkurrenz zwischen erster Prägung und der erwünschten Ökonomisierung der Psyche zu untersuchen, ist es nötig, Freuds Phasenmodell der Individualgenese Revue passieren zu lassen. Dieses Phasenmodell schaltet die drei großen Erklärungsmodelle Freuds zeitlich hintereinander, wobei die je spätere die voraufgegangene(n) zu integrieren sucht: Bioenergetik, Imagination und Ökonomie.

Der erste Schritt der Ausbildung der Persönlichkeit geschieht durch das Einprägen des ersten Objekts. Geprägt ist das Kind und noch der Erwachsene vom ersten Objekt (»das pflegende Weib«)[57] und sucht auch dort seine Libido unterzubringen. Die sinnliche Strömung der Pubertät »versäumt es anscheinend niemals, die früheren Wege zu gehen und nun mit weit stärkeren Libidobeträgen die Objekte der primären infantilen Wahl zu besetzen«.[58] Dieses Prägungsmodell entstammt dabei ganz dem bioenergetischen Denken, denn die (bioenergetische) Idee der Prägung oder Bahnung steuert die Objektwahl, insofern die einmal eingeschliffenen Bahnen später ohne großen Widerstand neu von Libido durchlaufen werden können.

Später können dann, so das Ziel des Erwachsenwerdens, andere Objekte an die Stelle des ersten treten:

> Im normalen Liebesleben erübrigen nur wenige Züge, welche das mütterliche Vorbild der Objektwahl unverkennbar verraten, so zum Beispiel die Vorliebe junger Männer für gereiftere Frauen; die Ablösung der Libido von der Mutter hat sich verhältnismäßig rasch vollzogen.[59]

Aufgabe des Einzelnen ist also die Ablösung vom primären Objekt und damit auch von der rein bioenergetischen Objektwahl. Nun kommt es zum eigentlichen Schritt der Ablösung vom ersten Objekt, der die engen Grenzen der Währungshoheit des primären Objekts verlässt. Andere Objekte, die nur eine lockere und vorgestellte Beziehung der Ähnlichkeit mit dem ersten Objekt haben, können zum Wert aufsteigen, können mit Libido besetzt und so Teil des Libido-Kreislaufs werden. Aus dem bioenergetischen Prägungsmodell wird ein Ähnlichkeitsmodell des Imaginierens, in dem »nur wenige Züge« von Ähnlichkeit ausreichen, um ein Objekt für die Libido interessant zu machen.

Doch damit endet die Genese der Objektwahl nicht, beziehungsweise nicht notwendig. Vorbereitet ist nun, was der entscheidende Schritt dieser Libido-Entwicklung sein muss, nämlich die vollständige Befreiung aus dem Kindeszustand und von der Festlegung auf die Mutter. Einzig dieser dritte Schritt am Horizont der Überlegungen Freuds verspricht einzulösen, was Freud ehrgeizig als Ziel der Psychoanalyse setzt: »Meine Damen und Herren! [...] Wenn Sie wollen, können Sie die psychoanalytische Behandlung nur als eine fortgesetzte Erziehung zur Überwindung von Kindheitsresten beschreiben.«[60]

Am Horizont von Freuds Untersuchung muss folgerichtig stehen, selbst wenn Freud dies stets nur andeutet, dass der Erwachsene Objekte wählt, die der Eigengesetzlichkeit der Libido entsprechen, also der Tendenz zur Zirkulationsmaximierung. Das Liebesobjekt wird dann nicht mehr durch ursprüngliche Prägung bestimmt und auch nicht durch Ähnlichkeit, sondern durch die Möglichkeit, mit Libido besetzt werden zu können. Damit wird eben das Objekt zum geeigneten Liebesobjekt, das eine günstige Investition verspricht (denn was tut der, dessen Mutter Liebe nicht erwidert?). Anders gesagt, die Libido beginnt sich selbst zu verwalten, organisiert ihre Praktiken und ihre Zirkulation gemäß einer Ökonomie der poli-perversen Selbst-Organisation.

Sicherlich erlauben dabei auch weiterhin die der Mutter ähnlichen Objekte die Besetzung durch Libido, da die Bahnungen für die Libido-Unterbringung bereits gezogen sind und Libido so mit wenig Widerstand fließen kann. Doch über das Schicksal dieser Libido bestimmt dann dieses Objekt, dessen Charakter, wie die Mutter, dem Zufall überlassen bleibt. Dem Erwachsenen muss also ein Mechanismus der Ablehnung auch des Mutter-Modells zur Verfügung stehen. Man könnte diese dritte und logisch letzte Stufe der Objektwahl als eine »freie« Objektwahl bezeichnen, als »freie Liebe«, sofern man damit nicht ein metaphysisches Subjekt voraussetzt. Gewählt wird »frei« nach der ökonomischen Eigengesetzlichkeit der Libido das Objekt, welches aus Sicht des Libidohaushalts die beste Investition verspricht. Wer zurückliebt, der wird geliebt.

Statt also beide sprachlichen Metaphoriken von Bioenergetik und Imagination einander anzugleichen, setzt Freud sie in ein Phasenmodell.[61] Ausgehend von biologischen Prozessen gewinnt das Denken und Vorstellen zunehmend Zugriff auf die grundsätzlichen Entscheidungen im Leben, also der Verteilung von Libido. Dieser Prozess des freien Zugriffs auf Libido vollendet sich dort, wo diese Lebensenergien eigengesetzlich, und das heißt für Freud ökonomisch, verteilt, bewegt und investiert werden. Die Ökonomie des Marginalismus leitet die Befreiung des Individuums aus seiner Kindheit mit seinen Prägungen, Fixierungen und Phantasien.

Aus der Sicht der Kindheitspersönlichkeit stellt sich dieser Prozess allerdings als Zerstörung seiner Identität dar: Die Ökonomie kann sich nur auf Kosten des »Ich« ausbilden (wohlgemerkt benutze ich den Begriff ›Ich‹ hier weiterhin im Sinne der eingehenden Bestimmung als erste Identität durch Prägung und nicht im Sinne des Freudschen »Ich« oder »Ego«). Das nicht-ökonomische Ich ist das Festhalten am vergangenen Zustand. Aus der Sicht der vollendeten Psyche mit ihrer Tendenz zur totalen Ökonomisierung aller Handlungen und Leidenschaften gibt es das Ich nur als Gegensatz. Zwar braucht die Ökonomie das Ich, die erste Prägung, als Anstoß zur Libidobesetzung, doch nur, um es zu überwinden.

5. Das Ich jenseits der Ökonomie

Freud verbindet mit Mann und Simmel die Annahme, dass soziale Prozesse durch ökonomische Vorgänge strukturiert und gesteuert werden. Ökonomische Vorgänge in diesem Sinne beruhen auf einer übertragbaren Währung, deren Austausch, Akkumulation oder Zirkulation als erstrebenswert gilt und die daher die Bewertung vieler Akte als potenziell gewinn- bzw. verlustbringend erlaubt. Indem die Entscheidung über künftige Handlungen sich an knappen Währungen orientiert (»lohnt sich das?«), wird Handeln als Ganzes ökonomisiert.

Alle drei Autoren nehmen an, dass gerade innerhalb der Zirkulationen bestimmte bewegungsfreie Räume ent- oder bestehen, die aus der Zirkulation herausfallen und sich der Ökonomie sperren. Dieses ›Nicht-Ökonomische‹ referiert auf ein »Ich« oder »Bewusstsein«. Dieses Nicht-Ökonomische ist gekennzeichnet durch unerfüllte Sehnsucht, phantomhafte Leere und Unfähigkeit zur Handlung.

Etwas unterschiedlich beantworten die Autoren die Frage, ob dieses Nicht-Ökonomische schlicht unabhängig existiert oder ob es ein Effekt der Ökonomisierung ist. Thomas Mann und Simmel vertreten die Position, dass dieses Ich erst in der Totalität des Ökonomischen geboren wird. Freud geht in der Individualgenese zunächst davon aus, dass es eine prä-ökonomische Identität gibt, eine erste Identität als das Produkt einer ersten Prägung. Allerdings nähert sich Freud dann wieder an Mann und Simmel an, wenn er argumentiert, dass dieser nicht-ökonomische Zustand sich erst rückwirkend zeigt, basierend nämlich auf einer entwickelten Ökonomie. Daher gibt sich auch für Freud das nicht-ökonomische Ich erst in Abgrenzung zum Ökonomischen zu erkennen, also als Rückkehr zum Nicht-Ökonomischen aus dem Zustand der Ökonomie (siehe *Jenseits des Lustprinzips*).

Für alle drei ist das Ich Sache der Vergangenheit, des Stillstands, der Krankheit und des Todes. Es hat eine geisterhafte Existenz als Phantom, welches seine (Wieder)Verkörperung sucht. Das Ich bewohnt eine ökonomische Nische, ohne eine bestimmte Praxis zu verwalten. Die Ökonomie dagegen ist Sache der Zukunft oder Zukünftigkeit, der universellen Austauschbarkeit und des Lebens. Je nach Perspektive ist das Ich eine negative Figur der Stagnation oder im emphatischen Sinn ein Hoffnungsträger gegen »die« Ökonomie.

Auch im Ergebnis sind sich Mann, Simmel und Freud einig: Die Entstehung des Ich als Effekt oder Abspaltungsprodukt der Ökonomie kompromittiert es. Ein solches Ich, das sich der Ökonomie verdankt, ist ebenso paradox wie prekär in seiner Existenz. Und alle drei Autoren versuchen, das Ich durch eine ähnliche Hilfskonstruktion zu stützen: Sie weisen ihm eine Identität zu, die sich aus dem Vergangenen speist. Der neue wirkungsmächtige Diskurs des Ich basiert auf Gedächtnis und Trauma.[62]

Mit diesem erinnernden Ich beginnt in der Zeit des Ersten Weltkriegs eine neue Form der Ichheit, welche es dem Denken des Geldes und der Ökonomie weitgehend entschlägt, denn das erinnernde, vielleicht traumatisierte Ich leistet einen Akt, der nicht direkt ökonomisiert werden kann. Das Erinnern, vor allem das unwillkürliche Erinnern, ist nicht ökonomisch, denn es schließt keinen Tausch ein, keine Gleichheit und hat keine transferierbare Bedeutung. Im Akt des Erinnerns institutionalisiert sich das Ich selbst als Verwalter der eigenen (aber nicht besessenen) Vergangenheit unabhängig von knappen Gütern.

Um sicher zu sein: Auch dieses neue, auf Erinnerung gebaute Ich hat keine direkte Präsenz, sondern existiert nur als Ersatznarration. Die erzählten Erinnerungen sollen, so die neue Hoffnung, dem Einzelnen die Stabilität einer Identität geben, die ihn oder sie von der Masse abhebt. Selbst die traumatische Erinnerung hat an diesem Versprechen der Individualisierung teil. Noch der traumatisierte Kriegsveteran kann als (negativer) Beleg gewertet werden, dass wir Erfahrungswesen sind und dass wir durch unsere Vergangenheit, und sei es auch eine Vergangenheit der Schwäche, Stärke beziehen könnten.[63] Damit das Erinnern in diese gehobene Position kommen kann, wird es als ›Akt‹ theoretisiert, also als eine individuelle und spontane Leistung, oder als Ereignis. Diese Stilisierung zum Akt oder Ereignis weist am deutlichsten auf die narrative Dimension des Erinnerns hin. Nicht so sehr das Erinnerte, als vielmehr das Jetzt des Aktes des Erinnerns zählt. Entsprechend kann auch die Konjunktur an ›falschen‹ Erinnerungen, angeeigneten Erlebnissen und simulierten Berichten im zwanzigsten Jahrhundert nicht verwundern.[64] Sie sind Symptom einer neuen Institutionalisierung des Ich als Verwalter des eigenen Archivs. Solange man seine Erinnerung bewahrt, bewacht und selektiv preisgibt, kommt man als Anrechthaber auf ein Ich in Frage und kann sich der Einsicht in die Leere des Begriffs entziehen.

Natürlich kann auch Erinnern wieder sekundär ökonomisch funktionalisiert werden. Am deutlichsten geschieht dies wohl im sogenannten »self-serving bias«, also der Praxis, Erinnerungen danach auszuwählen, ob sie dem Ich dienen. Doch das ändert nichts daran, dass der Akt des Erinnerns selbst noch keiner Ökonomie angehört, selbst wenn die Wirkung einer Erinnerung darin besteht, sich selbst zu glorifizieren. Vor allem die unwillkürliche Erinnerung und der Wiederholungszwang schließen die ökonomische Funktionalisierung zumindest in ihrer Struktur aus (was keineswegs heißt, dass das Trauma-Paradigma über den Verdacht der Ideologie erhaben sei).[65]

Offenbar fühlen sich bereits die drei Autoren, denen dieses Kapitel gewidmet war, dazu veranlasst, den Komplex von Ich und Erinnerung jenseits der Frage der Ökonomie zu entfalten. Thomas Mann tut dies im *Zauberberg*, Georg Simmel in *Goethe* und Sigmund Freud in *Jenseits des Lustprinzips*. Die gemeinsame Geschichte, die das Ich und das Geld als einander eng verwandte Gegenpole aneinanderschmiedet, endet für die drei Autoren hier.

Die Umstellung von Identität auf die eigene Erinnerung leistet bereits in den Erleuchtungsgeschichten der Pietisten und der Formation des Bildungsromans eine mögliche Ersatznarration zum Ich. Da die Erinnerungen eines jeden verschieden sind, ist damit bereits die prinzipielle Differenziertheit der vielen gesichert. Schon bei Friedrich Eduard Beneke werden Apparate der unfreiwilligen Erinnerung entwickelt, die die vergangenen Erfahrungen als Erfahrungsmuster in die Zukunft projizieren (siehe das vierte Kapitel). Die Anerkennung derartiger Apparaturen sichert zwar nicht die Autonomie, dafür aber die Eigengesetzlichkeit der Individuen. Jeder kann sich erzählen.

Die Geschichte dieser Individualitätskonzeption kann hier nicht dargestellt werden. Es sei allerdings angemerkt, dass die Kultur der individuellen Erinnerung zur Schematisierung tendiert, die in ihrer Klischeehaftigkeit die Ansprüche auf Individualität unterminieren. Es scheint mir auch nicht der Fall zu sein, als habe die Kultur der Erinnerung oder der psychoanalytische Schub der »talking cure« im zwanzigsten Jahrhundert den Ich-Zwang überwunden. Dass aber dies im 20. Jahrhundert geschieht, soll im folgenden Kapitel dargestellt werden.

7. Kapitel

1924, 1955
Eine kurze Geschichte der Befreiung des Menschen aus den Klauen des Ich mittels des Geldes

Nachdem im letzten Kapitel das lebensschwache Ich um 1900 nur noch als Grenzfall der Ökonomie auftreten konnte, muss die Zeit um 1924 mehr als überraschen: Allerorten wird das Ich gefeiert, vielerorts fallen die alten Ideen des ausgezeichneten Genies, des Charismas, der ausgezeichneten Individualität, des Führers und die Figuration der *femme fatale* auf fruchtbaren Boden. Von einem Ende des starken Ich-Begriffs scheint die verrückte Weimarer Republik weit entfernt zu sein.

Selbst das Geld, welches den ökonomischen Theorien nach den Arbeiten von Carl Menger eher abhanden gekommen war, wird wieder ein populärer Gegenstand der wissenschaftlichen Abhandlungen und, erstaunlicherweise, als Faktor der Stabilisierung anerkannt. Nach der Inflation geht 1924 das Stichwort des »Wunders der Rentenmark« um. Die Hyperinflation wird über Nacht beigelegt, indem eine Billion Papiermark in eine Rentenmark umgetauscht wird (4–6 % des neuen Kapitals sind inflationsfest durch Boden und Industrie gesichert). Die »Giro-Dekade« beginnt. Von den zuvor viel beklagten Bedrohungen durch das Geld ist wenig zu spüren. Auch das Wunderkind der Wirtschaftswissenschaften, Joseph Schumpeter, konzipiert ein umfangreiches Hauptwerk über die Geldtheorie, welches er dann nicht publizieren wird, vermutlich weil niemand anderes als John Maynard Keynes ihm mit seinem *Treatise on Money* zuvorkommt.

In diesen Diskussionen haben das Ich und das Geld eine grundsätzlich gewandelte Funktion gegenüber früheren Epochen, die sie, so die These dieser Ausführungen, zu einer neuen Variante der Ersatznarrationen führen. Anders als zuvor genügt es, wenn einer oder, ja, auch eine, ein Ich für alle stellvertretend sichtbar manifestiert, repräsentiert. Dabei ist es gar nicht wichtig, ob diese Stellvertreter wirklich »ein Ich« haben, was immer das sei, sondern dass sie es verkörpern, darstellen, vorstellen.

In der Kunst-Periode des achtzehnten und neunzehnten Jahrhunderts hatte der Begriffszwang des Ich noch alle angestachelt, selbst ein Ich zu erwerben, was wiederum den Effekt hatte, (fast) allen die Exklusivität des Ich vor Augen zu führen. Der hohe Anspruch, was ein Ich sei, machte die Forderung nach einem Ich zugleich unmöglich. Nicht nur die Frauen und Unterschichten sahen sich, auf subtile oder wenig subtile Art und Weise, ausgeschlossen, sondern auch die kreativen Mittelklässler, auf die ›das Ich‹ gemünzt schien. Ein Mensch ohne Ich, ohne Schatten, aber war eine Katastrophe. Offensichtlich besteht um 1924 dieser Anspruch nicht mehr, dass ein jeder ein Ich zu erringen habe.

Zu diesen Stellvertretern, die ein Ersatz-Ich feilbieten, gehören die großen Heroen, die charismatischen Führer, die Filmstars, die Idole und typisierten Modelle wie etwa die Filmdiva und die Neue Frau. Sie alle bieten den vielen im Kult eine Ersatznarration an, die sie in der Verehrung des eigenen Ich enthebt. Der Einzelne kann sich an diesen Ichs orientieren, kann sie als seine Modelle anerkennen, kann Jünger, Fan oder Parteimitglied werden. Aus dem Ich-Zwang wird die Ich-Zelebration. Und auch das Geld tritt, trotz der neuen Popularität als Gegenstand wissenschaftlicher Arbeiten, nur in Ausnahmefällen als eigenständige Macht im Wirtschaftsleben auf. Diese Relation der Repräsentation gilt es im Folgenden sowohl in den Ich-Diskussionen als auch den Geld-Diskursen aufzuspüren und zu präzisieren.

Diese Ablösung des Ich vom Einzelnen findet nach dem Zusammenbruch des Dritten Reiches in den fünfziger Jahren seine Fortsetzung in den Markenzeichen der Firmen, in den kollektiven Individuen, die unter den Logos von Automarken, Produkten und Aktiengesellschaften firmieren. Auch diese Marken fungieren als Stellvertreter für die Reste des Ich-Zwangs im zwanzigsten Jahrhundert. Wo früher ein Ich-Zwang herrschte, gilt jetzt eine »Konsumpflicht«, die den Menschen auf den Kommerz bezieht. Doch diese Konsumpflicht geht einher mit einer Lockerung der auf die Menschen bezogenen Zwänge, denn es ist durchaus möglich, sich diesem Zwang zu entziehen. In dem Maße, in dem sich die neue Wohlstandsgesellschaft in eine Konsumgesellschaft verwandelt, findet diese Tendenz ihre konsequente Fortsetzung in der Abwanderung der Ichs in die Waren. In der Gegenwart gilt der Ich-Zwang (fast) nur noch für die Waren, die um Anerkennung buhlen. Die Menschen können es sich leisten, den Streit um ein Ich zu beobachten, statt selbst mitzuringen.

1. Kulte des Ich (1924)

Auf den ersten Blick widersetzt sich die Epoche nach dem Ersten Weltkrieg einer eindeutigen Verfassung von Individualität. Eher scheint das Zeitalter des *anything is possible* mit einer Vielzahl von kaum miteinander zu versöhnenden Formen von Individualität begonnen zu haben. Unsere erste Aufgabe besteht entsprechend darin, in dieser Vielfalt *eine* gemeinsame Struktur zu entdecken, falls sie überhaupt noch eine Struktur haben. Beginnen wir mit einer (sicherlich unvollständigen) ersten Übersicht über die Formen, wie Individualität sich zeigt.

Da sind zunächst die ebenso heimat- wie ichlosen Nachkriegsgestalten, die sich etwa in dem finden, was man die Hotelliteratur nennen könnte, Romane, in denen die Protagonisten ohne Identität quasi nur umherschweben, eine Rolle spielen und dann leise verschwinden oder zugrunde gehen. Sie kommen mit nichts als einem Koffer wie der Protagonist aus Joseph Roths *Hotel Savoy* (1924) und ebenso wenigen Erinnerungen, Zielen oder Hoffnungen.[1] Hierhin gehören neben Kafkas *Der Verschollene* auch Siegfried Kracauers *Ginster* (1928)[2] und, mit anderem Tenor, Vicki Baums *Menschen im Hotel* (1929).[3] Kracauer reflektiert auf diese Welt der Hotels, in denen keiner zu Hause ist und »man sich zu *Gaste*« einstelle, in seinem 1924–25 geschriebenen und erst postum veröffentlichten Traktat *Der Detektiv-Roman*.[4] Echte Individualität behauptet niemand für sich.

Als Zweites stechen die scharf gezeichneten Typen hervor, die weder ihre nackte Menschlichkeit noch eine erfüllte Innerlichkeit präsentieren. Deutlicher als in Epochen vor dem Ersten Weltkrieg, in denen die meisten durch Familienstand und soziale Klasse hinreichend bezeichnet waren, stilisieren sich die Menschen in der Öffentlichkeit durch selbstgewählte Erscheinungen. Hierzu gehören etwa die Neue Frau,[5] der Schieber, der Avantgarde-Künstler, der Angestellte,[6] Figuren also, die sich in den Schriften von Siegfried Kracauer und den Zeichnungen eines George Grosz (*Ecce Homo*, 1923) verewigt finden. Präzise beschreibt Helmuth Plessner diese selbstgewählte Typisierung in *Die Grenzen der Gemeinschaft* von 1924:

> Das Individuum muß sich zuerst eine Form geben, in der es unangreifbar wird, eine Rüstung gleichsam, mit der es den Kampfplatz der Öffentlichkeit betritt [...] Eine Form, die unangreifbar macht, hat stets zwei Seiten, sie schützt nach innen, und sie wirkt nach außen. [...] Kann der Mensch es nicht wagen, einfach und offen das zu sein, was er ist, so bleibt ihm nur der Weg, *etwas* zu sein und in einer Rolle zu erscheinen.[7]

In dieser Figur des gepanzerten Individuums kann man alle Gedanken erkennen, die Helmut Lethen in seiner maßgeblichen Studie *Verhaltenslehren der Kälte* zur Kennzeichnung der Epoche zwischen den Kriegen herausgearbeitet hat: die misstrauische Abgrenzung aller voneinander, das Ende der traditionellen Umgangsformen und der Harnisch der Kälte, den alle anlegen.[8] Das, was der Mensch – vielleicht – ist, verschwindet unter den Rollen, die er spielt. Kracauer spricht zu dieser Zeit ähnlich vom »Typus«: »Wirklichkeit gewinnt das Individuum erst, wenn es den Typus darstellt und die bestätigten Wahrheiten verkörpert; als bloßes Individuum, das sich selber Name und Licht sein möchte, ist es ein Nichts.«[9]

Und als Drittes gibt es eine Flut an Texten, Filmen und Praktiken, die die Ausnahme-Individuen zelebrieren. Fritz Lang verfilmt die Nibelungen-Sage in zwei Teilen, und noch das Filmbuch von Thea von Harbou (1924) wird zum Bestseller. Die Kulte um tote Dichter (Goethe, Schiller) erreichen ihren Zenit.

War ein »Eckermann« in Goethes Weimar eine noch belächelte Ausnahme, stilisiert sich die Epoche der Weimarer Republik ganz unter dem Banner der großen Kulte der vergangenen Heroen wie etwa Friedrich II.[10] Gerade die Abwesenheit eines herrschenden Monarchen scheint die Phantasie in der individuellen Wahl der Idole zu befreien. Auch lebende Dichter (Stefan George) können auf geradezu religiöse Art und Weise verherrlicht werden. Es ist dies auch die Epoche, die den Filmstar entdeckt und zelebriert. Fritz Langs *Metropolis* (1927) hat in der Figur der umjubelten Roboter-Maria ein allegorisches Bild für den Kult um das Individuum geschaffen. Diese Maria muss noch nicht einmal eine eigene Seele haben, um in den Augen der vielen dennoch zum Super-Ich zu werden. Modell dieser reichen und überreichen Individualität, deren Funktion in dem Erschrecken der andern besteht, wird die Medusa, wie sie prominent etwa in der Odol-Werbung der Zeit erscheint.

Mindestens drei grundverschiedene Formen von Individualität treten also parallel hervor: das ichlose Individuum, der glatte Typus und der von allen gefeierte Übermensch. Wie geht das zusammen?

Was diese drei Formen der Individualität in den Augen der Zeitgenossen verbindet, so kann man es in zahlreichen Texten ablesen, ist ihre Bezogenheit auf eine Struktur von Repräsentation. Alle drei Formen stellen unterschiedliche Positionen in einer Beziehung der Stellvertretung und Ersetzung dar. Auch die Definition von Repräsentation können wir 1924 finden. Carl Schmitt schreibt:

> Der Begriff der Repräsentation hat eine tiefe, noch keineswegs allgemein bewußt gewordene Problematik. Für das Interesse der vorliegenden Abhandlung genügt es [...] die spezifische Besonderheit des echten Begriffes der *Repräsentation* kurz anzudeuten: sie gehört wesentlich in die Sphäre der *Publizität* (zum Unterschied von Stellvertretung, Auftrag, Mandat usw., die ursprünglich privatrechtlicher Natur sind) und setzt sowohl bei dem Repräsentierten wie bei dem Repräsentanten wie auch demjenigen, *vor* dem repräsentiert wird, eine per-

sonale Würde voraus (zum Unterschied von Interessenvertretung, Geschäftsführung usw.). So wird, um ein ganz klares, typisches Beispiel zu geben, im 18. Jahrhundert der Fürst durch seinen Botschafter (der adelig sein muß) vor einem Fürsten repräsentiert, während die ökonomischen und anderen Geschäfte von einem »Agenten« wahrgenommen werden.[11]

Schmitt legt den Akzent der Repräsentation also auf eine dreigliedrige Struktur, entsprechend der Rhetorik der Fürsprache,[12] und beschreibt die Reduktion auf eine zweigliedrige Stellvertretung als immanente Gefahr der Repräsentation. Über die zweigliedrige Struktur der Stellvertretung hinaus repräsentiert der Repräsentant den Repräsentierten »vor« einem Dritten.

Eben diese Situation einer dreigliedrigen Repräsentation liegt im Falle der Individualitätskonzeption um 1924 vor. Kurz: Der Typus und der Held als Ersatz-Ich *repräsentieren* den Einzelnen *vor* dem Begriff des Ich, dessen Zwang dadurch gemildert wird. Auf der einen Achse der Repräsentation erscheint eine Stellvertreter-Beziehung. Im Angesicht eines überwältigenden Individuums erkennen viele diese äußere Gestalt als Ich an.[13] Insofern sind die ichlosen Gestalten und die Super-Individualitäten miteinander verzahnt. Diese (zweigliedrige) Stellvertretung kann aber nur verstanden werden vor dem Hintergrund einer dritten Macht. Diese dritte Macht ist die Aufgabe, ein eigenes Ich zu entwickeln, also der Begriff des Ich beziehungsweise Ich-Zwang. Der Stellvertreter stellt sich *vor* diesen Begriff. Die Vehemenz der Anerkennung des äußeren Stellvertreter-Ich entspricht dabei der Notwendigkeit der Sublimierung der Herausforderung durch den Ich-Begriff. Diese Vehemenz entlädt sich als Kult.[14] Heimlich akzeptiert und verschleiert zugleich wird im Gewand der Helden- und Starverehrung die eigene Nicht-Heldenhaftigkeit. Die Hyperkommunikation des großen Ich als Star ist insofern zugleich eine Abwehr gegen die Vorstellung, ein eigenes Ich haben zu müssen. Der Kult der Ich-Verehrung erweist sich mithin als Variante der Kommunikationsvermeidungskommunikation (vermieden wird die individuelle Geltung des Ich-Zwangs). Positiv gesagt: Dem Einzelnen gelingt es, sein Ich anderswo unterzubringen. In der Veräußerlichung des Ich zeigt sich seine Disponibilität.

Auch die Selbst-Stilisierung als Typus ist auf diese Struktur der Repräsentation zu beziehen. Kurz: Der Typus und der Held repräsentieren als Ich-Ersatz den Einzelnen *vor* dem Begriff des Ich, um dadurch den Anspruch des Ich zu mildern. Dies zeigt die genannte Schrift von Helmuth Plessner von 1924. Die bereits zitierte Stelle lautet vollständiger:

> Das Individuum muß sich zuerst eine Form geben, in der es unangreifbar wird, eine Rüstung gleichsam, mit der es den Kampfplatz der Öffentlichkeit betritt [...] Eine Form, die unangreifbar macht, hat stets zwei Seiten, sie schützt nach innen, und sie wirkt nach außen. [...] Mit dieser irrealen Kompensation maskiert sich jedoch der Mensch, er verzichtet auf sein Beachtet- und Geachtetwerden als Individualität, um wenigstens *in einem stellvertretenden Sinne*, in einer besonderen Funktion, *repräsentativ* zu wirken und geachtet zu sein.
>
> Kann der Mensch es nicht wagen, einfach und offen das zu sein, was er ist, so bleibt ihm nur der Weg, *etwas* zu sein und in einer Rolle zu erscheinen.[15]

Zwei Seiten später ergänzt Plessner: »Unangreifbarkeit der Individualität wird mit stellvertretender Bedeutung erkauft.« Es erweist sich also, dass der Akt der Selbstaufgabe und die Manifestation als repräsentierende Rolle oder stellvertretender Typus identisch sind. Die »Typen« sind insofern nichts anderes als die ichlosen Gestalten, nur dass sie eine Maske tragen. Wir dürfen zudem vermuten, dass die Veräußerlichung als »Typus« oder »Rolle« den Einzelnen auch umgekehrt zur Akzeptanz der kultischen Verehrung eines Anderen öffnet, da sowohl die eigene Individualitätsmaske als auch die Heroen dem Einzelnen als äußere Erscheinungen entgegentreten. Der Akt der kultischen Verehrung eines anderen Ich ist die Feier der Ersetzung der zuvor als eigenen gedachten Individualität. Möglich wird diese Ersetzung, weil die eigene Individualität zuvor einer Maske geopfert worden war. Entsprechend werden die neuen ichlosen Gestalten der Epoche sowie die sich als Typen präsentierenden Gestalten *und* die vielen auf ein großes Ich gerichteten Kulte von den Zeitgenossen als Manifestationen *einer* Dynamik wahrgenommen.[16] Die verschiedenen Formen von Individualität sind insofern also nicht nur indirekt, durch eine psychologische Motivation, verbunden, etwa insofern die ichlosen Menschen anfälliger für die Propaganda der starken Typen seien, wie oft argumentiert wird, sondern strukturell durch die Begrifflichkeit von Individualität. Auch bei Plessner (wie schon bei Schmitt) wird der Gedanke der Öffentlichkeit beziehungsweise Publizität betont: Die Bedrohung des Einzelnen geht von einer dritten, kollektiven Macht aus, die wir Ich-Zwang genannt haben.

Im Folgenden soll diese Struktur der Repräsentation konkretisiert werden. Es zeigt sich dabei, dass Figurationen der Repräsentation und des Geldes für die Zeitgenossen unmittelbar verbunden sind. Geld erscheint hier nicht schlicht, weil etwa die Filmdiva nur möglich ist aufgrund eines filmisch-industriellen Komplexes oder weil viele der Typen wie der Angestellte und der Schieber durch ihre ökonomischen Verhältnisse determiniert sind. Vielmehr tendiert die in jeder Repräsentation enthaltene Typisierung zur Ökonomisierung. Umgekehrt beziehen viele Geld-Theorien der Zeit Individualität als ihren genauen Grenzwert oder Antipoden mit ein.

2. Geld als Repräsentativ (1922–24)

Die entscheidende Achse in dem Apparat der Repräsentation, wie er um 1924 gedacht wird, besteht in der Einsicht, dass die Typisierung als eine Form der Ersetzbarkeit operiert. Marx' Theorem oder Theologem der fetischhaften Gleichwertigkeit der Waren wird durch die Ersetzbarkeit des Menschen erweitert. Wie wir im Folgenden sehen werden, sind allerdings die Schlussfolgerungen, die die Autoren der Epoche daraus ziehen, bisweilen geradezu diametral entgegengesetzt. Strukturidentität im Apparat der Repräsentation bedeutet noch keine Einigkeit über die Position des Ich.

Darüber, dass diese Denkfigur des Typus als Form von Ersetzbarkeit engstens mit der Ökonomie verknüpft ist, besteht allerdings weitgehend Einigkeit. So lautet auch die Hypothese der 1924 veröffentlichten Studie *Heiliges Geld* des Altphilologen Bernhard Laum:

> Die Auswahl des geeigneten Opfertieres aus der Herde ist der erste Akt wirtschaftlichen Denkens. Tiere derselben Gattung werden miteinander verglichen und aus dem Vergleich ihrer Merkmale ein Normaltypus geschaffen, der nun als qualitative Norm gilt.[17]

Weil die Menschen mit den Göttern verkehren müssen, so Laum, brauchen sie feste Maßstäbe der Kommunikation. Die Götter nämlich haben einen Anspruch nicht auf irgendeine Kuh, sei es auch eine besonders gute, sondern auf eine Kuh, die alle Qualitäten einer Kuh am deutlichsten ausgeprägt hat, also als Stellvertreter aller Kühe auftreten kann. Die Götter fordern etwas, das Geltung hat. Eben dies leistet der Allgemeintypus, der Gleichwertigkeit und Tausch erst zulässt. Die Auswahl der besten Rinder – des Rindes, welches alle anderen Rinder repräsentiert – ist somit der Akt, der Geltung, Geld, schafft. Geld ist das Mittel der Kommunikation mit den Göttern, das heißt nahe der Formel von Carl Schmitt: Das Geld *repräsentiert* die menschliche Gabe der Rinder *vor* den Göttern. Erst später avanciert Geld dann zur Leitgröße der Wirtschaft.[18]

> Ich glaube schon hier den allgemeinen Satz aussprechen zu dürfen, daß *im Kultus, nicht im Handel, der keinerlei Typisierung kennt, sondern rein individuell ist, die Güterverwertung ihren Anfang genommen hat*. Jedenfalls ist durch die Festsetzung des Opferritus zuerst der Normaltypus eines Gutes und damit die Möglichkeit der Stellvertretung geschaffen worden.[19]

Typisierung ist die Voraussetzung von Wert. Noch der Übergang des rituellen Kultmittels Rind in die Wirtschaft geht gemäß

Laum von den Institutionen des Kultes aus. Die Priester opfern nämlich nicht nur die Rinder, sondern akzeptieren diese zugleich als Lohn für ihre eigene Tätigkeit. So wird das Zahlungsmittel der Götter auch Zahlungsmittel zwischen den Menschen. Die »für den kultischen Verkehr geschaffene Norm« geht in den privaten Verkehr über.[20] Auch die Institution des Staates leitet sich aus diesem sakralen Ursprung des Geldes ab, da der Staat die Norm des Rindes überwacht und entsprechend als Nomos vorgibt.[21]

Kurz: Laum versteht seine Etymologie des Wortfeldes Geld als Grundlagenuntersuchung der Gesellschaftstheorie. Und in der Tat, so sehr sich auch die Denker der Epoche im Einzelnen unterscheiden, an den gesellschaftlichen Implikationen der Repräsentation halten sie alle fest.

Drei Positionen sollen uns im Folgenden interessieren. Die erste von ihnen positioniert das Ich als außer-repräsentativ. Hier werden die (alte) Struktur eines autonomen Ich und die neue Gesellschaftsordnung der Austauschbarkeit und Ökonomisierung zusammengefügt. Das Ergebnis ist eine Welt, in der Wandel nur vom Ich ausgeht, einem Ich aber, welches zur Ausnahme in einer zunehmend ökonomisierten Welt geworden ist. Das Ich existiert, indem es die anderen (vielen) repräsentiert (Weber, Freud, Schmitt).

Die zweite Position sieht im Ich keine außer- oder gegenökonomische Tendenz mehr, sondern beobachtet vielmehr, wie das Ich und der Ich-Zwang in einer Welt der Repräsentation in eine neue Form gebracht und dabei entschärft werden (Musil).

Die dritte Position dreht die Perspektive der ersten genau um: Das Repräsentierende (also das Ich der ersten Position) wird nun nur noch als Störung der Ordnung wahrgenommen, eine Störung, die unterdrückt oder versteckt werden soll, um eine struktur- und ökonomieinterne Ordnung zu konsolidieren (Schumpeter, Benjamin).

a) Charisma, Väter und Propheten (Weber, Freud)

Die erste Position wird am prominentesten in Max Webers Monumentalwerk *Wirtschaft und Gesellschaft* (1909–1920, veröffentlicht posthum 1922) vertreten. Dort erscheint an zentraler Stelle eine Konzeption von Individualität: das Charisma. Das Charisma der ausgezeichneten Führergestalt, sei's ein Religionsstifter, ein Kriegsheld oder ein Künstler, steht dabei im genauen Gegensatz zum Alltag und zur modernen Bürokratie, sprich: zur ökonomischen Verfassung der Welt, die sich ständiger Wiederholbarkeit verdankt. Eine der Hauptquellen des Erfolgs des Charismas ist die Sehnsucht nach einem Ausbruch aus dem Alltag,[22] der Reiz einer vielleicht totalen Umkrempelung der Verhältnisse. Bei der Umkrempelung der Verhältnisse kann sich der charismatische Held auf keine bürokratisch, institutionell oder traditionell verankerte Autorität berufen, sondern herrscht aufgrund seiner Sendungsfähigkeit: »Erkennen diejenigen, an die er sich gesendet fühlt, seine Sendung nicht an, so bricht sein Anspruch zusammen. Erkennen sie ihn an, so ist er ihr Herr.«[23] Der charismatische Führer steht immer an der Spitze einer Bewegung und kennzeichnet diese Volksbewegung als Ganzes.[24] Wenn der Anführer eben das Charisma besitzt, also die »*persönliche* Qualifikation« zur Führungsrolle mitbringt, dann unterwerfen sich die ihm zugeordneten: »Die Anerkennung des charismatisch Qualifizierten ist die *Pflicht* derer, an welche sich seine Sendung wendet.«[25] Er wird anerkannt als der Herr, der für alle spricht und handelt.

Das Charisma steht dabei durchaus in Linie der Kategorie des »Unökonomischen«, der das voraufgegangene Kapitel gewidmet war: Das Charisma bricht nicht nur mit der Macht der Gewohnheit, sondern ist, so Weber, »geradezu *die* Macht der Unwirtschaftlichkeit«.[26] Die charismatische Herrschaft bricht mit dem Gegebenen, »verhält sich … revolutionär alles umwertend und souverän brechend mit aller traditionellen oder rationalen Norm: ›es steht geschrieben, – ich aber sage euch‹«.[27] Anders gesagt, der Einzelne – und zwar nicht jeder Einzelne, sondern nur der ausgezeichnete Einzelne – wird zum Ereignis.

Die Anziehungskraft des Charismas speist sich aus verschiedenen Quellen. Dazu gehören die äußere Bedrohung im Krieg, wenn ein Anführer gebraucht wird, um die Gruppe vor dem Feind zu repräsentieren und zu organisieren, sowie die (prophetische, rhetorische, militärische, künstlerische) Begabung des Einzelnen. Erwähnt wurde bereits die Attraktivität des Ausbruchs aus dem Alltag.[28] Trotzdem ist die Macht des Charismas sehr labil. Weber betont, dass der charismatische Held in jedem Moment von seiner Gefolgschaft verlassen werden kann, wenn sein Charisma erlahmt und die Gefolgschaft sich auf die Eigeninteressen rückbesinnt: »Auf diesem Wege … zum langsamen Erstickungstode unter der Wucht der materiellen Interessen befindet sich aber jedes Charisma in jeder Stunde seines Daseins.«[29]

Aus (Webers) soziologischer Perspektive wird es daher zur Kernfrage, ob und wie charismatische Bewegungen sich perpetuieren und institutionalisieren können. Aus Jesus wird mit der Zwischenstufe der Apostel die Institution der Kirche, aus den Kriegsführern werden die Könige. Fragen der Erbschaft und Nachfolge ebenso wie der Veralltäglichung, »Versachlichung«[30] und der Einbindung in Tradition nehmen entsprechend zentrale Stellung in Webers Soziologie ein. Erst die moderne Verhaltenstechnik der »Disziplin« sei das Ende des Charismas.

Für die vorliegende Untersuchung ist das Verhältnis der Einzelnen zum charismatisch Begabten wichtiger als ihre Institutionalisierung. Nicht jeder muss (oder kann) zum Revolutionär, Anführer, Künstler, Genie oder Propheten werden und aus dem Alltag, der Bürokratie und Wirtschaftlichkeit ausbrechen. Es ist genug, dass der Ausgezeichnete es tut. Der charismatische Einzelne nimmt den vielen diese harte Aufgabe ab. Er ist ihr Stellvertreter:[31] Weil er führt und sie ihn anerkennen und ihm nachfolgen, ist ihre Aufgabe erfüllt.

Natürlich ist jetzt einzuwenden, dass es hier ja gar nicht um ein Ich geht, sondern um eine ausgezeichnete Führergestalt. Und das stimmt in der Tat. Das Ich und der Ich-Zwang, wie wir sie in den voraufgegangenen 150 Jahren beobachten konnten, sind untergetaucht und durch den charismatischen Helden ersetzt. Was wir den »Ich-Zwang« genannt haben, geht bei Weber nicht mehr von einem abstrakten Begriff aus, nicht mehr von dem Begriff des »Ich«, sondern vom charismatischen Menschen. Es ist jetzt ein Mensch, der Folgschaft fordert, und einem Menschen gegenüber ist es auch möglich, den Dienst zu quittieren. Der charismatische Held ist nicht mehr jeder Einzelne, sondern ihr Stellvertreter, der den Anspruch des Gottes (beziehungsweise des Begriffes) abfängt. Einerseits kann ein jeder sich in diesem ausgezeichneten Individuum wiedererkennen. Andererseits aber ist die Nachfolge keine vollständige Imitation, da von dem Einzelnen nicht die revolutionäre Tat, sondern nur die vorgegebene Leistung erwartet wird. Nicht alle müssen ein Ich haben, sie sollen ihm nur gehorchen. Der Ich-Zwang ist teil-entschärft.

Neben Carl Schmitts Analyse des Souveräns (*Der Begriff des Politischen*, 1928) gehört auch Freuds *Massenpsychologie und Ich-Analyse* (1921) zu den viel rezipierten Texten der Epoche, die sich der Frage des Verhältnisses von Autorität und Gefolgschaft widmen. Freud zitiert Gustaf Le Bons Begriff der Masse (die Masse ist ein »provisorisches Wesen, das aus heterogenen Elementen besteht, die sich für einen Augenblick miteinander verbunden haben«),[32] um die Autorität eines Einzelnen als entscheidendes Merkmal zu ergänzen. Was aus unserer heutigen Sicht an dem Text sonderbar antiquiert anmutet, nämlich die Fixierung auf die Autorität der Spitze der »Masse«, erklärt sich vielleicht nicht nur aus Freuds Vorstellung der Familienstruktur, die den Vater zum Inbegriff jeder Form von Macht, Autorität, Moral und Religion erhebt, sondern, so steht zu vermuten, auch aus der in Freuds Epoche noch deutlich fühlbaren Plausibilität des Wunsches, einen Stellvertreter für das eigene Ich zu finden. Die geordnete Masse, der charismatische Held, die Vaterfigur verspricht den vielen, ihrer Verpflichtung auf ein (eigenes) Ich entschlagen zu sein. Noch herrscht der Ich-Zwang. Doch jetzt stehen Strategien der Stellvertretung zur Verfügung. Der Ich-Zwang führt somit *unmittelbar* zu einem sozialen oder politischen Prozess. Ich brauche kein Ich, wenn er (oder sie!) es hat.

Damit wird auch die Exklusivität des Ich nicht mehr zu einer schrecklichen Drohung, insofern der Einzelne mittels der Stellvertreter im Bannkreis des Ich zu verbleiben vermag.

Kurz, die Struktur der Ersetzbarkeit wird hier also mit dem Gedanken des Ich, wie wir ihn aus den früheren Kapiteln kennen, zusammengedacht, dergestalt, dass das Ich als das dynamische Element einer ihm entgegengesetzten Ordnung existiert. Anders die zweite Position.

b) Ichsucht als Ordnung (Musil)

Die zweite Position zieht das Ich stärker in die Struktur der Repräsentation hinein, gewährt ihm keine Außenposition mehr, sondern beobachtet, was mit dem Ich passiert, wenn es in die Apparatur der Typisierung gerät. Dieser Apparat liegt im Geld vor. Robert Musil beschreibt in *Der deutsche Mensch als Symptom* (um 1923), wie Geld gesellschaftliche Kohärenz noch dort stiftet, wo alle im Ich-Wettbewerb miteinander stehen:

> [Geld] ist die kräftigste und elastischste Organisationsform, welche die Menschen bisher erreicht haben. Es ist in diesem Zusammenhang aber nichts als eine geordnete Ichsucht; die ungeheuerlichste Organisation der Ichsucht nach der Rangordnung der Kräfte Geld zu schaffen.[33]

Der Kernsatz, »Geld ist geordnete Ichsucht«, erscheint bereits in der früheren Fassung (wohl aus dem gleichen Jahr).[34] Dort heißt es zudem: »Die Ichsucht ist so alt wie die menschlichen Verbände. Das Geld der jüngste Versuch ihrer Bindung.«[35] Der Ursprung der »Ichsucht« ist also, Musil betont dies, der menschliche Verband, die Ordnung des Miteinanders.[36]

Die Figur, die Musil hier beschäftigt, ist die Konkurrenz. Die »Rangordnung« unter den Menschen ergibt sich aus dem Maß des Geldes, welches sie anhäufen. Wer das meiste Geld hat, so lautet das Versprechen, ist dem Ich am nächsten. Nicht das Ich, sondern die »Ichsucht« verbindet die Menschen, nicht weil sie diese Sucht teilen, sondern weil das Geld allen zum Ziel wird und sie auf die gleichen Spielregeln festlegt.

Das Dilemma der Konkurrenz ist aber, dass nicht alle gleichermaßen zum Zuge kommen können. Wie wird diese Situation erträglich?[37] In den älteren Gesellschaften wurden die Menschen durch ihren Rang und ihre Klasse im Zaum gehalten; das ›Schuster bleib bei deinen Leisten‹ baute die Konflikte ab. Doch in der modernen Gesellschaft, in der die alten Schranken nicht mehr bestehen, muss eine andere Form der sozialen Kompensation gefunden werden. Dies leistet das Geld, ihm gelingt es, (eine) Ordnung herzustellen: »Den Kapitalismus abschaffen heisst, die Ordnung abschaffen. Fordere eine neue Ordnung der Ichsucht. Zu glauben, dass mit dem Kapitalismus die Ichsucht abgeschafft sei, ist Unsinn.«[38] Doch worin besteht diese ordnende Kompensation durch das Geld?

Die Antwort liegt in der Formel »Geld ist geordnete Ichsucht«. Geld taucht in dieser Formel gleichsam doppelt auf: einmal als konflikt-schürendes Ziel und einmal als konflikt-entschärfendes Mittel. Es schürt den Konflikt, weil es allen ein gemeinsames Ziel vorgibt; Geld ist Ziel der Ich*sucht*, da das Haben von Geld zugleich ein Ich verspricht (»Haste was, biste was«). Es entschärft zugleich den Konflikt als Mittel der *Ordnung*, weil die vielen mittels des Geldes kommunizieren, (fast) alle etwas Geld haben und insofern im Haben des Geldes verbunden sind. Insofern verspricht das Geld nicht nur ein fernes Ich (als Zielvorgabe), sondern ist zugleich ganz konkret (als Mittel) das Kollektive des Verbandes, das, was alle teilen, woran alle teilhaben, teilnehmen, woran sie sich messen. Geld repräsentiert, was alle sein wollen, weil sie es schon anteilig haben.

Diese doppelte Funktion des Geldes in der »geordneten Ichsucht« kann die allgemeine Akzeptanz von Geld als ordnender Kraft erklären. Geld schafft nämlich einen fließenden Übergang von allgemeiner Teilnahme und dem exklusiven Besitz. Einerseits kommen alle überein in der Vermehrung ihres Kapitals, andererseits ist das Geld rar und kann nur wenige in die Position bringen, das zu erreichen, was alle suchen. Doch weil (fast) keiner ganz ausgeschlossen ist, akzeptiert die große Mehrheit diese Reduktion auf wenige. Und hier zeigt sich, zunächst implizit, dass auch Musil im Geld die Struktur der Repräsentation interessiert. Der fließende Übergang von Besitz- und Besitzlosigkeit des Geldes erlaubt eine gewandelte Perspektive auf die Konkurrenten. Aus dem ›Einer besitzt *statt* aller anderen‹, welches die Revolutionäre der Epoche anheizt, wird ein ›Einer besitzt *stellvertretend* für alle‹. Akzeptiert wird der Besitz der anderen, weil niemand vom Geld (anders als etwa von der Aristokratie) prinzipiell ausgeschlossen ist. Zu jeder Zeit könnte man aufrücken. Diese Akzeptanz nennt Musil Form, Ordnung. Wenn über Ichsucht im Medium des Geldes verhandelt wird, dann entschärft diese Form der Ersatzkommunikation die überharte Konkurrenz des Jeder-gegen-jeden. Die wenigen Besitzer repräsentieren die vielen Besitzloseren *vor* dem Begriff des Ich.

Die Ironie dieser Formel – Geld ist geordnete Ichsucht – liegt für Musil dann entsprechend darin, dass *de facto* einige wenige die anderen permanent repräsentieren (eben weil diese es hinnehmen). Arnheim artikuliert dies im *Mann ohne Eigenschaften* (begonnen 1921, erste Druckfassung 1930) zur Bewunderung von Diotima in dem Kapitel »Die Vereinigung von Seele und Wirtschaft«: Nur »einzelne starke Menschen« würden neue Ideen haben und könnten daher »die Aktion lenken«, nicht aber kollektive Ausschüsse und demokratische Komitees. Arnheim propagiert entsprechend die Vereinigung von »Seele und Wirtschaft oder von Idee und Macht«, das heißt in den Vokabeln von *Der deutsche Mensch als Symptom*: von Ich und Geld.[39] Diotima hält dies für einen »ungemein [w]ichtig[en]« Gedanken. Die durch das Geld geordnete Ichsucht richtet alle auf den einzelnen starken Menschen als Leitstern aus.

Die bei Laum skizzierte Bewegung wird hier kritisch revidiert. Laum beobachtet, wie in der Gabe an die Götter ein Tier ausgewählt wird, das alle anderen vertritt als der Typus des Rindes an sich. Musil dagegen zeigt die Einschränkung in dieser Formel. Der Stellvertreter verdrängt die anderen, nimmt ihnen im Schein der Repräsentation die Möglichkeit zur Teilhabe am (Begriff des) Ich.

c) Das Individuum als Runzel (Schumpeter, Benjamin)

Die dritte Position schließlich versucht, die Momente in der Repräsentation zu vertilgen, in denen sich gerade die Störrigkeit des Repräsentierenden zeigen könnte. Die Ordnung duldet keine Abweichung. Joseph A. Schumpeter entwickelt in Konkurrenz und Nähe zu John Maynard Keynes die Geld- und Gesellschaftstheorie der Epoche, die sie auf die Makroökonomie einschwört.[40] Um den Kern von Schumpeters Argument zu beschreiben und damit das, was Fritz Klaus Mann als die »Dialektik des Geldes« bezeichnet hat,[41] müssen wir rekonstruieren, wie für Schumpeter eine Geldtheorie zunächst redundant erscheint, insofern im Geld nichts als der gesamtwirtschaftliche Prozess zum Ausdruck komme. Für Schumpeter ist Geld ein neutrales Instrument zur Aufrechnung von Tauschakten. Er spricht vom Geld daher nur als »Rechenpfennig« oder »Spielmarke«, dessen Aufgabe schlicht die Abrechnung von ökonomischen Transaktionen sei, das aber selbst keinen Einfluss auf die Geschäfte habe. Geld hat nicht Wert, sondern »reflektiert« Wert.[42] Geld erleichtere den Handel, weil es »rechnerische Äquivalenzen« zwischen den Waren schaffe.[43] Für eine Firma erlaube das Geld den schnellen Überblick auf ihre Solvenz. Aber nirgendwo trete das Geld selbst als Kraft auf, da alle wirtschaftlichen Aktionen sich wechselseitig ausgleichen. Schumpeter spricht daher von einem gesamtwirtschaftlichen »Kompensationsprozeß«, Geld diene der »provisorischen Bereinigung von Kreditbeziehungen«.[44] Geld, so zumindest das Ideal, ist eine Repräsentativkraft, die selbst nicht eingreift.

Schumpeter wählt zur Darstellung dieser Zusammenhänge regelmäßig die Metapher der Haut. Das Geld sei die Epidermis der Ware, sei selbst also nichts als Erscheinungsform oder Hülle der Wertträger.[45] Geld repräsentiert alle handelbaren Dinge und Leistungen. Die Wirtschaft funktioniert unter der Annahme, dass diese Repräsentation »neutral« ist.[46] Anders gesagt, solange das Geld als Haut genau ›passt‹, kann es vergessen werden. Doch was geschieht, wenn die Haut zu locker oder zu straff sitzt und die Repräsentation gestört ist? In dieser Störungsanfälligkeit liegt die Dringlichkeit der Frage des Geldes. »Der Zustand des Geldwesens eines Volkes ist ein Symptom aller seiner Zustände«; »nichts sagt so deutlich, aus welchem Holz ein Volk geschnitzt ist, wie das, was es währungspolitisch tut«.[47]

Schumpeter stellt diese Frage der fehlgehenden Repräsentation im Zusammenhang mit dem, was er die »kritische Ziffer« beziehungsweise das »Geldligamen« nennt. Damit nämlich die rein relationalen Preise und Mengenverhältnisse gegeneinander aufgerechnet werden können,[48] müsse ein Referenzwert vorgegeben werden. Es müsse eine »kritische Ziffer« existieren, anhand deren festgestellt werden könne, wie eine Einzelware sich zu anderen Waren verhalte. Entsprechend nennt Schumpeter diese »kritische Ziffer« auch die »Gleichgewichtskonsumangabe«.[49] »Kritisch« bleibt diese Ziffer aber, da sich alle wirtschaftlichen Prozesse auf sie auszurichten haben.[50]

Die Festlegung dieser kritischen Ziffer kann, so Schumpeter, nur durch eine von außen kommende Institution erfolgen.[51] Schumpeter nennt zwei mögliche Verfahren der Festlegung, die er in den Ideen der Goldwährung und des Papiergelds verwirklicht sieht. Die Methode des Goldgeldes setzt willkürlich eine Ware, das Edelmetall, als Referenzpunkt. Schumpeter verwirft diese Methode als »abwegig«, weil sie durch den schwankenden Goldkurs »Anpassungsvorgänge« erzwinge, »denen keine wirtschaftliche Funktion zukommt«.[52] Gold ist eben kein Repräsentant, sondern selbst eine Substanz. Die Goldtheorie hält Schumpeter entsprechend für eine »Umstülpung« des tatsächlichen Wirtschaftsprozesses, da sie vom Geld ausgeht und dieses nicht bloß als verschwindendes Äquivalenzmittel begreift.

Die deutlich überlegene Methode sieht Schumpeter dagegen in der Idee des Papiergeldes verwirklicht:

> Die kritische Ziffer kann so bestimmt werden, daß die *Anzahl der Recheneinheiten* festgesetzt wird, die *bei der Erledigung der Abrechnungssaldi gleichzeitig auftreten dürfen.* Zu diesem Zweck werden diese Recheneinheiten in physischen Zeichen verkörpert […] Diese Verkörperung und die damit bewirkte Regulierung der Anzahl der bei der Erledigung der Abrech-

nungsergebnisse verwendbaren Einheiten *ist die tragende technische Idee des Papiergeldes*, das also seinem Wesen nach keine Assoziation mit einem Stoffwert in sich trägt [...][53]

Das makroökonomische Credo von Schumpeter setzt sich durch. Geldwerte entstehen nicht allein aus der subjektiven Situation des einzelnen Tausches (so Carl Menger) oder dem Gebrauchswert der Dinge, sondern durch Relation zur gesamten Volkswirtschaft als ihr Teilprodukt. Das Papiergeld repräsentiert, »verkörpert«, in seiner Gesamtheit das Maximum der simultan möglichen Tauschvorgänge, das heißt also den Wert der Totalität aller Güter in einem System. Jeder einzelnen Banknote entspricht dabei ein (idealiter) genau bestimmter Anteil an dem Gesamtvolumen aller vorhandenen Werte einer Volkswirtschaft. Man kann diese Beziehung der Verkörperung also als dreigliedrige Beziehung mit der Gesamtwirtschaft als dritter Instanz bezeichnen. Wenn es aber zu Störungen kommt, in denen die kritische Ziffer falsch gesetzt wird oder nicht den veränderten Bedingungen angepasst wurde – der Gedanke an die Inflation von 1923 liegt nahe –, ist diese Verkörperung gestört.

Für unseren Zusammenhang ist festzuhalten, dass Geld weitgehend eine passive (neutrale) Größe sein soll, die lediglich instrumentell *technisch* zur Bilanzierung existiert. Nur in der währungspolitischen Festsetzung der »kritischen Ziffer« kommt dem Geld eine aktive Rolle zu, insofern es als Richtgröße fungiert.[54] Solange Geld neutral bleibt, kann es eine adäquate »Verkörperung« der Gesamtwirtschaft und die adäquate Repräsentation der Waren leisten. Die Gefahr, die Schumpeter zu bannen sucht, besteht also darin, dass der Repräsentant Geld aufhört zu repräsentieren, um stattdessen selbst zur Eigenmacht zu werden.

Das Verhältnis der Repräsentation ist labil. Im Falle der Wirtschaft können bereits leichte Verschiebungen, Zufälle oder auch Erfindungen (man denke an die von Schumpeter entwickelte Ökonomie der Innovation)[55] das Gleichgewicht verändern. In diesem Fall muss die externe Instanz, die das Geld als Gleichgewichtsgröße gesetzt hat, dieses wieder den Gegebenheiten anpassen. Eine rein interne Steuerung der Wirtschaft ist für Schumpeter nicht denkbar. Eben weil Geld aber als universeller Repräsentant auftritt, markiert das Geld die Schwachstelle des Systems Ökonomie. Geld darf nicht zum Agenten werden. Schumpeter spricht hier natürlich nicht von dem Ich oder menschlicher Individualität, sondern von Prozessen der Gesamtwirtschaft. Die einzige ›Individualität‹, die ihn hier interessiert, ist diejenige der Abweichung der Repräsentation oder »Verkörperung« der tatsächlichen Werte. Diese Runzeln und Falten in der Haut gelte es zu vermeiden oder zu beseitigen. Individualität (Spuren auf der Haut) sind eine Bedrohung für die Repräsentation durch das Geld.

Die Suggestivkraft des Geldes, welches einerseits das perfekte Mittel der Repräsentation schlechthin ist und andererseits Repräsentationsverhältnisse unter- oder überschreitet, beschäftigt auch Walter Benjamin, und von ihm stammt auch die von Schumpeters Herausgeber gewählte Wendung einer Dialektik des Geldes. Im *Passagen-Werk* findet sich unter dem einleitenden Satz »Über die dialektische Funktion des Geldes in der Prostitution« folgende Eintragung:

> Kein Mädchen würde sich entschließen, Hure zu werden, rechnete sie allein mit der tarifmäßigen Entlohnung durch ihre Partner. [...] Wie also kalkuliert ihr unbewußtes Wissen vom Mann? Man versteht es nicht, solange man das Geld hier nur als Zahlungsmittel oder als Geschenk betrachtet. Gewiß, die Liebe der Hure ist käuflich. Nicht aber die Scham ihres Kunden. Die sucht für diese Viertelstunde ein Versteck und findet das genialste: im Gelde [...]. Die schamgerötete Wunde am Körper der Gesellschaft sondert Geld ab und heilt. Sie überzieht sich mit metallnem Schorf [...]: die Frechheit wirft die erste Münze auf den Tisch, die Scham zahlt hundert drauf, um sie zu bedecken.[56]

Was Benjamin hier beschreibt, ist eine Funktion des Geldes, die nicht in der Entsprechung oder Stellvertretung besteht (denn die Scham *entspricht* nicht der höheren Geldsumme). Bezahlt wird auch nicht das Schweigen, denn es handelt sich nicht um Erpressung. Das Geben der höheren Geldsumme entspringt einer ganz anderen Logik, die auf das genaue Gegenteil der Repräsentation zielt: das Verstecken. Die hohe Extrazahlung zelebriert einerseits den tabuisierten Geschlechtsakt, die »Lust das Schicksal zu stellen«,[57] das Entkommen aus dem Alltag, um andererseits diese singuläre Ausnahme, diese Falte im Verlauf der Dinge, die »Wunde« in der Haut, mit dem absolut Allgemeinsten, dem Geld nämlich, und zwar einem exzessiven Haufen desselben, einzukleiden und damit das Peinliche unter dem Gewand des Allgemeinsten zu verstecken. Weil das Ich eben nicht in Kontrolle ist, sondern sich schämt, braucht es das Geld, um den ersten Exzess durch den anderen zu verdecken.

Wir können Benjamins Fragment zur Dialektik des Geldes als ironischen Kommentar zu Schumpeter lesen. Was Schumpeter also als interne Gefahr der Ökonomie ansieht, eine fehlgeleitete Geldpolitik, die Falte, Rüsche, Wunde in der Haut, wird unter verändertem Vorzeichen für Benjamin zu einem Zufluchtsort der tabuisierten Individualität.

Halten wir fest: Repräsentation und Ersetzbarkeit werden in dieser Epoche eng zusammengedacht. Beide gehören zur elementaren Rhetorik, wie über Menschen und Gesellschaft nachgedacht wird. Drei Elemente machen die Konzeption der Repräsentation um 1924 zeitspezifisch.

Zum Ersten die Betonung des Kultischen in der Repräsentation. Sicherlich liegt Kult in den zwanziger Jahren ›in der Luft‹. Das Spektrum reicht von den vielen ethnologischen Studien zur Zelebration des Primitivismus, von der Kunst der Avantgarde (etwa Carl Einsteins *Negerplastik* [1915] und *Afrikanische Plastik* [1921], Dada) zu gesellschaftstheoretischen Spekulationen wie Gerhart Hauptmanns *Die Insel der großen Mutter oder Das Wunder von Île des Dames. Eine Geschichte aus dem utopischen Archipelagus* (1924). Man könnte sagen, dass erst in dieser Epoche der *Kult* der Ersatzkommunikation oder »Kommunikationsvermeidungskommunikation« für die Zeitgenossen als solches wahrgenommen wird.

Zum Zweiten wird in der Struktur der Repräsentation das Moment einer persönlichen Entlastung entdeckt, die der Einzelne als Fan, Mitglied, Apostel erfährt, insofern er den Typus beziehungsweise das verehrte Ausnahme-Individuum zwischen sich und den Begriffszwang eines Ich setzt. In der kultischen Verehrung eines großen Ich kommt es zu einer Art kollektiven Oxidation: Verbrannt wird der eigene Anspruch auf ein Ich, der eigene Zwang zu einem Ich, und diese freigesetzte Energie entlädt sich als Kult. Mit dieser Entlastung geht einher ein Moment von Kollektivität oder Öffentlichkeit.

Zum Dritten wird um 1924 die Asymmetrie der Repräsentation betont, das heißt die Möglichkeit einer Diskrepanz zwischen Repräsentant und Repräsentierten. Dieses dynamische Element, welches die Gleichung der Repräsentation stets zu stören droht, ist aufs engste mit dem Geld verbunden. Dies entfaltet Musil, wenn er die Verdrängung der Vielen durch den vorgeblichen Repräsentanten herausstellt, und es erscheint bei Schumpeter in der Dialektik des Geldes sowie bei Benjamin als die Zudeckung der Lust durch das exzessiv veräußerlichte Geld.

In der dreigliedrigen Repräsentation beginnt der Prozess, der sich im 20. Jahrhundert durchsetzen wird: die Abschwächung des Ich-Zwangs für den Einzelnen. Wie wir in den folgenden Abschnitten sehen werden, verschwindet der Ich-Zwang damit aber keineswegs. Nur die Distanz von menschlicher Individualität und dem Zwang des Begriffes nimmt zu.

Um es zu betonen: Die dreigliedrige Repräsentation kann stets in zweigliedrige Stellvertretung abrutschen, und diese wiederum kann *de facto* zu Figuren der, man möchte sagen: eingliedrigen, Ersetzung führen. Der Schriftsteller Joseph Goebbels beschreibt das Verhältnis des Führers zur Masse 1929 in dem Roman *Michael* so: »Der Staatsmann ist auch ein Künstler. Für ihn ist das Volk nichts anderes, als was für den Bildhauer der Stein ist. Führer und Masse, das ist ebenso wenig ein Problem wie etwa Maler und Farbe.«[58] Die durchaus heilsam scheinende Strategie der Entschärfung des Ich-Zwangs durch die Stellvertretung hat, so steht zu vermuten, der Diktatur zugespielt.

3. Erfindung des Teenagers: Konsumpflicht versus kosmische Theorie (1957)

Nach dem Zweiten Weltkrieg kommen Ich und Geld scheinbar deutlicher zusammen als je zuvor. Allerorts wird der Mensch als Konsument entdeckt und eingespannt. »Konsumpflicht«, so der prominente Soziologe Helmut Schelsky 1956 in einem Wort, sei das Gebot der Zeit. Man sollte nun denken, dass das vorliegende Buch zum Ich-Effekt des Geldes um 1957 zu einem neuen Kulminationspunkt kommt, wenn Ich und Geld nun offen amalgamieren. Doch wie dieser Abschnitt zeigen will, geschieht um 1957 etwas gänzlich anderes. Die »Konsumpflicht« und der Konsument sind nur vordergründige Erscheinungen dieser Epoche. Was sich hinter ihnen und sogar in ihnen verbirgt, ist eine Freisprechung der Individuen von begrifflichen Zwängen, vom Ich und von der Ökonomisierung. Was um 1924 begann, nämlich die zunehmende Distanzierung des Individuums von der Geltung des Begriffs des Ich, steigert sich um 1957, wenn neue begriffs- und begriffszwangs-freie Oasen aufgetan werden.

Die »Konsumpflicht« ist durchaus ein prominentes Element der Epoche des Wirtschaftswunders. »Konsumpflicht« gelte, so weiter Schelsky, denn die Gesellschaft der Gegenwart müsse die »Steigerung des Verbrauchs ... in alle Verhaltensschichten des Menschen« integrieren. »Konsumpflicht« bestimme neben Freizeit und Sport etwa »die Art der Kindeserziehung und prägt die Rolle von Mann und Frau neu«.[59] Das Wort der »Konsumpflicht«, welches sich in dem von Schelsky eingeleiteten *non-fiction bestseller* von David Riesman *Die einsame Masse* (*The Lonely Crowd* [1950]) nicht findet, ist keineswegs eine abstrakte Pflicht. Riesman beschreibt Phänomene, die den Einzelnen im wahrsten Sinne des Wortes heimsuchen. Riesman schreibt: »Das einzige, was sich seit Tocquevilles Zeiten verändert hat (und wahrscheinlich keine unbedeutende Veränderung darstellt), ist die Tatsache, daß Angst und Sorgen jetzt auch in den Freizeitbereich eindringen.«[60] Das, was Schelsky »Konsumpflicht« nennt, setzt sich als Drittes zwischen Mensch und Umwelt.

Der Nutzen des Konsums oder Verbrauchs, seine volkswirtschaftliche Notwendigkeit, seine psychologischen Wirkungen,[61] sein Einfluss auf Kultur insbesondere der *gender culture*,[62] sein Anteil an der »Freizeit«[63] und die Abgrenzung zum (negativen) Materialismus[64] gehören zu den meist diskutierten Themen der Bundesrepublik Mitte der fünfziger Jahre. Der damalige westdeutsche Wirtschaftsminister Ludwig Erhard proklamiert in seinem *Wohlstand für Alle* (1957) eine neue Kollektivtugend, nämlich den »Wille[n] zum Verbrauch«. Dort wird das Programm der Befreiung des Menschen aus dem Materialismus so ausgedrückt:

> Die Wohlstandsvergrößerung schafft [...] erst die Grundlage, den Menschen einer *primitiven*, nur materialistischen *Denkweise zu entreißen* –; sie sollte es jedenfalls tun. Und ich vertraue auch darauf, weil in meiner Schau die Menschen nur so lange materialistisch gebunden sein werden, als sie in den Kümmernissen des Alltags gefangen sind und sich in solcher Armut nicht über die Niederungen des Lebens erheben können. Dagegen winkt allen Menschen, die durch Wohlstand und soziale Sicherheit zum Bewußtsein ihrer selbst, ihrer Persönlichkeit und ihrer menschlichen Würde gelangen, die Möglichkeit, ja fast möchte ich sagen die frohe Hoffnung, sich aus materialistischer Gesinnung lösen zu können.[65]

Auch hier, wie schon um 1924, geht es um eine Befreiung aus dem Alltag und seiner ökonomischen Verfassung. Doch diese Befreiung geschieht nun nicht mehr durch einen charismatischen Helden, der die ökonomische (»materialistische«) Ordnung negiert. Vielmehr geschieht die Befreiung aus dem Materialismus durch den Materialismus selbst. So sagt es Erhard; die »Denkweise« des bodenständigen Materialismus werde besiegt durch gesteigerten Konsum und Besitz, kurz Wohlstand. Bewusstsein, Persönlichkeit, Individualität werden möglich, indem der Konsum die Zwänge des materiellen Lebens aushebelt.[66] L'Économie pour l'économie. Die (ökonomisch verfasste) Individualität des Konsumenten wird freigesetzt durch die Partizipation am Verbrauch – so lautet das Versprechen Erhards. Anders als in den Gedankenfiguren des achtzehnten und neunzehnten Jahrhunderts geht der Zwang hier nicht von einem Begriff des Ich aus, sondern von der Sphäre der Nationalökonomie.

Es fällt entsprechend leicht, die Inanspruchnahme der »Konsumpflicht« durch die Industrie zu erkennen. Hinter den Phänomenen des Kaufrausches, der Lust am Konsum und der Forderung nach »Verbrauch« erscheinen die massiven Interessen der Industrie, ihre Waren abzusetzen. Als Phönix aus der Asche steigen die Markenzeichen wie der Mercedes-Stern am Himmel der deutschen Großstädte schneller auf, als die Trümmer verschwinden. Dort wo die Weimarer Republik um 1924 die großen Heroen als Stellvertreter des Ich zelebriert, treten in den fünfziger Jahren die Firmen als kollektive Individuen auf. Damit wird vorbereitet, was dann in der Studentenrevolte um 1968 ausbricht: die Anklage der Firmen als der Subjekte der Bundesrepublik. Was später als der militärisch-industrielle Komplex in Verruf gerät, tritt in den fünfziger Jahren zunächst das Erbe der alten Begriffszwänge an und fungiert zugleich als Ersatznarration für die eigene Individualität.

Diese Zusammenhänge von Konsumpflicht, dem Konsumenten als Modell von Individualität und der erstarkten Industrie haben sich in dem Generationsbild der Wirtschaftswunderkinder verdichtet und ihren ambivalenten Ausdruck in Filmen wie *Das Mädchen Rosemarie* (1957) oder rückblickend Fassbinders *Die Ehe der Maria Braun* (1978) gefunden. Dennoch ist dieses Bild der Epoche einseitig und verfehlt die zugrundeliegende Tendenz der neuen Konsumkultur. Dieser Tendenz wird im Folgenden anhand einer bizzaren Wirtschaftstheorie nachgegangen, und sie wird anschließend auch in der ›Erfindung‹ des Teenagers aufgespürt.

Tatsächlich findet sich ausgerechnet innerhalb der Wirtschaftswissenschaften eine Gegentendenz zur »Konsumpflicht«. Günter Schmölders' Erfolgsbuch *Konjunkturen und Krisen* in der Reihe »Rowohlts deutsche Enzyklopädie« von 1955, das ebenso wie das Buch von David Riesman zu einer der Bibeln der Epoche wurde, wartet mit einer Überraschung auf. Das Buch liefert in seinem Hauptteil einen facettenreichen Überblick über die Konjunkturtheorien, den Methodenpluralismus der Volkswirtschaften und der historischen Wirtschaftskrisen und brilliert durch in politischer Hinsicht ideologieferne Darstellungen der Theorien etwa von Ricardo, Malthus und Marx parallel mit Schumpeter, Hayek und Keynes. Das erste Fazit des Buches lautet denn auch, dass es weder zur theoretischen Erklärung der wirtschaftlichen Zyklen, wenn es denn welche sind, eine Universaltheorie noch zur praktischen Ausgleichung ein goldenes Mittel gebe. Der Leser von Schmölders' Buch darf an dieser Stelle also erwarten, dass Schmölders nun zum Vorschlag übergehen werde, multikausale Modelle und Strategien zu empfehlen. Dann jedoch kommt der Paukenschlag am Ende.

In großer Geste verwirft Schmölders einen Großteil der Literatur, um aus »der Sackgasse der heutigen Konjunkturtheorien« herauszukommen.[67] Unter der Überschrift »kosmische Einflüsse« wartet er mit dem kühnen Vorschlag auf, dass es sich gar nicht um eigentliche »Zyklen« des Wirtschaftslebens handle, sondern um »Rhythmen«, die sich wesentlich aus der Biologie des Lebens und der Einwirkungen der Sonnenflecken und elektromagnetischer Strahlungen herleiten.[68] Schmölders hält den massiven Einfluss der »Sonnenperiodik« auf »Reaktionszeitbestimmungen«, Sterbequote, Kriminalität, Hochzeithäufigkeit, Vitalität und »Blutserum« für erwiesen. Und auch auf das Wirtschaftsgeschehen hätten die kosmischen Kräfte erheblichen Einfluss. Sowohl im Ablauf des Kalenderjahres als auch im Vergleich der Jahre untereinander findet Schmölders eine direkte Korrelation von »Arbeitswilligkeit«, »Kauflust« und Klima. Er stellt fest, dass »die Jahre mit überdurchschnittlichem Anteil an Monaten mit Optimalklima regelmäßig zugleich die Jahre überdurchschnittlicher Kauflust waren«.[69] Schließlich beendet er sein Plädoyer für die kosmische Theorie und damit sein Buch mit einem Zitat von seinem stolz als »Schüler« vorgestellten H. Droege:

> Wenn wir berücksichtigen, daß die unentrinnbaren atmosphärischen Kräfte die *Hoch*zeiten der Aktivität sowie auch

die psychologischen Depressionen gleichermaßen über Käufer und Verkäufer, Arbeiter und Produzenten verhängen, dann liegt der Gedanke nahe, daß die so zahlreichen Impulse in der Gesamtwirkung einen Rhythmus des wirtschaftlichen Handelns erzeugen, der den ganzen Wirtschaftskörper bewegt.[70]

Als wäre es ein Witz, kommt Schmölders hier zu einem Ende, indem er alle hochgespannten Erwartungen platzen lässt. Zu unterstreichen ist für unseren Zusammenhang weniger die Sexualisierung der Ökonomie (denn das tut Schmölders selbst), als vielmehr die Entlastung der Verantwortung des Einzelnen. Wenn nämlich Kosmos und Atmosphäre den Rhythmus der Wirtschaft diktieren, dann fehlt der »Konsumpflicht« beziehungsweise der »Kauflust« die Spitze des Zwangs. Gegen die Ökonomisierung und die Konsumpflicht operiert mithin der biologische Rhythmus, das Leben selbst.

Sicherlich hat die »kosmische Theorie« von Schmölders sich in den Volkswirtschaften nicht durchgesetzt (obwohl es im derzeitigen Neuro-Marketing eine Rückkehr von biologistischen Paradigmen gibt). Doch diese Theorie steht hier als ein Symptom für eine zweite Tendenz der fünfziger Jahre: die Willigkeit, überpersönliche, apolitische und nicht-bewusste Mächte anzunehmen, die das Verhalten der Individuen bestimmen. »Konsumpflicht« versus »kosmische Theorie« können wir so die Option der Epoche nennen. Auf der einen Seite steht die Inanspruchnahme des Einzelnen für den Einsatz seiner Kaufkraft, auf der anderen Seite seine Rhythmisierung beziehungsweise Biologisierung. Die erste Option liefert eine begriffsähnliche Konstellation von Pflicht und Zwang, die wohl noch als Erbe früherer Begriffszwänge gedeutet werden kann. Noch in den Konsum ziehen nun Sorge und Zweifel ein. Die zweite Option dagegen behauptet eine begriffslose Steuerung der Vielen (eine Steuerung wohlgemerkt, die anders als Riesmans »Außen-Lenkung« nicht in konkreten gesellschaftlichen Kräften verkörpert ist). Wenn noch jemand Verantwortung hat, so ist es der Kosmos, das Leben selbst. Hier greifen keine Begriffe mehr; das Ich und die Ökonomisierung verblassen.

In der Tat triumphiert in der Epoche überall das Leben über die Zwänge und Normen. Was etwa an der *Sissi*-Trilogie (1955–57) fasziniert, ist wohl weniger das nostalgische Moment einer deutschen Geschichte ohne Schuld, als vielmehr der Sieg ihrer *natürlichen* (biologischen, universellen) Emotionen gegen die Etikette und Begriffe der österreichischen Monarchie. Sicherlich könnte man entsprechend der Diskursanalyse von Foucault versuchen, die Aufwertung der Gefühle als pseudoromantische Geste zu beschreiben, die eine Art des diskursiven Zwanges (Normen und Etikette) gegen einen anderen Diskurs (normierte und repressive Natürlichkeit) austauscht. Doch der Impetus der Film-Trilogie geht in der Verwerfung der Normen und Etikette zugleich gegen jede Form der begrifflichen Normierung (und der Diskurse). Die Filme sind dabei offensichtlich nicht subversiv, sondern zelebrativ. Der Zustand jenseits der Begriffe (und Foucaultschen Diskurse) wird von dem Film als Ort des Lebens imaginiert.

Zu unterstreichen ist hier, dass es trotz der vielerorts betonten »Konsumpflicht« und der Omnipräsenz der Warenwirtschaft zu einer Abkoppelung von Individualität und Ökonomie, das heißt auch von Ich und Geld, kommt. Gerade hier, wo der Ich-Effekt des Geldes seine deutlichste Blüte treiben sollte, endet die totalisierende Macht der Ökonomisierung. Ökonomisierung muss jetzt von einem Wirtschaftsminister gepredigt werden als »Pflicht«. Was Pflicht ist, kann umgangen werden. Es muss nicht einmal mehr individuell umgangen werden, sondern wird kollektiv bereits durch die Mächte des Kosmos ausgehebelt. Die kosmischen Sterne machen und richten. Da kann auch der Mercedes-Stern nicht heller strahlen. Das Leben des Einzelnen ist anderswo.

Auch das, was dieses Buch »Ich-Zwang« genannt hat, wird von der stillen Revolution um 1957 erfasst. Dies zeigt sich in einer neuen Figur des zwanzigsten Jahrhunderts, nämlich dem Teenager, oder, im Jargon der Epoche um 1957, dem »Halbstarken«. Für die Jugendlichen, so heißt es nun, gelten all die Normen und Erwartungen nicht oder noch nicht, die für den Erwachsenen gelten. Einerseits steht der Halbstarke bereits jenseits des Zugriffs der Erziehung, andererseits aber ist er auch noch nicht vollwertig. Der Teenager bewegt sich also in einem leicht paradoxen Raum, in dem zwar viele Erwartungen bestehen, von denen aber zugleich angenommen wird, dass er sie nicht zu erfüllen hat. Der Rhythmus des Lebens – des Kosmos also – erlaubt auf diese Weise eine Pause von den normativen und begrifflichen Ansprüchen.

Der Teenager wird also durchaus diskursiv und begrifflich als Figur erfunden und wird zugleich freigesprochen von der Wirkung der Begriffe (der Erwachsenenwelt). So viele gruppendynamische Drücke es auch geben mag, der Teenager muss (noch) kein Ich haben. Er ist auch von der Ökonomie freigestellt. Er ist in der Begriffswelt des 20. Jahrhunderts auch kein Gegenstand der »Konsumpflicht«, ganz gleich wie viel heutige Teenager tatsächlich konsumieren und wie massiv ihnen die Waren- und Unterhaltungsindustrie nachsetzt. Die Kategorie des »Teenager« steht nicht einmal parallel zum Begriff des »Ich« als ein alternativer Begriff. Vielmehr bezeichnet »Teenager« eine der Kategorien der Begriffslosigkeit, beziehungsweise ist Begriff für dasjenige jenseits der Begriffe. Der Teenager ist eine Figur des Lebens und des Kosmos. Was wir von anderen erwarten, gilt für ihn nicht. In der Landkarte der Begriffe entstehen weiße Flecken.

Die Formierung dieser neuen Kategorie des Teenagers wird unter anderem auf drei Bühnen betrieben: dem (Jugend)Film, der besorgten Öffentlichkeit, zu deren Lieblingsthema die »Halbstarkenkrawalle« werden, und der neuen Jugendsoziologie. Der bereits genannte Helmut Schelsky hat als prominentester Vertreter dieser neuen Jugendsoziologie 1957 mit *Die skeptische Generation. Eine Soziologie der Jugend* das Standardwerk zum ›Problem‹ vorgelegt. Jugend wird von Schelsky dabei in der Spannung zwischen spezifischen historischen Konstellationen einerseits und anthropologischen Konstanten andererseits verortet. Es ist hier für uns weniger wichtig, Schelskys vielbeachtete Analyse der Jugend der fünfziger Jahre zu verfolgen, als vielmehr seine Betonung der Eigengesetzlichkeit von Jugend überhaupt zu betonen. Der Rhythmus des Heranwachsens stelle einen Lebensabschnitt bereit, der einen Schutzmechanismus gegen die Erwartungen der Eltern und die tradierten – wir können sagen: begrifflich verfassten – Ansprüche errichtet. Jede Jugendgeneration suche »Verhaltenssicherheit« in einem Bereich außerhalb der (begrifflichen) Normierungen. Wenn Schelsky die unterschiedlichen Jugendgenerationen des zwanzigsten Jahrhunderts miteinander vergleicht (er spricht 1900–1920 von der »Generation der Jugendbewegung« im Sinne des Wandervogels, um 1920–1945 von der »politischen Jugend« und 1945–1957 von der »skeptischen Generation«), so unterstreicht er stets, wie die Jugend sich von der Elterngeneration absetzt, aufgrund einer »Enttäuschung an der Welt der Erwachsenen«[71] (die Jugendbewegungen distanzieren sich von der bürokratischen Stadtkultur der Eltern; die Kinder der Wandervögel wiederum lehnen deren Weltflucht ab und wollen die Welt ›politisch‹ verändern; die Nach-45er suchen ihr Glück im illusionsresistenten Privaten). Jugend in diesem Sinne gebe es erst seit der Epoche um 1900, da diese als erste eine solche »Enttäuschung« empfinde.

Das, was die jeweils frühere Generation als »Ordnung« akzeptiert, wird von der nachfolgenden Generation als »Zwang« umgedeutet. So heißt es von der Nachkriegsgeneration: »Sie [diese jungen Menschen] rechnen mit künftigem Zwang, und sie empfinden auch das als Zwang, was sich bei uns Älteren noch als Ordnung entschuldigen wollte. Sie werden sich jedem Zwang scheinbar fügen und doch, weil sie sich nicht zu erkennen geben, viel gefährlichere Gegner jeder aufgezwungenen Ordnung sein als die heute Vierzig- und Fünfzigjährigen es je waren [...]. *Diese Generation opfert sich nicht.*«[72] Selbst wenn diese Worte auf die Generation der fünfziger Jahre gemünzt sind, so wird in der Formel der Wahrnehmung der früheren Ordnung als »Zwang« doch die Quintessenz von Schelskys Definition von Jugend ausgesprochen. Jugend wird erfunden als die Auto-Immunisierung der Menschen vor Zwängen, Erwartungsmustern und damit dem, was wir Begriffe genannt haben. Aus den (sozialen) Pflichten und Ordnungen der Elterngeneration werden (biologische, kosmische) Verhaltensmuster.

Die Spannung zwischen begrifflichen Zwängen und kosmischer Theorie zeigt sich auch in den öffentlichen Reaktionen auf die »Halbstarkenkrawalle« der fünfziger Jahre. Die Bandbreite reicht von der Einstufung der rebellischen Jugendkultur als einem gefährlichen, verführten und zu ordnenden Element bis zu einem biologisch-psychologisch gesunden, politisch neutralen und daher zu tolerierenden Phänomen der Entwicklung.[73] Veranschaulicht wird dieser Sonderstatus der Jugend in den vielen Filmen der Epoche in Ost und West, die den »Halbstarken« ins Zentrum stellen. Wenn ein Mitglied einer lose verfassten Straßenbande eine Lampe einwirft oder anderswie auffällt, so in *Die Halbstarken* (1956) von Georg Tressler (BDR) oder *Berlin. Ecke Schönhauser* (1957) von Gerhard Klein (DDR), so weiß man nicht, wie das zu beurteilen ist. Handelt es sich um ein Verbrechen, einen Dumme-Jungen-Streich, um eine gelungene Mutprobe als Übergangsritus zur Aufnahme in die Bande, um das Symptom verwahrloster, kriegsgeschädigter Familien, um das Symptom einer Epoche, die nicht mit der Vätergeneration abgerechnet hat, ist es im Gegenteil Ausdruck einer vaterlosen Generation, ist es eine Tat des Einspruchs gegen das neue Deutschland, gegen die Teilung Deutschlands, gegen den Kapitalismus, oder ist es ein Zeichen von Langweile? All diese Perspektiven werden angeboten – doch eine Entscheidung fällt nicht. Entsprechend stellen diese Filme den Halbstarken schlicht als Faktum aus. Gerade in der Überdetermination, wie der Halbstarke zu beurteilen sei, wird seine Andersheit und damit auch sein Status jenseits des schnellen Urteils und des Begriffs anerkannt. Die Biologie des Lebens triumphiert über die gesellschaftspolitischen Perspektiven. ›Jugendliche sind nun einmal so.‹ Den Kosmos kann niemand stoppen.

Während die psychologischen Bücher anderer Epochen (Moritz, Beneke, Freud) das Ich ins Zentrum stellen, wird dieses in den Auffassungen einer biologisch programmierten Jugendzeit nun schlicht suspendiert. Wenn man hinzurechnet, dass der Jugendliche im späteren zwanzigsten Jahrhundert zum Leitbild auch der ›Erwachsenen‹ avancierte, geht der Trend auf das Verschwinden des Ich. Wir sind jetzt alle Teenager.

Mit diesen Polen der Extreme von »Konsumpflicht« und

»kosmischer Theorie« ist je nach Perspektive ein Zweifel, ein Verdacht oder eine Hoffnung der Epoche bezeichnet. Es zeigt sich nämlich, dass die Pflichten nicht mehr absolut gelten. Pflicht beginnt im Denken der Menschen optional zu werden. Warum muss denn ein Wirtschaftsminister, der bald Kanzler werden wird, einen »Willen zum Verbrauch« proklamieren und in Anspruch nehmen? Eben weil er ihn nicht mehr voraussetzen kann. Und so müssen auch die Soziologie und öffentliche Meinung die neue Kategorie des »Halbstarken« oder »Teenagers« erfinden, um einen diskursiven Ort für die Ausnahmen von den gesellschaftlichen Verpflichtungen zu erfinden. Für die »Konsumpflicht« gibt es nun durchaus Agenten, nämlich die Industrielobbys, die Werbung und auch die Regierungsvertreter, doch es ist nicht mehr zwangsläufig so, dass diese Rufe zur inneren Stimme werden, wie es etwa bei Begriffen wie dem Ich der früheren Epochen der Fall war. Während Ich und Geld in den Stimmen der Wirtschaftsminister und der Industrie wieder eine Allianz eingegangen sind, findet sich die Jugendkultur ihrem Selbstverständnis nach nun auf der anderen Seite. Die polare Gesellschaft der 68er wird hier gezeugt.

Dort, wo die Menschen um 1924 im Typus oder Helden noch individuell einen persönlichen Schutzschild suchen, der ihnen stellvertretend die Aufgabe abnimmt, ein Ich zu entwickeln, werden um 1957 allgemeingültige Lösungen gefunden, die in der Figur des Jugendlichen und der kosmischen Theorie bezeichnet sind. Die Zwänge und Pflichten wie die Konsumpflicht werden dabei als durchaus relevant registriert, aber in ihrer Gültigkeit als suspendierbar dargestellt. Der Jugendliche ist ausgenommen. Das Leben selbst ist eine permanente Ausnahme. In dem Maße aber, in dem die Jugendkultur in den kommenden Dekaden zur Leitfigur von Gesellschaft überhaupt wird, gilt die Suspendierbarkeit des Begrifflichen überhaupt. Der Teenager ist keine Ersatzkommunikation zum Ich, er ist … etwas anderes, etwas, für das die Begriffe nicht ausreichen, etwas, das dem Zwang, dem Ich entgeht oder zumindest zur Grenzfigur des Ich wird. Damit ist natürlich nicht gesagt, dass Teenager »frei« seien. Doch ihre

Umgangsformen und ihre Rituale werden – vielleicht – anders artikuliert als durch Begriffe.

Aus der Perspektive der Erwägungen in der Einleitung dieses Buches zur Wirkung der Begriffe muss das Neue dieser Epoche mithin rätselhaft bleiben. *Vielleicht* war die Vogelperspektive dieses Buches nur möglich, weil sich unsere Gegenwart insgeheim von den Zwängen der Begriffe und, erstaunlicherweise, der Ökonomisierung entfernt hat. Eben deshalb traten die Verhältnisse besonders deutlich hervor. Doch was heißt dies für die Gegenwart?

Ausblick auf die Gegenwart

1. Der Kampf der Waren

Ein Ich-Zwang ist heute geblieben. Aus der Konstellation von »Konsumpflicht« und gleichzeitiger Freisprechung des Einzelnen um 1957 geht eine neue Form des Ich-Zwangs hervor, die wohl ebenso mächtig ist wie diejenige, die die Autoren des Sturm und Drang vor einigen Jahrhunderten in die Verzweiflung trieb und sie veranlasste, Ersatznarrationen für das Ich zu finden und erfinden (siehe das zweite Kapitel). Dieser neue Ich-Zwang zur Jahrtausendwende gilt allerdings, hier das befreiende Moment, nicht mehr den menschlichen Subjekten. Adressat des Ich-Zwangs sind nun all die Dinge, die dem Menschen mit einer sichtbaren Oberfläche entgegenkommen: Es sind die Dinge und Waren, die zu haben sind, die Firmen und Organisationen, die als Arbeitgeber locken, ebenso wie die erwerbbaren Erfahrungen wie Reisen und Filme, in die man eintauchen könnte.

Diese Dinge und Waren sind in unserem Zeitalter unter einen ungeheuren Druck geraten, verschieden zu sein, ein Profil und eine Geschichte auszubilden, sich zu individualisieren, sich gegen die anderen Dinge durchzusetzen, kurz: ein Gesicht zu haben. Offensichtlich gilt dies für alle Waren des Konsums. Zu jeder Ware auf dem heutigen Konsumentenmarkt gibt es viele Konkurrenten und Alternativen. Damit die eine Ware sich von den anderen absetzen kann, muss sie etwas leisten, muss etwas versprechen, muss mehr sein als eine massenproduzierte Ware. Die Ware ächzt und stöhnt, aber leistet Ungeheuerliches wie zuvor der Mensch unter Ich-Zwang. Doch auch für andere Dinge im weitesten Sinne gilt diese Erwartung. Städte ebenso wie Firmen versuchen sich ein Gesicht oder Image zu geben. In den Trainee-Programmen der Unternehmen lernen die Angestellten die Anekdoten über die Firmengründer und die Firmenkultur, die oft zu diesem Zweck erfunden worden sind. In diesem Ringen um ein Gesicht geht es um mehr als bloß eine unterscheidbare Identität der Dinge. Es geht um die Auszeichnung, mehr zu sein als ein Ding unter Dingen, nämlich ein Ich.

In Antwort auf den Druck, dem die Dinge ausgesetzt sind, wurde ein Kometenschweif an PR produziert. Aura, Werbung und Marketing individualisieren die Produkte, Erfahrungen und Organisationen. Die Werbung kommt dabei nicht schlicht von außen an eine Ware heran, denn die Ware wird erst durch die Arbeit des Marketings zu der Ware, die sie ist. Es ist also stets »ihre« Werbung. Verhindert werden muss, dass sich die austauschbaren Dinge zu sehr ähneln. Und die Werbung vermag Erstaunliches. Selbst elektrischer Strom ist jetzt als individualisierbares Produkt entdeckt worden.

Werbung, Marketing und PR nehmen in der Welt der Waren die strukturelle Stelle ein, die die Ersatznarrationen des Ich innehatten. Dort, wo die Ersatznarrationen den Begriff des Ich einerseits entschärften, andererseits aber dadurch erst propagierten und erzeugten, leistet die PR eine Einschwörung auf die Dinge mit Gesicht. Verbunden ist mit der Ablösung der Ersatznarrationen durch die PR auch ein Medienwechsel von narrativer Literatur zur tendenziell bildlich verfahrenden Werbung.

Nun könnte man einwenden, dass die Waren doch nur Substitute für Menschen sind und dass also nach wie vor der menschliche Ich-Zwang herrscht. Nach wie vor also, so könnte man argumentieren, sind die Menschen unter Druck. Die Waren wären demnach schlicht Angebote für Menschen, sich eine Identität zu geben; allein für sich sei die Ware eigentlich nichts als eine teure Maske.

Diese Auffassung der Beziehung von Ware zu Mensch halte ich für falsch. Sie setzt voraus, dass die Menschen oder Konsumenten so naiv sind, sich für substanziell schöner, schlauer oder besser zu halten, wenn sie bestimmte Produkte konsumieren oder Teil einer bestimmten Firma sind. Selbst wenn man annimmt, dass die

Begierde nach Waren von einem ›Unbewussten‹ angeregt werde, was immer das sei, erklärt dies nicht hinreichend, inwiefern die (bewussten) Konsumenten mitmachen. Ich vermute vielmehr, dass der Einzelne im Besitz schlicht die subjektiven Qualitäten und Eigenschaften der Ware erwägt und feiert. Natürlich ist er stolz auf diese Eigenschaften. Wenn er das schnellste, schönste oder auch das umweltschonendste Auto fährt, so kann er damit auftrumpfen. Auch wer bei McDonald's arbeitet, hat etwas zu erzählen. Aber das entscheidet nicht darüber, ob er selbst ein Ich hat oder nicht. So dumm ist (fast) niemand. Die Dinge stehen also nicht für den Menschen ein. Die Beziehung der Repräsentation (1924) ist über ihr Maximum gedehnt worden und hat ihre Spannkraft verloren. Wenn die Dinge untereinander miteinander im Wettkampf stehen, so ist es nicht wie ein balinesischer Hahnenkampf, in dem der Kampf der Vögel ein erkennbares Substitut des Streits unter den Besitzern ist. Vielmehr stehen die Waren nur unter sich im Wettstreit miteinander.

Dieses Missverständnis der Dominanz der Waren über den Menschen ist allerdings zu einer oft wiederholten »Wahrheit« geworden. Die Fetisch-These ist das endlose Mantra der Kulturwissenschaften ebenso wie der internationalen Pop-Literatur von Michel Houellebecq, Bret Easton Ellis und Christian Kracht. Den Kult der Produkte inszeniert etwa der Roman *1979*, wenn der programmatisch konturlose Protagonist über Waren redet:

> Seine hellbraunen Halbschuhe waren von Berluti, Christopher hatte mir einmal erzählt, es wären die besten Schuhe der Welt, es gäbe sogar einen Klub der Berluti-Schuhbesitzer, die sich in der Nähe des Place de Vendôme trafen, um ihre Berlutis mit Krug zu putzen.[1]

Der Mensch, so diese These, verbeugt sich vor der Ware. Und so kennzeichnet auch Louis Dumont die gegenwärtige Gesellschaft der Individuen:

> In most societies, and primarily in the higher civilizations, which I shall designate [...] as the ›traditional societies‹, the relations between men are more important, more highly valu-

ed, than the relations between men and things. This primacy is reversed in the modern type of society, in which relations between men are subordinated to relations between men and things.[2]

Der Fehler dieser Darstellungen des Verhältnisses der Waren und Menschen scheint mir schlicht darin zu bestehen, dass hier noch nostalgisch an einem (versteckten) Ich-Begriff festgehalten wird. In der jetzigen Zeit ohne Ich, so die Annahme von Kracht und Dumont, kann der Mensch sich nur an Dinge klammern, die ihn zu beherrschen beginnen.

Verstellt wird damit die Analyse einer Beziehung der Menschen zu den ›Dingen mit Gesicht‹ in einem Zeitalter jenseits des Ich-Zwangs. Das ›Ding mit Gesicht‹ bleibt sicherlich auf den Menschen bezogen, aber eben nicht als Stellvertreter oder Ersatz-Ich, das den Menschen verdrängt.

Vielmehr wird der Mensch zum Schiedsrichter des Streits der Dinge erhoben. Die Dinge treten gegeneinander an, um in ein virtuelles Museum, ein Pantheon oder Walhalla aufgenommen zu werden. In jeder Kaufentscheidung und in jeder Auswahl wird das Erwählte mit dem Zeichen der Individualität geheiligt. Als Schiedsrichter muss der Mensch nicht sein »Ich« beweisen, kann aber durchaus seinen individuellen Präferenzen Ausdruck verleihen. Er bewertet und testet die Qualitäten aufgrund welcher Kriterien auch immer: Die besten, coolsten, bezahlbarsten, westlichsten, ästhetischsten, qualitativ hervorstechendsten, alternativsten Mitbewerber gewinnen nur, weil er es so befindet. Der Mensch ist nicht nur Hirte der Dinge, sondern ihr Königsmacher, und wird so immer wieder in seiner Urteilskraft bestätigt. Selektion macht Spaß, selbst wenn man mal danebengreift.

Dieses Selektionsvergnügen begleitete das Geld schon immer, doch erst im jetzigen Zeitalter des globalen Konsums kann es sich ganz entfalten. Der Kampf der Waren um Gesicht und Ich wird durch Selektion entschieden: the survival of the fittest. Dort, wo in den früheren Theorien der Selektion wie von Adam Smith oder Charles Darwin die unsichtbare Hand oder der abwesende Gott angesiedelt waren, dort steht nun der Konsument. Der Mensch verleiht den Dingen ihr Gesicht und ihr Ich. Dafür darf er selbst gesichtslos und ichlos sein. Damit ist der Mensch dem Ich-Zwang wirklich entkommen. Nur wer nicht konsumieren kann – immerhin der Großteil der Bevölkerung dieses Planeten – kann sich den Luxus der Ich- und Gesichtslosigkeit nicht leisten. Der Arme ist gezwungen, er selbst zu sein. Er kann sich nicht von seinem Gesicht und seiner allzu unmittelbaren Identität befreien. Für die Armen gilt das Diktum von Ludwig Erhard von 1957, dass nur der Wohlstand vom Materialismus befreie.

Dem Konsumenten fällt eine neue Aufgabe zu, die nicht von Begriffen und institutionellen Zwängen ausgeht: die Verantwortung, richtig auszuwählen. Diese Verantwortung muss in Analogie und Konkurrenz zur ethischen Verantwortung gedacht werden. Ausgewählt werden die umweltschonendsten, verrücktesten oder politisch korrektesten Dinge. Gerade weil diese Als-ob-Ethik einen Akt der Entscheidung impliziert, kann sie als wirklicher Konkurrent zur Ethik auftreten und durchaus ethische Züge tragen, wenn es etwa um die Verschönerung der Welt oder ihre Verbilligung geht. Waren simulieren Verantwortung.

2. Jenseits der Begriffe: Offene Frage

Wie sollen wir diese neue Konstellation von Mensch und Ware charakterisieren? Und weiter: Was passiert, wenn ein ehemals mächtiger Begriff wie das Ich an Relevanz verliert beziehungsweise nicht mehr direkt dem Menschen gilt?

Mit diesen Fragen kommt dieses Buch an die Grenze von dem, was es beleuchten kann. Denn aus dem Gesagten folgt ja, dass die Individuen heute nicht mehr – oder in abnehmendem Maße – von ihrer Reaktion auf den Begriff des Ich gelenkt werden. Gewiss: Die alten Begriffszwänge wirken nach, wie ja überhaupt begrifflich strukturierte Geschichte nie schlicht diachron verläuft, sondern stets retroaktiv wiedererweckt werden kann. Dennoch steht zu vermuten, dass die Wirkungsmacht von Begriffen heute deutlich eingeschränkter ist als in früheren Epochen. Zwar lassen sich durchaus noch einige begriffsähnliche Konstellationen wie die Pflicht zum Vergnügen, die individuelle körperliche Schönheit und auch das Jung-Sein und -Agieren bemerken, die sich zudem durch ihnen zugeordnete Symptome beziehungsweise Modekrankheiten wie Vergnügungssucht, Anorexie und Spätpubertät (auch in Form der »midlife crisis«) auszeichnen. Aber die Tendenz im zwanzigsten Jahrhundert geht doch, soweit ich es sehe, mit Ausnahme nur der Epoche des Faschismus, auf die Auflösung der Verpflichtungen durch Begriffe im Allgemeinen. Wenn diese Vermutung stimmt, dann beginnt im zwanzigsten Jahrhundert eine mindestens achthundertjährige Geschichte zu Ende zu kommen, die spätestens seit der Scholastik die Verzahnung von Theorie und Praxis des Abendlandes bestimmt hat.

Mit der Bindung an Begriffe schwindet auch die Relevanz der Kollektive. Solange man versucht, einem Begriff gerecht zu werden, befindet man sich eingebettet in eine Gruppe, denn die Pflicht zur Reaktion auf den Begriff tritt einem als Imperativ von außen entgegen. Der Ruf »Auf die Reise meine Herren!«, mit welchem Goethe seine Zeitgenossen auf das Ich einschwor (siehe das zweite Kapitel), ertönt von allen Begriffen. Die Stimme kommt von außen und droht sofort, einen auszuschließen, wie bereits die weiblichen Hörer von Goethes Ruf ausgeschlossen wurden. Begriffe werden akzeptiert, weil Andere ihnen folgen und sie aussprechen. Es sind die Anderen, denen man zu genügen hat. Die Ersatznarrationen, von denen wir sprachen, sind nur so gut, wie sie den (sei's auch nur imaginierten) Anderen täuschen können. Begriffe machen aus Dörfern Städte.

Wenn also im zwanzigsten Jahrhundert tatsächlich die Begriffe tendenziell ausfallen, dann werden auch die Kollektive oder zumindest eine bestimmte Form der Kollektive aufgeweicht. Vielleicht sind die Städte des zwanzigsten Jahrhunderts die neuen Dörfer, wie Georg Simmel und Oswald Spengler es schon attestierten.

Wie also kann das Verhältnis von Menschen und der hyperindividualisierten Warenwelt des Konsums bestimmt werden?

Um das Spektrum möglicher Antworten auf diese Frage abzustecken, seien hier kurz vier gegensätzliche Positionen vorgestellt.

1) Man könnte folgern, dass die Waren den Menschen nun unmittelbar (ohne die Vermittlung von Begriffen) durch ihre Sinnlichkeit verführen. Mit Freud gesprochen: Ohne Über-Ich dominiert die Libido und das Unbewusste. Der Mensch erliegt den Waren, die ihn wie das Soma aus Huxleys *Brave New World* in einem Zustand halber Glückseligkeit halten. Nur den Kulturkritikern fällt es noch ein, die Menschen in ihrem Halbglück stören zu wollen. Es könnte weiterhin argumentiert werden, wie Norbert Bolz es tut, dass der halbglückliche Mensch des Konsums gegen (begriffszentrierten) Fundamentalismus geimpft und also auch friedfertiger ist.[3]

2) Eine andere Wendung des Ware-Mensch-Verhältnisses besteht darin, die Ware direkt als Modell der Menschen einzusetzen. Die Kultur der Waren wird zur Bedrohung: Insofern die Dinge mit Gesicht die Oberhand gewinnen, wird das Menschliche ›verdinglicht‹, wie Marx argumentiert. Dass die Dinge ein Gesicht haben, nicht aber der Mensch, würde insofern als ein Verlust erscheinen.[4] Der Mensch lebt in einer Scheinwelt. Einzuwenden ist hier aber, wie es bereits die Intelligenteren der Romantiker taten, dass der Gegenvorschlag einer Welt ohne Schein seinerseits eine Illusion ist.

3) Eine positivere Bewertung erhält die neue Kultur der Dinge und Waren, wenn man sie als Orientierungshilfen betrachtet. Durch die Dinge mit Gesicht erhält der Mensch Weisungen. Mit der Auswahl der Dinge und Träume, die der Einzelne in sein virtuelles Museum stellt, kann er sich selbst orientieren, wo er hingehört. Wenn er die Ikone eines Popstars, einen Berluti-Schuh oder eine Stadt in seine Sammlung aufgenommen hat, so zeigen ihm diese Dinge die sozialen Gruppen, in die er passt. Jedes Objekt verweist auf bestimmte andere Menschen und andere Kontexte. Das kann das Zurechtfinden in einer komplexen Umwelt sehr erleichtern. Neben den Porsche-Fahrer setze ich mich nicht. Sicherlich sind diese Weisungen

der Waren keine Anweisungen, keine Befehle. Es sind schlicht Möglichkeiten der fortwährenden Selektion. Mit den Waren gibt es insofern nicht-tiefe Identifikationsangebote, wie die Britischen Kulturwissenschaftler es darstellen, die den Einzelnen lose an spontane Gruppen knüpfen.[5]

4) Statt von einer neuen Form der Gruppen-Identität zu sprechen, kann genau im Gegenteil die radikale Gruppenlosigkeit attestiert werden. Der Einzelne muss jetzt weder seine Identität gegenüber dem Kollektiv noch seine Zugehörigkeit verwalten, hat dafür aber die Aufgabe, sich selbst zu schützen, immun zu machen, da keine Gruppe mehr ausreichende Versicherungsleistungen verspricht, wie Peter Sloterdijk darlegt.[6] Objekte wie das Schneckenhaus von Karl Philipp Moritz bieten sich an, den Einzelnen von den schädlichen Einflüssen abzukapseln. Auch die Haltung des Schiedsrichters gegenüber den Waren bereitet den Einzelnen so auf seine wichtigste Funktion vor, nämlich die Selektion der besten Selbst-Schutz-Strategien. Reichtum wäre somit sicherlich die Inkarnation von Selbst-Schutz.

Die Diagnose der Gegenwart fällt also sehr unterschiedlich aus. Offensichtlich ist die Beschreibung einer Kultur jenseits der starken Begriffe schwierig – vielleicht schon deshalb, weil die Beschreibung in sprachlicher Form zum Unterlegen durch Begriffe tendiert. Trotz der Gegensätzlichkeiten dieser vier Positionen zeigt sich allerdings eine Gemeinsamkeit darin, dass alle vier in der einen oder anderen Weise die Begriffe (Ich, Gott, Nation …) durch ›Dinge mit Gesicht‹ und Warenidentitäten substituieren: Die Waren ersetzen (endlich) Gott als Versucher, liefern (falsche) Modelle des Verhaltens, geben (hilfreiche) Anweisungen oder verheißen Schutzversprechen, um den Gruppenschutz überflüssig zu machen. Insofern könnten wir den Institutionalisierungszyklus, der unseren Überlegungen zugrunde lag (siehe die Einleitung), benutzen, um das Neue der Epoche zu beschreiben: Institutionalisierungen erfolgen nun ohne Begriffe, Rituale ohne kultische Verehrung, Praxis ohne Theorie und Normierungen ohne Norm. Sicherlich wird Verhalten weiter durch Modelle gelenkt, eben die Modelle, die in den Dingen mit Gesicht kondensiert und ausgestellt sind, doch diese sind jetzt in einem geringeren Maße begrifflich oder sprachlich strukturiert.

Damit entfällt auch die Notwendigkeit der Ersatz-Narrationen zur Umschiffung der Begriffe. Doch heißt dies, dass Verhalten ohne »Ersatz« heute authentischer ist als in früheren Epochen? Kann das Regime der Authentizität überhaupt in Anspruch genommen werden zur Klärung dessen, was hier geschieht? Wenn man einen Ersatz ausstreicht, ist man damit – wie in der Täuschungsfigur der doppelten Negation – automatisch bei der positiven Position des realen Lebens angekommen? Wohl kaum. Vielmehr scheint Authentizität selbst begrifflich verfasst zu sein, denn zumindest taucht das Wort stets in strategischen und polemischen Kontexten auf, um bestimmte Begriffe zu unterstreichen (man denke an Formulierungen wie die authentische religiöse Erfahrung, das wahre Leben etc.).

Was also passiert, wenn ›Dinge mit Gesicht‹ die Stelle der Begriffe besetzen? Anders als die Begriffe übernehmen die Dinge einen Großteil der Übersetzungsleistung zwischen Mensch und Ding. Während die Begriffe noch starr am Himmel standen und den Menschen keine klaren Instruktionen gaben, wie sie ihnen zu folgen hatten (siehe Einleitung), nähern die Waren sich den Menschen an. Die unter Ich-Zwang stehenden Waren brauchen die Menschen als Schiedsrichter und versuchen durch anthropomorphische Strategien den Kampf um die Aufmerksamkeit zu gewinnen, wollen etwa als ›süß‹ oder ›verrückt‹ erwählt werden. Die Ware gewinnt, die Mitleid (oder Mitfreude) erweckt. Um das Neue dieser Beziehung zu beschreiben, liegt es daher nahe, das Vokabular des Einfühlungsvermögens zu verwenden. Die Menschen fühlen sich, wie Walter Benjamin sagt, in die Ware ein.

Nach dem Zeitalter begrifflich gesteuerten Verhaltens bricht nun, vielleicht, die Epoche des Einfühlungsvermögens an. Die ökonomische Welt der Waren und des Konsums zumindest ist bereits in dieses Zeitalter eingetreten. Vom Einzelnen wird nun nicht mehr ein Ich gefordert und also keine eigendynamische Steuerung, Autonomie, Singularität oder Unverständlichkeit. Im

Gegenteil: Statt Absonderung wird die Fähigkeit zur spontanen emotionalen Gleichschwingung mit Anderen erwartet. Diese Erwartung tritt den Menschen nicht als begrifflicher Zwang entgegen, sondern als Gesicht. Die Dinge mit Gesicht lächeln den Menschen zu. Die Frage ist nur, wie die Menschen zurücklächeln.

Vielleicht also, und dies ist die Frage, kommt es zu einem neuen Bund zwischen Geld und Individuum in der durch Spiegelneuronen vermittelten Form der Einfühlung. Die Dinge mit Gesicht ermöglichen die ideale Form der Empathie, die frei von Verpflichtungen und menschlichem Ballast zu haben ist. Daher wendet der Einzelne sich ihnen zu. Hier wird er angesprochen, kann die großen Gefühle schmecken und unverstellt wie ein Mensch fühlen. Der Mensch darf Mensch sein, weil ihn die Ware davon befreit, mit Menschen zu tun haben zu müssen. Aus dem Ich-Effekt des Geldes wird ein Mensch-Effekt der Waren. Doch wer sagt uns, dass die Welt der menschlichen Empathie besser ist als die Welt der Begriffe und Begriffszwänge?

Anmerkungen

Einleitung

1 Dieser Ich-Zwang ist nicht identisch mit dem »Selbstzwang«, den Norbert Elias der westlichen Zivilisation attestiert. Elias argumentiert, dass die Bedingung der Zivilisation in Selbstkontrolle, Vorausplanung und Triebunterdrückung durch die »Selbstzwangapparatur« bestehe. Der Selbstzwang schreibt die Individuen fest und macht sie berechenbar; Norbert Elias, *Über den Prozeß der Zivilisation. Soziogenetische und psychogenetische Untersuchungen*, Frankfurt am Main 1997, Bd. 2, »Entwurf zu einer Theorie der Zivilisation«, S. 323–346: 330. Dagegen ist der Ich-Zwang, dem dieses Buch gewidmet ist, nicht funktional und dient nicht der geglätteten Kommunikation. Stattdessen setzt er jeden (und jede) unter Druck, selbst festzulegen, was sein Ich sein könnte.

2 Niklas Luhmann, »Individuum, Individualität, Individualismus«, in: Ders., *Gesellschaftsstruktur und Semantik. Studien zur Wissenssoziologie der modernen Gesellschaft*, Bd. 3, Frankfurt am Main 1989, 158–159.

3 Vgl. zur Ökonomie der Leidenschaften Albert O. Hirschman, *Leidenschaften und Interesse. Politische Begründungen des Kapitalismus*, aus dem Amerik. von Sabine Offe, Frankfurt am Main 1980.

4 Siehe etwa J. H. G. von Justi, *Die Grundfeste zu der Macht und Glückseligkeit der Staaten oder Ausführliche Vorstellung der gesamten Policey-Wissenschaft*, Königsberg und Leipzig 1760. Vgl. zudem Ernst Klein, *Geschichte der öffentlichen Finanzen in Deutschland (1500–1870)*, Wiesbaden 1974.

5 Aus Gründen der Darstellung wird hier mit dem Begriff als erster Kraft begonnen; dass es sich in der Tat um einen Zirkel der wechselseitigen Evokation handelt, wird weiter unten erläutert.

6 Begriffe dieser Art entstehen auch heute noch, wenngleich in geringerem Umfange als etwa im achtzehnten Jahrhundert. In den letzten hundert Jahren entstand, rückgekoppelt mit Film, Literatur, Mode und Marketing, eine Gruppe von Begriffen rund um den Terminus ›Jugend‹, die etwa ›Coolness‹, ›Camp‹ und Avantgarde umfasst. Gemeinsam haben diese Begriffe einerseits die Festlegung auf narrative Vorbilder und andererseits den Auftrag, diese Vorbilder zu überschreiten. Zu dem möglichen Verschwinden der Begriffe siehe die Spekulationen des Ausblicks dieses Buches.

7 Die Vorstellung von Gott als erstem Begriff wird bereits von Hamann, Herder (*Gott. Einige Gespräche*), Kant und Kierkegaard entwickelt. Alle vier kommen, je verschieden, zu der Einsicht der Erhabenheit des Begriffs, das heißt seiner Uneinlösbarkeit im Denken und Vorstellen.

8 André Jolles stellt dar, wie die unnachahmbare Heiligkeit des Heiligen in der sprachlichen Form der Legende als Schritt für Schritt nachahmbar ausgelegt wird, siehe Ders., *Einfache Formen*, Darmstadt 1958, 2. Aufl., 34–38.

9 Niklas Luhmann, *Die Gesellschaft der Gesellschaft*, Frankfurt am Main 1997, 235. Im Unterschied allerdings zu den Riten, die Luhmann beobachtet, ist das Wissen als Kommunikationsvermeidungskommunikation nicht an ein moralisches Tabu gebunden, sondern eine schlichte Unmöglichkeit der Aussprache des Gesuchten.

10 Die Verschärfung, die Zuspitzung auf Paradoxa wird vor allem in der Romantik zum Metier von Literatur. In dem Maße, in dem die zu entschärfenden Begriffe nicht mehr schlicht vorgefunden werden, müssen sie selbst von der Literatur erzeugt oder zumindest wieder aktiviert werden, wie etwa die Popularität des Inzest-Tabus in der Literatur der Romantik zeigt. Vergleiche zu diesen Verschärfungsleistungen durch Literatur Michel Chaouli, »Irresistible Rape: The Lure of Closure in ›The Marquise of O …‹«, in: *The Yale Journal of Criticism* 17.1 (2004), 51–81.

11 Vgl. Benedict Anderson, *Imagined Communities. Reflections on the Origins and Spread of Nationalism*, überarbeitete Neuauflage London, New York 2006.

12 Zur hier relevanten Dynamik der Institutionen, vergleiche Cornelius Castoriadis, *L'institution imaginaire de la société*, Paris 1975.

13 *Du culte des dieux fétiches ou Parallèle de l'ancienne religion de l'Egypte avec la religion actuelle de Nigritie* (1760), deutsche Übersetzung von Pistorius 1785.

14 Auch Luhmann hält diese Entstehung dessen, was hier Begriff genannt wird, aus den Praktiken für plausibel: Die kommunikative Praxis beziehungsweise der Diskurs selbst erzeugt erst den Begriff. Für Luhmann entsteht das Wissen, also etwa das Wissen von Gott, erst dadurch, dass es die kommunikative Praxis seines Versteckens und Verbots gibt: »Das

Wissen muß, mit anderen Worten, gegen Kommunikation geschützt werden, weil es durch diesen Schutz überhaupt erst erzeugt wird«; Niklas Luhmann, *Die Gesellschaft der Gesellschaft*, Frankfurt am Main 1997, 234.

15 Zu dem zweischneidigen Verhältnis von Satz und Kontext und der Figur der Wiederholbarkeit vergleiche Jacques Derrida, »Signatur, Ereignis, Kontext«, in: Ders., *Randgänge der Philosophie*, Wien 1988.

16 Man denke hier an die berühmte Lektüre, die Paul Celan in seiner Büchnerpreis-Rede dem Ausruf von Lucile »Es lebe der König« gewidmet hat.

17 Dazu ausführlich Fritz Breithaupt, »Anonymous Forces of History: The Case of Infanticide in the Sturm-und-Drang«, in: *New German Critique* 79 (Winter 2000), 157–176.

18 Siehe etwa Michel Foucault, *Die Ordnung des Diskurses*, Frankfurt am Main 1970.

19 Siehe Michel Foucault, *Der Wille zum Wissen. Sexualität und Wahrheit 1*, Frankfurt am Main 1977, Bd 1.

1. Kapitel: Vor 1771. Vor dem Ich

1 Vergleiche vor allem die Studie von Eva Kormann, *Ich, Welt und Gott: Autobiographik im 17. Jahrhundert*, Köln 2004. Die dort entwickelte Konzeption von »Heterologie«, entlehnt von Verena Olejniczak, fungiert als Gegenstück zur »Autonomie«. Während Kormann die Wörter Ich, Selbst und Subjektivität weitgehend als Synonyme verwendet, wäre keine der von ihr diskutierten Konzeptionen ein Ich in dem spezifischen Sinne dieser Studie.

2 Auch der Selbst-Zwang, den Norbert Elias feststellt, zwingt den Einzelnen nicht zur differenziellen Identität, sondern nur zur funktionalen Konstanz; Norbert Elias, *Über den Prozeß der Zivilisation*.

3 Vgl. die grundlegende Studie von Charles Taylor, *Sources of the Self. The Making of the Modern Identity*, Cambridge (Mass.) 1989.

4 John Locke, *Über die Regierung*, aus dem Engl. von Dorothee Tidow, Stuttgart 1974, 22; Hervorhebung von mir.

5 John Locke, *Two Treatises of Government*, New York 1978, 130, § 127; Hervorhebung von mir, F. B.

6 Locke, § 42, § 36.

7 Daraus folgt direkt, was nicht angeeignet, nicht Eigentum sein kann: Geld. Geld kennt anders als die Früchte des Bodens nicht das Maß der

Zeit. Geld, Gold, altert und vergeht nicht: »money – some lasting thing that men might keep without spoiling« (§ 47). In seiner Permanenz ist Geld maßlos und setzt die natürliche Ordnung außer Maß. Weil es Dauer hat, wurde Gold zum konventionellen Tauschmittel und ermöglicht als solches die Appropriation ohne unmittelbar körperlichen Kontakt, ohne direkte Arbeit. Dies führt zu Disproportionen: »It is plain that men have agreed to a disproportionate and unequal possession of the earth, they having … found out a way how man may farily possess more land than he himself can use the product of, by receiving in exchange for the overplus gold and silver which may be hoarded up without injury to any one, these metals not spoiling or decaying in the hands of the possessor« (§ 50). Geld apropriiert, vereigentlicht unter Ausschluss des Garanten der Eigentlichkeit, dem Körper. Geld schafft eine, zumindest simulierte, Eigentlichkeit. Und damit bedroht es das Primat der Person.

8 Vgl. §§ 123–133; in § 133 spricht Locke auch explizit von dem Namen »Commonwealth«, den er, »properly«, für die richtige Übersetzung von »civitas« hält.

9 Zur Konstellation von Geld, Person und Identität bei Locke vgl. die Studie von Constantine George Caffentzis, *Clipped Coins, Abused Words, and Civil Government. John Locke's Philosophy of Money*, New York 1989, 45–76. Caffentzis summiert Lockes Thesen dort als »cogito ergo habo« (52).

10 Vergleiche die Diskussion von Erinnerung und Vergessen in *Essay Concerning Human Understanding*, Buch 2, Kap. 27, sowie Constantine Caffentzis, *Clipped Coins*, 51–55. Auch diese Beständigkeit erhebt das Geld zum direkten Konkurrenten der Person.

11 Jean-Jacques Rousseau, *Emile ou de L'Education*, in: *Oeuvres Completes*, Paris 1969. Bd. 4, 330. Ich zitiere deutsch nach: Jean-Jacques Rousseau, *Emil oder Über die Erziehung*, aus dem Franz. von Ludwig Schmidts, Paderborn u.a. 1971, 78.

12 Rousseau, *Emil oder Über die Erziehung*, 78.

13 Soweit folge ich der Lektüre und Kommentierung dieser Szene durch Frances Ferguson, »Reading Morals. Locke and Rousseau on Education and Inequality«, in: *Representations* 6 (1984), 66–84. Anders als Ferguson scheint mir das Gewicht der Episode allerdings nicht auf Emils abschließendem »Vertrag« mit dem Gärtner zu liegen, sondern auf der Einsicht in die »Fiktionalität« eines verfehlten Selbstbildes (siehe die folgenden Ausführungen). Ein Hinweis, dass der Vertrag in der Gärtner-Szene (der Emil das Bebauen einer kleinen Parzelle erlaubt) nicht zentral ist, liegt unter anderem darin, dass die drei Parallelgeschichten zur Gärtner-Epsiode (also die Enten-Geschichte, die Geschichte des wilden Jungen, der Scheiben einwirft, und des verwöhnten Jungen, der in die weite Welt ziehen will), jeweils ohne Vertrag gelöst wird, aber ebenfalls je in die Einsicht der Fiktionalität eines Selbst mündet.

14 Rousseau, *Emil oder Über die Erziehung*, 81.

15 Rousseau, *Emile ou de L'Education*, 334.

16 Es ist insofern kein Zufall, dass Jacques Derridas Analyse der Supplementierung sich einer genauen Lektüre von Rousseaus Haltung zu Fiktion und Fiktionalität verdankt; Jacques Derrida, *Grammatologie,* aus dem Franz. von Hans-Jörg Rheinberger und Hanns Zischler, Frankfurt am Main 1974.

17 Rousseau, *Emile ou de L'Education*, 534.

18 Es kann an dieser Stelle erwähnt werden, dass Rousseaus Gärtner-Episode ein berühmtes Echo in Goethes *Wahlverwandtschaften* gefunden hat. Der Gärtner Eduard erscheint dort bereits auf den ersten Seiten als derjenige, der die Erkenntnis Emils gezielt verweigert und seine überzogenen Selbstbilder keiner Schockerfahrung zugänglich macht, und das heißt, Selbstbewusstsein verweigert.

19 Hierzu gehören also vor allem die Enten-Episode mit dem bezahlten Zauberer und die Geschichte mit dem aufmüpfigen Jungen, der allein in die Welt ziehen will und dieses zu seinem Schrecken schließlich tun soll (Buch I). Auch die innerhalb der Gärtner-Episode eingeschobene Geschichte von dem Jungen, der die Scheiben einwirft und daher in einen dunklen Raum ohne Fenster eingesperrt wird, gehört in diese Serie. Dem Jungen wird dort erklärt, dass er sich quasi selbst sein dunkles Gefängnis gebaut habe (wie Emil in der Gärtner-Szene), indem er alle Scheiben einwarf, da niemand mehr bereit sei, ihm ein Zimmer mit Fenstern einzuräumen.

20 In seiner Analyse der Aesop-Fabel in *Emile* kommt Marc Shell zu einem ähnlichen Ergebnis, wenn er den Missbrauch der Fabel in der Schmeichelei, dem Erzeugen eines fiktiven Selbstbilds bestimmt. Shell verbindet dies mit einer Diskussion der linguistischen und ökonomischen Zeichen bei Rousseau; vgl. Marc Shell, *The Economy of Literature*, Baltimore 1978, 113–128.

21 August Hermann Francke, *Kurzer und einfältiger Unterricht wie die Kinder zur wahren Gottseligkeit und christlichen Klugheit anzuführen sind* (1702), in: Ders., *Pädagogische Schriften*, hg. von Hermann Lorenzen, Paderborn 1964, 2. Aufl., Kap. XXVI, 59.

22 Vgl. zur Maskierung: »Es verstellt sich aber diese menschliche Klugheit auch wohl gar in ein Gespenst der christlichen Klugheit, davor man sich am allermeisten zu hüten hat, daß man nicht dieselbe für die wahre göttliche Weisheit und christliche Klugheit halte und annehme«, Francke, Kap. XX, 46.

23 Dieses Selbst-Misstrauen gilt auch für Hamann: »Mein Gehirn sah einen Nebel von Begriffen um sich ... nichts als Misstrauen gegen mich selbst und andere, nichts als eine Qual wie ich mich ihnen nähern oder entdecken sollte«, Johann Georg Hamann, *Gedanken über meinen Lebenslauf*, in: *Sämtliche Werke*, hg. von Josef Nadler, Wuppertal 1949–1957, Bd. 2, 27.

24 Descartes erkennt, dass das Denken sich nicht auf dem »ungesicherten Boden der bloßen Vorstellungsinhalte« stellen kann (so Werner Hamacher in einer prägnanten Skizzierung von Descartes' Discours de la Méthode, *Entferntes Verstehen*, Frankfurt am Main 1998, 238), zugleich aber ohne eine solche Reflexion zur Begründung des Denkens oder reinen Ich nicht auskommt. Für die Pietisten dagegen ist der Vorstellungsinhalt ohnehin kein möglicher Grund. Jeder Vorstellungsinhalt ist ihnen nur die Maske eines Motivationsgrundes, also das Verdecken einer Bewegung, die allem Grund zugrunde liegt. Francke öffnet unter jedem Willens- und Sprechakt den doppelten Boden einer anderen Kausalität. »Einen großen Vorteil, die Kinder zur wahren Klugheit wohl anzuführen, mag man auch daraus nehmen, wenn man den Kindern nicht gestattet, daß sie dieses oder jenes vornehmen mögen, da sie selbst nicht wissen, warum sie es tun, sondern sie vielmehr anhält, daß sie allezeit ihre rationes und Gründe bringen, welche sie bewegen, eine Sache vorzunehmen«, Francke, Kap. XXVI, 59. Solche Motivationen, *Beweggründe,* aber sind nicht zu einem reinen Denken, zu einem ›reinen Ich‹ zu reinigen, sondern bleiben, bewegt bewegend, an jedem Denken haften, spalten es je bodenlos zwischen Vorstellungsinhalt und Motivation auf.

25 Hamann formuliert dies so: »Wie ist es möglich, daß man mich hat für einen klugen, geschweige brauchbaren Menschen halten können, wo es mir niemals möglich gewesen was ich bin und seyn kann, zu entdecken. Dies ist ein Geheimnis, das ich niemals habe verstehn noch aufklären können. Ich habe als Ursache alle diese Dinge theils als Ahnungen anzusehn, theils als Wirkungen der Hand Gottes, die über mir schwer gewesen, daß ich mich unter allem dem Guten, was mir von Menschen geschah, nicht zu erkennen sollte. ... Ich bin eine unzeitige Frucht in allem meinem Thun und Handlungen, in allen meinen Unternehmungen und Anschlägen gewesen, weil sie ohne Gott gewagt, angefangen und ein Loch bekommen anstatt ein Ende zu nehmen«; Hamann, *Lebenslauf*, 27.

26 Der Übergang der Trias menschlicher Fakultäten zur dualen Struktur von »Ich« und »allem anderen« kennt viele Zwischenstufen, die ich hier nicht adäquat darstellen kann. Das Problem des *homo duplex* wurde in den deutschen Kontext von Sulzer und Herder eingeführt. Zur *homo-duplex*-Debatte siehe Gerald Hartung, »Über den Selbstmord. Eine Grenzbestimmung des anthropologischen Diskurses im 18. Jahrhundert«, in: Hans Jürgen Schings (Hg.), *Der ganze Mensch: Anthropologie und Literatur im 18. Jahrhundert*, Stuttgart und Weimar 1994, 33–53; Michael Hagner, »Aufklärung über das Menschenhirn. Neue Wege der Neuroanatomie im späten 18. Jahrhundert«, in: Schings, *Der ganze Mensch* ..., 145–161, und Wolfgang Riedel, »Erkennen und Empfinden. Anthropologische Achsendrehung und Wende zur Ästhetik bei Johann Georg Sulzer«, in: Schings, *Der ganze Mensch* ..., 410–439.

27 Albrecht Koschorke analysiert diese Übergänge und spricht in Anlehnung an Luhmann von »Medien«, die die Konsolidierung des »Subjekts« ermöglichen. Als Medien definiert er »Rückkopplungssysteme ... die beide Komponenten der Zeichenproduktion, ihre Materialität und ihre Bedeutungspotenz, wechselseitig aufeinander wirken lassen«; Albrecht Koschorke, *Körperströme und Schriftverkehr. Mediologie des 18. Jahrhunderts*, München 1999, 11.

28 Vergleiche ausführlicher Rüdiger Campe und Manfred Schneider (Hg.), *Geschichte der Physiognomik: Text, Bild, Wissen*, Freiburg i. Br. 1996.

29 Vergleiche Manfred Frank, *Selbstgefühl: Eine historisch-theoretische Erkundung*, Frankfurt am Main 2002.

30 Friedrich von Blanckenburg, *Versuch über den Roman*, fotomechanische Reproduktion der Ausgabe 1774, Stuttgart 1966, 392–402.

31 Niklas Luhmann hebt vielfach hervor, wie im achtzehnten Jahrhundert stratifikatorische Determinationen von Individualität funktionaler Differenzierung weichen; siehe etwa Niklas Luhmann, »Individuum, Individualität, Individualismus«, in: Ders., *Gesellschaftsstruktur und Semantik. Studien zur Wissenssoziologie der modernen Gesellschaft 3*, Frankfurt am Main 1989, 149–258.

32 Man könnte versucht sein, in diesem neuen Ich um 1770 ein »paradigm shift« im Sinne von Thomas Kuhn zu erblicken. Weitere Evidenz für eine solche Behauptung lässt sich etwa in der Erfindung der empirischen Psychologie finden, der neuen Pädagogik Pestalozzis, der Einführung des

»subjektiven Tatbestands« in der juristischen Praxis, der Anerkennung der Privatsphäre, der Umstellung nicht nur der Medizin von Flüssigkeitszirkulation auf mediale Kommunikation (siehe Albrecht Koschorke, *Körperströme und Schriftverkehr*) und so fort. Dennoch sollten zwei prinzipielle Kontinuitäten nicht übersehen werden. Zum Ersten ist die Idee einer individuellen Verantwortung des Einzelnen für sein Heil und Seelenheil eine spezifisch europäische Idee, die mindestens bis zur Reformation zurückdatiert und dort zu einer Buchführung der Seele führt (siehe Max Webers Studien). Zum Zweiten erlaubt die Bestimmung des Ich als Ursprung und Grundlage von Menschlichkeit den Anschluss an ein Axiom bereits des Barock, dass nämlich die Ursache eines Dinges seine Wahrheit sei. Das Ich besetzt nun die Position der Wahrheit des Einzelnen (beziehungsweise soll dieses tun), nachdem dieser Ort von der Seele geräumt worden war. Zur möglichen Kontinuität des Ich siehe Richard van Dülmen (Hg.), *Die Entdeckung des Ich. Die Geschichte der Individualisierung vom Mittelalter bis zur Gegenwart*, Köln 2001.

33 Johann Gottfried Herder, *Werke* (Frankfurter Ausgabe), hg. Günter Arnold et al., Frankfurt am Main 1997, Bd. 1, 11. Im Folgenden kurz als FA.

2. Kapitel: 1771. Warum das Ich Eigentum braucht

1 Johann Wolfgang von Goethe, »Zum Shakespeare-Tag«, *Hamburger Ausgabe*, XII, 224. Der Text wurde vermutlich September/Oktober 1771 verfasst.

2 Ebd.

3 Die geschlechtliche Kodierung des Begriffs des Ich im späten achtzehnten Jahrhundert ist dabei weder schlicht geschlechtsneutral noch rein männlich besetzt. Dies hängt zunächst mit den variierenden inhaltlichen Füllungen des »Ich« zusammen. Die Autonomie ist etwa entsprechend der juristisch-ökonomischen Realität der Epoche, die nicht-adeligen Frauen die Mündigkeit verwehrte, männlich konnotiert. Andere verbreitete Konnotationen des »Ich« im späten achtzehnten Jahrhundert erweisen sich aber durchaus als offen für beide Geschlechter. Dazu gehören Singularität, die Fähigkeit der Erinnerung und Erzählung des eigenen Lebens, die Empfänglichkeit für das Sinnliche und Ästhetische, die aktive Teilnahme am geselligen Leben, *sensibility* und der romantische Esprit. Auch das reflexive Selbstbewusstsein ist nicht notwendig rein männlich besetzt, wie die Werke der weiblichen Romantiker zeigen. Die Epoche um 1771 ist reich an neuen Begriffszwängen, zu denen auch geschlechtsspezifische gehören wie die Institutionalisierung der Mutter-Rolle, siehe etwa Fritz Breithaupt, »Anonymous Forces of History«.

4 Jakob Michael Reinhold Lenz, »Über die Natur unseres Geistes« (1771–73), in: *Werke und Briefe in drei Bänden*, hg. v. Sigrid Damm, Leipzig 1987, Bd. 2, 619.

5 So Ernst Tugendhat, »Abstieg vom Ich zum ›ich‹«, in: Ders., *Selbstbewußtsein und Selbstbestimmung*, Frankfurt am Main 1979, 68–90.

6 Die Zeitschwelle um 1770 gilt offenbar auch für den angelsächsischen Raum, vgl. Deidre Shauna Lynch, *The Economy of Character. Novels, Market Culture, and the Business of Inner Meaning*, Chicago 1998; und Dror Wahrman, *The Making of the Modern Self*, New Haven, London 2004; sowie den französischen Raum, siehe Jan Goldstein, »Mutations of the Self in the Old Regime and Postrevolutionary France: From *Ame* to *Moi* to *Le Moi*«, in: Lorraine Daston (Hg.), *Biographies of Scientific Objects*, Chicago, London 2000, 86–117.

7 Ein weiterer Text, der zur Apotheose des Ich beigetragen haben dürfte, ist *De la Plaisir* (1770) von Hemsterhuis. In der durch Herder inspirierten Übersetzung wird »mon essence« schlicht als »das Ich« übersetzt, was anzeigt, in welchem Grade das neue Ich für deutsche Leser bereits die Essenz des Menschen geworden ist; siehe »Ueber das Verlangen«, in: *Der Teutsche Merkur*, November 1781, 97–122, hier: 102.

8 Johann Gottfried Herder, *Journal meiner Reise im Jahr 1769*, in: FA, Band 9.2, hg. v. Rainer Wisbert, 15.

9 Johann Gottfried Herder, »Vom Sinn des Gefühls«, in: *Sämtliche Werke*, hg. v. Bernhard Suphan, Hildesheim 1967, Vol. VIII, 96.

10 Johann Gottfried Herder, *Briefe*, Bd. IX, bearbeitet von Günter Arnold, Weimar 1988, 183. Vergleiche auch Tino Markworth, »Das ›Ich‹ und die Geschichte: Zum Zusammenhang von Selbstthematisierung und Geschichtsphilosophie bei J. G. Herder«, in: Wulf Koepke (Hg.), *Johann Gottfried Herder: Academic Disciplines and the Pursuit of Knowledge* Columbia 1996, 152–167.

11 Vergleiche zu Schillers und Goethes späterer skeptischen Haltung zum Ich das wichtige Buch von Stefan Keppler, *Grenzen des Ich. Die Verfassung des Subjekts in Goethes Romanen und Erzählungen*, Berlin, New York 2006; Benjamin Bennett, »The Irrelevance of Aesthetics and the De-Theorizing of the Self in ›Classical‹ Weimar«, in: Simon Richter (Hg.), *The Literature of Weimar Classicism*, Camden House History of German Literature, Vol. 7, Rochester, 295–321; Ulrich Füllehorn, *Besitzen als besäße* *man nicht. Besitzdenken und seine Alternativen in der Literatur*, Frankfurt am Main 1995, 114–150; und Fritz Breithaupt, »Goethe and the Ego«, in: *Goethe Yearbook XI* (2001), 77–102.

12 Johann Peter Kraft, »*Was ich wil*, das kan *ich*. Ist mehr als Spekulazion«, in: *Deutsches Museum*, 1. Bd, 1779, 141–146.

13 Gemäß Jochen Schmidt kommt es um 1770 zu einer entscheidenden Wandlung des Genie-Gedanken, wenn die Vorstellung eines ahistorischen, universalen Genies umschlägt in Partikularität. »Das Genie verwandelt sich in reine Subjektivität«, siehe Jochen Schmidt, *Die Geschichte des Genie-Gedankens in der deutschen Literatur, Philosophie und Politik 1750–1945*, Darmstadt 1988, 2. Aufl., Bd. 1, 174.

14 Vgl. Philippe Lacoue-Labarthe, *L'imitation des modernes. Typographies II*, Paris 1986, 39–68.

15 Friedrich Wilhelm Joseph Schelling, »Philosophischer Brief über Dogmatismus und Kriticismus« (1795–1796), in: *Sämmtliche Werke*, Stuttgart und Augsburg 1856, I. Abteilung, 1. Band, 336–7.

16 »*Das Wesen des Ichs ist Freiheit*«; Friedrich Wilhelm Joseph Schelling, »Vom Ich als Princip der Philosophie« (1795), in: *Sämmtliche Werke*, Stuttgart und Augsburg 1856, I. Abteilung, 1. Band, 59.

17 So Philippe Lacoue-Labarthe, *L'imitation des modernes.*

18 Siehe das vierte Kapitel dieser Arbeit.

19 Man denke nur an Goethes Figurationen der Sammlung in »Der Sammler und die Seinen« sowie in *Wilhelm Meisters Lehrjahre* und *Wilhelm Meisters Wanderjahre.*

20 Niklas Luhmann, »Individuum, Individualität, Individualismus«, 199–200.

21 Das Paradox der Identifikation besteht darin, dass einerseits gerade das Individuum an sich, in seiner Singularität, gesucht wird, dieses aber zugleich durch den Akt der Identifikation getilgt wird, da es sich ja als zugänglich und verstehbar erweist. Das Individuum der Identifikation ist – aus der Sicht des Ich-Zwangs – ein Ersatz-Ich; vgl. Gotthold Ephraim Lessing, *Hamburgische Dramaturgie*, in: *Lessing Werke und Briefe in zwölf Bänden*, hg. v. Klaus Bohnen, Bd. 6, Frankfurt am Main 1985, 565–575 [Stücke 77–78].

22 Dazu Jochen Schmidt, *Genie-Gedanke*, 78–95.

23 Aufbauend u.a. auf Herder wird Kritik von den Schlegel-Brüdern zur Grundkonstellation frühromantischen Denkens ausgebaut. Siehe dazu Philippe Lacoue-Labarthe und Jean-Luc Nancy, *Literary Absolute: The Theory of Literature in German Romanticism*, Albany 1988.

24 Tatsächlich scheint im England des späten siebzehnten und achtzehnten Jahrhunderts den Eigentumsrechten ein Primat gegenüber den Persönlichkeitsrechten eingeräumt worden zu sein, siehe Lewis Namier, *England in the Age of the American Revolution*, London 1963, 2. Aufl., 32, und David Ogg, *England in the Reign of James II and William III*, London 1969, 70–105.

25 Diese Charakteristika stehen in deutlicher Nähe zu dem Modell von Charakter, welches Deidre Lynch als das Modell vor 1770 ausmacht, siehe Deidre Lynch, *Economy of Character*.

26 Siehe Patrick Brantlinger, *Fictions of State: Culture and Credit in Britain, 1694–1994*, Ithaca 1996.

27 Die für diese Studie maßgeblichen Arbeiten zu Moritz sind Jonathan M. Hess, *Reconstituting the Body Politic. Enlightenment, Public Culture and the Invention of Aesthetic Autonomy*, Detroit 1999, besonders 155–179; Erich Meuthen, *Selbstüberredung. Rhetorik und Roman im 18. Jahrhundert*, Freiburg 1994; und Elliott E. Schreiber, »Pressing Matters. Karl Philipp Moritz's Models of the Self in the Magazin zur Erfahrungsseelenkunde«, in: *Goethe Yearbook XI* (2002). Hess diskutiert, wie Moritz die Idee der Autonomie des Kunstwerks als Gegenprojekt zu der politischen Institution des Staates entwickelt; Meuthen analysiert die Politik der Fiktionalität bei Moritz; und Schreiber entwickelt den Zusammenhang zwischen verschiedenen Konzeptionen des Selbst und des Ich für Moritz. Ziel meiner Skizze ist es, die Entwicklungslinien von politischer Institution, Kunst, Fiktion und Ich aufeinander zu beziehen.

28 Wo nicht anders angegeben, wird hier und im Folgenden zitiert aus der verbreiteten, allerdings nicht fehlerfreien Insel-Ausgabe von Horst Günther, die, anders als etwa die Frankfurter Ausgabe, alle hier diskutierten Texte komplett abdruckt, Karl Philipp Moritz, *Werke*, hg. von Horst Günther, Frankfurt am Main 1981, Bd. 3, 460. Ich beziehe mich ausschließlich auf Texte der Zeit von 1785–1790, Texte also, die dem Erscheinen von Anton Reiser parallel gehen.

29 Moritz, Bd. 3, 188.

30 Moritz, Bd. 3, 187.

31 Siehe dazu die methodische Einleitung, Paragraph 16.

32 Zu Moritz' Konzeption dieser Institutionen und kulturellen Räume vergleiche ausführlich die noch unveröffentlichte Arbeit von Elliott E. Schreiber, *Spielraum: Karl Philipp Moritz's Topography of Modernity.*

33 Vgl. Moritz, Bd. 3, 460.

34 Moritz, Bd. 3, 188.

35 Moritz, Bd. 3, 186.

36 Kants Postulat, dass der Mensch nie zum Mittel werden dürfe, findet in Deutschland sofort großes Echo. Eine lange Liste der Rezeption von Kants Postulat zwischen 1795 und 1820, etwa bei Hufebach, Feuerbach, Jakob, Hoffbauer, Bauer, Gros, Krug und Marezoll, findet sich bei Christoph Ulmschneider, *Eigentum und Naturrecht im Deutschland des beginnenden 19. Jahrhunderts*, Berlin 2003, 35, Anm. 107.

37 Immanuel Kant, *Kritik der praktischen Vernunft*, in: *Werke*, hg. v. Wilhelm Weischedel, Darmstadt 1956, Bd. 4, 60.

38 Hier lässt sich denn auch die Differenz der Thesen der scharfsinnigen Studie von Jonathan M. Hess und der hier vorliegenden Arbeit darstellen. Hess bestimmt die Erfindung der Autonomie des Kunstwerks durch Moritz als Gegenprojekt zu der totalisierenden Staatsinstitution (à la Hobbes). Im Kunstwerk aber komme es zu einem Selbstverlust des Betrachters. Daher wiederum entstehe, unheimlicherweise (»uncannily«, Hess, 174, 175, 178), eine Nähe zwischen Staatsinstitution und Kunstwerk, die Moritzs Projekt eines Gegenprojekts zur Politik zum Scheitern bringe, ja, ins Gegenteil umschlagen lasse. Wie Hess sehe ich, dass Moritz eine Antwort auf Institutionen und auch die Staatsinstitution sucht. Diese Antwort ist aber von Beginn an keine radikale Opposition zur Institution, sondern ein bewusst an der Institution orientiertes Modell einer anderen Institution. Gefunden wird diese andere Institution, in der Tat, in der Autonomie bzw. Als-ob-Autonomie des Kunstwerks. In der Kunst-Kontemplation kommt es dabei durchaus auch zu einem Selbstverlust, doch eines Verlusts, der einhergeht mit der Kreation der Ich-Institution. Kurz, zu der von Hess vorbildlich diskutierten Konfrontation von Politik und Kunst scheint es mir notwendig, die Institution und speziell die Ich-Institution als dritte Instanz zu ergänzen.

39 »Unterschieben« ist das Kernwort, welches Moritz in *Kinderlogik* benutzt, um das Wirken von Institutionen zu kennzeichnen. Institutionen könnten den Menschen nicht vereinnahmen, »wenn den einzelnen Menschen nicht ein *Zweck* untergeschoben würde, weswegen er eine Zeitlang das Band zwischen Geist und Körper gleichsam *zerreißt* …«, Moritz, Bd. 3, 461; und: »Der Zweck, der seiner Denkkraft *listiger* Weise untergeschoben wird, ist, als müsse er dies tun, weil er sonst seine körperlichen Bedürfnisse nicht würde befriedigen … können« (ebd.). Das Entscheidende an dem ›Unterschieben‹, der Kantschen Subreption, ist, dass der Mensch also wie das Opfer des Kuckucks durchaus glaubt, dass er *seinem* Zweck folgt, *sein* Ei ausbrütet. Damit wird auch die von Moritz dort stark gemachte Differenz zwischen »unterschieben« und »verpflanzen« untergraben. Die Differenz besteht vielleicht nur darin, dass der Mensch gemäß Moritz Freude am Selbst-Denken hat, sodass der Spross der eigenen Gedanken gedeihen kann. Damit ist auch die Differenz zwischen Monarchie und Demokratie, die Moritz hier verhandelt, weniger prinzipiell als es zunächst scheinen könnte, vgl. Moritz, Bd. 3, 461–62.

40 Heinrich Heine, *Reisebilder. Die Nordsee (1826),* in: *Sämtliche Schriften*, hg. v. Klaus Briegleb, München 1969, Bd. 2, 218.

41 Siehe Moritz, »Über Selbsttäuschung«.

42 Die Vorstellung des Ich als »Feste« verbindet beide. Vergleiche etwa: »Daß sein eigentliches denkendes Ich dem Unglück keinen einzigen Berührungspunkt darbietet, daß dieses nur mit seiner Umgebung spiele, aber ihn selbst nicht erschüttern kann; daß es in jedem Augenblick seines Daseins in seiner Macht steht, sich in sich selbst zurückzuziehen, und alles was ihn umgibt, freiwillig dem Zufall preiszugeben – ... Aus dieser sichern Feste, die ich um mich her gezogen habe, biete ich dem Zufall Trotz ...« (Moritz, Bd. 3, S. 214). Die Feste ist das, was das Ich bei seinem Rückzug von sich externalisiert, abwälzt, absondert. Es gibt hier also mindestens zwei Instanzen, in diesem »sich in sich selbst zurückzuziehen«: das innere Wesen und die äußere Feste. Das Ich sondert ein Sekret von sich ab, das hart wird wie das Haus der Schnecke und es nach außen hin schützt. Dieses Sekret, deutsch: Aus- oder Absonderung, ist dabei ebenfalls ein Ich. Das Ich ist ein Sekret. Durch dieses (äußere) Sekret-Ich kann das (innere) »eigentliche ... Ich« diskret, heimlich, verborgen bleiben. Absonderung ist das Wesen des Ich. In der Absonderung (dem Sekret) verdoppelt sich das Ich, spaltet sich, zieht sich in das Ich zurück. So sagt Moritz auch anderswo, dass wir uns selbst kennenlernen, indem »wir uns gleichsam von uns selber absondern.« (Dort, nämlich in »Pronomina in psychologischer Hinsicht«, heißt es auch: »... und sage [ich] bloß *mein Ich*, so bekomme ich dadurch den deutlichsten Begriff von mir selber, indem ich mich nun, als etwas, das *außer mir* ist, betrachte, oder mich gleichsam aus meiner eignen Vorstellung *herausdenke*«, Moritz, Bd. 3, 140; zur Kommentierung dieser Passage vgl. Anthony Krupp, »Other Relations: the Pre-History of the I in Rousseau and Moritz«, in: *Goethe Yearbook XI* (2002), 111–132.

43 Zu den politischen Dimensionen von Architektur und »Haus« bei Moritz siehe die bisher unveröffentlichte Arbeit von Elliott E. Schreiber, *Spielraum: Karl Philipp Moritz's Topography of Modernity.*

44 Moritz, Bd. 3, 422.

45 Moritz, Bd. 3, 416.

46 Moritz, Bd. 3, 417.

47 Moritz, Bd. 3, 422.

48 Die Betonung des Eigentums fällt denn auch in *Grammatisches Wörterbuch der deutschen Sprache* (1794) ins Auge. Moritz (oder einer der Nachfolger von Moritz, die das Werk nach seinem Tod fortgesetzt haben) bemerkt hier, dass die Deklination des Personalpronomen »Ich« einen anderen Stamm einführt (nämlich »Mir, Mich …«) und leitet diesen Stamm vom Possessivpronomen »mein« ab und eben nicht umgekehrt, wie es naheläge: »Der Genitiv beider Zahlen [ich, wir] ist seiner Gestalt nach von den possessiven Pronominibus *mein* und *unser* hergenommen; Dativ und Akkusativ behalten doch einige Ähnlichkeit mit dem Genitiv.« Karl Philipp Moritz, *Grammatisches Wörterbuch der deutschen Sprache*, Berlin 1794, Bd. 2, 268–69.

49 Moritz, Bd. 3, 423.

50 Zur Karriere dieser Aufwertung der kommunikativen Funktion des Geldes vgl. Thomas Wirtz, »›Vom Geiste der Speculation‹. Hermeneutik und ökonomischer Kredit in Weimar«, in: *Athenäum* 8 (1998), 9–32.

51 Moritz, Bd. 3, S. 423.

52 Moritz denkt dabei in der Tat eine Temporalisierung des psychischen Geschehens (siehe dazu die Studie zur Fallstudie von Andreas Gailus, »A Case of Individuality. Karl Philipp Moritz and the Magazine for Empirical Psychology«, in: *New German Critique* 79 [Winter 2000], 67–105). Doch darüber hinaus stellt Moritz wiederholt dar, inwiefern das Entscheidende an der Temporalisierung nicht eine schlichte Entwicklung sei, sondern die aktive Aneignung eines früheren, verwundenden Ereignisses; eine Aneignung, die das früher erlittene Moment redupliziert und dabei dem inneren, erleidenden Selbst ein aktives Ich gegenüberstellt. Kurz, die Leistung des Psychischen liegt in der aktiven Selbstverdoppelung im Rückgriff auf das Erlittene; vgl. Fritz Breithaupt, »The Invention of Trauma in German Romanticism«, in: *Critical Inquiry* 32 (2005), 77–101.

53 Vgl. die Studie von Meuthen: »Das Trauma innerer Substanzlosigkeit, gegen das Moritz anschreibt, soll durch die ›Erinnerung‹, in der das ›Ich‹ Vergangenes vergegenwärtigt und sich zugleich ›selbst‹ in seiner ›Innerlichkeit‹ erlebt, verarbeitet und abgebaut werden«, Erich Meuthen, *Selbsttäuschung*, 235.

54 Moritz, Bd. 2, 543.

55 Diese Als-ob-Autonomie ist das Thema von *Über die bildende Nachahmung des Schönen*: »Zu dem Begriff des Schönen … gehört also noch, daß es nicht nur oder nicht sowohl, ein für sich bestehendes Ganze wirklich sey, als vielmehr nur wie ein für sich bestehendes Ganze, *in unsere Sinne fallen*, oder von unsrer *Einbildungskraft umfaßt werden* könne«, Moritz, Bd. 2, S. 558. Zur Ästhetik von Moritz vgl. Jürgen Fohrmann, »Bildende Nachahmung: Über die Bedeutung von ›Bildung‹ und ›Ordnung‹ als Prinzipien der Moritzschen Ästhetik«, in: Martin Fontius und Anneliese Klingenberg (Hg.), *Karl Philipp Moritz und das 18. Jahrhundert. Bestandsaufnahmen, Korrekturen, Neuansätze*, Tübingen 1995, 177–186. Zur Analyse der Frage, wie Moritz das in sich selbst vollendete Kunstwerk in sich selbst vollendet, also die Autonomie schließt, vgl. die scharfsinnige Lektüre von Rüdiger Campe, »Zeugen und Fortzeugen in Karl Philipp Moritz' ›Über die bildende Nachahmung des Schönen‹«, in: Christian Begemann und David E. Wellbery (Hg.), *Kunst, Zeugung, Geburt: Theorien und Metaphern ästhetischer Produktion in der Neuzeit*, Freiburg i. Br. 2002, 225–250.

56 »Versuch einer Vereinigung aller schönen Künste und Wissenschaften unter dem Begriff des ›in sich selbst Vollendeten‹, in: Moritz, Bd. 2, 544.

57 Man darf vermuten, dass hier der Begründungsakt der Institution überhaupt vollzogen wird: Einer externen Instanz wird die Fähigkeit der Selbstzweckhaftigkeit verliehen. Doch während sich der Begründungsakt der Institution in den klassischen Institutionen zu einer Norm verdichtet, die überpersönlich Anspruch auf Geltung erhebt, bleibt das Schöne gebunden an seine Aktualisierung in der jeweiligen Betrachtung. Das Kunstwerk existiert nur im Auge des einen Betrachters. Das Kunstwerk ist insofern eine subjektive Institution, eine Institution, deren Anspruch auf Geltung eben nur Anspruch auf »Beistimmung« bleibt, wie Kant in der *Kritik der Urteilskraft* (§§ 18–21) argumentiert.

58 Moritz, Bd. 3, 470.

59 Ich folge in dieser Unterscheidung von neuem und altem Naturrecht Diethelm Klippel, *Politische Freiheit und Freiheitsrechte im deutschen Naturrecht des 18. Jahrhunderts*, Paderborn 1976.

60 Vgl. Christoph Ulmschneider, *Eigentum und Naturrecht*.

61 Etwa: »Das Zueignen (occupatio) ist die Handlung, durch welche einer erklärt, daß eine Sache, die keinem gehört, seine seyn soll, und sie dann in den Zustand bringt, daß sie seine seyn kann«, Christian Wolff, *Grundsätze des Natur- und Völckerrechts worinn alle Verbindlichkeiten und alle Rechte aus der Natur des Menschen in einem beständigen Zusammenhange hergeleitet werden*, Halle 1754, Paragraph 210.

62 Vgl. Diethelm Kippel, »Persönlichkeit und Freiheit: Das ›Recht der Persönlichkeit‹ in der Entwicklung der Freiheitsrechte im 18. und 19. Jahrhundert«, in: Günter Birtsch (Hg.), *Grund- und Freiheitsrechte von der ständischen zur spätbürgerlichen Gesellschaft*, Göttingen 1987, 269–290.

63 Johann Christian Friedrich Meister, *Lehrbuch des Natur-Rechtes*, Züllichau und Freystadt 1809, Para 191, 154, zitiert nach Ulmschneider, 31–32.

64 Johann August Schlettwein, *Die wichtigsten Angelegenheiten für das ganze Publicum, oder die natürliche Ordnung in der Politik*, 2. Teil, Karlsruhe 1773, 82–83. Zur Kommentierung dieser Passage vergleiche Diethelm Kippel, »Persönlichkeit und Freiheit …«, 284.

65 C. Meiner, »Ueber die Entstehung des Eigenthums«, in: *Göttingisches historisches Magazin*, 1789, Bd. 5, 461–474: 473.

66 So Franco Negro, *Das Eigentum*, München, Berlin 1963, 53–54.

67 Die Position Lockes wird in Deutschland, soweit ich sehe, zuerst von J.A. Pheifer, *Ueber das allgemeine Eigenthumsrecht*, Erfurt 1777, vertreten. Doch in den Rezensionen wird diese Position noch für obstrus erklärt (Anonym, in: *Allgemeine deutsche Bibliothek*, 1778, 34. Bd., 2. Stück, 443–45). Um 1800 dagegen ist Lockes Argumentation gängig, wenngleich sie sich letztlich, so zumindest Ulmschneider, 40–55, und Kippel (1987), nicht allgemein durchzusetzen vermag.

68 Vegl. Günter Birtsch, »Freiheit und Eigentum. Zur Erörterung von Verfassungsfragen in der deutschen Publizistik im Zeichen der Französischen Revolution«, in: Rudolf Vierhaus (Hg.), *Eigentum und Verfassung. Zur Eigentumsdiskussion im ausgehenden 18. Jahrhundert*, Göttingen 1972, 179–192.

69 Ernst Ferdinand Klein, *Freyheit und Eigenthum, abgehandelt in acht Gesprächen über die Beschlüsse der Französischen Nationalversammlung*, Berlin und Stettin 1790, photomechanischer Nachdruck Kronberg Ts. 1977, 43. Diese Äußerung wird von dem Dialogpartner Kleon hervorgebracht, von dem Klein in der Vorrede schreibt, dass seine Meinungen ihm »am nächsten kommen«.

70 Deutsch nach Franco Negro, *Das Eigentum*, 57–79.

71 Vgl. zur Entstehung des Urheberrechts Heinrich Bosse, *Autorschaft ist Werkherrschaft. Ueber die Entstehung des Urheberrechts aus dem Geist der Goethezeit*, Paderborn u.a. 1981; Michael Bülow, *Buchmarkt und Autoreneigentum. Die Entstehung des Urhebergedankens im 18. Jahrhundert*, Wiebaden 1990; Thomas Wegmann, *Tauschverhältnisse. Zur Ökonomie* *des Literarischen und zum Ökonomischen in der Literatur von Gellert bis Goethe*, Würzburg 2002, 166–186.

72 Johann Gottlieb Fichte, »Beweis der Unrechtmässigkeit des Büchernachdrucks: Ein Räsonement und eine Parabel«, in: *Sämmtliche Werke*, hg. v. J.H. Fichte, Bd. 8, Berlin 1846, 227.

73 G.W.F. Hegel, *Grundlinien der Philosophie des Rechts*, mit Hegels eigenhändigen Randbemerkungen in seinem Handexemplar der Rechtsphilosophie, hg. von Johannes Hoffmeister, Hamburg 1967, 4. Aufl., 55, §41.

74 Hegel, §59.

75 Hegel, §44, Zusatz.

76 Vgl. zur Einführung Albert O. Hirschman, *Leidenschaften und Interesse*.

3. Kapitel: 1797. Der Ich-Effekt des Geldes

1 Darüber, dass zahlreiche Praktiken in dieser Epoche verzeitlicht werden, besteht in der Literatur weitgehend Einigkeit. Hartmut Rosa zufolge ist dies auch die Epoche, in der die tatsächliche und die so wahrgenommene Beschleunigung des modernen Lebens beginnt, siehe Hartmut Rosa, *Beschleunigung. Die Veränderung der Zeitstruktur in der Moderne*, Frankfurt am Main 2005.

2 Joseph Vogl, *Kalkül und Leidenschaft. Poetik des ökonomischen Menschen*, München 2002, 54–82.

3 »THUS every Part was full of Vice,/ Yet the whole Mass a Paradise;/ …/ The worst of all the Multitude/ Did something for the Common Good./ THIS was the State's Craft, that maintain'd/ The Whole of which each Part complain'd«, Bernhard Mandeville, *The Fable of the Bees or Private Vice, Publick Benefits*, hg. v. F.B. Kaye, Indianapolis 1988, photomechanischer Nachdruck der Ausgabe Oxford 1924, Vol. I, 24. Das Bild der Waage erscheint auf der folgenden Seite auch explizit.

4 Vgl. zu weiteren Beispielen der Metaphorik der Ausgeglichenheit Albert O. Hirschman, *Leidenschaften und Interesse.*

5 Adam Smith, *An Inquiry into the Nature and Cause of the Wealth of Nations*, in: *Glasgow Edition of the Works and Correspondences of Adam Smith*, hg. v. Roy Harold Campbell und Andrew S. Skinner, Oxford 1979, reprint Indianapolis 1981, Bd. 1, 311.

6 Adam Smith, *Wealth of Nations*, 308–10.

7 Marc Shell analysiert Kants Gebrauch von Geld-Metaphern und argumentiert, dass Kant das Konzept der Null von dem Ausgleich einer wechselseitigen Verschuldung ableitet. Shell sieht in dieser Null den Ursprung von Kants Begriff von Wahrheit als »Aufhebung«, Marc Shell, *Money, Language, and Thought*, Baltimore 1982, 133–37.

8 Goethe, *Erster Entwurf einer allgemeinen Einteilung in der vergleichenden Anatomie*, WA II. 8, 16.

9 Goethe, HA VI, 219–20.

10 Vgl. Hamacher, »Faust, Geld«, in: *Athenäum. Jahrbuch für Romantik* 4 (1994), 131–187. Zur Inflation von 1797 siehe auch Joseph Vogl, *Kalkül und Leidenschaft*, 270–279.

11 Siehe das zweite Kapitel dieser Arbeit.

12 Siehe den methodischen Abschnitt der Einleitung.

13 Peter Sloterdijk beschreibt diese Transformation des Geldes im Handel als die »Grundbewegung« der ökonomischen Globalisierung schlechthin. Noch durch die waghalsigste Überseeexpedition soll das Geld zurück zum »Ausgangskonto« kommen, sodass der »Expansionswahnsinn zur Profitvernunft« werde; Peter Sloterdijk, *Im Weltinnenraum des Kapitals*, Frankfurt am Main 2005, 134.

14 Siehe Winfried Menninghaus, *Unendliche Verdopplung. Die frühromantische Grundlegung der Kunsttheorie im Begriff absoluter Selbstreflexion*, Frankfurt am Main 1987.

15 Zum Fragment als »Projekt« vgl. Philippe Lacoue-Labarthe und Jean-Luc Nancy, *The Literary Absolute: The Theory of Literature in German Romanticism*, Albany 1988.

16 Friedrich Schlegel, *Kritische Friedrich-Schlegel-Ausgabe* (= KA), hg. v. Ernst Behler unter Mitwirkung von Jean-Jacques Anstett und Hans Eichner, München, Paderborn, Wien, Zürich 1958, Bd. XVI, 138, Nr. 634. Vgl. auch: »Kann man etwas anderes charakterisiren als Individuen?«, KA II, 205. (*Athenaeum* Fragment Nr. 242). Dieses Fragment weist auch darauf hin, dass Individualität nicht auf den Menschen beschränkt bleibt: »Sind nicht alle Systeme Individuen, wie alle Individuen auch wenigstens im Keime und der Tendenz nach Systeme?«

17 KA XVI, 142, Nr. 677. Die Austauschbarkeit von »charakterisiren«, »kritisiren«, und »potenziren« wird aus dem Kontext deutlich und findet sich explizit in: KA XVIII, 48, Nr. 298.

18 KA XVI, 163, Nr. 919. Das nächste Fragment lautet: »Jedes Indiv. [iduum] constituirt eine Masse.«

19 Diese Paradoxien im Denken der Frühromantiker sind in den letzten Dekaden Anlass einer Reihe von wichtigen Studien geworden. Genannt seien hier neben den Arbeiten von Menninghaus und Lacoue-Labarthe und Nancy vor allem: Paul de Man, *The Rhetoric of Romanticism*, New York 1984, und Werner Hamacher, *Entferntes Verstehen*, Frankfurt am Main 1998.

20 G.W.F. Hegel, *Vorlesungen über die Ästhetik I*, in: *Werke*, Bd. 13, Frankfurt am Main 1986, 92–99.

21 Zur Simultaneität von Individualität und Universalität vgl. KA XVIII, 229, Nr. 418, und 258–59, Nr. 782.

22 Schlegel entfaltet diese strukturelle Identität von Individuum und Gemeinschaft etwa zu Beginn von *Gespräch über die Poesie* (1800): »[L]ehren soll ihn [den Menschen] die hohe Wissenschaft echter Kritik, wie er sich bilden muß in sich selbst, und vor allem soll sie ihn lehren, auch jede andre selbständige Gestalt der Poesie in ihrer klassischen Kraft und Fülle zu fassen, daß die Blüte und der Kern fremder Geister Nahrung und Same werde für seine eigne Fantasie« (KA II, 284). Das »eigenste Wesen« muss auch für das andere und die anderen offen sein, sodass es »auch jede andre selbständige Gestalt« beherbergen kann, da dieses Eigenste ja in seiner Bewegung in Richtung dessen, was es (noch) nicht ist, ›besteht‹, besteht freilich ohne je präsent zu sein. Hier liegt denn auch die fundamentale Differenz zu Fichtes Grundsatz, der das Ich schlicht als logisch inkompatibel von dem Nicht-Ich unterscheidet.

23 In *Über die Unverständlichkeit* schreibt Friedrich Schlegel: »Schon oft hatte ich die Objektivität des Goldes im stillen bewundert, ja darf wohl sagen angebetet. [...] Kurz überall wo es nur einige Bildung und Aufklärung gibt, ist das Silber, das Gold verständlich und durch das Gold alles übrige.« Während es zunächst scheint, als liefere Gold das neutrale und abstrakte »Medium« der Kommunikation, das Schlegel zu suchen vorgab, wendet sich überraschend das Blatt, wenn er es jetzt dem Wesen des Goldes zuschreibt, die Unverständlichkeit zu verhüllen: »Wenn nun erst jeder Künstler diese Materien [Gold und Silber] in hinreichender Quantität besitzt, so darf er ja nur seine Werke in Basrelief schreiben, mit goldnen Lettern auf silbernen Tafeln. Wer würde eine so schön gedruckte Schrift, mit der groben Äußerung, sie sei unverständlich, zurückweisen wollen?« KA II, 365. Gold ist zwar allgemein verständlich, zugleich aber abstrakt. Eben deshalb kann es keine wirkliche Bedeutung überliefern, weshalb es zu Individualität oder *Bildung* nicht taugt.

24 August Wilhelm Schlegel, *Kritische Schriften und Briefe*, hg. v. Edgar Lohner, Stuttgart 1964, Bd. III, 60.

25 KA XIII, 104–41.

26 KA XIII, 115. Auch: »Bildung aber ist ohne Eigentum nicht möglich; sie ist der einzige sittliche Grund, der uns zum Besitze der äußern Dinge berechtigt«; Friedrich Schlegel, KA XIII, 128.

27 Siehe die Ausführungen am Ende des vorigen Kapitels.

28 In Nähe zu Locke argumentiert Schlegel: »Alles worauf ich meine Kraft angewandt habe, wird eben dadurch mein Eigentum – vor allem die *Formation*; habe ich den Stoff kultiviert, so ist er mein eigen; aber auch bei der Okkupation findet eine Kraftanwendung statt, und mithin ein Eigentumsrecht«, Friedrich Schlegel, KA XIII, 114. Schlegel ergänzt zu Locke die Betonung der Form und mithin der Grenze des Eigentums. Die Grenze ist weder schlicht im Eigentum enthalten, noch ist sie ihm fremd, sondern ist, gemäß der Logik, die Schlegel beschreibt, das Surplus der Definition, welches in keiner Definition aufgeht.

29 Friedrich Schlegel, KA XIII, 119.

30 Friedrich Schlegel, KA XIII, 119, 120.

31 Wie es das berühmte *Athenaeum*-Fragment 116 formuliert: »Die romantische Dichtart ist noch im Werden; ja das ist ihr eigentliches Wesen, daß sie ewig nur werden, nie vollendet sein kann.« Dies Fragment beschreibt auch die Faszination der »romantischen Dichtart« für die Individualität: »Sie [romantische Poesie] kann sich so in das Dargestellte verlieren, daß man glauben möchte, poetische Individuen jeder Art zu charakterisieren, sei ihr Eins und Alles«, KA II, 186.

32 Auf den Punkt gebracht bedeutet für Marx Kapital das Gleiche wie Individualität für Schlegel, nämlich ein sich selbst erweiterndes, nicht-identisches Vermögen: »Der Wert der Waren [...] verwandelt sich so in ein automatisches Subjekt. [...] In der Tat aber wird der Wert hier das Subjekt eines Prozesses, worin er unter dem beständigen Wechsel der Formen von Geld und Ware seine Größe selbst verändert, sich als Mehrwert von sich selbst als ursprünglichem Wert abstößt, sich selbst verwertet. Denn die Bewegung, worin er Mehrwert zusetzt, ist seine eigne Bewegung, seine Verwertung also Selbstverwertung«, Karl Marx, *Das Kapital: Kritik der politischen Ökonomie*, in: Karl Marx und Friedrich Engels, *Werke*, hg. v. Institut für Marxismus-Leninismus beim ZK der SED, Berlin 1989, 33. Auflage, Bd. 23, 168–69. Dies Subjekt ist ein selbstschöpferisches Subjekt, weil es nicht existierte, wenn es sich nicht selbst geschaffen hätte.

33 Friedrich Schlegel, KA XIII, 120.

34 Ernst Behler schlägt die Ersetzung von »diese« durch »jene« vor, weil er denkt, dass nur die Armen dem Staat zur Last fallen könnten. Aber könnte Schlegel nicht ebenso gut gemeint haben, dass die Reichen eine Belastung des Staates werden, sobald ihr Geld anstelle von ihnen die Arbeit verrichtet und ihnen damit verwehrt, sich zu individualisieren, sodass sie zu Nichtstuern verkommen? Vgl. KA XIII, 455, Fußnote 27.

35 Ähnlich wie Schlegel sieht Fichte im internationalen Handel eine Bedrohung. In *Der geschlossene Handelsstaat. Ein philosophischer Entwurf als Anhang zur Rechtslehre und Probe einer künftig zu liefernden Politik* (1800), fordert Fichte: »Aller Verkehr mit dem Ausländer muß dem Untertanen verboten seyn und unmöglich gemacht werden«, Johann Gottlieb Fichte, *Sämmtliche Werke*, hg. v. J. H. Fichte, Berlin 1845, Bd. 1, Teil II, 419 (Kapitel 2). Während des öfteren argumentiert wurde, dass Fichtes und Schlegels »konservative« Wende durch die Ereignisse der Französischen Revolution bedingt sei, scheint es mir mindestens ebenso plausibel, diesen Abschluss des Staat-Ich direkt aus dem unbedingten Grundsatz abzuleiten.

36 Friedrich Schlegel, KA XIII, 122–3.

37 Das Muster der vier Wiederholungen der *bert*-Charaktere verhindert einen wirklichen Neubeginn und unterwirft das scheinbar freie Individuum der Pathologie eines Wiederholungszwangs. Daher hat Ernst Bloch die Rückkehr des Verdrängten als *déjà vu* des Unvollendeten bezeichnet: »Der Chok wäre dann stellvertretend für alle plötzliche Rückkehr zu einem Selbst, das nicht oder nicht überall so geriet, wie es sich meinte.« Ernst Bloch, »Bilder des déjà vu«, in: *Gesamtausgabe*, Frankfurt am Main 1959, Bd. 9, 238. Eine vollständige Lektüre der Novelle müsste auch ihre Unverständlichkeit berücksichtigen. Das Rätsel, das der Text seinen Lesern stellt, sollte wohl im Licht der Art und Weise gesehen werden, in der die Novelle selbst mit Rätseln umgeht. Stets wenn ein Charakter ein Rätsel lüftet, führt dies zu Verrat und Verlust. Bertha stirbt, nachdem sie Walter ihre Geschichte erzählt. Eckbert verliert seinen Freund Hugo, nachdem Eckbert sein Schweigen brach. Wenn also die Geschichte ihr Rätsel bewahrt, so entgeht sie dem Fehler ihrer Charaktere. Siehe Wolfgang Rath, *Ludwig Tieck: Das vergessene Genie*, Paderborn 1996; und Bernhard Greiner, »Patho-logie des Erzählens: Tiecks Entwurf der Dichtung im *Blonden Eckbert*«, in: *Deutschunterricht* 39.1 (1987), 111–23.

38 Ludwig Tieck, *Werke in vier Bänden*, hg. v. Marianne Thalmann, München 1964, Bd. 2, 74–75.

39 Zur Erotisierung siehe Klaus F. Gille, »Der Berg und die Seele: Überlegungen zu Tiecks *Runenberg*«, in: *Neophilologus* 77.4 (1993), 611–623.

40 Zitiert nach *Literarische Phantastik*, hg. v. Winfried Freund, Stuttgart, Berlin, Köln 1990, 35–44.

41 Adelbert von Chamisso, *Peter Schlemihls wundersame Geschichte*, Stuttgart 1965, 16–17.

42 Vergleiche zur folgenden Diskussion auch die reiche Deutung von Jochen Hörisch, *Kopf oder Zahl. Die Poesie des Geldes*, Frankfurt am Main 1996, 276–78.

43 So Alice A. Kuzniar, »›Spurlos … verschwunden‹. *Peter Schlemihl* und sein Schatten als der verlorene Signifikant«, in: *Aurora* 45 (1985), 189–204; auch Rolf Günter Renner argumentiert, dass die Novelle einen Übergang von einer imaginären zu einer symbolischen Ordnung darstellt, »Schrift der Natur und Zeichen des Selbsts. Peter Schlemihls wundersame Geschichte im Zusammenhang von Chamissos Texten«, in: *Deutsche Vierteljahrsschrift* 65 (1991), 653–673.

44 Ulrich Baumgartner stellt in diesem Zusammenhang dar, wie der Gegensatz von Ich und Welt durch den Pakt in die Differenz von Arm und Reich überführt wird; *Adelbert von Chamissos Peter Schlemihl*, 40.

45 So Wladimir Troubetzkoy, *L'Ombre et la Différence. Le Double en Europe*, Paris 1996, 111.

46 Vgl. Karl Marx, *Der Fetischcharakter der Ware und sein Geheimnis*, in: Marx/Engels, *Werke*, Bd. 23, 85–98.

47 So sagt Walter Benjamin im Zusammenhang von *Das Kunstwerk im Zeitalter der technischen Reproduzierbarkeit*: »Begriff der zweiten Natur: Daß es diese zweite Natur immer gegeben hat, daß sie aber früher von der ersten nicht differenziert war und zur zweiten erst wurde, indem die erste sich in ihrem Schoß bildete.« Benjamins Wort kennzeichnet damit zugleich jeden Versuch, eine Urszene zu entwerfen, etwa die Urszene der Ökonomie, als ein ideologisches Moment; Walter Benjamin, *Gesammelte Schriften*, Band I, 1045.

48 »Hartnäckig wird es Welt und Nachwelt leugnen […],« Goethe, *Faust II*, Vers 5918.

49 »Die Macht der Waare, die um des Beyeinanderseyns Willen mit Allen von Allen gesucht wird, die Macht des Wortes oder des Glaubens, worin sich viele oder alle Mitglieder der bürgerlichen Gesellschaft vereinigen: beyde Mächte sind nur Offenbarungen des Bedürfnisses aller bey einander zu seyn«, Adam Heinrich Müller, *Versuche einer neuen Theorie des Geldes*, Jena 1922, 31 (Verfasst 1810/11, zuerst veröffentlicht 1816).

50 Adam Müller, *Versuche*, 29.

51 Adam Müller, *Versuche*, 33.

52 Adam Müller, *Versuche*, 31.

53 Adam Müller, *Versuche*, 34.

54 Adam Müller, *Versuche*, 36.

55 Richard T. Gray stellt dar, wie diese Medialität des Geldes bei Müller die Gemeinschaft ebenso erzeugt wie voraussetzt: »The very act of exchange presupposes absolute ›credit‹ – faith, trust, and confidence – among those who enter into a commercial contract; but it also creates and enhances this credit with each successful act of ›commerce‹«: siehe »Economic Romanticism: Monetary Nationalism in Johann Gottlieb Fichte and Adam Müller«, in: *Eighteenth-Century Studies* 36 (2003), 535–558, hier 551.

56 Adam Müller, *Versuche*, 100.

57 Adam Müller, *Versuche*, 80.

58 Müller macht Allod zudem verantwortlich für restriktive Politik: »Gibt es nur Privateigenthum … so kann die Regierung … ihre Bestimmung … nur durch Zwang, durch ein eisernes Band erreichen …« (24).

59 Siehe das zweite Kapitel, Abschnitt 6, dieser Arbeit.

60 Vgl. Aristoteles, *Politeia*, Buch I, 1256a–1258b.

61 Jacques Derrida argumentiert in diesem Sinne, dass die Grenze zwischen einer allgemeinen Güterzirkulation, die er mit Aristoteles Ökonomie nennt, und einer Kunst der individuellen Bereicherung, Chrematistik, durch Geld hintergangen wird. Weil es Geld, monetäres Zeichen, und seine Stellvertreterfunktion gibt, tendiere die bloße allgemeinnützliche ökonomische Warenzirkulation zur Zusammenballung in chrematistischen Instanzen, die nur dem Selbstzweck dienen. Weil es Geld gibt, wird aus den reinen Bedürfnissen (die die Ökonomie regelt) auch das (chrematistische) Begehren, dergestalt, dass die Grenze beider ungewiss wird; vgl. Jacques Derrida, *Über das ›Preislose‹, oder The Price is Right in der Transaktion*, Berlin 1999, 15–17.

62 Adam Müller, *Versuche*, 75–6.

63 Dazu ausführlich Adam Müller, *Versuche*, 174–215.

64 Vgl. Adam Müller, *Versuche*, 231.

65 Adam Müller, *Versuche*, 203.

66 So etwa Marc Shell, *The Economy of Literature*, Baltimore 1978, 1–10, und Jean-Joseph Goux, der die gemeinsame Wurzel von Geld und Sprache in der Substitution erblickt, *Freud, Marx. Economie et Symbolique*, Paris 1973. Vgl. zudem die differenzierteren Befunde von Joseph Vogl, *Kalkül und Leidenschaft.* Umgekehrt darf natürlich nicht die Ungewissheit und Unheimlichkeit des Papiergeldes unterschlagen werden. Erst Mitte des neunzehnten Jahrhunderts werden zumindest in England die seit 1797 ausgegebenen Noten der Bank of England »kulturell unsichtbar«, so Mary Poovey, *Genres of the Credit Economy. Mediating Value in Eighteenth- and Nineteenth-Century Britain*, Chicago 2008, 219.

4. Kapitel: **1848. Der Homo Oeconomicus als Beobachter von Selbst-Interesse**

1 Zur Erklärung dieser Ökonomisierung aller Lebensbereiche haben Historiker eine Trias an Gründen dingfest gemacht. Im Mittelpunkt steht die industrielle Revolution, die die deutschen Länder später als England erreicht. Möglich wird die Industrialisierung wiederum durch die neue Mobilität der Arbeitskräfte, und das heißt auch sozialer Mobilität, wenn die Standesgesetze endgültig fallen. Die Protagonisten der industriellen Revolution sind die Unternehmer, die sich aus der noch relativ jungen Mittelschicht speisen. Doch dass es in der Produktion von Gütern im neunzehnten Jahrhundert zu Innovationsschüben kommt, erklärt sicherlich noch nicht, wieso etwa parallel eine ökonomische Wurzel der Moral oder eine geldähnliche Struktur in der Liebe diskutiert werden. Im Folgenden soll daher ein anderer Einstieg zur Diskussion der Ausweitung ökonomischer Erklärungen gesucht werden, nämlich ausgehend von der Figur des Beobachters der ökonomisch Handelnden. Wie können die Vorgänge der Lebenswelt derartig beobachtet werden, dass sie als ökonomisch geleitet scheinen?

2 Das Wort Selbst-Interesse wird hier als Eindeutschung des Englischen »self-interest« gewählt. Anders als die anderen im neunzehnten Jahrhundert geläufigen Übersetzungen wie »Eigennutz«, »Selbstliebe« und »Selbstsucht« ist der Begriff »Selbst-Interesse« zunächst mit weniger Wertungen besetzt und bleibt zudem gegenüber seiner englischen Herkunft durchsichtig. Die in diesem Text gewählte Schreibweise mit Bindestrich dient der Betonung dessen, dass es sich um ein Konstrukt und nicht etwa einen unproblematischen Grundtrieb handelt.

3 Pierre Bourdieu etwa beschreibt den Homo Oeconomicus als ein »anthropologisches Monster«, das als »scholastic fallacy« erst vorausgesetzt und dann nachträglich ›bewiesen‹ wird. Gegen die Unterstellung des stets rational und selbst-interessiert wirtschaftenden Menschen schlägt er vor, den »ökonomischen Habitus« zu untersuchen, der verschiedenen Gruppen verschiedene Formen von Rationalität zuordnet; Pierre Bourdieu, »Das ökonomische Feld«, in: Pierre Bourdieu u.a., *Der Einzige und sein Eigenheim*, Hamburg 1988, 185–222: 213–14.

4 Die Unbeobachtbarkeit des Selbst-Interesses leitete sich auch aus den Überlegungen von Jan Mieszkowski ab. Er beschreibt, wie dem Selbst-Interesse eine eigentümliche und nicht reduzible Ambiguität innewohnt: Einerseits ist Selbst-Interesse die eigentliche Domäne der Person, andererseits bezeichnet Selbst-Interesse die Dynamik, die den Einzelnen über sich selbst hinausführt. Das Interesse im Selbst-Interesse ist eine »non-psychological psychological category« und wird durchaus von Sinn geleitet, ohne aber ganz in Rationalität aufzugehen; Jan Mieszkowski, *Labors of Imagination: Aesthetics and Political Economy from Kant to Althusser*, New York 2006, 111–13.

5 Zum wirtschaftenden Menschen in der Literatur vgl. Bernd Blaschke, *Der homo oeconomicus und sein Kredit bei Musil, Joyce, Svevo, Unamuno und Céline*, München 2004 und Werner Wunderlich (Hg.), *Der literarische Homo oeconomicus. Vom Märchenhelden zum Manager. Beiträge zum Ökonomieverständnis in der Literatur*, Bern 1989.

6 Sen formuliert seine Kritik der wirtschaftswissenschaftlichen Doktrin des Homo Oeconomicus wie folgt: »It is possible to define a person's interest in such a way that no matter what he does he can be seen to be furthering his own interests in every isolated act of choice«; Amartya K. Sen, »Rational Fools: A Critique of the Behavorial Foundations of Economic Theory«, in: Tracy B. Strong (Hg.), *The Self and the Political Order*, New York 1992, 120–139: 121.

7 Vgl. etwa Sigmund Freud, *Zur Einführung des Narzißmus* (1914).

8 Vgl. Alfred Döblin, *Über Jungfräulichkeit* (1912) und *Jungfräulichkeit und Prostitution* (1912).

9 Währungen sind Inkarnationen von Knappheit; jeder Verlust an Währungsmitteln entspricht einer Einengung des künftigen Handlungsspielraums. Diese Besonderheit des Geldes als Kommunikationsmedium unterstreicht Niklas Luhmann, wenn er betont, dass Geld das einzige ›symbolisch generalisierte Kommunikationsmedium‹ sei, welches in der Kommunikation nicht beiden Seiten zugänglich gemacht werde, sondern einer Seite je entzogen werde; vgl. Niklas Luhmann, *Die Wirtschaft der Gesellschaft*, Frankfurt am Main 1996, 2. Aufl., 246–247. Dirk Baecker hält eben diese »Paradoxie« des Geldes – dass es nämlich in jedem kommunikativen Gebrauch zugleich »Schuld und Vermögen« sei – für den Anlass der Unbeobachtbarkeit oder eben nur paradoxen Beobachtbarkeit des Ökonomischen; Dirk Baecker, »Die Beobachtung der Paradoxie des

Geldes«, in: Hans Ulrich Gumbrecht und K. Ludwig Pfeiffer (Hg.), *Paradoxien, Dissonanzen, Zusammenbrüche. Situationen offener Epistemologie*, Frankfurt am Main 1991, 174–186.

10 Vgl. zur Hypothese der vermeintlichen Ich-Krise auch K. Ludwig Pfeiffer, »Ich-Diskurse, Ich-Schicksale: Zur Geschichte einer kategorialen Verwischung«, in: Manfred Pfister (Hg.), *Die Modernisierung des Ich*, Passau 1989, 13–21.

11 Eine interessante Mischform von selbst-interessiertem Menschen und Homo Oeconomicus im Sinne dieses Buches stellt der spekulierende »Contrarier« dar. Der Contrarier wettet an der Börse stets gegen die Masse. Er beobachtet also das selbst-interessierte Verhalten der anderen (und nicht die Firmen), um die irrational fallenden Werte als mögliches Schnäppchen zu ergattern. Er wendet also die Einsicht eines Homo Oeconomicus in seine eigenen Interessen zurück. Vgl. Urs Stäheli, *»Spektakuläre Spekulation«. Das Populäre der Ökonomie*, Frankfurt am Main 2007 (dies Buch erreichte mich erst nach Redaktionsschluss und kann hier nicht mehr vollauf gewürdigt werden).

12 Max Stirner, *Der Einzige und sein Eigentum*, Erfstadt 2005, 12.

13 Adalbert Stifter, *Abdias* (1847), Stuttgart 1968, 9.

14 In Hinblick auf das viktorianische Großbritannien argumentiert Regina Gagnier, dass das Neue der Epoche nach 1848 darin bestehe, dass Selbst-Interesse aufhöre, ein Spezialdiskurs einer Art von Menschen zu sein, und stattdessen zum Bild des Menschen schlechthin aufrücke. So unterscheidet sie Adam Smith und Ricardo von den Ökonomen und Schriftstellern der viktorianischen Epoche. Smith sehe das Selbst-Interesse nur als Eigenschaft eines Typs von Kaufleuten und kaufmännisch veranlagter Nationen, nicht aber als Grundzug aller Menschen; anders die späteren Ökonomen und Schriftsteller ab etwa 1870, die, der These von Gagnier gemäß, den Menschen grundsätzlich für einen Konsumenten halten; Regina Gagnier, *The Insatiability of Human Wants. Economics and Aesthetics in Market Society*, Chicago, London 2000, 19–60. Einen historischen Überblick liefert *Self-Interest. An Anthology of Philosophical Perspectives*, hg. v. Kelly Rogers, New York, London 1997.

15 Paradigmatisch dargestellt wird dies in dem Roman *Künstler und Kaufmann* von Hermann Grimm. Ein junger Mann quittiert den Dienst in einem Kaufmannskontor, um Künstler zu werden, um schließlich als gescheiterter Künstler wieder ins Kontor zurückzufinden; Hermann Grimm, *Kaufmann und Künstler*, Berlin 1848. Zum Kaufmann als Typus der Zeit um 1848 vgl. Manfred Hettling, »Bürgerliche Selbstbehauptung –

Politischer Individualismus«, in: Richard van Dülmen (Hg.), *Die Erfindung des Ich: Die Geschichte der Individualisierung vom Mittelalter bis zur Gegenwart*, Köln 2001, 311–320.

16 Darstellungen der Individualität in der Literatur der Übergangszeit um 1848 liefern zudem Friedmar Apel, »Wandlungen des Romantischen: Zur Geschichte des poetischen Subjekts im 19. Jahrhundert«, in: *Propyläen. Geschichte der Literatur, Fünfter Band: Das bürgerliche Zeitalter, 1830–1914*, hg. von Erika Wischer, Berlin 1984, 68–91; und Georg Bollenbeck, »Der Roman als Gesellschaftspanorama der bürgerlichen Epoche. Der psychologische Roman und die Bourgeoisie«, in: *Propyläen*, 166–193.

17 Vgl. Helmut Müller-Sievers, *Self-generation. Biology, Philosophy, and Literature around 1800*, Stanford 1997, und Sigrid Weigel, *Genea-Logik. Generation, Tradition und Evolution zwischen Kultur- und Naturwissenschaften*, München 2006.

18 Ernst Willkomm, *Die Europamüden*, photomechanischer Neudruck Ausgabe Leipzig 1838, Göttingen 1968, 58, ähnlich auch 171.

19 »Wenn diese Menschen wüßten, daß ein Geheimschreiber ihre Physiognomien belauschte und auf die Lippen achtete, an deren Bewegung die Heuchelei saugt, wie ein Blutegel«, Willkomm, 178–79. Beobachtet wird der »Saal, wo die erwähnte Krankheit in Gestalt liebreizender Masken, anmuthig scherzend, geistreich witzelnd, umhertobte«, Willkomm, 65.

20 Willkomm, 108.

21 Zur Geburt des Intellektuellen vergleiche Jürgen Fohrmann (Hg.), *Gelehrte Kommunikation: Wissenschaft und Medium zwischen dem 16. und 20. Jahrhundert*, Wien, Köln, Weimar 2005.

22 Kracauer beschreibt den Detektiv als den Gott der Rationalität, der alles entlarvt, ohne es verändern zu können. Sein Blick ist allmächtig wie der aus der psychologischen Warte, und doch kann er die Welt nicht verbessern; Sigfried Kracauer, *Der Detektiv-Roman. Ein Traktat*, Frankfurt am Main 1990. Die ersten Detektivromane fallen bekanntlich in diese Zeit, E.T.A. Hoffmanns *Fräulein von Scuderi* (1827) und Edgar Allen Poes *Murder in the Rue Morgue* (1842).

23 Der Name ist der Novelle *Die Zerrissenen* (1832) von Alexander von Ungern-Sternberg entlehnt und wurde regelmäßig auch in Gutzkows *Wally, die Zweiflerin* (1835) und in Immermanns *Die Epigonen* (1836) erkannt. Heine hat diese Figur des Zerrissenen einmal zur Rätselfigur erhoben, wenn er in *Deutschland. Ein Wintermärchen* seinen tatenlosen Gedanken einen sonderbaren Begleiter oder »Schatten« beiordnet, der die radikalen Ideen des denkenden Ich umsetzt (Caput VI–VII).

24 Oft wird in den Literaturen des Realismus dabei so getan, als hätten die Romantiker dieses Ich für unproblematisch gehalten, sodass der postromantische Gestus schlicht in der Aufdeckung der Paradoxien innerhalb des Ich besteht, die durchaus bereits von den Romantikern reflektiert wurden.

25 Zur Funktion der Knappheit in der Ökonomie vgl. Niklas Luhmann, *Die Wirtschaft der Gesellschaft*, 177–229, sowie das fünfte Kapitel dieser Arbeit.

26 Karl Gutzkow, *Uriel Acosta* (1847), Jena 1882, 11. Aufl, 45–46 (Akt III. Szene 1).

27 Zu den Paradoxa der Singularität vgl. Marianne Schuller und Elisabeth Strowick (Hg.), *Singularitäten. Literatur – Wissenschaft – Verantwortung*, Freiburg i. Br. 2002.

28 Vgl. auch Niklas Luhmann, »Sinn der Kunst und Sinn des Marktes – zwei autonome Systeme«, in: Florian Müller und Michael Müller (Hg.), *Markt und Sinn*, Frankfurt am Main, New York 1996, 195–207.

29 Walter Benjamin hat eine ähnliche Struktur analysiert, wenn er erkennt, wie die Aura des nicht-reproduzierbaren Einzigartigen zu einem Wert erst rückwirkend im Zeitalter der Reproduzierbarkeit wird. Vgl. *Das Kunstwerk im Zeitalter seiner technischen Reproduzierbarkeit*, in: *Gesammelte Schriften*, hg. von Rolf Tiedemann und Hermann Schweppenhäuser, Frankfurt am Main 1974, Bd. 1, 431–507.

30 Zur Liebe als Währung bei Keller vgl. Willi Goetschel, »Sex, and Other Utilities: Keller's Unsettling Account«, in: Raymond A. Prier und Gerald Gillespie (Hg.), *Narrative Ironies*, Amsterdam, Atlanta 1997, 223–238 und Jochen Hörisch, *Gott, Geld und Glück. Zur Logik der Liebe*, Frankfurt am Main 1983, 116–79.

31 Zum Auftritt und Scheitern von juristischen, politischen und medizinischen Perspektiven in der Literatur von 1830–1850 vgl. die Studie von Gustav Frank, »Romane als Journale: System- und Umweltreferenzen als Voraussetzung der Entdifferenzierung und Ausdifferenzierung von ›Literatur‹ im Vormärz«, in: *Forum Vormärz Forschung* 1 (1995), 15–47.

32 Die Geschichte der Institutionalisierung der Psychologie als eine zunehmende Quantifizierung des Seelenlebens stellt Michael Sonntag dar; »Vermessung der Seele: Zur Entstehung der Psychologie als Wissenschaft«, in: Richard van Dülmen (Hg.), *Die Erfindung des Ich: Die Geschichte der Individualisierung vom Mittelalter bis zur Gegenwart*, Köln 2001, 361–384.

33 Eduard Beneke, *Pragmatische Psychologie oder Seelenlehre in der*

Anwendung auf das Leben, Berlin 1850, Bd. 2, 3 (im Folgenden kurz: *Pragmatische Psychologie*).

34 Beneke, *Pragmatische Psychologie*, Bd. 2, 20.

35 Anhand dieser Spuren erklärt Beneke etwa den Vorgang der Assoziation und der Übertragung: Wenn nur eine Spur stimuliert wird, werden zugleich die in der Nähe gelegenen Spuren mit aktiviert, auch wenn sie logisch nicht verbunden scheinen. Siehe Beneke, *Pragmatische Psychologie*, Bd. 2, 25; Friedrich Eduard Beneke, *Erziehungs- und Unterrichtslehre*, Berlin, Posen und Bromberg 1835, 57–59; Eduard Beneke, *Lehrbuch der Psychologie als Naturwissenschaft*, 2. vermehrte Auflage, Berlin, Posen und Bromberg 1845, 81–110; sowie Friedrich Eduard Beneke, *Lehrbuch der Pragmatischen Psychologie oder der Seelenlehre in der Anwendung auf das Leben*, Berlin 1853, 12.

36 Man könnte diesen Ansatzpunkt Benekes in Nähe zu Schopenhauer als eine alternative Position zu Hegel beschreiben (Beneke hatte sich in seiner Dissertation kritisch mit Hegel beschäftigt, was ihm im Berlin der 20er Jahre vermutlich seine akademische Laufbahn kostete). Dort, wo Hegel die Negation des Äußeren dialektisch als die Form des Inneren zu denken versucht, genügt Beneke diese (symbolische) Negation zur Hervorbringung des Selbstbewusstseins nicht. Stattdessen versucht Beneke zu zeigen, dass die äußere Welt via der Spuren direkt in die innere Welt eintritt.

37 Beneke, *Pragmatische Psychologie*, Bd. 2, 32.

38 »Das den Genuß Gewährende also sind an und für sich nur: die Steigerung selber, ihre vielräumige Begründung, und die volle Erregtheit in dieser«, Beneke, *Pragmatische Psychologie*, Bd. 2, 19.

39 Beneke, *Pragmatische Psychologie*, Bd. 2, 36.

40 Beneke, *Pragmatische Psychologie*, Bd. 2, 37.

41 Beneke nennt die rückblickende Tätigkeit des Ich dabei eine Reproduktion, die er ähnlich wie Kant in der Einbildungskraft lokalisiert, vgl. Beneke, *Pragmatische Psychologie*, Bd. 2, 303–04.

42 Beneke, *Pragmatische Psychologie*, Bd. 2, 33.

43 Beneke, *Pragmatische Psychologie*, Bd. 2, 30.

44 Beneke, *Lehrbuch*, 89. Siehe auch *Erziehungs- und Unterrichtslehre*, 329–36.

45 Vgl. etwa Beneke, *Pragmatische Psychologie*, Bd. 2, 24–26, sowie 65–73.

46 Beneke, *Pragmatische Psychologie*, Bd 2, 24–32.

47 »Wir haben ein Bedürfnis, also einen Mangel; aber auf der anderen

Seite ist auch das Begehrte schon zum Theil erreicht: denn jedes Begehren schließt ja doch ein Vorstellen des Begehrten, und also … ein Festhalten oder einen Besitz desselben in sich«, Beneke, *Pragmatische Psychologie*, Bd. 2, 29.

48 Es sei noch angemerkt, dass hier der deutsch-österreichische Sonderweg der Subjekt-Psychologie beginnt; vgl. Irmingard Staeuble, »›Subjektpsychologie‹ oder ›subjektlose Psychologie‹ – Gesellschaftliche und institutionelle Bedingungen der Herausbildung der modernen Psychologie«, in: Mitchell G. Ash und Ulfried Geuter (Hg.), *Geschichte der deutschen Psychologie im 20. Jahrhundert*, Opladen 1985, 19–44.

49 So Stirner: »Aber ist der Geist, den man nicht als *Eigentum* des leibhaftigen Ichs, sondern als das eigentliche Ich selbst betrachtet, ein Gespenst, so ist auch der Mensch, der nicht als meine Eigenschaft, sondern als das eigentliche Ich anerkannt wird, nichts als ein Spuk, ein Gedanke, ein Begriff«, Max Stirner, *Der Einzige und sein Eigentum*, 183–4.

50 Heinrich Heine, *Französische Zustände*, in: Ders., *Historisch-kritische Gesamtausgabe der Werke* (Düsseldorfer Ausgabe), hg. von Manfred Windfuhr, Hamburg 1973–1997, Bd. XII, 163 (Artikel VIII).

51 Damit wird auch die Inversion denkbar, die Gutzkow aktualisierte, wenn er Knappheit, nachgefragte Einzigartigkeit, zur Figur des Wertes erhebt.

52 Bekanntlich sieht Marx Wert zunächst auf Arbeit gegründet, beobachtet dann aber, wie es zur Ausbildung von abstrahierter Arbeit kommt, dem Fetisch Kapital, der sich jede echte Arbeit zu unterwerfen weiß, um sie zur bloßen verfügbaren Ware zu machen.

53 Zur Entfaltung dieser Struktur des Kapitals speziell im zwanzigsten Jahrhundert vgl. Fredric Jameson, »Culture and Finance Capital«, in: *Critical Inquiry* 24.1 (1997), 246–265.

54 Karl Marx, *Lohnarbeit und Kapital* (1849), in Marx und Engels, *Werke*, Bd. 6, 397–423: 410. Dort heißt es auch: »Kapital […] besteht darin, daß die lebendige Arbeit der aufgehäuften Arbeit als Mittel dient, ihren Tauschwert zu erhalten und zu vermehren.«

55 Manfred Schneider versucht in einer Psychoanalyse der Epoche um 1848 darzustellen, dass Karl Marx in seinen Theorien des Kapitals seine gescheiterten Beziehungen zu seinen Eltern analysiert und sublimiert, *Die kranke schöne Seele der Revolution. Heine, Börne, das ›Junge Deutschland‹, Marx und Engels*, Frankfurt am Main 1980.

56 Zu der Konstitution des Kapital und der Ware als Ich und des Ich nur in der Form der Ware siehe Werner Hamacher, »Lingua Amissa: The

Messianism of Commodity-Language and Derrida's ›Specters of Marx‹«, in: Michael Sprinker (Hg.), *Ghostly Demarcations. A Symposium on Jacques Derrida's ›Specters of Marx‹*, London, New York 1999, 168–212.

57 Etwa: Karl Marx, *Die heilige Familie oder die Kritik der kritischen Kritik* (1844/45), in: Marx und Engels, *Werke*, 2, 37.

58 Franz Falk, *Ein neuer Faust und der alte Satan oder was angeboren sein muß kann nicht angekauft werden. Eine Traumgeschichte* (1846), in: *Faust-Parodien*, hg. von Waltraud Wende-Hohenberger und Karl Riha, Frankfurt am Main 1989, 44.

59 Der Kaufmann wird gezeigt in guten und schlechten Geschäftszeiten, wobei die schlechten Zeiten die Revolution von 1848 sind, deren Unruhen ihm das Geschäft verderben. Der politisch eher desinteressierte Unternehmer Preiss reagiert auf die Revolution, indem er mit der Erzeugung von Granaten beginnt, um die preußische Regierung zu festigen und solcherart die für den Handel wünschenswerte politische Ruhe zu erzwingen. Die Skizzen enden mit der möglichen Ernennung von Herrn Preiss zum Minister. Zur Entstehung dieses Textes und der Freundschaft von Weerth mit Marx vgl. Bernd Füllner, »›Es ist ein gutes Stück; ich glaube, daß es Euch Freude machen wird – lustig ist es wenigestens.‹ Zur Entstehung und Überlieferung von Georg Weerths *Humoristischen Skizzen aus dem deutschen Handelsleben*«, in: *Forum Vormärz Forschung* 1 (1995), 213–236.

60 »Ich gestehe es, in der Differenz von Wert und Preis liegt die halbe Not unsres Jahrhunderts«, und: »Ich würde Sie abhalten, in jener Differenz zwischen Wert und Preis endlich einen Sporn zu finden für rastlose Arbeit [...]«, Georg Weerth, *Humoristische Skizzen aus dem deutschen Handelsleben*, Stuttgart 1971, 85–87.

61 »Wie sich die Zeiten ändern, so müssen wir uns selbst ändern. Ein gescheiter Mann hängt seinen Mantel nach dem Winde«, Weerth, 112.

62 Zu den Fassungen dieser Rede vergleiche Bernd Füllner, »Voilà du courage! Voilà la verité! Georg Weerths Rede auf dem ›Congrès des Économistes de tous le Pays‹ in Brüssel am 18. September 1847«, in: *Forum Vormärz Forschung* 1 (1995).

63 Vgl. Wulf Wülfing, *Schlagworte des Jungen Deutschland. Mit einer Einführung in die Schlagwortforschung*, Berlin 1982.

64 Zur bankpolitischen Auseinandersetzung vergleiche die facettenreiche Studie von Helmut Böhme, »Preußische Bankpolitik«, in: ders. (Hg.), *Probleme der Reichsgründungszeit 1848–1879*, Köln 1968, 195–225.

65 Anders argumentiert Mark Grunert: »Die Hauptfeinde des Bürgertums sind in Freytags Roman nämlich genau genommen weder die Juden (Itzig, Ehrenthal) noch die Polen und schon gar nicht der Adel, sondern vielmehr die Verlockungen der *Freiheit* (Fink) und die Versuchungen der *Natur* (Lenore)«; Mark Grunert, »Lenore oder die Versuchung des Bürgers: Romantischer ›Zauber‹ und realistische Ideologie in Gustav Freytags *Soll und Haben*«, in: *Monatshefte* 85.2 (1993), 134–152: 137.

66 Gustav Freytag, *Soll und Haben*, in: *Gesammelte Werke*, Leipzig 1887, Bd. 4, 376–7 (Buch III, Kap 1). In diesem Kapitel wird auch der scheinbar so tolerante Prinzipal Schröter den Slawen nicht nur jedwede Kultur, sondern auch Kulturfähigkeit absprechen.

67 Gottfried Keller, *Sämtliche Werke in sieben Bänden*, hg. v. Thomas Böning, Gerhard Kaiser u. a., Bd. 2 und Bd. 3, hg. v. Peter Villwock, Frankfurt am Main 1985, (Band 2 = Erste Fassung und Band 3 = Zweite Fassung), hier: Bd. 2, 418–9. Im Folgenden wird aus dieser Ausgabe kurz als FA nur durch Angabe von Band und Seitenzahl zitiert.

68 In einer wichtigen Studie untersucht Lee B. Jennings, wie Heinrich zwischen zwei Ich-Instanzen schwankt, nämlich einem internen »tiefen« Seelen-Ich und einem externen, gesellschaftsfähigen und selbst-interessierten Ego. Ziel sei die Balance zwischen innerer Seelentiefe und dem starken Ego, das für sich und andere eintritt. Doch gemäß Jennings scheitert Keller an der Aufgabe zu zeigen, wie ein solcher balancierter Charakter entstehen könne. »In various works, Keller portrays characters who can act forcefully and effortlessly without sacrificing their spiritual fullness and integrity, but he cannot convincingly demonstrate how they become that way«, Lee B. Jennings, »The Model of the Self in Gottfried Keller's Prose«, in: *German Quarterly* 56 (März 1983) 196–230: 225.

69 Gottfried Keller, FA, 2; 206.

70 Gottfried Keller, FA, 3; 846.

71 Gottfried Keller, FA, 2; 685–6.

72 Gottfried Keller, FA, 2; 293.

73 Sein Schweigen kann in eben den Situationen sehr wortreich werden, in denen es seine eigentlichen Neigungen und Interessen verraten würde. Als sein nicht zum Versenden bestimmter Liebesbrief vom Wind erfasst wird und ausgerechnet in die Hände der Cousinen fällt, leugnet er jede Ernsthaftigkeit desselben ab. Es sei eine rein rhetorische Übung gewesen. Es ist dies eine der wenigen Reden Heinrichs, deren persuasive Mission erfolgreich ist, eben da ihr Interesse der Vermeidung von Selbst-Interesse gilt.

74 Jochen Hörisch sieht im Tauschakt denn auch die Grundfigur von

Identität per se, Jochen Hörisch, *Gott, Geld und Glück. Zur Logik der Liebe in den Bildungsromanen Goethes, Kellers und Thomas Manns*, Frankfurt am Main 1983.

75 Siehe etwa: »Allein da ich für mich allein handelte und meine Einkäufe selbst bezahlen wollte durch verkaufte Arbeiten, diesen Verkauf aber nicht einmal versuchte und vor dem Augenblicke scheu zurückwich, wo ich jemanden etwas antragen sollte, ohne was doch kein Anfang denkbar war, blieben meine Rechnungen so lange unbezahlt ...«; FA 2; 323.

76 Siehe etwa FA 2; 87.

77 So schämt sich Heinrich gegenüber dem Gott seiner Gebete gerade dann, als er ihn »deutlicher erfaßte«, sodass sein »Umgang mit Gott sich verschämt zu verschleihern begann«, FA 2; 87. Heinrich versucht in seinen Gebeten den Anschein von Selbst-Interesse zu vermeiden. Sobald er nur daran denkt, dass er Gutes tut, welches Gott positiv sanktioniere, verbietet er es sich, weil es ja so scheinen muss, dass er mit Selbst-Interesse handele: »Schon oft ist es mir begegnet, daß ich einen armen Mann auf der Straße abwies, weil ich, während ich ihm eben das wenige geben wollte, das ich hatte, zugleich an das Wohlgefallen Gottes dachte und nicht aus Eigennutz handeln wollte. Dann dauerte mich aber der Arme, ich lief zurück; allein während des Zurücklaufens dünkte meiner Selbstsucht gerade dieses Bedauern wieder artig und verdienstlich, ich kehrte nochmals um ... Daher freue ich mich immer wie ein Kind, wenn es mir passiert, daß ich unbedacht meine Pflicht erfüllt habe und es mir erst nachträglich einfällt, daß das etwas Verdienstliches sein dürfte; ich pflege dann höchst vergnügt ein Schnippchen gegen den Himmel zu schlagen und zu rufen: ›Siehst du, alter Papa! nun bin ich dir doch durchgewischt!‹«, FA 2; 381. Selbst-Interesse kompromittiert. Und da jede Handlung, die beobachtet wird, sich als von Selbst-Interesse erweist, muss die gute Handlung unbeobachtet geschehen.

78 Vgl. FA 2; 731.

5. Kapitel: 1871. Pathologien des Ökonomischen

1 Otto von Bismarck, »Eröffnung des Kulturkampfes«, in: *Politische Reden II, 1869–1914*, hg. v. Peter Wende, Frankfurt am Main 1990, 110.

2 FA 3; 611–12.

3 Georg Simmel etwa kritisiert die Verirrungen eines Staatsmanns, der eine politische Institution gemäß der ästhetischen Logik der Übersichtlichkeit und Symmetrie ausrichtet statt gemäß einer eigentlich politischen Zwecklogik; siehe Georg Simmel, »Soziologische Ästhetik«, in: ders., *Das individuelle Gesetz. Philosophische Exkurse*, hg. v. Michael Landmann, Frankfurt am Main 1968.

4 Siehe Claudia Breger, *Ortlosigkeit des Fremden: »Zigeunerinnen« und »Zigeuner« in der deutschsprachigen Literatur*, Köln, Weimar, Wien 1998.

5 Fast völlig unbeachtet geblieben war zuvor Hermann Heinrich Gossens Studie von 1854, *Die Entwicklung der Gesetze des menschlichen Verkehrs und der daraus fließenden Regeln für menschliches Handeln.*

6 Menger wendet sich in seinen Schriften mehrfach polemisch gegen »das Dogma vom Eigennutze«, siehe etwa: *Untersuchungen über die Methode der Sozialwissenschaften und die Politische Ökonomie insbesondere*, in: Carl Menger, *Gesammelte Werke*, hg. von F.A. Hayek, Tübingen 1968, Bd. II, 71–81.

7 Mengers Theorievorstoß war gegen die herrschende historische Schule der Volkswirtschaft von Gustav Schmoller gerichtet. Für Schmoller ist es nicht einmal denkbar, eine konkrete Definition eines wirtschaftlichen Aktes zu liefern, denn für ihn ist »die Volkswirtschaft … ein Teilinhalt des gesellschaftlichen Lebens« und insofern mit jedem Aspekt der Kultur verflochten; Gustav Schmoller, *Grundriß der Allgemeinen Volkswirtschaftslehre* (1900), Leipzig 1908, 3. Aufl., 5. Sowohl Menger als auch Schmoller erheben bereits im Titel ihres jeweiligen Hauptwerks den Anspruch auf die »Volkswirtschaftslehre« als Ganzes. Und so kann es nicht verwundern, dass zwischen Menger und Schmoller auch der berühmte Streit der Volkswirtschaftler entbrannte, der mehrere Generationen deutscher Ökonomen trennte, sodass Günter Schmölders noch 1962 sagen konnte, dass dieser Streit eigentlich unentschieden sei und somit noch andauere (so Günter Schmölders, *Geschichte der Volkswirtschaftslehre*, Hamburg 1964, 2. Aufl., 75–78).

8 Carl Menger, *Grundsätze der Volkswirthschaftslehre* (1871), in: Carl Menger, *Gesammelte Werke*, Bd. I, 252; vgl. zudem 253.

9 Carl Menger, »Geld« (1892, 1909), in: Ders., *The Collected Works of Carl Menger*, hg. v. F.A. Hayek, London 1936, Bd. 4, 8–9.

10 »Das ökonomische Interesse der *einzelnen* wirthschaftenden Individuen führt sie demnach … *ohne alle Übereinkunft, ohne legislativen Zwang, ja ohne alle Rücksichtsnahme auf das öffentliche Interesse* dazu, ihre Waaren gegen andere, absatzfähigere Waaren im Austausche hinzugeben …«, Carl Menger, Bd. I, 253.

11 Anhand von zwei Tauschenden rechnet Menger vor, wie der Vorteil durch eine zu erhandelnde Ware A schrittweise abnimmt, je mehr Ware A einer ertauscht, und zugleich der Nachteil durch das Forttauschen des eigenen Guts B schrittweise zunimmt, sodass irgendwann eine Grenze erreicht ist, von der ab jeder weitere Tausch von A gegen B zu einer Verminderung an künftigen Tauschmöglichkeiten führt und also unökonomisch wird. In Mengers Worten: »Liegen … Fälle vor, wo ein ›zu wenig‹ des Tausches nicht den vollen ökonomischen Nutzen gewährt, der sich aus der Ausbeutung eines vorliegenden Verhältnisses erzielen lässt, ein ›zu viel‹ desselben aber die gleiche Wirkung, ja nicht selten sogar eine Verschlechterung der ökonomischen Lage der beiden Tauschenden zur Folge hat, so muss es eine Grenze geben, wo der volle ökonomische Nutzen, der sich aus der Ausbeutung eines gegebenen Verhältnisses erzielen lässt, bereits erreicht ist und jeder weitere Austausch von Theilquantitäten unökonomisch zu werden beginnt.« (Menger, *Gesammelte Werke*, Bd. I, 162–63). Und: »Diese Grenze ist aber dann erreicht, wenn sich keine Güterquantität mehr in dem Besitze des einen der beiden Contrahenten befindet, die für ihn einen geringeren Werth hätte, als eine Quantität eines anderen in der Verfügung des zweiten Contrahenten befindlichen Gutes, während zugleich bei dieser letzteren Person das umgekehrte Verhältniss der Werthschätzung stattfindet« (Menger, *Gesammelte Werke*, Bd. I, 167–68.). Der explizite Ausdruck »Grenznutzen« im Deutschen stammt von von Wieser, lehnt sich aber eng an Mengers Formulierungen an. Spätere Autoren wie F.A. Hayek betonen, dass der entscheidende Verdienst von Menger in der Einsicht der Zentralstelle von »Knappheit« als Ausgangspunkt der Ökonomie bestand. F.A. Hayek, »Einleitung«, in: Carl Menger, *Gesammelte Werke*, Bd. I, VII–XXXVI: XIV.

12 Zu den weiteren Vorzügen der Theorie des Grenznutzens gehört, dass es auch (wohl zum ersten Mal in der Geschichte der Theorie, so Schmölders, *Volkswirtschaftslehre*, 74) in größter Einfachheit zu erklären gelingt, warum selbst derart essentielle Grundmittel wie etwa das Wasser keinen hohen Wert haben, solange es in großem Maße vorhanden ist: derjenige, der es fortgibt, kommt nicht an die Grenze, an der das Fortgeben einen deutlich messbaren Verlust bedeutet.

13 Menger, *Untersuchungen über die Methode der Sozialwissenschaften und der politischen Ökonomie insbesondere*, 2. Aufl. 1883, in: Carl Menger, *Gesammelte Werke*, Bd. II, 74.

14 Carl Menger, *Gesammelte Werke*, Bd. II, 77.

15 Das komplexe Verhältnis beider Fassungen zueinander kann hier nur schwarz-weiß gezeichnet werden; vgl. ausführlicher: Rolf Selbmann, *Gottfried Keller. Romane und Erzählungen*, Berlin 2001; Martin Swales, »Das realistische Reflexionsniveau. Bemerkungen zu Gottfried Kellers Der grüne Heinrich«, in: Hans Wysling (Hg.), *Gottfried Keller. Elf Essays zu seinem Werk*, München 1990; Dominik Müller, *Wiederlesen und weiterschreiben. Gottfried Kellers Neugestaltung des Grünen Heinrich, mit einer Synopse der beiden Fassungen*, Bern, New York 1988; und Fritz Breithaupt, »Der reine und der unreine Markt: Pathologien des Ökonomischen in Kellers *Der grüne Heinrich*«, in: *Publikationen zur Zeitschrift für Germanistik: Markt literarisch*, hg. von Thomas Wegmann (2005), 99–114.

16 Gottfried Keller, FA, 2; 685.

17 Gottfried Keller, FA, 3; 633.

18 Vgl. Fritz Breithaupt, »Einspruch gegen die Selbstregulierung: Geld und Kunst-Systeme um 1871«, erscheint in: *Modern Language Notes*, April 2008.

19 Wie bereits Jochen Hörisch gezeigt hat, fällt dieses Ich, sofern es noch ein Ich ist, nicht in eine eigene Ich-Sphäre, sondern verbleibt in einem schwierigen, paradoxen Bereich. Hörisch hat den Roman *Der grüne Heinrich* als Konjugation des Paradoxes des Satzes der Identität gelesen. Das Ich in der Gleichung Ich = Ich ist sowohl Subjekt als auch Medium der Gleichung. Der Formel der Identität wohnt dabei ein Überschuss inne, der über die Identität hinausgeht, da die Identitätsrelation selbst ein »Drittes« (119) bleibt, welches nicht Teil der Einheit ist. Dieses Dritte aber ist gemäß Hörisch das Geld. Mit Simmel und Sohn-Retel erkennt Hörisch die Leistung des Geldes, als transzendentales Äquivalenzmedium zu fungieren, also als Struktur von Identität überhaupt. Diese Identität beruht auf Erfahrung: »Die Grundfigur *theoriefähiger* Erfahrung ist der Tausch« (123). Entsprechend endet mit Kellers Roman die Vorstellung, »Bildung« könne es in einem Bereich jenseits der Ökonomie geben: »Kellers Roman ist gar das Autodafé einer Dichtung, die transökonomisch sich zu verstehen versuchte« (167). Stattdessen kann und muss Heinrich Identität dort finden, wo über sie verhandelt wird, im Markt. Als Belege kann Hörisch unter anderem den Traum Heinrichs anführen, in dem Heinrich auf dem Goldfuchs reitet (wobei Goldfuchs eine gängige Währung war). Auch die Objektivierung von Dingen zur Ware unter dem »heimlichen Leitmotiv« (136) Glas wie den Fenstergläsern des Trödlers ist ein wichtiger Beleg für die Thesen von Hörisch. Jochen Hörisch, *Gott, Geld und Glück. Zur Logik der Liebe in den Bildungsromanen Goethes, Kellers und Thomas Manns*, Frankfurt am Main 1983.

20 Gottfried Keller, FA, 3; 46.

21 In seiner Lektüre der Novelle hebt Winfried Menninghaus die phantastischen Züge der Meret hevor und betont, wie Meret vor allem in der zweiten Fassung zur Spiegelfigur von Heinrich wird. Ausgehend von Menninghaus' Studie ist die Ikonographie von Meret als Hexe, Heilige, Naturwesen, Pflanze genau diskutiert worden, siehe Frauke Berndt, »›Das Meretlei‹: Zur Ikonographie der Novelle in Gottfried Kellers ›Der grüne Heinrich‹«, in: Harald Tausch (Hg.), *Historismus und Moderne*, Würzburg 1996, 161–180; Klaus Jeziorkowski, *Literarität und Historismus: Beobachtungen zu ihrer Erscheinungsform im 19. Jahrhundert am Beispiel Gottfried Kellers*, Heidelberg 1979, 125–132.

22 Ursula Mahlendorf spricht in diesem Zusammenhang von der »subversive resistance« des Kindes gegenüber den Selbst-Interessen der Menschen um sie her. Ob die tiefenpsychologischen Deutungen der Charaktere allerdings aufgehen, etwa dass der Pfarrer aus »uneingestandenem Neid« (»deeply unacknowledged envy«) handelt, sei dahingestellt; Ursula Mahlendorf, »The Crime of Punishment: The Psychology of Child Abuse and the Meretlein Incident in Gottfried Keller's *Der grüne Heinrich*«, in: *German Quarterly* 70.3 (Summer 1997), 247–60: 257, 255.

23 Anders als etwa in Goethes *Wilhelm Meister*, der sein Scheitern erzählt und sich darin emanzipiert und vollendet, besteht das Ich hier nur im störrischen Festhalten am Selbst-Vorwurf. Vgl. etwa Gottfried Keller, FA, 3; 515–6 sowie die Anklage durch »Die Bank der Spötter«.

24 Vgl. Horst Thomé, *Autonomes Ich und »Inneres Ausland«. Studien über Realismus, Tiefenpsychologie und Psychiatrie in deutschen Erzähltexten 1848–1914*, Tübingen 1993.

25 Der spätere Roman *Martin Salander* ist in all den Betrügereien bereits weitgehend vorgeformt.

26 Gottfried Keller, FA, 3; 825.

27 Gottfried Keller, FA, 2; 875.

28 Gottfried Keller, FA, 3; 826.

29 Gottfried Keller, FA, 3; 839.

30 Das beobachtet Jennings anhand einer Änderung in der zweiten Fassung, nämlich dort, wo Heinrich nun seine geliebte Flöte zu Geld macht: »In a kind of psychic economy, one might say that he [Heinrich] learns the value of investment over saving. He surrenders the token of his creative fantasy (the flute), thus freeing his energies to deal with his situation both imaginatively and practically.« Jennings, 220–21.

31 Gottfried Keller, FA, 2; 509 und 3; 430.

32 Auch die Schuld(en) gegenüber Meilerlein suchen Heinrich ähnlich heim. Meierlein hatte in einem Heftchen Heinrichs Schulden festgehalten und zusammenaddiert, bis die geforderte Summe alles übertraf, was Heinrich abzahlen konnte. Im Traum erscheint ihm später der längst gestorbene Meierlein wieder, um seine Schulden einzufordern. Die Unabgeltbarkeit der ethischen Schuld verlängert sie auch hier als Vorwurf.

33 Gottfried Keller, FA, 3; 842–3.

34 Siehe auch Derek Hillard, »History as a Dual Process: Nietzsche on Exchange and Power«, *Nietzsche Studien* 31 (2002), 40–56.

6. Kapitel: 1900. Die Erfindung des Nicht-Ökonomischen

1 So kennzeichnet Eric J. Hobsbawn die Epoche durch den Zusammenbruch der Gewissheiten und als das Ende einer Wissenschaftskultur, die auf die zentrale Metaphorik eines großen Gebäudes zielt, siehe *Das imperiale Zeitalter 1875–1914*, aus dem Englischen von Udo Rennert, Frankfurt am Main 1995, 305–328.

2 Max Weber, *Protestantische Ethik.*

3 Richard Henry Tawney, *Religion and the Rise of Capitalism*, New York 1926.

4 Bernhard Laum, *Heiliges Geld*, Tübingen 1924.

5 Werner Sombart, *Luxus und Kapitalismus* (1913).

6 Thorstein Veblen, *Theory of the Leisure Class* [*Theorie der feinen Leute: Eine ökonomische Untersuchung der Institutionen*] (1899).

7 Diesen Gedanken gibt es bereits bei Bernard Mandeville, wird aber erst wieder in der Epoche um 1900 aufgenommen. Vergleiche zur Geschichte dieser Idee Jochen Hörisch, *Es gibt (k)ein richtiges Leben im Falschen*, Frankfurt am Main 2003.

8 Georg Simmel, *Philosophie des Geldes*, Frankfurt am Main 1989 (= *Gesamtausgabe*, hg. von Otthein Rammstedt, Bd. 6), 86.

9 Marcel Mauss, *Essai sur le don* [*Die Gabe. Form und Funktion des Austauschs in archaischen Gesellschaften*] (1925).

10 Jacques Derrida hat diesen Gedankengang aufgegriffen, um nichtsdestoweniger an der Idee der Gabe festzuhalten mit dem Effekt, dass es ihm fraglich werden muss, *ob* es eine Gabe geben kann, da bereits jedes Erkennen, dass eine Gabe eine Gabe sei, dazu führt, sie als verpflichtend und somit als ökonomisch zu erkennen. Bereits der Dank, sei's auch der unausgesprochene, und das bloße Registrieren des Geschenks bindet dieses in Figuren der Erwiderung und also des Tausches ein; Jacques Derrida, *Donner le Temps*, Paris 1991.

11 Alfred Döblin, »Über Jungfräulichkeit« (1912).

12 Andere Werke wären hier natürlich ebenfalls interessant, darunter, um nur wenige der bekanntesten zu nennen: *Sister Carrie* von Theodore Dreiser (1900), Rainer Maria Rilkes *Die Aufzeichnungen des Malte Laurids Brigge* (1910), die Romane Emile Zolas, die Studien von Max Weber, Thorstein Veblens *Theory of the Leisure Class* (1899) sowie Werner Sombarts *Der moderne Kapitalismus* (Bände 1 und 2 erschienen 1902) und W. Freds *Lebensformen. Anmerkungen über die Technik des gesellschaftlichen Lebens* (1905).

13 Thomas Mann, *Buddenbrooks. Verfall einer Familie*, hg. von Eckhard Heftrich, in: *Thomas Mann. Große kommentierte Frankfurter Ausgabe. Werke – Briefe – Tagebücher*, hg. von Heinrich Detering et al., Frankfurt am Main 2002, Band 1.1, 461.

14 In sehr ähnlichen Worten kennzeichnet bereits Gustav Freytags *Soll und Haben* diesen Geist des Kapitalismus als »Poesie des Geschäfts« mit ungebrochen affirmativer Haltung, siehe Gustav Freytag, *Soll und Haben*, 376–7 (Buch III, Kap. 1).

15 Thomas Mann, *Buddenbrooks*, 461.

16 Vergleiche Jacques Derrida, *Über das Preislose*.

17 Thomas Mann, *Buddenbrooks*, 473.

18 In der literaturwissenschaftlichen Forschung findet sich regelmäßig die Streitfrage, ob die Ichs der Buddenbrooks letztlich ökonomischer Natur seien oder aber sich Prozessen der zunehmenden Sensibilisierung verdanken (die dann wiederum zum wirtschaftlichen Ende führen). Es ist offensichtlich, dass die vorliegende Skizze sich keiner der beiden Positionen anschließen kann, da sie einerseits davon ausgeht, dass ein »Ich« im Roman nie schlicht vorliegt, sodass sich die Frage erübrigt, ob es ökonomisch oder psychologisch bestimmt sei. Stattdessen, so die These der vorliegenden Skizze, diskutiert der Roman die Ich-Effekte, die von Ökonomie und Psychologie ausgehen. Eine gute Einführung in die literaturwissenschaftliche Diskussion bietet Martin Swales, *Buddenbrooks: Family Life as the Mirror of Social Change*, Boston 1991. Vgl. als Kritik an Swales Thesen Yahya Elsaghe, *Die imaginäre Nation. Thomas Mann und das ›Deutsche‹*, München 1999, 190.

19 Thomas Mann, *Buddenbrooks*, 461.

20 Thomas Mann, *Buddenbrooks*, 512, 615, 677.

21 Zur Maskerade vergleiche Andreas U. Sommer, »Der Bankrott ›protestantischer Ethik: Thomas Manns *Buddenbrooks*«, in: *Wirkendes Wort* 44.1 (1994), 88–110; diese Arbeit hat den Verdienst, die Dynamik von »Scham«, »Maske« und »Entindividualisierung« als Reaktion auf Säkularisierungsprozesse zu beleuchten: »[D]ie Scham wächst proportional zur Abnahme eigentlicher Lebensinhalte«, Sommer, 98. Leider aber war Sommer bei der Abfassung seiner Arbeit zu Mann und Weber die maßgebliche Studie von Goldman offensichtlich nicht bekannt. Vergleiche zur Maskerade zudem Jochen Vogt, *Thomas Mann ›Buddenbrooks‹*, München 1983, 70.

22 Vergleiche zur Ruine und zum Ruin in *Die Buddenbrooks* Jochen Hörisch, *Kopf oder Zahl*, 327–330.

23 Thomas Mann, *Buddenbrooks*, 25.

24 Thomas Mann, *Buddenbrooks*, 473.

25 Von hier kann die Differenz zwischen vorliegender Lektüre und der reichen Kommentierung von Harvey Goldman hervorgehoben werden, *Max Weber and Thomas Mann. Calling and the Shaping of the Self*, Berkeley, Los Angeles und London 1988. Goldman sieht den Dreh- und Angelpunkt von Manns Geschichten in der Struktur der »Berufung«, wie Max Weber sie im Kontext der *Protestantischen Ethik* entwickelt. Goldman argumentiert, dass Thomas Buddenbrook daran scheitert, dem protestantischen Ideal nach Enthaltsamkeit zu folgen, da bei ihm die Neigung zur Innerlichkeit, Selbst-Reflexion und Empfindsamkeit überhandnehme (was sich dann ganz in seinem Sohn Hanno zeigt). Die wirkliche Bedrohung der Berufung, so Goldman, besteht in dem Ich (»… the real threat to success in the vocation lies not in the recalcitrant world but within – the real enemy is oneself«, Goldman, 69). Thomas Buddenbrook, der, wie Goldman eindringlich darlegt, in mehr als einer Hinsicht an Max Webers Studien erinnert, scheitert daran, sein früheres Ich der Entsagung und Enthaltsamkeit wiederzufinden, da er seinen eher weiblichen Neigungen insgeheim zu verfallen beginnt. Goldman kann sich in dieser Argumentation auf wichtige Passagen des Romans stützen. Dennoch scheint mir seine Lektüre den Nachteil zu haben, das protestantische Ideal eines Ich und sein Scheitern als zwei strukturell voneinander getrennte Momente zu begreifen. Anders gesagt: Die Umstände von Thomas Buddenbrooks Scheitern haben eine gewisse Zufälligkeit, da die protestantische Ethik an sich in der Lage wäre, ihn zu tragen. Daher stellt Goldman die Momente der Müdigkeit von Thomas Buddenbrook als sein persönliches Scheitern dar. Es scheint mir dagegen angemessener, die ökonomische Arbeitsmoral und ihr Scheitern als zwingend verbundene Elemente *einer* Struktur zu fassen. Gerade *weil* Thomas Buddenbrook zum Prototyp des modernen Kaufmanns avanciert, entwickelt er die kompensatorische Vorstellung eines Ich, welches ihm fehlt, weil es jenseits des Ökonomischen angesiedelt ist und deshalb nur als Stillstand zu denken ist.

Die Verdienste von Goldman sind zahlreich. Es sei hier etwa nur kurz an seine Beobachtung der Genealogie der Geschlechter erinnert, die die Mütter privilegiert: »Thus though the *form* of the calling for business is inherited by the son from the father, who is the bearer of this form, the specific *ethic* of work that the son inherits comes from the mother. Something crucial, therefore, is lacking in the paternal inheritance, for the father cannot pass on the *spirit* with which he works«, Goldman, 81.

26 Zur Einführung in die Methodik Simmels und der Stellung seiner *Philosophie des Geldes* in seinem Denken vergleiche Klaus Lichtblau, »Die Seele und das Geld. Kulturtheoretische Implikationen in Georg Simmels *Philosophie des Geldes*«, in: *Kultur und Gesellschaft*, Sonderheft 27 (1986), Opladen, 57–74.

27 Im Kontext dieses Buches ist uns diese Idee bereits vor Carl Menger bei Gutzkow begegnet, vgl. Kapitel 4, Abschnitt 4.

28 Simmel, *Philosophie des Geldes*, 514, 513.

29 Simmel, *Philosophie des Geldes*, 30 ff.

30 Wie wir sehen, ist diese wechselseitige Ausbildung von Ich und Ökonomie keine harmonische. In diesem Sinne beschreibt Gianfranco Poggi den Ausgangspunkt der *Philosophie des Geldes* wie folgt: »On [the] one hand, Simmel suggests, ›the ego would crumple up if it were not surrounded by external objects‹. On the other, the subject's very existence rests on its ability to distance itself from objects«, *Money and the Modern Mind. Georg Simmel's »Philosophy of Money«*, Berkeley 1993, 85.

31 Simmel, *Philosophie des Geldes*, 378.

32 Vergleiche auch: »So kann man die Wirkung des Geldes als eine Atomisierung der Einzelpersönlichkeit bezeichnen, als eine innerhalb ihrer vor sich gehende Individualisierung«, Simmel, *Philosophie des Geldes*, 463.

33 Simmel, *Philosophie des Geldes*, 404.

34 Dieser Verflechtung einer eigentlichen ökonomischen Theorie des Geldes mit einer Philosophie des Geldes dürfte es denn auch zu verdanken sein, dass das Buch weitgehend auf Unverständnis und Ablehnung stieß. Es kann nicht verwundern, dass Gustav Schmoller einer der wenigen Zeitgenossen war, der das Buch hochschätzte, da er es war, der das Subjekt und die Ich-Philosophie in die Wirtschaftswissenschaften zu integrieren suchte. Auch gegenwärtige Diskussionen von Simmels Werk tun sich schwer, diese zentrale These des Buches ernstzunehmen. Zumindest fällt es auf, in welchem Maße die Ich-Philosophie Simmels aus den Diskussionen um seine Geldtheorie ausgeschlossen werden muss. Vergleiche etwa die – durchaus komplexen – Beiträge in: Otthein Rammstedt (Hg.), *Georg Simmels Philosophie des Geldes*, Frankfurt am Main 2003.

35 In dem Prozess der Versachlichung oder Objektivierung sieht Simmel denn auch die Chance, den gesellschaftlichen Ungleichheiten zu begegnen. Die unterschiedlichen Macht- und Besitzverhältnisse sind dann erträglich, wenn sie versachlicht sind, denn dadurch können beide Seiten ihr Ich davon abziehen; vgl. Simmel, *Philosophie des Geldes*, 454.

36 Vergleiche zur »Entemotionalisierung durch den Tausch« auch Friedrich Pohlmann, *Individualität, Geld und Rationalität. Georg Simmel zwischen Karl Marx und Max Weber*, Stuttgart 1987, 77–78.

37 Simmel spricht von der Not der Verortung des Ich. So heißt es in Bezug auf die Leistungen der Kunst und des Denkens: »Je mehr die Werte [genannt wurden: »Bücher, Kunst, ideale Gebilde wie Vaterland, allgemeine Kultur, die Formung des Lebens …, das Wissen«] in solche objektive Form übergehen, umso mehr Platz ist in ihnen, wie in Gottes Haus, für jede Seele. Vielleicht wäre die Wüstheit und Erbitterung der modernen Konkurrenz überhaupt nicht erträglich, wenn ihr nicht diese wachsende Objektivierung von Daseinsinhalten, in ihrer Unberührsamkeit von allem ôte-toi que je m'y mette, zur Seite ginge« (386).

38 Simmel beobachtet, wie das *Mittel* Geld zum absoluten *Zweck* aufsteigt, eben weil es als »absolutes Mittel« (298) zugleich auch »absolute[r] Zweck« (298) zu sein scheint.

39 Vgl. Simmel, *Philosophie des Geldes*, 305–6.

40 Thomas Mann deutet dies in Hanno und Gerda an, doch beiden wird die Kunst zur Befreiung *und* zum Verhängnis. Erst in *Tonio Kröger* zeichnet sich eine Versöhnung ab. Simmel spricht von der Kunst als möglicher Herberge des Ich; vgl. Simmel, *Philosophie des Geldes*, 386.

41 Zu Beneke siehe das vierte Kapitel dieser Arbeit.

42 Aufgrund der kontinuierlichen Präsenz beider Sprachen wäre es auch zu simpel, Freuds Arbeiten etwa in eine frühere neurophysiologische und eine spätere metapsychologische aufzuteilen.

43 Siehe etwa die »Notiz über den ›Wunderblock‹« (1925), Freud, *Gesammelte Werke*, XIV, 1–8.

44 Spätestens seit Lyotards *Economie Libidinale* (1974) ist es üblich geworden, von einer Libido-Ökonomie zu sprechen, doch scheint mir dies in Hinblick auf Freud zumindest voreilig zu sein, da die Ökonomie, zumal eine Ökonomie mit einer Währung, bei Freud meiner Ansicht nach eher der letzte Horizont der Analyse ist als eine tatsächliche These.

45 Die Anforderungen an das, was diese Energie (Libido) im Denken Freuds leisten soll, sind hoch. Zunächst bezeichnet sie die positive Lebenskraft des Einzelnen. Libido muss quantifizierbar, haltbar und transportierbar sein. Außerdem muss sie durch bloße Denkakte bewegbar sein. Dazu kommt noch, dass die Energiebewegung mit Lust verbunden sein muss, der Stau aber unlustverursachend sein soll.

46 Zu einem ausgezeichneten Überblick zu Freuds Diskussion des Ökonomischen vergleiche Lawrence Birken, »Freud's ›Economic Hypothesis‹: From Homo Oeconomicus to Homo Sexualis«, in: *American Imago* 56.4 (1999) 311–330. Birken weist etwa auf die Passage aus *Die Traumdeutung* hin, in der Freud die Tätigkeit des Träumenden mit dem Zusammenspiel von Unternehmer und Kapitalisten vergleicht, die nachts die Anforderungen des Tages bearbeiten; Freud, *Gesammelte Werke*, II/III, 566–67.

47 Freud, *Gesammelte Werke*, XI, 369–70.

48 Vgl. Freud, *Gesammelte Werke*, X, 141.

49 Lawrence Birken hat bereits darauf aufmerksam gemacht, dass Freuds ökonomische Konzeption im Zusammenhang mit den Modellen der volkswirtschaftswissenschaftlichen Schule der Marginalisten und der Österreichischen Schule der Nationalökonomie, also vor allem Carl Menger, Eugen Böhm-Bawerk und von Wieser steht, da diese ihr ökonomisches Denken ganz auf das Prinzip der Knappheit umstellten.

50 Freud behandelt dies regelmäßig unter dem Stichwort der Unlust erweckenden Libidostauung, etwa Freud, *Gesammelte Werke*, VIII, 328; X, 151; XI, 369.

51 Freud beobachtet, wie es zu dieser »Ichverarmung« kommt, »welche sich aus den außerordentlich großen, dem Ich entzogenen Libidobesetzungen ergibt, also die Schädigung des Ichs durch die der Kontrolle nicht mehr unterworfenen Sexualstrebungen«, Freud, *Gesammelte Werke*, X, 166.

52 Freud, *Gesammelte Werke*, VIII, 328 f. Siehe auch, im expliziten Zusammenhang mit dem »ökonomischen« Gesichtspunkt auf die Psyche:

»Es kommt darauf an, *welchen Betrag* der unverwendeten Libido eine Person in Schwebe halten kann …«, Freud, *Gesammelte Werke*, XI, 389.

53 Vgl. etwa Freud, *Gesammelte Werke*, XIII, 273–275.

54 Aus dieser ökonomischen Logik der Zirkulationsmaximierung entspringt auch Freuds Kritik des Narzissmus. Der Einzelne kann Libido entweder auf sich selbst setzen, die Libido also ›narzisstisch‹ behalten, oder aber auf Objekte werfen. Der zweite Fall ist riskanter, da die Libido verloren gehen kann, zugleich aber auch potenziell lukrativer, da eine größere Libidomenge einerseits abgebaut werden kann, andererseits bei Bedarf auch zurückfließen kann. (Vgl. *Zur Einführung des Narzißmus*, Freud, *Gesammelte Werke*, X, 151.) Größere Komplexität und größere Zirkulation stellt sich als ökonomisch günstiger dar, da sich mit der größeren Aufnahmefähigkeit zugleich mehr Lust bereitende Möglichkeiten des Abbaus von Libido einstellen. Freud unterscheidet dabei in der Verschiebung von Libido auf Objekte ganz ökonomisch zwischen der »Verschwendung« von Libido einerseits (Freud, *Gesammelte Werke*, X, 169) und der häufigeren investitionsartigen Besetzung andererseits.

55 Freud, *Gesammelte Werke*, XIII, 258.

56 Vgl. zu diesem Text Eric L. Santner, *On the Psychotheology of Everyday Life. Reflections on Freud and Rosenzweig*, Chicago, London 2001, 33–37.

57 Freud, *Gesammelte Werke*, X, 154.

58 Freud, *Gesammelte Werke*, VIII, 80.

59 Freud, *Gesammelte Werke*, VIII, 71.

60 Freud, *Gesammelte Werke*, VIII, 51.

61 Inwiefern das dreistufige Modell der Psychoanalyse von topisch, dynamisch, ökonomisch diesen drei Phasen entspricht, muss an dieser Stelle nicht entschieden werden; vgl. Freud, *Das Unbewußte* (1913), *Gesammelte Werke*, X, 280.

62 Vgl. Inka Mülder-Bach (Hg.), *Modernität und Trauma. Beiträge zum Zeitenbruch des Ersten Weltkrieges*, Wien 2000.

63 Zum Trauma als Versprechen, siehe Fritz Breithaupt, »The Invention of Trauma«.

64 Der makaberste Fall der klischeehaften Erinnerung sind sicherlich die fingierten Holocaust-Selbstnarrationen, die mancherorts erscheinen. Offensichtlich sind es gerade die singulärsten Erfahrungen oder traumatischen Nicht-Erfahrungen, die als Muster der ›eigenen‹ Erinnerung gewählt werden.

65 Vgl. Fritz Breithaupt, »Rituals of Trauma: How the Media Fabricated 9/11«, in: Steven Chermak, Frankie Y. Bailey und Michelle Brown (Hg.), *Media Representations of September 11*, Westport 2003, 67–81.

7. Kapitel: 1924, 1955. Eine kurze Geschichte der Befreiung des Menschen aus den Klauen des Ich mittels des Geldes

1 Dazu der bisher unveröffentlichte Aufsatz von Petia Parpoulova-Rückert, »The Suitcase as a Place in the Space of 1920s Inflation, or On the Use of Literary Language in Joseph Roth's 1924 *Hotel Savoy*.«

2 Dazu: Dirk Oschmann, *Auszug aus der Innerlichkeit. Das literarische Werk Siegfried Kracauers*, Heidelberg 1999, und Helmut Lethen, *Verhaltenslehren der Kälte. Lebensversuche zwischen den Kriegen*, Frankfurt am Main 1994, 185–86.

3 Dazu das bisher unveröffentlichte Buch von Jill S. Smith, *Self-Conscious Commodities: Literary, Cultural, and Social Discourses on Prostitution in Berlin 1880–1933.*

4 Wirkliche Individualität hat dort niemand mehr. Auch der große Bösewicht ist beeindruckend nur, solange sein Geheimnis nicht gelüftet ist; Siegfried Kracauer, *Der Detektiv-Roman. Ein philosophisches Traktat*, Frankfurt am Main 1979, 38.

5 Die Neue Frau existiert ja nicht, sondern ist eine kollektive Projektion. Sie ist ein Begriff wie das Ich einer ist, der Verhalten nicht abbildet, sondern vorgibt. Die Entschärfungsstrategie durch Repräsentation der Epoche für den Ich-Zwang greift auch hier. Andere übernehmen die volle Ausbildung dieses Feminismus, sodass die Mehrzahl sich durchaus halb anerkennend und halb empört ›repräsentiert‹ sehen kann. Es handelt sich entsprechend eher um einen *Repräsentativfeminismus*, in dem die radikalen oder konsequentesten Formen des Feminismus einigen wenigen oft fiktiven Gestalten vorbehalten sind.

6 Vgl. Siegfried Kracauer, *Die Angestellten. Aus dem neuesten Deutschland* (1930).

7 Helmuth Plessner, *Die Grenzen der Gemeinschaft. Eine Kritik des sozialen Radikalismus*, in: Ders., *Gesammelte Schriften*, hg. v. Günter Dux, Odo Marquard, Elisabeth Ströker u.a., Frankfurt am Main 1981, V, 82.

8 Helmut Lethen, *Verhaltenslehren der Kälte.*

9 Kracauer, *Detektiv-Roman*, 31.

10 Vergleiche Claudia Breger, *Szenarien kopfloser Herrschaft – Per-*

formanzen gespenstischer Macht. Königsfiguren in der deutschsprachigen Literatur und Kultur des zwanzigsten Jahrhunderts, Freiburg 2004. Bregers Programm besteht darin, die Verschränkung der »Politiken des Subjekts« mit den »Tendenzen der Kritik« aufzuweisen (14). Dort findet sich auch eine Analyse des George-Kults, 102–20.

11 Carl Schmitt, *Die geistesgeschichtliche Lage des heutigen Parlamentarismus* (1924), Berlin 1926, 2. Aufl., 44, Fußnote 1.

12 Vergleiche zur Dreigliedrigkeit der Fürsprache und der Gefahr ihrer Reduktion auf zweigliedrige Empathie im Denken Anfang des 20. Jahrhunderts: Rüdiger Campe, »An Outline for a Critical History of *Fürsprache*: *Synegoria* and Advocacy«, erscheint in: Deutsche Vierteljahrsschrift (2008).

13 Die Beweglichkeit und Exportierbarkeit des Ich sind in dieser Epoche ein zentrales Motiv. Vgl. etwa *Blume und Anti-Blume* von Ernst Bloch aus dieser Zeit: »Einige können ihr Ich in einem Äußeren aufgeben, ohne sich darin zu verlieren …«; Ernst Bloch, *Spuren*, Frankfurt am Main 1985, 159. Siegfried Kracauer schreibt 1924: »Menschen, die heute überhaupt noch Zeit zur Langweile haben und sich doch nicht langweilen, sind gewiß genau so langweilig wie die anderen, die zur Langweile nicht kommen. Denn ihr Selbst ist verschollen …«; Siegfried Kracauer, »Langweile«, in: Ders., *Das Ornament der Masse*, Frankfurt am Main 1977, 321.

14 Der Kult hat dabei stets zwei Funktionen: zum einen die Unterdrückung der inneren Zweifel, zum anderen die Bekehrung der anderen. Neben Freuds *Totem und Tabu* ist auch der vernachlässigte Roman von Gerhart Hauptmann, *Die Insel der grossen Mutter* (1924), ein wichtiges Dokument der Zeit, welches den Kult und das Tabu ins Zentrum einer Gesellschaftstheorie stellt.

15 Helmuth Plessner, *Grenzen der Gemeinschaft*, 82 (die zwei ersten Hervorhebungen von mir, F. B.).

16 In Anlehnung an die einschlägige Unterscheidung von (atomisierter) Gesellschaft und (integrierender) Gemeinschaft von Ferdinand Tönnies will Plessner zeigen, dass diese Individualität-in-der-Rüstung für die moderne Gesellschaft gelte. Anders verhalte es sich in echten Gemeinschaften, die sich unter dem Schutzmantel einer starken und von allen emotional verehrten Führergestalt zusammenfänden. Gegen den Zeitgeist will Plessner dann die Limitationen der allseits favorisierten Gemeinschaft aufzeigen. Doch dort, wo Plessner noch einen Gegensatz zwischen der atomisierten Gesellschaft und der von einem symbolischen Vater geleiteten Gemeinschaft zu konstruieren versucht, drängt sich auch eine andere Deutung auf, nämlich dass beide zwei Seiten einer Münze sind. Damit kollabieren auch Gesellschaft und Gemeinschaft. Die atomisierte Gesellschaft, in der jeder seine Individualität zum Typus kondensiert, ist zugleich der Ort der Kult-Gemeinschaften, in der Vaterersatzfiguren als ein Ich willig adaptiert werden. »Echtes Herrentum schafft Gemeinschaft, gedeiht nur in ihr, denn echte Gemeinschaft braucht den Herrn und Meister, ohne den sie zerfallen müßte«; »Darum schließen sich echte Gemeinschaften stets um eine verehrte Person, in der alle Liebesstrahlen am leichtesten vereint … werden«, Helmuth Plessner, *Grenzen der Gemeinschaft*, 43, 48.

17 Bernhard Laum, *Heiliges Geld. Eine historische Untersuchung über den sakralen Ursprung des Geldes*, Tübingen 1924, 27.

18 Das Provokante von Laums Studie liegt offensichtlich in der These eines nicht-wirtschaftlichen Ursprungs des Geldes. Dies war durchaus umstritten. Die herrschenden Theorien der Zeit suchten Geld von der wirtschaftlichen Notwendigkeit abzuleiten und definierten es also als Mittel, Wert zu transportieren und aufzubewahren oder um Gleichwertigkeit zu ermitteln. Theorien der kollektiven Absprache (etwa John Locke) oder der tauschinternen Dynamik (Carl Menger) wurden viel zitiert. Zugleich war eine Reihe von Theorien hervorgetreten, die wie Laum andere Ursprünge des Geldes erwogen. Dazu gehören etwa die Sombartsche These des Geldursprungs in der ›weiblichen Putzsucht‹, die Freudsche Ableitung des Geldes von Fäkalien sowie Marcel Mauss', auf Durkheim zurückgehendes, Theorem der imponierenden Gabe, Opferung (siehe das sechste Kapitel). Doch es ist Laums Betonung des Repräsentativcharakters des Geldes, welcher in den führenden volkswirtschaftlichen Geldtheorien der Epoche um 1924 ein Echo findet, wie wir anhand der Geldtheorie Schumpeters sehen werden.

19 Laum, 27.

20 Laum, 43 (im Original durch Sperrung hervorgehoben).

21 Auch die Erfindung der Münze leitet Laum außerökonomisch von dem Akt der Zerlegung des Opfertieres ab, was sich in der Etymologie der Wörter für Münze spiegle; vgl. Laum, 104–5, dazu auch die Interpretation von Laum von Thomas Schestag, *Parerga: Zur literarischen Hermeneutik*, München 1991, 160–66.

22 Die These des Karnevals als Ventil der Gesellschaft wurde von Michail Michailowitsch Bachtin entfaltet; vgl. *Literatur und Karneval. Zur Romantheorie und Lachkultur*, Frankfurt am Main 1990.

23 Max Weber, *Wirtschaft und Gesellschaft. Grundriss der verstehenden Soziologie*, hg v. Johannes Winckelmann, Köln, Berlin 1964 (Nachdruck der Ausgabe Tübingen 1956), 833.

24 Ähnlich kennzeichnet Alain Badiou die Figur des Apostels Paulus als terroristisches Subjekt; vgl. Alain Badiou, *Paulus. Die Begründung des Universalismus*, aus dem Französischen von Heinz Jatho, Berlin 2002.

25 Max Weber, *Wirtschaft und Gesellschaft*, 833.

26 Max Weber, *Wirtschaft und Gesellschaft*, 834.

27 Max Weber, *Wirtschaft und Gesellschaft*, 835–6.

28 Odo Marquard hat in Nähe zu diesem Argument vorgeschlagen, dass der Wunsch nach dem Ausbruch aus dem Alltag geheime Ursache von Kriegen und Revolutionen gewesen sei. Entsprechend lobt er die Feste und Sport-Spektakel, die einen kleineren Ausbruch mit dem Alltag verträglich machen; Odo Marquard, »Moratorium des Alltags: Eine kleine Philosophie der Feste«, in: Ders., *Skepsis und Zustimmung. Philosophische Studien*, Stuttgart 1994, 59–69.

29 Max Weber, *Wirtschaft und Gesellschaft*, 840.

30 Max Weber, *Wirtschaft und Gesellschaft*, 854.

31 Es sei kurz angemerkt, dass Weber selbst das Wort ›Repräsentation‹ in einem anderen Sinne gebraucht, nämlich als technische Stellvertretung in der repräsentativen Demokratie. Dort werde eben nicht das Wesen des Individuums repräsentiert, sondern eine bürokratisch notwendige Reduktion der Volksvertreter bewirkt; siehe Weber, *Wirtschaft und Gesellschaft*, 852.

32 Sigmund Freud, *Gesammelte Werke*, XIII, 77.

33 Robert Musil, *Gesammelte Werke in neun Bänden*, hg. v. Adolf Frisé, Reinbek, 1981, 2. Aufl., Bd. 8, 1387.

34 Robert Musil, VIII, 1358.

35 Ebd.

36 An sich lebe das Individuum in »Gestaltlosigkeit« und bedürfe erst in der Gesellschaft einer Form, Robert Musil, VIII, 1371.

37 Zu dieser Frage vergleiche: Niklas Luhmann, *Die Wirtschaft der Gesellschaft*, 252.

38 Robert Musil, VIII, 1358.

39 Robert Musil, I, 109, 108.

40 Offensichtlich sah Schumpeter sich bereits vor der Publikation der *General Theory* als Konkurrent von John Maynard Keynes. Beide arbeiteten in den zwanziger Jahren an einem großen Buch zur Geldtheorie. Keynes *A Treatise on Money* erschien 1930; Schumpeters Buch war das erste Mal 1929 angekündigt, erschien aber schließlich erst posthum unter dem Titel *Das Wesen des Geldes*. Das Jahr 1924 stellte dabei für ihn eine wichtige persönliche Wende dar. Nachdem er die Jahre nach dem Krieg an der Spitze einer Bank (der Wiener Biedermeier-Bank) gestanden hatte und diese ebenso wie sich selbst in der Inflation in den Ruin führen musste, wurde er aus der persönlichen Misere durch einen Ruf an die Bonner Universität gerettet. Von dort führte er seine in methodischer Hinsicht erstaunlich weitgestreute Publikationstätigkeit fort.

41 Fritz Klaus Mann, »Einleitung des Herausgebers,« in: Joseph A. Schumpeter, *Das Wesen des Geldes*, Göttingen 1970, XVIII.

42 Joseph A. Schumpeter, »Das Sozialprodukt und die Rechenpfennige. Glossen und Beiträge zur Geldtheorie«, in: *Archiv für Sozialwissenschaft* 44 (1917), 627–715: 646.

43 Schumpeter, *Wesen des Geldes*, 104.

44 Schumpeter, *Wesen des Geldes*, 208, 209.

45 Besonders kräftig heißt es etwa: »Die neue Geldtheorie unterscheidet sich von der alten wie das Verfahren eines Dermitologen, der eine Hautkrankheit von deren organischen Ursachen aus erklärt und behandelt, von dem eines [anderen] Dermatologen, der nur sieht, was auf der Haut selbst zu sehen ist und es ›lokal‹ erklärt und behandelt« (79). Unter die Vertreter der »alten« Geldtheorie zählt Schumpeter Carl Menger; zur Metapher der Haut siehe auch Fritz Klaus Mann, »Einleitung«.

46 Schumpeter, *Wesen des Geldes*, 263.

47 Schumpeter, *Wesen des Geldes*, 1, 2.

48 Vergleiche etwa: »Einen ›inneren‹ Tauschwert (›intrinsic value‹) … gibt es überhaupt nicht«, Schumpeter, *Wesen des Geldes*, 260.

49 Schumpeter, *Wesen des Geldes*, 218–19.

50 Nicht nur die Konkurrenz mit Keynes gibt der Geldtheorie daher eine besondere Bedeutung. Mit der Geldtheorie verbindet Schumpeter eine nahezu faustische Wette, deren Einsatz nichts weniger als die Möglichkeit einer autonomen theoretischen Wissenschaft der Ökonomie ist: »Die erste Frage, die da auftaucht, ist … daß und warum eine jede dieser [erzeugten, verkauften und gekauften] Mengen und ein jeder dieser Preise so und nicht anders ist. Offenbar ist das die Grundfrage der theoretischen Wirtschaftslehre, ebenso wie eine analoge Frage Grundproblem jeder andern theoretischen Disziplin ist. Denn von ihrer Beantwortung hängt ab, ob wir überhaupt ein logisches autonomes System vor uns haben oder nicht. Wo immer wir sie schlechthin verneinen müssen, wo also unsere gedanklichen Werkzeuge *nicht* dazu ausreichen, uns verstehen zu lassen, warum die Größen des Systems so und nicht anders sind, steht es natürlich schlimm um den Erkenntniswert der betreffenden Disziplin«, Schumpeter, *Wesen des Geldes*, 214. Kurz: Die Frage ist, ob der Geldwert von Waren letztlich innerökonomisch bestimmt und also solches erkannt werden kann oder nicht. Wie wir sehen werden, führt diese Frage in ein Dilemma, für das es eine Lösung nur dann gibt, so Schumpeter, wenn eine äußere Instanz eingreift.

51 Diese äußere Instanz, Schumpeter erwähnt die Zentralbank, setzt die kritische Ziffer: »Diese Instanz reguliert nicht ... sondern sie setzt etwas, was ohne ihren Akt überhaupt fehlen würde«, Schumpeter, *Wesen des Geldes*, 219.

52 Schumpeter, *Wesen des Geldes*, 223.

53 Schumpeter, *Wesen des Geldes*, 221.

54 »Die Eigenbewegung der Geldsphäre drückt sich, streng genommen, nur in den *Veränderungen der kritischen Ziffer* aus«, Schumpeter, *Wesen des Geldes*, 261.

55 Joseph Schumpeter, *Theorie der wirtschaftlichen Entwicklung. Eine Untersuchung über Unternehmergewinn, Kapital, Kredit, Zins und den Konjunkturzyklus* (1911), Berlin 1997. Vergleiche zur andauernden Brisanz dieses Theorems etwa Robert Kuttner, *Everything for Sale. The Virtues and Limits of Markets*, Chicago 1999, 194–197.

56 Walter Benjamin, *Gesammelte Schriften*, hg. v. Rolf Tiedemann, Frankfurt am Main 1982, V.1, 614–15.

57 Walter Benjamin, V.1, 612.

58 Joseph Goebbels, *Michael. Ein deutsches Schicksal in Tagebuchblättern*, München 1929, 16. Aufl., 21.

59 Helmut Schelsky, »Einführung«, in: David Riesman, *Die einsame Masse. Eine Untersuchung der Wandlungen des amerikanischen Charakters*, Darmstadt, Berlin 1956, 18.

60 Riesman, *Die einsame Masse*, 225.

61 Siehe Riesman, *Die einsame Masse.*

62 Vgl. Helmut Schelsky, *Soziologie der Sexualität. Über die Beziehungen zwischen Geschlecht, Moral und Gesellschaft*, Hamburg 1955.

63 Viggo Blücher, *Freizeit in der industriellen Gesellschaft. Dargestellt an der jüngeren Generation*, Stuttgart 1956.

64 Ludwig Erhard, *Wohlstand für Alle*, Düsseldorf 1957, 232–245.

65 Ludwig Erhard, *Wohlstand für Alle*, 233–34.

66 Hier klingt Georg Simmel an, der ebenfalls die Freisetzung des Einzelnen und die Produktion des Ich durch den Konsum beobachtet (siehe das 6. Kapitel dieser Arbeit). Zugleich aber wird bei Erhard ebenso wie bei den kritischeren Analysen von Riesman, Blücher und Schelsky ein Element des Zwangs zum Konsum registriert (Schelsky etwa reagiert auf den von ihm postulierten Konsumterror mit einem Programm zur »Konsumaskese«, Schelsky, »Einführung«, 24), das Simmel fremd war. Diese Pflicht zum Konsum, der Pflicht zur Freizeit und dem Mitmachen steht dem Einzelnen als neuer begriffsähnlicher Zwang gegenüber.

67 Günter Schmölders, *Konjunkturen und Krisen*, Hamburg (1955), 4. Aufl., Hamburg 1958, 104.

68 Schmölders, *Konjunkturen und Krisen*, 106.

69 Schmölders, *Konjunkturen und Krisen*, 110.

70 H. Droege, *Der Mensch als wirtschaftliches Datum*, Berlin 1952, 57; zitiert nach Schmölders, *Konjunkturen und Krisen*, 111.

71 Helmut Schelsky, *Die skeptische Generation. Eine Soziologie der Jugend* (1957), Frankfurt am Main, Berlin, Wien 1975, 51.

72 Gerhard Sanden, zitiert nach Helmut Schelsky, *Die skeptische Generation*, 382.

73 In einer ausführlichen Darstellung der deutschen Jugend der Nachkriegszeit hat Uta G. Poiger dargestellt, wie die Gesellschaften in Ost- und Westdeutschland zunächst voller Ambivalenz auf diese neue Generation reagieren. Eindringliche Beispiele stellen die Reaktionen auf die neue Tanzmusik des Rock 'n' Roll und die Jugendfilme dar. Ob der Konsum derartiger Produkte gefährlich oder unschädlich sei, scheidet die Geister der Epoche und auch Ost und West; siehe Uta G. Poiger, *Jazz, Rock and Rebels. Cold War Politics and American Culture in a Divided Germany*, Berkeley, Los Angeles, London 2000.

Ausblick auf die Gegenwart

1 Christian Kracht, *1979*, Köln 2001, 20.

2 Louis Dumont, *Essays on Individualism*, Chicago, London 1986, 106.

3 Dies die, krud verkürzte, These von Norbert Bolz, *Das konsumistische Manifest*, München 2004.

4 Man denke, in Nachfolge von Marx und Adorno, an Wolfgang Fritz Haug, *Kritik der Warenästhetik*, Frankfurt am Main 1971.

5 Siehe etwa Stuart Hall, *Representation. Cultural Representations and Signifying Practices*, London 1997; ders., *Resistance through Rituals: Youth*

Subcultures in Post-War Britain, London, New York 2006, 2. Aufl.; Stuart Hall und Paul du Gay (Hg.), *Questions of Cultural Identity*, London 1996.

6 So etwa Peter Sloterdijk, *Im Weltinnenraum des Kapitals*, Frankfurt am Main 2005.

Bibliographie

Benedict Anderson, *Imagined Communities. Reflections on the Origins and Spread of Nationalism*, überarbeitete Neuauflage London, New York 2006.

Anonym, o. T., in: *Allgemeine deutsche Bibliothek*, 1778, 34. Bd., 2. Stück, 443–45.

Friedmar Apel, »Wandlungen des Romantischen: Zur Geschichte des poetischen Subjekts im 19. Jahrhundert«, in: *Propyläen. Geschichte der Literatur, Fünfter Band: Das bürgerliche Zeitalter*, 1830–1914, hg. von Erika Wischer, Berlin 1984, 68–91.

Mitchell G. Ash und Ulfried Geuter (Hg.), *Geschichte der deutschen Psychologie im 20. Jahrhundert*, Opladen 1985.

Michail Michailowitsch Bachtin, *Literatur und Karneval. Zur Romantheorie und Lachkultur*, Frankfurt am Main 1990.

Alain Badiou, *Paulus. Die Begründung des Universalismus*, aus dem Französischen von Heinz Jatho, Berlin 2002.

Dirk Baecker, »Die Beobachtung der Paradoxie des Geldes«, in: Hans Ulrich Gumbrecht und K. Ludwig Pfeiffer (Hg.), *Paradoxien, Dissonanzen, Zusammenbrüche. Situationen offener Epistemologie*, Frankfurt am Main 1991, 174–186.

Christian Begemann und David E. Wellbery (Hg.), *Kunst – Zeugung – Geburt: Theorien und Metaphern ästhetischer Produktion in der Neuzeit*, Freiburg 2002.

Walter Benjamin, *Gesammelte Schriften*, hg. von Rolf Tiedemann und Hermann Schweppenhäuser, Frankfurt am Main 1974.

Benjamin Bennett, »The Irrelevance of Aesthetics and the De-Theorizing of the Self in ›Classical‹ Weimar«, in: Simon Richter (Hg.), *The Literature of Weimar Classicism*, Camden House History of German Literature, Bd. 7, Rochester 2004, 295–321.

Eduard Beneke, *Pragmatische Psychologie oder Seelenlehre in der Anwendung auf das Leben*, Berlin 1850.

ders., *Lehrbuch der Pragmatischen Psychologie oder Seelenlehre in der Anwendung auf das Leben*, Berlin 1853.

ders., *Lehrbuch der Psychologie als Naturwissenschaft*, 2. vermehrte Auflage, Berlin, Posen, Bromberg 1845.
ders., *Erziehungs- und Unterrichtslehre*, Berlin, Posen, Bromberg 1835.
Frauke Berndt, »›Das Meretlein‹: Zur Ikonographie der Novelle in Gottfried Kellers *Der grüne Heinrich*«, in: Harald Tausch (Hg.), *Historismus und Moderne*, Würzburg 1996, 161–81.
Lawrence Birken, »Freud's ›Economic Hypothesis‹: From Homo Oeconomicus to Homo Sexualis« in: *American Imago* 56.4 (1999), 311–330.
Günter Birtsch, »Freiheit und Eigentum. Zur Erörterung von Verfassungsfragen in der deutschen Publizistik im Zeichen der Französischen Revolution«, in: Rudolf Vierhaus (Hg.), *Eigentum und Verfassung. Zur Eigentumsdiskussion im ausgehenden 18. Jahrhundert*, Göttingen 1972, 179–192.
Otto von Bismarck, »Eröffnung des Kulturkampfes«, in: *Politische Reden II, 1869–1914*, hg. v. Peter Wende, Frankfurt am Main 1990.
Friedrich von Blanckenburg, *Versuch über den Roman* (1774), fotomechanische Reproduktion Stuttgart 1966.
Bernd Blaschke, *Der homo oeconomicus und sein Kredit bei Musil, Joyce, Svevo, Unamuno und Céline*, München 2004.
Ernst Bloch, *Gesamtausgabe*, Frankfurt am Main 1959.
Viggo Blücher, *Freizeit in der industriellen Gesellschaft. Dargestellt an der jüngeren Generation*, Stuttgart 1956.
Hans Blumenberg, *Begriffe in Geschichten*, Frankfurt am Main 1998.
Eske Bockelmann, *Im Takt des Geldes: Zur Genese des modernen Denkens*, Springe 2004.
Helmut Böhme, »Preußische Bankpolitik«, in: ders. (Hg.), *Probleme der Reichsgründungszeit 1848–1879*, Köln 1968, 195–225.
Georg Bollenbeck, »Der Roman als Gesellschaftspanorama der bürgerlichen Epoche. Der psychologische Roman und die Bourgeoisie«, in: *Propyläen, Geschichte der Literatur, Fünfter Band: Das bürgerliche Zeitalter, 1830–1914*, hg. v. Erika Wischer, Berlin 1984, 166–193.
Norbert Bolz, *Das konsumistische Manifest*, München 2004.
Lothar Bornscheuer, »Zur Geltung des ›Mythos Geld‹ im religiösen, ökonomischen und poetischen Diskurs«, in: Rolf Grimminger (Hg.), *Mythos im Text. Zur Literatur des 20. Jahrhunderts*, Bielefeld 1998, 55–105.
Heinrich Bosse, *Autorschaft ist Werkherrschaft. Über die Entstehung des Urheberrechts aus dem Geist der Goethezeit*, Paderborn 1981.
Pierre Bourdieu, »Das ökonomische Feld«, in: Pierre Bourdieu u.a., *Der Einzige und sein Eigenheim*, Hamburg 1988, 185–222.

Patrick Brantlinger, *Fictions of State. Culture and Credit in Britain, 1694–1994*, Ithaca 1996.

Claudia Breger, *Ortlosigkeit des Fremden: »Zigeunerinnen« und »Zigeuner« in der deutschsprachigen Literatur*, Köln, Weimar, Wien 1998.

dies., *Szenarien kopfloser Herrschaft – Performanzen gespenstischer Macht. Königsfiguren in der deutschsprachigen Literatur und Kultur des zwanzigsten Jahrhunderts*, Freiburg 2004.

Fritz Breithaupt, »Anonymous Forces of History: The Case of Infanticide in the Sturm-und-Drang«, in: *New German Critique* 79 (Winter 2000), 157–176.

ders., »Einspruch gegen die Selbstregulierung: Geld und Kunst-Systeme um 1871«, erscheint in: *Modern Language Notes*, April 2008.

ders., »Goethe and the Ego«, in: *Goethe Yearbook* XI (2001), 77–102.

ders., »Homo Oeconomicus. The Rhetoric of Currency and a Case of Nineteenth-Century Psychology«, in: *Nineteenth-Century Prose* 32.1 (2005), 6–26.

ders., »The Invention of Trauma in German Romanticism«, in: *Critical Inquiry* 32 (Autumn 2005) 77–101.

ders., *Jenseits der Bilder. Goethes Politik der Wahrnehmung*, Freiburg 2000.

ders. »Der reine und der unreine Markt: Pathologien des Ökonomischen in Kellers *Der grüne Heinrich*«, in: *Publikationen zur Zeitschrift für Germanistik: Markt literarisch*, hg. v. Thomas Wegmann (2005), 99–114.

ders., »Rituals of Trauma: How the Media Fabricated 9/11«, in: Steven Chermak, Frankie Y. Bailey und Michelle Brown (Hg.), *Media Representations of September 11*, Westport 2003, 67–81.

Charles de Brosses, *Du culte des dieux fétiches ou Parallèle de l'ancienne religion de l'Egypte avec la religion actuelle de Nigritie* (1760).

Bill Brown, »Thing Theory«, in: *Critical Inquiry* 28 (Autumn 2001), 1–22.

Michael Bülow, *Buchmarkt und Autoreneigentum. Die Entstehung des Urhebergedankens im 18. Jahrhundert*, Wiesbaden 1990.

Constantine George Caffentzis, *Clipped Coins, Abused Words, and Civil Government. John Locke's Philosophy of Money*, New York 1989.

Cornelius Castoriadis, *L'institution imaginaire de la société*, Paris 1975.

Rüdiger Campe, »Zeugen und Fortzeugen in Karl Philipp Moritz' ›Über die bildende Nachahmung des Schönen‹«, in: Christian Begemann und David E. Wellbery (Hg.), *Kunst – Zeugung – Geburt: Theorien und Metaphern ästhetischer Produktion in der Neuzeit*, Freiburg 2002, 225–250.

Rüdiger Campe, »An Outline for a Critical History of *Fürsprache*: *Synegoria* and Advocacy«, erscheint in: *Deutsche Vierteljahrsschrift* (2008).

Rüdiger Campe und Manfred Schneider (Hg.), *Geschichte der Physiognomik: Text, Bild, Wissen*, Freiburg 1996.

Adelbert von Chamisso, *Peter Schlemihls wundersame Geschichte*, Stuttgart 1965.

Michel Chaouli, »Irresistible Rape: The Lure of Closure in ›The Marquise of O …‹«, in: *The Yale Journal of Criticism* 17.1 (2004), 51–81.

ders., *Das Laboratorium der Poesie. Chemie und Poetik bei Friedrich Schlegel*, aus dem Amerik. von Ingrid Proß-Gill, Paderborn 2004.

Lorraine Daston (Hg.), *Biographies of Scientific Objects*, Chicago, London 2000.

Gilles Deleuze, *Essays. Critical and Clinical*, aus dem Franz. von Daniel W. Smith und Michael A. Greco, Minneapolis 1997.

Paul de Man, *The Rhetoric of Romanticism*, New York 1984.

Jacques Derrida, *Über das ›Preislose‹, oder The Price is Right in der Transaktion*, Berlin 1999.

ders., *Donner le Temps*, Paris 1991.

ders., »Signatur, Ereignis, Kontext«, in: *Randgänge der Philosophie*, Wien 1988.

ders., *Grammatologie*, aus dem Franz. von Hans-Jörg Rheinberger und Hanns Zischler, Frankfurt am Main 1974.

Richard van Dülmen (Hg.), *Die Entdeckung des Ich. Die Geschichte der Individualisierung vom Mittelalter bis zur Gegenwart*, Köln 2001.

Louis Dumont, *German Ideology. From France to Germany and Back*, Chicago, London, 1994.

ders., *Essays on Individualism*, Chicago, London 1986.

Norbert Elias, *Über den Prozeß der Zivilisation. Soziogenetische und psychogenetische Untersuchungen*, Frankfurt am Main 1997.

ders., *Die Gesellschaft der Individuen*, Frankfurt am Main 1987.

Yahya Elsaghe, *Die imaginäre Nation. Thomas Mann und das ›Deutsche‹*, München 1999.

Ludwig Erhard, *Wohlstand für Alle*, Düsseldorf 1957.

Matthew Erlin, »Products of the Imagination: Mining, Luxury, and the Romantic Artist in *Heinrich von Ofterdingen*«, in: *German Life and Letters* 60:1 (2007), 40–68.

Franz Falk, »Ein neuer Faust und der alte Satan oder was angeboren sein muß kann nicht angekauft warden. Eine Traumgeschichte (1846)«, in:

Faust-Parodien, hg. v. Waltraud Wende-Hohenberger und Karl Riha, Frankfurt am Main 1989.

Frances Ferguson, »Reading Morals. Locke and Rousseau on Education and Inequality«, in: *Representations* 6 (1984), 66–84.

Johann Gottlieb Fichte: *Sämmtliche Werke*, hg. v. J.H. Fichte, Berlin 1845.

Aris Fioretos (Hg.), *The Solid Letter. Readings of Friedrich Hölderlin*, Stanford 1999.

Jürgen Fohrmann: »›Bildende Nachahmung‹. Über die Bedeutung von ›Bildung‹ und ›Ordnung‹ als Prinzipien der Moritzschen Ästhetik«, in: Martin Fontius und Anneliese Klingenberg (Hg.), *Karl Philipp Moritz und das 18. Jahrhundert. Bestandsaufnahmen – Korrekturen – Neuansätze*, Tübingen 1995, 177–186.

Jürgen Fohrmann (Hg.), *Gelehrte Kommunikation: Wissenschaft und Medium zwischen dem 16. und 20. Jahrhundert*, Wien, Köln, Weimar 2005.

Martin Fontius und Anneliese Klingenberg (Hg.), *Karl Philipp Moritz und das 18. Jahrhundert. Bestandsaufnahmen – Korrekturen – Neuansätze*, Tübingen 1995.

Pierre Force, *Self-Interest before Adam Smith. A Genealogy of Economic Science*, Cambridge 2003.

Michel Foucault, *Der Wille zum Wissen. Sexualität und Wahrheit 1*, Frankfurt am Main 1977.

ders., *Die Ordnung der Dinge: Eine Archäologie der Humanwissenschaften*, Frankfurt am Main 1971.

ders., *Die Ordnung des Diskurses*, Frankfurt am Main 1970.

August Hermann Francke, *Pädagogische Schriften*, hg. v. Hermann Lorenzen, Paderborn 1964, 2. Aufl.

Gustav Frank, »Romane als Journale: System- und Umweltreferenzen als Voraussetzung der Entdifferenzierung und Ausdifferenzierung von ›Literatur‹ im Vormärz«, in: *Forum Vormärz Forschung* 1 (1995), 15–47.

Manfred Frank, *Selbstgefühl: Eine historisch-theoretische Erkundung*, Frankfurt am Main 2002.

Sigmund Freud, *Gesammelte Werke*, hg. von Anna Freud u.a., Frankfurt am Main 1999.

Winfried Freund: *Literarische Phantastik*, Stuttgart, Berlin, Köln 1990.

Gustav Freytag, *Soll und Haben*, in: ders., *Gesammelte Werke*, Leipzig 1887, Bd. 4.

Ulrich Füllehorn, *Besitzen als besäße man nicht. Besitzdenken und seine Alternativen in der Literatur*, Frankfurt am Main 1995.

Bernd Füllner, »Voilà du courage! Voilà la verité! Georg Weerths Rede auf dem ›Congrès des Économistes de tous le Pays‹ in Brüssel am 18. September 1847«, in: *Forum Vormärz Forschung* 1 (1995), 219–239.

Regina Gagnier, *The Insatiability of Human Wants. Economics and Aesthetics in Market Society*, Chicago, London 2000.

Andreas Gailus, »A Case of Individuality. Karl Philipp Moritz and the Magazine for Empirical Psychology«, in: *New German Critique* 79 (Winter 2000), 67–105.

Klaus F. Gille, »Der Berg und die Seele: Überlegungen zu Tiecks *Runenberg*«, in: *Neophilologus* 77.4 (1993), 611–623.

Johann Wolfgang von Goethe, *Hamburger Ausgabe in vierzehn Bänden*, hg. v. Erich Trunz, München 1981.

Willi Goetschel, »Sex, and Other Utilities: Keller's Unsettling Account«, in: Raymond A. Prier und Gerald Gillespie (Hg.), *Narrative Ironies*, Amsterdam, Atlanta 1997, 223–238.

Harvey Goldman, *Max Weber and Thomas Mann. Calling and the Shaping of the Self*, Berkeley, Los Angeles, London 1988.

Jan Goldstein, »Mutations of the Self in the Old Regime and Postrevolutionary France: From *Ame* to *Moi* to *Le Moi*«, in: Lorraine Daston (Hg.), *Biographies of Scientific Objects*, Chicago, London 2000, 86–117.

Jean-Joseph Goux, *Symbolic Economies: After Marx and Freud*, Ithaca 1990.

Richard T. Gray, »Economic Romanticism: Monetary Nationalism in Johann Gottlieb Fichte and Adam Müller«, in: *Eighteenth Century Studies* 36 (2003), 535–558.

Bernhard Greiner, »Patho-logie des Erzählens: Tiecks Entwurf der Dichtung im *Blonden Eckbert*«, in: *Deutschunterricht* 39.1 (1987), 111–123.

Hermann Grimm, *Kaufmann und Künstler*, Berlin 1848.

Mark Grunert, »Lenore oder die Versuchung des Bürgers: Romantischer »Zauber« und realistische Ideologie in Gustav Freytags *Soll und Haben*«, in: *Monatshefte 85.2* (1993), 134–152.

Ulrich Gumbrecht und K. Ludwig Pfeiffer (Hg.), *Paradoxien, Dissonanzen, Zusammenbrüche. Situationen offener Epistemologie*, Frankfurt am Main 1991.

Karl Gutzkow, *Uriel Acosta* (1847), Jena 1882, 11. Aufl.

Robert Habeck, *Casimir Ulrich Boehlendorffs Gedichte. Eine stilkritische Untersuchung*, Würzburg 1997.

Michael Hagner, »Aufklärung über das Menschenhirn. Neue Wege der Neuroanatomie im späten 18. Jahrhundert«, in: Hans-Jürgen Schings (Hg.), *Der ganze Mensch*, Stuttgart, Weimar 1994, 145–161.

Stuart Hall, *Resistance through Rituals: Youth Subcultures in Post-War Britain*, London, New York 2006, 2. Aufl.

ders., *Representation: Cultural Representations and Signifying Practices*, London 1997.

Stuart Hall und Paul du Gay (Hg.), *Questions of Cultural Identity*, London 1996.

Werner Hamacher, *Entferntes Verstehen*, Frankfurt am Main 1998.

ders., »Faust, Geld«, in: *Athenäum. Jahrbuch für Romantik* 4 (1994), 131–187.

ders., »Der Satz der Gattung: Friedrich Schlegels poetische Umsetzung von Fichtes unbedingtem Grundsatz«, in: *Modern Language Notes 95* (1980), 1155–1180.

ders., »Lingua Amissa: The Messianism of Commodity-Language and Derrida's ›Specters of Marx‹«, in: Michael Sprinker, *Ghostly Demarcations. A Symposium on Jacques Derrida's ›Specters of Marx‹*, London, New York 1999, 168–212.

Johann Georg Hamann, *Sämtliche Werke*, hg. v. Josef Nadler, Wuppertal 1949–1957.

Gerald Hartung, »Über den Selbstmord. Eine Grenzbestimmung des anthropologischen Diskurses im 18. Jahrhundert«, in: Hans-Jürgen Schings (Hg.), *Der ganze Mensch*, Stuttgart, Weimar 1994, 33–53.

Wolfgang Fritz Haug, *Kritik der Warenästhetik*, Frankfurt am Main 1971.

G. W. F. Hegel, *Grundlinien der Philosophie des Rechts. Mit Hegels eigenhändigen Randbemerkungen in seinem Handexemplar der Rechtsphilosophie*, hg. v. Johannes Hoffmeister, Hamburg 1967, 4. Aufl.

G. W. F. Hegel, *Werke*, Frankfurt am Main 1986.

Heinrich Heine, *Historisch-kritische Gesamtausgabe der Werke* (Düsseldorfer Ausgabe), hg. v. Manfred Windfuhr, Hamburg 1973–1997.

ders., *Sämtliche Schriften*, hg. v. Klaus Briegleb, München 1969.

Martha B. Helfer (Hg.), *Rereading Romanticism*, Amsterdam, Atlanta 2000.

Hemsterhuis, »Ueber das Verlangen« (1770), in: *Der Teutsche Merkur*, November 1781, 97–122.

Johann Gottfried Herder, *Werke*, hg. v. Günter Arnold et al., Frankfurt am Main 1985.

ders., *Sämtliche Werke*, hg. v. Bernhard Suphan, Hildesheim 1967.

ders., *Briefe*, Bd. IX., bearbeitet von Günter Arnold, Weimar 1988.

Jonathan M. Hess, *Reconstituting the Body Politic. Enlightenment, Public Culture and the Invention of Aesthetic Autonomy*, Detroit 1999.

Manfred Hettling, »Bürgerliche Selbstbehauptung – Politischer Individualismus«, in: Richard van Dülmen (Hg.), *Die Erfindung des Ich*, Köln 2001.

Derek Hillard, »History as a Dual Process: Nietzsche on Exchange and Power«, in: *Nietzsche Studien* 31 (2002), 40–56.

Albert O. Hirschman, *Leidenschaften und Interesse. Politische Begründungen des Kapitalismus*, aus dem Amerik. v. Sabine Offe, Frankfurt am Main 1980.

Eric J. Hobsbawn, *Das imperiale Zeitalter 1875–1914*, aus dem Englischen v. Udo Rennert, Frankfurt am Main 1995.

Friedrich Hölderlin, *Sämtliche Werke und Briefe* (= StA), hg. v. Friedrich Beissner, Stuttgart 1943–77.

ders., *Frankfurter Hölderlin-Ausgabe* (= FHA), hg. v. D.E. Sattler, Frankfurt am Main 1984.

Jochen Hörisch, *Es gibt (k)ein richtiges Leben im Falschen*, Frankfurt am Main 2003.

ders., *Kopf oder Zahl. Die Poesie des Geldes*, Frankfurt am Main 1996.

ders., *Gott, Geld und Glück. Zur Logik der Liebe in den Bildungsromanen Goethes, Kellers und Thomas Manns*, Frankfurt am Main 1983.

Fredric Jameson, »Culture and Finance Capital«, in: *Critical Inquiry 24.1* (1997), 246–265.

Lee B. Jennings, »The Model of the Self in Gottfried Keller's Prose«, in: *German Quarterly 56* (März 1983), 196–230.

Klaus Jeziorkowski, *Literarität und Historismus: Beobachtungen zu ihrer Erscheinungsform im 19. Jahrhundert am Beispiel Gottfried Kellers*, Heidelberg 1979.

André Jolles, *Einfache Formen*, Darmstadt 1958, 2. Aufl.

J.H.G. von Justi, *Die Grundfeste zu der Macht und Glückseligkeit der Staaten oder Ausführliche Vorstellung der gesamten Policey-Wissenschaft*, Königsberg, Leipzig 1760.

Doris Kaufmann, »Dreams and Self-Consciousness: Mapping the Mind in the Late Eighteenth and Early Nineteenth Centuries,« in: Lorraine Daston (Hg.), *Biographies of Scientific Objects*, Chicago, London, 2000, 67–86.

Gottfried Keller, *Sämtliche Werke in sieben Bänden*, hg. v. Thomas Böning et al., Frankfurt am Main 1985.

Stefan Keppler, *Grenzen des Ich. Die Verfassung des Subjekts in Goethes Romanen und Erzählungen*, Berlin, New York 2006.

Diethelm Kippel, »Persönlichkeit und Freiheit: Das ›Recht der Persönlichkeit‹ in der Entwicklung der Freiheitsrechte im 18. und 19. Jahrhundert«, in: Günter Birtsch (Hg.), *Grund- und Freiheitsrechte von der ständischen zur spätbürgerlichen Gesellschaft*, Göttingen 1972, 269–290.

Ernst Klein, *Geschichte der öffentlichen Finanzen in Deutschland (1500–1870)*, Wiesbaden 1974.

Ernst Ferdinand Klein, *Freiheit und Eigenthum, abgehandelt in acht Gesprächen über die Beschlüsse der Französischen Nationalversammlung*, Berlin, Stettin 1790.

Wulf Koepke (Hg.), *Johann Gottfried Herder: Academic Disciplines and the Pursuit of Knowledge*, Columbia (South Carolina) 1996.

Eva Kormann, *Ich, Welt und Gott: Autobiographik im 17. Jahrhundert*, Köln 2004.

Albrecht Koschorke, *Die Heilige Familie und ihre Folgen. Ein Versuch*, Frankfurt am Main 2000.

ders., *Körperströme und Schriftverkehr. Mediologie des 18. Jahrhunderts*, München 1999.

Johann Peter Kraft, »*Was ich wil*, das kan *ich*. Ist mehr als Spekulazion«, in: *Deutsches Museum. 1776–88*, 1779, Bd. 1, 141–146.

Siegfried Kracauer, *Der Detektiv-Roman. Ein philosophisches Traktat*, Frankfurt am Main 1979.

ders., *Das Ornament der Masse*, Frankfurt am Main 1977

Christian Kracht, *1979*, Köln 2001.

Anthony Krupp, »Other Relations: the Pre-History of the I in Rousseau and Moritz«, in: *Goethe Yearbook XI*, 2002, 111–132.

A. Kruse, *Geschichte der volkswirthschaftlichen Theorien*, Berlin 1959, 4. Aufl.

Robert Kuttner, *Everything for Sale. The Virtues and Limits of Markets*, Chicago 1999.

Alice A. Kuzniar, »›Spurlos … verschwunden‹: *Peter Schlemihl* und sein Schatten als der verlorene Signifikant«, in: *Aurora* 45 (1985), 189–204.

Philippe Lacoue-Labarthe und Jean-Luc Nancy, *The Literary Absolute: The Theory of Literature in German Romanticism*, Albany 1988.

Philippe Lacoue-Labarthe, *L'imitation des modernes. Typographies II*, Paris 1986.

Bernhard Laum, *Heiliges Geld, Eine historische Untersuchung über den sakralen Ursprung des Geldes*, Tübingen 1924.

Jakob Michael Reinhold Lenz, *Werke und Briefe in drei Bänden*, hg. v. Sigrid Damm, Leipzig 1987.

Helmuth Lethen, *Verhaltenslehre der Kälte: Lebensversuche zwischen den Kriegen*, Frankfurt am Main 1994.

Klaus Lichtblau, »Die Seele und das Geld. Kulturtheoretische Implikationen in Georg Simmels *Philosophie des Geldes*«, in: *Kultur und Gesellschaft*, Sonderheft 27 (1986), 57–74.

John Locke, *Two Treatises of Government*, New York 1978.

ders., *Über die Regierung*, aus dem Engl. v. Dorothee Tidow, Stuttgart 1974.

Niklas Luhmann, *Die Gesellschaft der Gesellschaft*, Frankfurt am Main 1997.

ders., »Individuum, Individualität, Individualismus«, in: *Gesellschaftsstruktur und Semantik. Studien zur Wissenssoziologie der modernen Gesellschaft*, Bd. 3, Frankfurt am Main 1989.

ders., *Die Wirtschaft der Gesellschaft*, Frankfurt am Main 1988.

Deidre Shauna Lynch, The *Economy of Character. Novels, Market Culture, and the Business of Inner Meaning*, Chicago 1998.

Ursula Mahlendorf, »The Crime of Punishment: The Psychology of Child Abuse and the Meretlein Incident in Gottfried Keller's *Der grüne Heinrich*«, in: *German Quarterly*, Vol. 70, No. 3 (Summer 1997), 247–60.

Fritz Klaus Mann, »Einleitung des Herausgebers«, in: Joseph A. Schumpeter, *Das Wesen des Geldes*, Göttingen 1970.

Thomas Mann, *Buddenbrooks. Verfall einer Familie*, hg. von Eckhard Heftrich, in: *Thomas Mann. Große kommentierte Frankfurter Ausgabe. Werke – Briefe – Tagebücher*, hg. von Heinrich Detering et al., Frankfurt am Main 2002, Band 1.1.

Tino Markworth, »Das ›Ich‹ und die Geschichte: Zum Zusammenhang von Selbstthematisierung und Geschichtsphilosophie bei J. G. Herder«, in: Wulf Koepke (Hg.), *Johann Gottfried Herder: Academic Disciplines and the Pursuit of Knowledge*, Columbia (South Carolina) 1996, 152–167.

Odo Marquard, »Moratorium des Alltags: Eine kleine Philosophie der Feste«, in: ders., *Skepsis und Zustimmung. Philosophische Studien*, Stuttgart 1994.

Karl Marx und Friedrich Engels, *Werke*, hg. v. Institut für Marxismus-Leninismus beim ZK der SED, Berlin 1968.

Marcel Mauss, *Essai sur le don* [*Die Gabe. Form und Funktion des Austauschs in archaischen Gesellschaften*] (1925), Paris 2007.

C. Meiner, »Ueber die Entstehung des Eigenthums«, in: *Göttingisches historisches Magazin*, 1789, Bd. 5, 461–474.

Johann Christian Friedrich Meister, *Lehrbuch des Natur-Rechtes*, Züllichau, Freystadt 1809.

Carl Menger, *Gesammelte Werke*, hg. v. F.A. Hayek, Tübingen 1968.
ders., *The Collected Works of Carl Menger*, hg. v. F.A. Hayek, London 1936.
Winfried Menninghaus, *Artistische Schrift. Studien zur Kompositionskunst Gottfried Kellers*, Frankfurt am Main 1982.
Winfried Menninghaus, *Unendliche Verdopplung. Die frühromantische Grundlegung der Kunsttheorie im Begriff absoluter Selbstreflexion*, Frankfurt am Main 1987.
Erich Meuthen, *Selbstüberredung. Rhetorik und Roman im 18. Jahrhundert*, Freiburg 1994.
Jan Mieszkowski, *Labors of Imagination: Aesthetics and Political Economy from Kant to Althusser*, New York 2006.
Karl Philipp Moritz, *Werke*, hg. v. Horst Günther, Frankfurt am Main 1981.
ders., *Grammatisches Wörterbuch der deutschen Sprache*, Berlin 1794.
Dorothea von Mücke, »Experience, Impartiality, and Authenticity in Confessional Discourse«, in: *New German Critique* 79 (2000), 5–35.
Inka Mülder-Bach (Hg.), *Modernität und Trauma. Beiträge zum Zeitenbruch des Ersten Weltkrieges*, Wien 2000.
Adam Heinrich Müller, *Versuche einer neuen Theorie des Geldes*, Jena 1922.
Dominik Müller, *Wiederlesen und weiterschreiben. Gottfried Kellers Neugestaltung des Grünen Heinrich, mit einer Synopse der beiden Fassungen*, Bern, New York 1988.
Helmut Müller-Sievers, *Self-generation. Biology, Philosophy, and Literature around 1800*, Stanford 1997.
Robert Musil, *Gesammelte Werke in neun Bänden*, hg. v. Adolf Frisé, Reinbek, 1981, 2. Aufl.
Jean-Luc Nancy, »The Calculation of the Poet«, in: Aris Fioretos (Hg.), *The Solid Letter. Readings of Friedrich Hölderlin*, Stanford 1999, 44–73.
Franco Negro, *Das Eigentum*, München, Berlin 1963.
Thomas Nipperdey, *Deutsche Geschichte 1800–1866: Bürgerwelt und starker Staat*, München 1985, 3. Aufl.
Dirk Oschmann, *Auszug aus der Innerlichkeit. Das literarische Werk Siegfried Kracauers*, Heidelberg 1999.
Petia Parpoulova-Rückert, »The Suitcase as a Place in the Space of 1920s Inflation, or On the Use of Literary Language in Joseph Roth's 1924 *Hotel Savoy*«, bisher unveröffentlicht.
K. Ludwig Pfeiffer, »Ich-Diskurse, Ich-Schicksale: Zur Geschichte einer kategorialen Verwischung«, in: Manfred Pfister (Hg.), *Die Modernisierung des Ich*, Passau 1989, 13–21.

Manfred Pfister (Hg.), *Die Modernisierung des Ich*, Passau 1989.

J.A. Pheifer, *Ueber das allgemeine Eigenthumsrecht*, Erfurt 1777.

Helmuth Plessner, *Gesammelte Schriften*, hg. v. Günter Dux u.a., Frankfurt am Main 1981.

Friedrich Pohlmann, *Individualität, Geld und Rationalität. Georg Simmel zwischen Karl Marx und Max Weber*, Stuttgart 1987.

Gianfranco Poggi, *Money and the Modern Mind. Georg Simmel's »Philosophy of Money«*, Berkeley 1993.

Uta G. Poiger, *Jazz, Rock and Rebels. Cold War Politics and American Culture in a Divided Germany*, Berkeley, Los Angeles, London 2000.

Mary Poovey, *Genres of the Credit Economy. Mediating Value in Eighteenth- and Nineteenth-Century Britain*, Chicago 2008.

Raymond A. Prier und Gerald Gillespie (Hg.), *Narrative Ironies*, Amsterdam, Atlanta 1997.

Otthein Rammstedt (Hg.), *Georg Simmels Philosophie des Geldes*, Frankfurt am Main 2003.

Wolfgang Rath, *Ludwig Tieck: Das vergessene Genie*, Paderborn 1996.

Marc Redfield, *Phantom Formation: Aesthetic Ideology and the »Bildungsroman«*, Ithaca, London 1996.

Rolf G. Renner, »Schrift der Natur und Zeichen des Selbsts: Peter Schlemihls wundersame Geschichte im Zusammenhang von Chamissos Texten«, in: *Deutsche Vierteljahrsschrift* 65 (1991), 653–673.

Simon Richter (Hg.), *The Literature of Weimar Classicism*, Camden House History of German Literature, Bd. 7, Rochester 2004.

Wolfgang Riedel, »Erkennen und Empfinden. Anthropologische Achsendrehung und Wende zur Ästhetik bei Johann Georg Sulzer«, in: Hans-Jürgen Schings (Hg.), *Der ganze Mensch*, Stuttgart, Weimar 1994.

Kelly Rogers (Hg.), *Self-Interest. An Anthology of Philosophical Perspectives*, New York, London 1997.

Hartmut Rosa, *Beschleunigung. Die Veränderung der Zeitstruktur in der Moderne*, Frankfurt am Main 2005.

Jean-Jaques Rousseau, *Emile ou de L'Education*, in: *Œuvres Complètes*, Bd. 4, Paris 1969.

Jean-Jacques Rousseau, *Emil oder Über die Erziehung*, aus dem Franz. von Ludwig Schmidts, Paderborn u.a. 1971.

Eric L. Santner, *On the Psychotheology of Everyday Life. Reflections on Freud and Rosenzweig*, Chicago, London 2001.

Friedrich Wilhelm Joseph Schelling, *Sämmtliche Werke*, Erste Abteilung, Stuttgart, Augsburg 1856.

Helmut Schelsky, »Einführung«, in: David Riesman, *Die einsame Masse. Eine Untersuchung der Wandlungen des amerikanischen Charakters*, Darmstadt, Berlin 1956.

ders., *Die skeptische Generation. Eine Soziologie der Jugend* (1957), Frankfurt am Main, Berlin, Wien 1975.

ders., *Soziologie der Sexualität. Über die Beziehungen zwischen Geschlecht, Moral und Gesellschaft*, Hamburg 1955.

Thomas Schestag, *Parerga: Zur literarischen Hermeneutik. Friedrich Hölderlin, Carl Schmitt, Franz Kafka, Platon, Friedrich Schleiermacher, Walter Benjamin, Jacques Derrida*, München 1991.

Hans-Jürgen Schings (Hg.), *Der ganze Mensch: Anthropologie und Literatur im 18. Jahrhundert*, Stuttgart, Weimar 1994.

ders., *Melancholie und Aufklärung. Melancholiker und ihre Kritiker in Erfahrungsseelenkunde und Literatur des 18. Jahrhunderts*, Stuttgart 1977.

August Wilhelm Schlegel, *Kritische Schriften und Briefe*, hg. v. Edgar Lohner, Stuttgart 1964.

Friedrich Schlegel, *Kritische Friedrich-Schlegel Ausgabe* (= KA), hg. v. Ernst Behler unter Mitwirkung v. Jean-Jacques Anstett u. Hans Eichner, München, Paderborn, Wien, Zürich 1958.

Johann August Schlettwein, *Die wichtigsten Angelegenheiten für das ganze Publicum, oder die natürliche Ordnung in der Politik*, 2. Teil, Karlsruhe 1773.

Jochen Schmidt, *Die Geschichte des Genie-Gedankens in der deutschen Literatur, Philosophie und Politik 1750–1945*, Darmstadt 1988, 2. Aufl.

Siegfried J. Schmidt, *Die Selbstorganisation des Sozialsystems Literatur im 18. Jahrhundert*, Frankfurt am Main 1989.

Carl Schmitt, *Die geistesgeschichtliche Lage des heutigen Parlamentarismus* (1924), Berlin 1926, 2. Aufl.

Günter Schmölders, *Geschichte der Volkswirtschaftslehre*, Hamburg 1964, 2. Aufl.

ders., *Konjunkturen und Krisen* (1955), Hamburg 1958, 4. Aufl.

Gustav von Schmoller, *Einführung in die Volkswirthschaftslehre* (1900), Berlin 1908, 3. Aufl.

Manfred Schneider, *Die kranke schöne Seele der Revolution. Heine, Börne, das ›Junge Deutschland‹, Marx und Engels*, Frankfurt am Main 1980.

Elliott E. Schreiber, »Pressing Matters. Karl Philipp Moritz's Models of the Self in the Magazin zur Erfahrungsseelenkunde«, in: *Goethe Yearbook* XI (2002).

ders., *Spielraum: Karl Philipp Moritz's Topography of Modernity*, bislang unveröffentlichte Dissertation.

Marianne Schuller und Elisabeth Strowick (Hg.), *Singularitäten. Literatur – Wissenschaft – Verantwortung*, Freiburg 2002.

Joseph A. Schumpeter, »Das Sozialprodukt und die Rechenpfennige. Glossen und Beiträge zur Geldtheorie«, in: *Archiv für Sozialwissenschaft* 44 (1917), 627–715.

ders., *Theorie der wirtschaftlichen Entwicklung. Eine Untersuchung über Unternehmergewinn, Kapital, Kredit, Zins und den Konjunkturzyklus* (1911), Berlin 1997.

ders., *Das Wesen des Geldes*, Göttingen 1970.

Karin Schutjer, »A Ground of One's Own. Hölderlin, *Eigentum and Eigentümlichkeit*«, in: *Rereading Romanticism*, hg. Martha B. Helfer, Amsterdam und Atlanta 2000, 169–192.

Rolf Selbmann, *Gottfried Keller. Romane und Erzählungen*, Berlin 2001.

Amartya K. Sen, »Rational Fools: A Critique of the Behavorial Foundations of Economic Theory«, in: Tracy B. Strong (Hg.), *The Self and the Political Order*, New York 1992, 120–139.

Marc Shell, *Money, Language, and Thought*, Baltimore 1982.

ders., *The Economy of Literature*, Baltimore 1978.

Georg Simmel, *Philosophie des Geldes*, hg. v. Otthein Rammstedt, Frankfurt am Main 1989 (= *Gesamtausgabe*, Bd. 6).

ders., *Das individuelle Gesetz. Philosophische Exkurse*, hg. v. Michael Landmann, Frankfurt am Main 1968.

Peter Sloterdijk, *Im Weltinnenraum des Kapitals*, Frankfurt am Main 2005.

ders., *Der Zauberbaum. Die Entstehung der Psychoanalyse im Jahr 1785*, Frankfurt am Main 1985.

Jill S. Smith, *Self-Conscious Commodities: Literary, Cultural, and Social Discourses on Prostitution in Berlin 1880–1933*, bisher unveröffentlicht.

Werner Sombart, *Der moderne Kapitalismus. Historisch-systematische Darstellung des gesamteuropäischen Wirtschaftslebens von seinen Anfängen bis zur Gegenwart*, München, Leipzig 1924, 6. Aufl.

Andreas U. Sommer, »Der Bankrott ›protestantischer‹ Ethik: Thomas Manns *Buddenbrooks*«, in: *Wirkendes Wort* 44.1 (1994), 88–110.

Michael Sonntag, »Vermessung der Seele: Zur Entstehung der Psychologie als Wissenschaft«, in: Richard van Dülmen (Hg.), *Die Erfindung des Ich*, Köln 2001, 361–384.

Michael Sprinker (Hg.), *Ghostly Demarcations. A Symposium on Jacques Derrida's ›Specters of Marx‹*, London, New York 1999.

Urs Stäheli, *»Spektakuläre Spekulation«. Das Populäre der Ökonomie*, Frankfurt am Main 2007.

Irmingard Staeuble, »›Subjektpsychologie‹ oder ›subjektlose Psychologie‹ – Gesellschaftliche und institutionelle Bedingungen der Herausbildung der modernen Psychologie«, in: Mitchell G. Ash und Ulfried Geuter (Hg.), *Geschichte der deutschen Psychologie im 20. Jahrhundert*, Opladen 1985.

Adalbert Stifter, *Abdias*, Stuttgart 1968.

Max Stirner, *Der Einzige und sein Eigentum*, Erfstadt 2005.

Martin Swales, *Buddenbrooks: Family Life as the Mirror of Social Change*, Boston 1991.

ders., »Das realistische Reflexionsniveau. Bemerkungen zu Gottfried Kellers Der grüne Heinrich«, in: Hans Wysling (Hg.), *Gottfried Keller. Elf Essays zu seinem Werk*, München 1990.

Richard Henry Tawney, *Religion and the Rise of Capitalism*, New York 1926.

Charles Taylor, *Sources of the Self. The Making of the Modern Identity*, Cambridge (Mass.), 1989.

Horst Thomé, *Autonomes Ich und »Inneres Ausland«. Studien über Realismus, Tiefenpsychologie und Psychiatrie in deutschen Erzähltexten 1848–1914*, Tübingen 1993.

Ludwig Tieck, *Werke in vier Bänden*, hg. v. Marianne Thalmann, München 1964.

Richard Tilly, *Geld und Kredit in der Wirtschaftsgeschichte*, Stuttgart 2003.

Wladimir Troubetzkoy, *L'Ombre et la Différence: Le Double en Europe*, Paris 1996.

Ernst Tugendhat, *Selbstbewußtsein und Selbstbestimmung*, Frankfurt am Main 1979.

Christoph Ulmschneider, *Eigentum und Naturrecht im Deutschland des beginnenden 19. Jahrhunderts*, Berlin 2003.

Thorstein Veblen, *Theory of the Leisure Class* (1899).

Rudolf Vierhaus (Hg.), *Eigentum und Verfassung. Zur Eigentumsdiskussion im ausgehenden 18. Jahrhundert*, Göttingen 1972.

Joseph Vogl, *Kalkül und Leidenschaft: Poetik des ökonomischen Menschen*, München 2002.

Jochen Vogt, *Thomas Mann ›Buddenbrooks‹*, München 1983.

Dror Wahrman, *The Making of the Modern Self*, New Haven, London 2004.

Georg Weerth, *Humoristische Skizzen aus dem deutschen Handelsleben*, Stuttgart 1971.

Max Weber, *Wirtschaft und Gesellschaft. Grundriss der verstehenden Soziologie*, hg. v. Johannes Winckelmann, Köln, Berlin 1964 (Nachdruck der Ausgabe Tübingen 1956).

Thomas Wegmann, *Tauschverhältnisse. Zur Ökonomie des Literarischen und zum Ökonomischen in der Literatur von Gellert bis Goethe*, Würzburg 2002.

Sigrid Weigel, *Genea-Logik. Generation, Tradition und Evolution zwischen Kultur- und Naturwissenschaften*, München 2006.

Wolfram Weimer, *Die Geschichte des Geldes*, Frankfurt am Main 1992.

Waltraud Wende-Hohenberger und Karl Riha (Hg.), *Faust-Parodien*, Frankfurt am Main 1989.

Ernst Willkomm, *Die Europamüden*, photomechanischer Neudruck der ersten Ausgabe Leipzig 1838, Göttingen 1968.

Thomas Wirtz, »›Vom Geiste der Speculation‹. Hermeneutik und ökonomischer Kredit in Weimar«, in: *Athenäum* 8 (1998), 9–32.

Christian Wolff, *Grundsätze des Natur- und Völckerrechts worinn alle Verbindlichkeiten und alle Rechte aus der Natur des Menschen in einem beständigen Zusammenhange hergeleitet werden*, Halle 1754.

Wulf Wülfing, *Schlagworte des Jungen Deutschland. Mit einer Einführung in die Schlagwortforschung*, Berlin 1982.

Werner Wunderlich (Hg.), *Der literarische Homo oeconomicus. Vom Märchenhelden zum Manager. Beiträge zum Ökonomieverständnis in der Literatur*, Bern 1989.

Danksagung

Dieses Buch verdankt sich einer Reihe von Glücksfällen. Zunächst war da das Geld, welches mir großzügig von der Alexander-von-Humboldt-Stiftung sowie der Indiana University zur Verfügung gestellt wurde, um mich vom Unterricht freizustellen.

Vor allem aber wurde dem Buch das Glück der Freundschaft zuteil, sodass nicht ein Ich alleine hier als Autor firmieren dürfte. Herzlich danke ich den Freunden und Kollegen, die mit mir debattiert und mich aus vielerlei Sackgassen geführt haben: Michael Auer, Claudia Breger, Michel Chaouli, Jonathan Elmer, Jürgen Fohrmann, Eva Geulen, Werner Hamacher, Manuel Hartung, Jochen Hörisch, Christoph Irmscher, Christian Kohlross, Stephan Kraft, Anthony Krupp, Christine Lehleiter, Helmut Lethen, Deidre Lynch, Silke Meyer, Eyal Peretz, Bill Rasch, Gerhard Richter, Ben Robinson, Elliott Schreiber, Jonathan Sheehan, Johannes Türk, Dror Wahrman und Marc Weiner.

Christian Weber hat die Fertigstellung des Manuskripts als ideenreicher und unermüdlicher research assistant begleitet. Alexander Roesler vom Fischer Verlag schließlich danke ich für die Begeisterung, mit der er das Projekt aufgenommen hat. Ihm verdankt das Buch nicht nur die vorliegende Form und den letzten Schliff, sondern eine Verdichtung der Thesen und die Anregung für das abschließende Kapitel.

Gewidmet ist das Buch dem Andenken meines Vaters Friedrich Carl Breithaupt.